African Folktales

A. Tadevosya

Африканские сказки

Составител А. Татевосян

African Folktales

Copyright © 2018 by Indo-European Publishing
All rights reserved.

ISNB: 978-1-60444-863-4

Африканские сказки

© Индоевропейских Издание, 2018

ISNB: 978-1-60444-863-4

АНГОЛЬСКИЕ СКАЗКИ

«АНТИЛОПА СЕША И ЛЕВ»

Жили-были антилопа Сеша и Лев. Лев был хозяином, а Сеша находился у него в услужении. У каждого было по пять коробок спичек, чтобы зажигать огонь. Но вот у Сеши все спички кончились, а у Льва ещё две коробочки остались, но он их спрятал.

— Эй, племянничек, спички у нас кончились.. Теперь мы не сможем зажечь очаг, если ты не сходишь за огнём. Сбегай быстренько в-о-о-н туда, видишь, где горит? — сказал Лев, указывая на солнце, приблизившееся к горизонту.

Сеша бросился бежать, исполняя приказ Льва. Но сколько он ни бежал, до солнца так и не добрался. Усталый и голодный вернулся Сеша домой.

— Дядюшка, я не принёс огня, не смог добежать до того места, которое ты мне показал,- свалившись с ног от усталости, сказал Сеша.

— Почему же ты не побежал дальше?

— Я бежал, дядюшка, бежал очень долго, но до того места оставалось ещё далеко-далеко.

Пока бедный Сеша, вытянув ноги, лежал, отдыхая после долгого пути, Лев приготовил себе еду и поел. Сеше он ничего не оставил.

— Ну, племянничек, сбегай-ка ещё раз за огнём, а то мы опять останемся голодными. Да, смотри, не ленись. Беги до тех пор, пока не добежишь до огня,- сказал Лев на следующий день.

И Сеша снова помчался в ту сторону, где было видно заходящее солнце. Но где там! Разве добежишь до него! И снова, падая с ног от усталости, Сеша возвратился домой.

— Дядюшка, опять я не достал огня! Бежал, бежал, бежал, но добраться до этого места так и не сумел! Чем больше я приближался, тем дальше от меня уходил этот огонь! Я чуть не плакал от досады! У меня еле хватило сил вернуться обратно!

— Эх ты! Разве я не говорил тебе, что нужно бежать без остановки, чтобы добежать туда! — сердито сказал Лев.

Бедный Сеша заснул голодным. А Лев опять разжёг огонь, сварил своё любимое кушанье из фасоли, поел досыта и спокойно лёг спать.

На третий день Лев уже совсем сердито сказал:

— Сеша, если так будет продолжаться, мы умрём от голода! Отправляйся ещё раз туда, куда я тебе сказал. Поторапливайся! Слышишь?

И Сеша — гоп-гоп-гоп! — снова поскакал доставать огонь. Но, очень ослабев от голода и усталости за прошлые дни, он пробежал ещё меньше, чем накануне. Пять дней бежал он, исхудал так, что его узнать нельзя было. В конце пятого дня Сеша, возвращаясь, увидел хижину, возле которой сидела старушка и курила трубку.

— Куда это ты так спешишь? — спросила она.

— Я бегал за огнём, бабушка! Я живу вместе с господином Львом. У каждого из нас было но пять коробок спичек, но теперь они кончились. Поэтому господин Лев послал меня за огнём вон туда... — И Сеша показал на солнце.

— Что ты, внучек! Это вовсе не огонь! Это солнце! Неужели ты такой глупый!

— Как? Разве это не огонь? А я-то целых пять дней бежал и бежал туда! Я так устал, я такой голодный, бабушка!

Старушка пожалела Сешу и накормила его. Когда усталый Сеша поел и отдохнул, старушка направилась к высокому-превысокому баобабу, который рос поблизости.

— Я пойду посмотрю, что делает твой господин Лев. А ты подожди меня здесь,- сказала старушка.

Влезла она на высокий-превысокий баобаб и, воспользовавшись своей волшебной силой, подсмотрела, что делает Лев. А Лев стоял возле горящего очага и готовил себе еду.

— Внучек мой, знаешь, что без тебя делает твой господин? Готовит себе еду! Видишь, как он над тобой зло подшутил! Значит, спички-то у него есть. Ну подожди, теперь мы посмеёмся над ним! — сказала старушка, вернувшись домой.

Взяла она большой калебас, пальмовые листья, глину разных цветов и сделала страшную маску. Надев её на голову Сеше, она велела ему:

— Вот так иди к Льву. Как только дойдешь до его дома, начни петь громким голосом:

Кто здесь живет, Кто здесь живет? Кто бы он ни был — Я его съем!

И вот Сеша, с маской на голове, прискакал к Льву. А Лев в это время, ничего не подозревая, стряпал на огне кушанье. Сеша приблизился к хижине и запел:

Кто здесь живет,
Кто здесь живет?
Кто бы он ни был -
Я его съем!

Увидав такое чудовище, Лев бросился бежать. А обрадованный Сеша съел все его кушанья. Потом он сбегал к старушке, чтобы вернуть ей маску, и как ни в чем не бывало явился к Льву.

Лев встретил его жалобными воплями:

— Племянничек мой, племянничек, если бы ты знал, что со мной случилось! Сидел я спокойно дома, и вдруг появилось какое-то страшное животное! Такое страшное, какого я еще никогда ве видывал! И мне пришлось убежать! Одно только хорошо, что это животное зажгло в очаге огонь...

— Что это за животное было? — сочувственно спросил Сеша.

— Разве я знаю! Оно было такое страшное, такое уродливое! Голова круглая, рога длинные, вокруг морды растрёпанные волосы, на морде какие-то полосы...

— А почему же ты его не прогнал? Ведь ты такой храбрый!

— Да что ты! Как его прогнать? Такое страшное животное! Если бы ты его увидел, ты бы умер от страха!

Три раза Сеша пугал таким образом Льва, являясь к нему в маске, и три раза Лев удирал в ужасе. На четвёртый раз, по совету старушки, Сеша выкопал на дороге, по которой убегал Лев, глубокую яму и воткнул в дно несколько остроконечных копий.

Спасаясь бегством от страшного зверя, Лев угодил в яму и напоролся на острые копья. Сеша пришел туда, увидел Льва и прикончил его ударом рогов. А потом побежал к старушке. Она приютила Сешу, и он до конца жизни жил у неё.

«БАНГО А МУСУНГО»

Сколько лет прошло с тех пор? Никто не знает. Одно только можно сказать с уверенностью, что описываемые события произошли в очень давние времена, еще задолго до того, как на эту землю пришли португальцы.

И несмотря на то что множество прошедших лет заслонили собою главное действующее лицо, старинная легенда подтверждает существование Банго а Мусунго.

Он был властелином той огромной части ангольской земли, которая и сегодня еще носит его имя, он владел безраздельно всеми просторами степей и лесов, водами рек, людьми и богатствами. У него было двенадцать жен, и народ, устрашенный жестокой властью, беспрекословно ему подчинялся. Он был велик, велик во всем — и в храбрости, и в гневе. Его могущество было равно его славе и его жестокости. Все говорили о нем, но только с ужасом.

Желания вождя обычно граничили с безумием. Рабы никогда не вызывали у него жалости. Он считал их низшими тварями, дикими животными, ничем не отличавшимися от тех, за которыми он гонялся на охоте. А почему? Потому что он приобретал их слишком легко — или в обмен на таких же неразумных тварей, или во время частых набегов и сражений с другими племенами. В его распоряжении всегда было сколько угодно человеческих жизней. И всех людей он, великий повелитель, в своей неукротимой жестокости презирал. Поэтому каждый раз, садясь на трон или поднимаясь с него, он опирался на два жезла, имевших очень острые концы. Под тяжестью могучего тела вождя эти острия вонзались в сердца двух рабов, простертых на земле по обе стороны его трона. И таким образом ежедневно он дважды приносил богам в жертву столько людей, сколько раз опускался на трон и вставал с него. Но Банго а Мусунго не придавал этому никакого значения. Количество рабов не уменьшалось. Погибали одни, а вместо них немедленно появлялись другие.

Он, будто окаменев, не ведал человеческих чувств. Не знал ни раскаяния, ни сожаления. Что значили для него чьи-то человеческие жизни? Разве не убивал он во множестве буйволов, антилоп, диких кабанов и других животных? И разве нельзя точно так же убивать и людей? И он убивал их, убивал без конца, находя в убийствах отраду.

В безрассудной покорности его подданные терпели все. Слова осуждения не произносились иначе как шепотом. Люди знали: прояви кто хоть признаки недовольства, тотчас будет казнен. И так как никто не решался открыто обвинить вождя в жестокости, смерти следовали одна за другой. Ужас сковал людей. Властелин Банго а Мусунго был для них воплощением сил зла и богом смерти.

Однажды, когда от бесчисленных жертв вокруг трона вождя покраснела земля, странная мысль пришла в голову властелина: почему убитые им люди не возвращаются, чтобы упрекнуть его или отомстить ему? Может быть, потому, что в том мире им очень нравится? Если их души не приходят мстить, значит, на том свете они нашли желанное убежище... Радуются и благодарят повелителя, убившего их... Значит, Банго а Мусунго, когда умрет и будет похоронен, сможет, если станет властелином страны мертвых... властелином вполне счастливого народа, властелином всех людей, убитых им... сможет получить еще большую власть, чем имеет сейчас. А тогда его слава распространится еще дальше и на весь, не только земной, но и подземный мир.

Он размышлял, размышлял очень долго. И как во мраке ночи в

морских волнах зажигаются непонятные огни, так из тяжкого и долгого раздумья в голове вождя возникло неожиданное решение: он велит построить себе подземное жилище. Оно будет просторным и глубоким, в нем будет место для приготовления пищи, для очага... Туда отнесут необходимые съестные припасы и питье, и там, под землей, он будет жить вместе с одной из многочисленных жен и с двумя рабами. Если бог берет умерших людей на небо, наверх, и повелевает ими, то почему же он не сможет послать Банго а Мусунго повелевать внизу, под землей?

И вот однажды ночью, когда люди мирно спали, он приказал трубить в рога, решив немедленно сообщить всем о своем намерении и услышать мнение народа. Огромная толпа пошно собралась у священного дерева. ЛюДи, протирая сонные глаза, терялись в догадках. О чем таком важном в ночное время собирается сообщить им великий вождь? Может, начинается война с кем-нибудь или он замышляет очередное истребление рабов?

Наконец в сопровождении двух главных советников появился Банго а Мусунго. Он сел на деревянный трон и медленно, торжественно объявил о своем последнем решении.

Величественный вид вождя, озаренного факелами, вызывал ужас. Толпа собравшихся у священного дерева была похожа на огромный муравейник. Прижимаясь друг к другу, люди настороженно слушали непонятную, удивительную речь, отдельные слова которой время от времени повторял один из советников.

Люди слушали, и удивление, охватившее их, сменялось страхом, а страх — оцепенением. Они никак не могли понять, что же задумал их вождь, зачем все ото ему понадобилось. Не обезумел ли великий вождь Банго а Мусунго?

Духи предков, сказал Банго а Мусунго, открыли ему великую тайну. Неведомый мир, мир подземный — это мир, где продолжает жить тот, кто умирает на земле. Наверху, на небе,- и все это знают,- существует мир, управляемый богом. Но никому не известно,- ему тоже до сих пор не было известно,- что под землей существует еще один мир. И пусть никто не сомневается в этом, духи сказали — значит, так и есть. А если кому-нибудь нужно доказательство, вот оно: ведь мертвые никогда не возвращаются на землю, даже чтобы свести с кем-нибудь счеты... Именно потому не возвращаются, что чувствуют себя хорошо под землей, там они находят то, чего не могли найти на земле. И править этим миром отныне будет он, Банго а Мусунго.

Все, что он говорит,- это истина, великая истина! Люди должны верить. Это не мечты, не выдумки какие-нибудь, нет! Это истина, великая истина, открытая ему духами предков. Он размышлял об этом, размышлял много ночей и дней. Наконец принял решение: он возложит на себя тяжкую обязанность управлять подземным миром, потому что предки выбрали именно его! Он — первый человек, которому предопределена такая миссия. А почему именно его выбрали духи? Этого он не знает. Может быть, за его могущество, может быть, за отвагу... В конце концов, что сделано — то сделано, он назначен управлять неизвестным, подземным миром. Бог будет продолжать властвовать на небе, а под землей — единственным владыкой станет он, Банго а Мусунго. Поэтому он призывает завтра же начать строить для него царское подземное жилище.

Люди дослушали до конца, все еще не веря своим ушам.

Но старейшины немедленно подобострастно одобрили решение своего вождя, великого Банго а Мусунго, стать отныне владыкой подземного мира, одобрили его желание выполнить волю своих далеких предков. И тогда народ, в таком же притворном согласии, возгласами горячего одобрения пожелал вождю нового счастливого царствования.

Банго а Мусунго вне себя от радости поблагодарил подданных, поздравлявших его, и пообещал быть величайшим властелином, еще более великим, чем был он до сих пор здесь, на земле. И вождь велел раздать всем калебасы со сладким, опьяняющим вином из перебродившего маиса и меда.

На следующий день Банго а Мусунго призвал людей и приказал им копать яму. Глубокая и широкая, росла и росла она на глазах изумленных подданных. Вот уже появились отдельные залы, а будущее жилище Банго а Мусунго все увеличивалось, ошеломляя невиданными размерами. Люди ходили вокруг и не верили глазам. Заглядывая в черную глубину подземелья, каждый спрашивал себя: неужели это правда, неужели на самом деле в этой пропасти скроется Банго а Мусунго?

Все с нетерпением ждали окончания работы, боясь лишь одного: чтобы Банго а Мусунго не изменил своего решения, не передумал. Глухая ненависть давно уже поднималась против него в душах подданных.

И вот настала желанная ночь. Работа была окончена. Во мраке виднелись огромные глыбы камней, закрывающие вход в подземелье. Оставалось лишь маленькое отверстие, чтобы Банго а Мусунго в сопровождении жены и двух рабов мог спуститься в свое новое царство. И вождь устроил в эту ночь небывалое празднество для народа. Празднество прощания с ним.

Люди, опьянев и от напитков и от радости, предавались нескончаемым пляскам, испуская дикие вопли, хохоча хриплыми голосами, втайне прославляя наступивший желанный миг. И мужчины, и женщины, и молодые, и старые были объяты пламенем восторга. Барабаны грохотали, гудели рога, казалось, что воздух насыщен грозой. В ярком свете костров по земле метались причудливые тени, которые размахивали руками и извивались вместе с танцорами, будто удваивая их число. Люди ликовали: все шло так, как они хотели. И Банго а Мусунго, гордо восседая на резном черном троне, приветливо улыбался толпе. Невероятная ночь близилась к концу. Чуть посветлело небо на востоке, и петухи пропели первое приветствие утру. А люди все плясали, все пели, и теперь уже не радость заставляла их тела содрогаться, а напряженное ожидание. Когда же свершится? Вдруг вождь изменит свое решение?.. И льстиво, униженно люди твердили, склоняясь перед вождем:

— Слава тебе, слава тебе, Банго а Мусунго! Ты будешь таким же великим властелином и того мира, духи тебя охранят от всякого зла!

А Банго а Мусунго улыбался все шире, и лицо его, искаженное застывшей гримасой радости, напоминало маску злого духа.

Наконец настало долгожданное мгновение. По знаку Банго а Мусунго один из старейшин затрубил в огромный буйволовый рог. И тотчас все несчастные, задыхающиеся, потные люди, с единой тревогой в сердце, с единой мыслью в голове, уселись на корточках перед властелином.

— Вы, старейшины и советники, вы, люди, все, кто меня слышит, запомните хорошо то, что я вам скажу! Я желаю и приказываю, чтобы каждый день,- вы слышите? — чтобы каждый день вы являлись к моему новому жилищу! Я хочу, чтобы приходили все, все до единого! Таково мое желание! — произнес Баиго а Мусунго, обводя подданных грозным взглядом.

И дружный крик согласия прозвучал в ответ. Оправившись от испуга, люди двинулись провожать великого вождя к новому месту его поселения.

Нетерпение жгло сердца. Неужели чудо действительно свершится? Неужели Банго а Мусунго действительно скроется в этом темном отверстии и будет заживо похоронен? Увидим, увидим! Разве можно верить его словам? Ведь в сердце его может скрываться совсем другое намерение! А вдруг он только задумал испытать несчастных подданных... О, если бы он и в самом деле умер и можно было бы его похоронить!

И вот старейшины обратились к вождю, стоявшему возле зияющего отверстия, с кратким напутственным словом. Они назвали его великим сыном земли, пожелали ему успешно управлять новым царством. А потом толпа запела, и в голосах людей звучала горячая мольба об избавлении. Она разносилась во мраке ночи по широким просторам, над хижинами и возделанными полями.

Ликующий, улыбающийся Банго а Мусунго наконец спустился в подземелье. Вслед за ним в темноте скрылась его любимая жена, потом рабы... И огромный тяжелый камень закрыл вход в новое жилище вождя. Чернело лишь маленькое отверстие, в которое проходил воздух.

На следующее утро, оставив все дела, народ двинулся проведать Банго а Мусунго. Самый старший из старейшин постучал жезлом о камень и, смиренно нагнувшись над темным отверстием, почтительно возгласил:

— Банго а Мусунго, Банго а Мусунго, как ты там себя чувствуешь?

— Хорошо,- послышался из глубины глухой голос вождя.- Я чувствую себя хорошо. Только темнота мне не нравится!

На следующий день люди снова явились к подземелью. И, так же как и накануне, старейшина спросил:

— Банго а Мусунго, Банго а Мусунго, как ты там себя чувствуешь?

— По правде говоря, совсем не так, как я предполагал. Мне уже надоело находиться здесь. Если не станет лучше, я вернусь к вам.

Почтительно склонившиеся подданные переглянулись, зашептались, и одна и та же мысль одновременно родилась у всех: надо сделать все, чтобы Банго а Мусунго не вернулся на землю. Казалось, что все люди заболели одной и той же болезнью: у всех искривились лица, все замахали руками, делая непочтительные движения, все хриплыми голосами произносили проклятия. Никто не желал больше видеть Банго а Мусунго вождем. Недовольство, которое многие годы таил в себе народ, превратилось теперь в неудержимую ненависть.

Родители потеряли своих детей, дети потеряли родителей, женщины лишились мужей... А почему? Потому что Банго а Мусунго жаждал только крови, убийства были его потребностью. Кто хотел такого вождя? Может быть, кто-нибудь его любил? Нет! Нет, никто! Его боялись, да... А теперь... Теперь он под землей и под землей же получит заслуженную награду за зло, которое он посеял. Он сам этого хотел. Он получит смертельный удар, нанесенный собственной рукой.

Разве люди могут сейчас пожалеть Банго а Мусунго, если он ни разу за долгие годы своей власти не сжалился ни над кем? Нет, он должен остаться в этом подземелье. Жилище, которое он себе выбрал, станет его могилой. Все сердца наполнились жестокостью. Люди так долго ждали его смерти, что теперь, когда приблизился желанный миг, никто не хотел продлить жизнь вождя, никто не хотел помочь ему вернуться на землю.

Нет! Нет, никогда! Родители потеряли детей, дети потеряли родителей, женщины лишились мужей...

Каждый раз, когда у него появлялось желание обладать какой-либо женщиной, он мог бы просто потребовать, чтобы она пришла к нему — это разрешал старый закон, но он прежде убивал мужа, даже если тот не выражал недовольства. Все вожди хотели обладать красивыми женщинами и получали их, никого не убивая. Этот же превзошел всех! Теперь он получит то, что заслужил, — навсегда останется в подземелье. Пусть управляет мертвыми!

На третий день толпа снова направилась к подземному жилищу вождя. Наклонившись к отверстию, тот же самый старейшина повторил прежний вопрос:

— Банго а Мусунго, Банго а Мусунго, как ты там себя чувствуешь?

И из подземелья донесся все еще грозный, но заметно ослабевший голос:

— Айюе! Не могу больше находиться здесь! Уберите камни, я хочу выйти отсюда, иначе я умру! Сколько времени я уже кричу, зову вас! Сколько времени я прошу выпустить меня, и никто не приходит! Айюе, скорей, скорей уберите камень! Ох, умираю!

Но вместо ответа какие-то храбрецы подбежали к отверстию и, прежде чем кто-нибудь им смог помешать, сбросили вниз несколько каменных глыб.

Полное безмолвие воцарилось кругом. Стало так тихо, будто Банго а Мусунго все еще продолжал править народом.

И вдруг словно кто-то сразу толкнул всех людей. Они бросились к подземному жилищу, охваченные одним желанием во что бы то ни стало помешать ненавистному вождю когда-нибудь выйти наружу. Объятые гневом и ужасом, люди таскали со всех сторон камни и наваливали их один на другой, один возле другого до тех пор, пока над последним жилищем Банго а Мусунго не вырос огромный памятник, и сегодня еще видимый издалека.

Сколько лет прошло с тех пор? Никто не знает. Одно только можно сказать с уверенностью, что описываемые события произошли в очень давние времена, еще задолго до того, как на эту землю пришли португальцы.

И несмотря на то что множество прошедших лет заслонили собою главное действующее лицо, старинная легенда подтверждает существование Баиго а Мусунго.

«ВОР И КОЛДУН»

Я расскажу вам историю, которая произошла в Кисаме, где владыкой был вождь Кимона диа Зонга. Вы, наверно, хотите знать, когда это происходило? Точно никто не может вам ответить, но только было это давно, очень давно, более двух веков назад.

В тени, под могучим пробковым деревом, которое служило и местом собрания, и местом отдыха, и местом, где люди обменивались новостями, сегодня сидели все. Каждый занимался каким-нибудь делом. Вождь любил наблюдать, как работают его подданные. Ему очень не нравились бездельники.

— Скажите-ка, кто встает раньше: колдун или вор? Кто из них просыпается раньше? — спросил Шамбеже, молодой колдун, который общался только со злыми силами. Слава у него была дурная. Люди его не любили и побаивались. Ходили слухи, что этот Шамбеже и кое-кто еще, которые с ним заодно, ночами колдуют и похищают мертвецов.

Поэтому никто ничего не ответил Шамбеже, делая вид, будто не слышит. Лучше не отвечать такому человеку, лучше с ним не связываться. А то, чего доброго, навлечешь на себя беду. Кто его знает, что он там задумал, почему задает такой вопрос.

— Ну, так что же вы молчите? Кто встает раньше? — повторил вопрос Шамбеже.

И вдруг известный воришка Камуколо не выдержал:

— Вор встает раньше!

— Значит, ты утверждаешь, что вор встает раньше колдуна?

— Да. Когда вор выходит на работу, колдун еще спит.

— А я утверждаю, что колдун. Давай поспорим. Пусть люди скажут, кто из нас прав.

Но все молчали. Нет, они ничего не скажут, они даже не хотят говорить. Колдун и вор — это не те люди, с которыми при-ятпо разговаривать. Склонив головы, люди делали вид, что им не до того, что они очень увлечены своей работой: один — плел циновки, другой — корзины, третий — вырезал что-то из дерева.

Издали доносились женские голоса и ритмичное постукивание пестов в деревянных ступках: пу-пу-пу. Там женщины, переговариваясь или напевая, толкли маниоку. На ветвях стрекотали цикады, радостно пели птицы. Голые, совсем маленькие детишки играли неподалеку от своих матерей. Ребята постарше гонялись за саранчой, а поймав ее, обрывали ей крылышки и длинные ноги, бросали в горшок с кипящим пальмовым маслом. Мальчишки рыскали в высокой траве в надежде найти птичьи гнезда или ставили ловушки для горлиц. Тут же в одиночку и стадами паслись свиньи, бродили куры, козы и даже буйволы. Неторопливо ходили женщины, неся на головах большие горшки и корзины.

Вдруг на поляне появилась молодая женщина со множеством косичек на голове, выкрашенных красной глиной и смазанных пальмовым маслом. На голове у нее был обычный груз — огромная плетеная корзина, а за спиной — ребенок.

— Эй, Бебека!-крикнул ей вождь.- Почему ты задержалась?

Женщина приблизилась, сняла тяжелую ношу с головы и почтительно приветствовала вождя, коснувшись ладонями земли:

— Ведь еще рано, господин.- И, еле переводя дыхание от усталости, добавила: -Почтеннейший господин, слышал ли ты, что говорят о новом колдуне, внуке Канжилы?

— А что ты слышала? Что о нем говорят люди?

— Я отнесу сначала корзину, господин...

— Нет. Говори сейчас, а то наш верховный колдун не успокоится, пока не услышит, что там произошло. — И вождь величественным жестом указал на старика, который что-то плел из волокон листьев баобаба.

Смущенно улыбаясь, Бебека сняла повязку и положила ребенка на землю рядом с корзиной.

— У Канжилы родился внук, и с самого рождения видно было, что это не простой ребенок! Вот что говорят, почтеннейший господин,- сказала она скромно.

— Да-да, я тоже слышал... Будто бы, как только он вышел из чрева матери, сразу запросил есть, — оживившись, закивал головой старый колдун.

И вождь утвердительно наклонил голову:

— И я это знаю, слышал, как об этом говорили. А что теперь говорят?

— Он уже подрос немного, — сказала Бебека. — Есть у него и отец и мать, но он признает только одну бабушку. Очень ее любит. Ни минуты без нее быть не может. Если бабушка собирается идти к ручью, он плачет, чтобы она и его взяла с собой. Если она хочет идти к кому-нибудь из соседей, он плачет, чтобы она и туда взяла его с собой. Куда бы ни пошла бабушка, внук всегда с ней. Даже когда она в поле работает.

Однажды бабушка отказалась взять внука с собой в поле, сказав, что она устала и ей тяжело его нести. «Ты не хочешь меня взять с собой?- крикнул он.- Ну смотри, ночью придут к тебе пакасы!» Бабушка не обратила никакого внимания на его слова, только улыбнулась. И, знаешь, почтеннейший господин, это случилось! Хотя сказал такое ребенок, а не взрослый человек...

— Настоящий колдун с самого младенчества может колдовать. Надо бы бабушке знать это! — перебил ее старый колдун.

И вождь опять склонил голову:

— Да, бабушка должна была это знать, должна была знать, какой у нее внук...

— И вот, почтеннейший господин,- продолжала Бебека, — как ребенок сказал, так и получилось. Ночью целое стадо пакас окружило их хижину: му... му... му... И это несмотря на то, что вокруг горели костры, чтобы звери не подходили. Со страху бабушка стала кричать, звать на помощь. Люди, которые спали в других хижинах, проснулись, пошли посмотреть, что случилось, но никто не решался подойти,близко. Все боялись такого большого стада. Ведь у пакас длинные рога… А бабушка кричала:

«Где мой внук, где мой маленький колдун, пусть он прогонит стадо, а то пакасы меня убьют!» Кто-то побежал искать внука. А он в хижине. Проснулся и говорит отцу и матери: «Айюе! Я знаю, почему моя бабушка плачет — ее пакасы не выпускают из хижины!» Вынесли ребенка… И все пакасы мгновенно разбежались. Вот о чем говорят сейчас повсюду.

— Этот ребенок настоящий колдун. Такой колдун нам очень нужен, его будут слушаться все добрые силы… Теперь можешь идти, Бебека, сердце нашего старого колдуна успокоилось… — сказал вождь и движением руки показал, что она может идти.

И, коснувшись ладонями земли, Бебека подняла сынишку, который играл на земле, поставила корзину на голову и неторопливо зашагала по тропинке.

— Теперь, — сказал старый колдун, — есть кому меня сменить. У нас, у нашего народа будет хороший, добрый волшебник.

— Это нам очень нужно, — согласился вождь. — Все подтверждает великую силу мальчика. Я слышал, будто бы, когда он хочет есть, а в доме нет никакой еды, стоит ему только сказать: «Бабушка, пойди к ручью, там найдешь еду и для меня, и для себя», как оба они бывают сыты. Да-да, мальчик вырастет и станет добрым волшебником.

Воцарилась тишина. В густой тени дерева люди работали и тихо обсуждали только что услышанное. Один из старейшин, опираясь на палку, подошел к вождю:

— Если этот ребенок обладает такой великой силой, почему бы нам не попросить его вызвать дождь? Ведь наш старый колдун, как ни старался, дождя не наколдовал нам.

— Я уж, наверно, состарился, боги меня не слушают,- печально проговорил колдун. Надо, чтобы отец разрешил ребенку колдовать, и пусть мальчик попросит богов о дожде.

— Если надо, то поговорим с отцом. Наверное, он согласится. Нам очень нужен добрый колдун. Люди недовольны Шамбе-же и теми, кто с ним заодно. Много они зла делают. А наш добрый волшебник стал уже стар и слаб.

Кимона диа Зонга, великий вождь, поднялся:

— Пусть этот ребенок станет славой не только нашего народа, но и всей нашей земли! Да будет так!

Тогда, хорошо запомнив услышанное, Шамбеже решил показать людям, на что он способен. И с наступлением ночи он вместе с теми, кто с ним заодно, отправился в путь.

— Мы идём во мраке! Мы всё видим! Мы идём во мраке! Мы всё видим! — устрашающе повторяли они.

Люди сквозь сон слышали их голоса и тревожно ворочались на циновках.

— Где его похоронили? — спросил один из спутников Шамбеже.

А другой, ударив ногой по маленькому холмику земли, сказал:

— Здесь! Разве вы не видели, где его хоронили? И в злобной радости все закричали:

— Поднимись, мертвец, мы пришли!

Шамбеже и один из тех, кто с ним заодно, посыпали землю волшебным порошком, приказывая бесчувственному телу подняться со своих носилок.

— Теперь он наш! Теперь он наш! И тело и душа! Всё наше! Но в это время небо на востоке чуть посветлело.

— Придётся наш пир отложить до завтра,- с досадой проговорил Шамбеже.- Пусть мертвец полежит пока в моей хижине. Отнесём-ка его туда. Согласны?

И те, кто с Шамбеже заодно, согласились. Завтра они им поужинают. Вчетвером они понесли носилки с мертвым телом в хижину Шамбеже.

Но никто из них не знал, что Камуколо, хитрец и воришка, выследил их, всё видел и слышал. Вслед за колдунами он пробрался в хижину и улёгся рядом с мертвым телом.

«Вот теперь мы узнаем, кто хитрее! Вот теперь мы узнаем, кто раньше встаёт: ты ли, колдун, или я — вор», — так, лежа рядом с мертвецом, размышлял Камуколо.

Когда снова наступила ночь, Шамбеже пришёл за покойником. Потянул колдун мёртвое тело к себе, а оно вдруг отпрянуло назад и тяжело шлёпнулось на прежнее место.

— Эй! Не хочешь идти? Тебе понравилось это место? — насмешливо проговорил Шамбеже.

А те, кто заодно с Шамбеже, стояли рядом и не понимали в чём дело.

— Я его тащу, а покойник почему-то возвращается обратно... — растерянно объяснил Шамбеже. И снова попытался поднять мертвеца. Но у него опять ничего не получилось.

— Он уже не может чего-нибудь хотеть! Пусть делает то, что мы хотим! — хохотали колдуны. — Бери его за плечи, а мы возьмём за ноги.

Так они взвалили тело на носилки и очень довольные направились в густые заросли.

А Камуколо потихоньку выбрался из своего укрытия, прихватил корзину Шамбеже, в которой лежали колдовские принадлежности и, стараясь не упустить колдунов из виду, но вместе с тем и не приближаясь к ним слишком, отправился вслед за ними.

Подвешенное на жердях мертвое тело было освещено разгорающимся пламенем костра. Вокруг него, по змеиному извиваясь, вертелись колдуны в дьявольской пляске. Они дрыгали ногами, бешено крутили головой, хриплыми голосами выкрикивали какие-то заклинания и пронзительно свистели. И это были уже не люди, а странные существа: на головах — рога, птичьи перья и волосы торчком, на лбу — огромный рог носорога, на поясе у каждого по четыре непрерывно шуршащие ветки: две — по бокам, одна — спереди и одна — сзади.

И вот, будто призывая к пиршеству, языки пламени начали лизать мертвое тело, которое уже издавало резкий запах. Шамбеже остановился первым и, зловеще усмехаясь, осмотрел покойника:

— Поглядите-ка на него! Вон какой жирный! И для кого он так старался побольше есть? Ха-ха-ха!

— Не знаешь для кого? Для нас, конечно! — сказал один из колдунов.

И снова, оскалив зубы, завертелись они вокруг жертвы. Затрещали сухие сучья, колдуны разразились хохотом.

Потом, хлопнув несколько раз в ладоши, Шамбеже присел на корточки.

— Вот эта самая тварь, Кифубу, — сказал Шамбеже, указывая на покойника, — хотел меня однажды опозорить! Знаете, в то время, когда была чума, я пошел к нему просить, чтоб он дал мне быка... Мои сдохли от болезни, а коровам был нужен бык... И как вы думаете, что он мне ответил? «Здесь в наших местах, чумы не было. Если я тебе дам быка, он сдохнет так же, как твои... » А теперь сам жарится, как бык!

— Сейчас мы его попробуем! — воскликнул один из колдунов, с шумом вдыхая запах жареного мяса.

Вытащив из корзины большой клубень маниоки, Шамбеже воскликнул:

— Сейчас мы его попробуем вместе с этой штукой!

Вдруг совсем рядом завыли шакалы, привлеченные запахом жареного мяса.

— Убирайтесь прочь! Убирайтесь прочь! Это не для вас! — закричали колдуны и стали бросать в шакалов пылающие головешки.

А Камуколо, прятавшийся в кустах, корчился от отвращения. Так вот они какие, колдуны! Среди людей ведут себя, как люди, а здесь — как звери! Ах! Они заслуживают самой страшной смерти! Убийцы, людоеды!

— Может, это мне все мерещится? Чур меня, чур меня! Уйду-ка я отсюда подальше, пока меня не увидали,- прошептал Камуколо, осторожно уползая сквозь заросли кустов и волоча за собой заветную корзину.

— Это что такое? — изумился Шамбеже, когда рано утром увидел на поляне Камуколо, завернувшегося в кусок красной ткани.

Сердце Шамбеже сжалось от страшного подозрения. Уж очень эта красная ткань была похожа на ту, которая обычно лежала в его корзине. Он помчался в хижину, все перерыл. Но напрасно. Ни ткани, ни корзины... Да, на Камуколо его волшебная ткань! Негодяй! Вор!

Бегом возвратился он на поляну, где Камуколо все еще стоял, обвернутый красной тканью, а на него во все глаза смотрели девушки.

— Теперь я верю, что вор встает раньше колдуна! — сказал Шамбеже.

— Разве я тебе этого не говорил? Вор всегда встает раньше колдуна и знает то, что скрывает от других колдун,- не растерялся Камуколо.

— Что ты болтаешь? — прошипел колдун.

— А ты что, уж ничего не помнишь?

— Что я должен помнить?

— А что ты делал ночью? Где ты был? Знаешь, почему ты не мог сдвинуть мертвое тело с места? Знаешь? Потому что я его тянул в другую сторону. Понял?

Шамбеже похолодел от страха. Проклятый вор все знает! И, подавляя в себе ненависть, притворно улыбаясь, Шамбеже проговорил:

— Вот ты какой! Шутник!-И он вытащил трубку. — Нет ли у тебя уголька прикурить? — небрежно спросил Шамбеже.

Но Камуколо бесстрашно закричал в лицо колдуну:

— Нет у меня никакого уголька! Это у тебя есть угольки, чтобы поджаривать несчастных! Люди, я не шучу, я все видел, все видел!

Шамбеже молчал, устремив глаза в небо, безмолвно призывая на помощь духов. Ох, как ему хотелось, чтобы Камуколо умер в это мгновение! Как ему хотелось заставить навсегда замолчать негодного воришку! Но у него уже не было волшебной красной ткани, не было ничего для колдовства.

А в это время на поляну вышел вождь, и старейшины окружили его, прислушиваясь к спору Шамбеже и Камуколо. О чем это они там говорят? Вор и колдун, колдун и вор...

Великий вождь Кимона диа Зонга с любопытством спросил:

— О чем это вы спорите? Я хочу знать, что случилось.

И тогда Камуколо рассказал все, что видел ночью! Страх охватил людей.

— Ах, этот колдун! Теперь понятно, кто выкопал из земли умершего Кифубу! Теперь понятно, куда девался бедняга! — в ужасе похлопывая ладонями по открытым ртам, бормотали люди.

Посреди взволнованной толпы стоял Камуколо с выражением торжества на лице. Он показал необыкновенную храбрость, настоящее мужество — был там, где колдуны пожирают покойников, где человек не может находиться безнаказанно. Он сам наблюдал за страшным пиршеством.

— Эй, Камуколо! Неужели ты не дрожал от страха? — спрашивали люди.

— Вот кто у нас настоящий человек! — восклицали люди. И Камуколо, гордый своей храбростью, рассказывал им все, что он видел этой ночью.

А в это время Шамбеже, уже связанный, ждал тех, кто с ним заодно,- их должны были сюда привести.

— Знаешь ли ты, что ждет тебя и твоих сообщников? — спросил разгневанный вождь.

Шамбеже стоял, уставившись в землю, и бормотал заклинания. Но они не помогли ему. Один из старейшин сказал:

— Покончим со злыми силами! У нас теперь есть добрый волшебник!

А издали доносился шум толпы, радостные голоса, приветствующие маленького внука Канжилы, которого на руках несла сюда его бабушка. И тогда злые колдуны по обычаю тех мест сами себя казнили — повесились на четырех ветвях одного огромного дерева.

«ГОВОРЯЩАЯ РЫБА»

Жили-были муж и жена. Но женщина была очень привередлива. Всякая еда вызывала у нее отвращение. Ничего ей не нравилось: ни курица, ни мясо антилопы, ни одна рыба, кроме сома.

— Поймай мне сома, — требовала она. — Я хочу только сома! Если ты мне не поймаешь сома, я умру от голода.

И муж однажды решил исполнить ее желание. Он пошел на берег реки, закинул удочку, наловил много рыбы, только сом не ловился.

Ему уже надоело стоять с удочкой в руках целый день. И вдруг он почувствовал, как сильно натянулась леска. «Ого! — подумал муж,- поймалась какая-то большая рыба».

Он осторожно потянул удочку и увидал в воде голову огромного сома. На ней виднелись девять раковинок: три на лбу, три на одной стороне головы, три — на другой. Человек бросил удочку и хотел убежать.

— Не пугайся! — крикнула ему вдогонку рыба. — Если уж ты поймал меня, так неси домой.

С опаской приблизился к берегу человек и вытянул сома из воды, Он хотел уже подвесить его на палку, как вдруг рыба опять заговорила человечьим голосом:

— Нет, не протыкай меня палкой! Мне будет больно. Пойди в пальмовую рощу, наруби веток, сделай носилки и неси меня на них.

Человек так и поступил. Придя домой, он положил рыбу перед женой, а сам ушел. Жена была очень довольна, даже стала танцевать от радости. А когда она наклонилась над огромной рыбой, сом заговорил человечьим голосом:

— Прежде чем ты меня приготовишь и съешь, купи новый нож, новый горшок, новую тарелку и новую циновку.

Женщина побежала к мужу и попросила его купить все названные рыбой вещи.

— Послушай-ка, — сказал ей муж, — ведь, когда я поймал эту рыбу, она и со мной говорила.

Но жена не стала его слушать:

— С тобой говорила, подумаешь! Она со мной разговаривает, потому что хочет со мной дружить... Я ее и съем сама, в одиночку. Й-и-их! Ведь это именно та рыба, которой мне так давно хотелось поесть!

Муж пошел и купил жене новый нож, новый горшок, новую тарелку и новую циновку. Жена, очень довольная, выпотрошила рыбу, разрезала ее на куски и стала варить. Когда все было готово, она пожалела своего мужа, позвала его и предложила ему тоже кусок рыбы. Но он отказался:

— Черт побери! Неужели ты думаешь, что я стану есть рыбу, которая говорит человечьим голосом? Ешь сама! Вечно у тебя всякие причуды!

Жена положила рыбу на новую тарелку, села на новую циновку и стала есть. Она ела, ела, ела до тех пор, пока от рыбы ничего не осталось. Наконец-то она удовлетворила свое желание.

И вдруг рыба заговорила человечьим голосом из живота женщины:

— Ну как, хорошо поела?

— Да, очень хорошо.

— Теперь вымой руки, будем с тобой разговаривать! Женщина вымыла руки, и рыба опять спросила ее:

— Ты съела все, что было в горшке?

— Да, все съела.

— Приготовься, я сейчас выйду!

— Как же ты выйдешь?

— А как ты хочешь, чтобы я вышла?

— Выходи через нос.

— Фу, через нос. Фу, он у тебя мокрый. — Ну, тогда через глаза.

— Через глаза. Фу, они у тебя всегда мокрые.

— Ну, тогда через уши.

— Через уши... Фу, они у тебя вечно грязные.

— Тогда через рот.

— Через рот? Нет, я через него вошла.

— Тогда выходи как хочешь! — закричала женщина.

И, проломив ей спину, рыба вышла наружу, а женщина умерла.

Когда муж вошел в хижину, рыба лежала, вытянувшись на циновке рядом с мертвой женой.

— Ты только не пугайся и не жалей свою жену. Она была нехорошая женщина,- сказала рыба. — Как только похоронишь ее, отнеси меня туда, где ты меня поймал. Только не на носилках, а в новой циновке.

Муж погоревал, погоревал, да делать нечего. Позвал всех родственников и похоронил жену.

На следующее утро пропел первый петух, пропел второй, пропел третий, и рыба снова заговорила:

— Вставай! Настало время! Неси меня к реке.

Человек выполнил приказ рыбы. Он теперь боялся ее и нес очень осторожно.

— Не оставляй меня на берегу. Войди в воду, неси меня до того места, которое я тебе укажу,- велела ему рыба.

Человек вошел в воду, сделал несколько шагов.

— Иди дальше, иди дальше! — приказала рыба.

Человек сделал еще несколько шагов. Вода доходила уже ему до плеч.

— Вот здесь остановись! Но не бросай меня, а опусти в воду осторожно! — сказала рыба.

Человек бережно опустил рыбу в воду. Уже из глубины реки она сказала, высунув голову:

— Слушай, когда будешь жениться второй раз, выбирай жену, которая не была бы такой привередой! Иначе тебе это будет стоить жизни!

И человек вскоре нашел себе другую жену, но такую, которая всем и всегда была довольна.

«ДВА БРАТА И ЧУДОВИЩЕ»

Жили-были муж и жена, и было у них много детей. Однажды жена, которая всегда мучилась оттого, что не знала, чем накормить детей, решила утопить в реке трех старших мальчиков. Что задумала, то и сделала.

Но два мальчика из трех умели плавать и потому спаслись. Утонул только младший. Доплыли братья до другого берега и вышли в том месте, где жило чудовище с шестью головами.

Старший брат был посмелее младшего и потому велел ему спрятаться в кустарнике на берегу, а сам решил пойти посмотреть, где они теперь будут жить.

Пересек он возделанные поля и пришел к круглым хижинам. Вошел он в первую, самую большую, хижину, осмотрел ее и, убедившись, что в ней никого нет, стал наводить порядок. Убрал он хижину и принялся готовить еду. А вечером явилось чудовище, огляделось по сторонам, потянуло носом и, почувствовав чужой запах, прорычало:

— Здесь пахнет человеком! Здесь пахнет человеком!

Мальчик совсем не испугался чудовища, не убежал от него.

— Не бойся, не бойся, мой маленький, я не сделаю тебе ничего плохого. Мы будем жить с тобой дружно! — прохрипело чудовище.

Очень довольное, что жилище его убрано, чудовище набросилось на еду, которую приготовил мальчик. Оно пожирало все со страшной быстротой. Один глоток — и вся пища в горшках съедена, второй глоток — и все кувшины пусты. И мальчику ничего не осталось.

— А для себя, мой мальчик, приготовь еще что-нибудь! Только сначала дай мне покурить трубку! А-а-а! — зевнуло чудовище, проглотило трубку и завалилось спать.

На следующий день, когда чудовище ушло, в хижину пришел младший брат. Оба мальчика старательно убрали хижину и приготовили еду.

— Здесь пахнет человеком! Здесь пахнет человеком! — воскликнуло чудовище, почувствовав незнакомый запах.

Войдя в хижину, оно спросило:

— Скажи, мой мальчик, что ты делал сегодня?

— Ничего я сегодня не делал, я съел всю твою еду и перебил всю посуду! — дерзко ответил младший брат.

— Как?! Ты ничего не делал, посмел съесть мою еду и еще перебил всю посуду? — И разгневанное чудовище бросилось на мальчика.

Старший брат спрятался от страха, а младший стал бороться с чудовищем.

В это время в дверь заглянула старушка, которая жила поблизости.

— Если ты не справишься с ним, разбей горшок, который стоит вон в том углу! В этом горшке скрыта сила чудовища!

Мальчик тотчас схватил горшок, бросил его на пол, и горшок разбился. А чудовище, потеряв свою силу, упало.

— Бедные мальчики, нет у вас ни отца, ни матери! — сочувственно сказала старушка. — Послушайтесь моего совета: отрежьте у чудовища головы. Возьмите их с собой и там, где вы захотите жить, бросьте их на землю.

Мальчики так и сделали. Отрезали головы у чудовища, взяли их с собой и отправились куда глаза глядят.

Шли они, шли и пришли в прекрасное место — кругом лес. широкое поле, на котором можно было возделывать огород, и река с прозрачной водой. Здесь мальчики и бросили головы чудовища на землю. И сразу же перед ними возникли дом, сад, огород и даже широкая дорога, которая вела в соседнее селение.

Жители из этого селения скоро узнали, что поблизости поселились какие-то мальчики. Люди всегда любопытны! Они пошли посмотреть на новых соседей, а с ними вместе отправились и родители мальчиков, которые жили в этом же селении. Но они не узнали своих сыновей. Однако мальчики их узнали и решили жить вместе с отцом и другими братьями. А матери они сказали:

— Это ты хотела нас утопить. Поэтому мы не станем с тобой жить.

И мать, мучаясь оттого, что все отвернулись от нее из-за ее жестокости, вскоре умерла с горя в полном одиночестве.

«ДВА ДРУГА — КРОЛИК И ОБЕЗЬЯНА»

Обезьяна повстречала друга Кролика и сказала ему:

— Послушай-ка, у бабушки Львицы недавно родились внучата. Ты ведь знаешь, она мастерица убивать, но вряд ли сумеет хорошо воспитать своих детей. Давай пойдем к ней и предложим себя в няньки. Она, наверное, согласится. А потом мы, как только представится возможность, убьем всех детенышей и съедим. Заодно и саму Львицу.

Кролик, конечно, согласился. Но когда два друга явились к бабушке Львице, она сразу подняла лапу и хотела их убить.

— Ай-ай-ай, бабушка! — закричали оба. — Не ешь нас, мы еще маленькие! Разве тебе хватит нашего мяса, чтоб утолить голод? Отпусти нас. Если ты это сделаешь, мы приведем к тебе наших взрослых, таких большущих, как бабушка Пакаса, тетушка Жавали!

Львица согласилась.

— Но только знаешь что, бабушка, для того чтобы они пришли, тебе надо улечься вон там, в высокой траве, и притвориться мертвой, — потребовала Обезьяна.

И Львица спряталась в высокой траве, растянулась на боку, совсем как мертвая, а Обезьяна и ее друг Кролик встали в дверях ее дома, забили в барабаны и запели:

Умерла бабушка Львица, Мы свободны! Умерла бабушка Львица, Мы свободны!

Все звери, и маленькие и большие, так обрадовались, что сбежались из ближайших лесов и полей и стали отплясывать вокруг Львицы. Неужели она умерла? Какая радость! Просто невозможно в это поверить! Барабаны гремели — дум-дум-дум, дум-дум-дум, дум-дум-дум! — а звери плясали и плясали вне себя от счастья.

Друг Кролик и друг Обезьяна, когда пляска была в самом разгаре, бросили барабаны и тоже пустились в пляс. Но тут дверь дома захлопнулась. Львица тотчас выскочила из травы и стала хватать всех, кто попадался ей в лапы. Ведь зверям некуда было спрятаться. Схватила она и двух друзей — Кролика и Обезьяну, щелкнула зубами: сейчас их съест.

— Ай-ай-ай, бабушка! Не убивай нас! — взмолилась Обезьяна. — Разве ты не хочешь, чтобы мы принесли тебе хвороста? Ты что, не будешь зажаривать все это мясо? Ай-ай-ай, неужели не хочешь?

Львица подумала, подумала и согласилась. Действительно, мяса много, зажарить его надо, а хворосту у нее нет! И она отпустила Кролика и Обезьяну за хворостом.

Бегом помчались они в лес. Но здесь вдруг их повстречал огромный удав Китаселе. Он высунул раздвоенный язык и приготовился проглотить обоих.

— Аи, дедушка Китаселе, не убивай нас, подожди немножко, вот увидишь, мы приведем тебе па обед такую же громадину, как ты сам! А мы ведь еще маленькие, па нас еще и мяса-то нет никакого! — взмолилась Обезьяна.

Тогда удав Китаселе отпустил их. Понеслись друзья к Львице.

— Ой-ой-ой, бабушка, мы не принесли хвороста! Нас чуть не проглотил дедушка Китаселе. Пойдем вместе с нами. Он тебя испугается. Ведь тебя все боятся. Ты же сильнее всех! — сказала Обезьяна.

И Львица пошла вместе с ними в лес.

Обезьяна незаметно забежала вперед и предупредила дедушку Китаселе:

— Громадина, такая же, как ты, уже здесь!

Удав Китаселе выполз из своего убежища и убил Львицу.

— Дедушка Китаселе, видишь, мы тебя не обманули! А если бы ты знал, сколько мяса еще лежит у нее в доме! Пойдем зажарим его! — предложила удаву Обезьяна.

Все втроем пошли, понесли хворост кто как мог: Обезьяна — в лапах, Кролик — в зубах, а удав захватил сучья и хвостом и головой.

— Ты, дедушка, подожди здесь немного, а мы теперь пойдем принесем огня. Вот видишь: люди работают в поле, у них мы и возьмем огонь.

А люди издали уже увидели огромную змею и бросились бежать. Люди разбежались, а Обезьяна выхватила горящий уголек из костра и радостно закричала:

— Ну, дедушка Китаселе, теперь пойдем жарить мясо!

Огромный Удав от жадности забыл о том, что держит хворост и хвостом и головой. А Обезьяна поднесла уголек и к хвосту и к голове змеи. Сухой хворост сразу же вспыхнул, и Удав сгорел. И все мясо досталось Обезьяне и ее другу Кролику. Вот-то пировали они!

«ДВА ДРУГА — СЕША И БАМБИ»

Жили-были две антилопы — Сеша и Бамби. Сеша, желая доказать, какие по-настоящему дружеские чувства он испытывает к Бамби, предложил другу погостить вместе у своих родных. Пришли они к родственникам Сеши, пожили несколько дней, а потом Бамби, чтобы проверить, действительно ли Сеша настоящий ему друг, сказал:

— Знаешь, мне очень нравится твоя сестра.

— Ну что ж, если она тебе и правда нравится, я сделаю так, чтобы она с тобой поговорила наедине, а потом вышла бы за тебя замуж!

Сеша рассказал сестре о чувствах своего приятеля. Бамби признался в любви, и родственники приняли предложение. Уж, казалось бы, какое еще нужно доказательство искренней дружбы?

Но вот через несколько дней Сеша сказал своему другу, что им пора отправляться домой. Тогда Бамби, чтобы еще раз проверить, как к нему здесь относятся, прикинулся больным. И верный друг Сеша тоже решил задержаться.

Бедный Бамби лежал без движеения, закрыв глаза. Родственники Сеши позвали колдунов, чтобы те вылечили несчастного. Но колдуны в один голос твердили, что гость совершенно здоров и просто притворяется.

— Эй, приятель, поднимайся! Ты же здоров! Нам пора уходить! — укоризненно сказал Сеша, легонько толкая друга.

А Бамби лишь тихонько вздохнул:

— Ох, приятель, мне очень стыдно! Оставь меня в покое!

Еще через несколько дней ничего не евший Бамби стал выглядеть так плохо, что все решили: уж не умирает ли друг Сеши? Опечаленный Сеша собрался идти за носилками, на которые обычно кладут покойников. Прежде чем прибить новую циновку к палке, он еще раз подошел к другу и сказал ему совсем тихо, так, чтобы никто не слышал, в самое ухо:

— Эй, приятель, вставай! А то мы похороним тебя!

— Айюе! Хороните меня, хороните! Мне очень стыдно!

— Но почему тебе стыдно? Ведь ты ничего не украл, не совершил никакого преступления, не брал ни у кого в долг...

— Оставь меня, оставь меня, приятель! Мне очень стыдно! Неподвижное тело Бамби положили на носилки. Принесли носилки к краю глубокой ямы. Сеша наклонился над Бамби, пытаясь еще раз образумить его:

— Приятель! Мы сейчас похороним тебя! Разве ты не видишь, что мы тебя положили рядом с могилой? — прошептал он ему тихо-тихо и заплакал.

— Я тебе уже сказал: хороните меня! Мне так стыдно, что я не могу жить на свете!

— Но почему тебе стыдно? Признайся мне! Ведь ты ничего не украл, ведь ты не совершил никакого преступления, не брал ни у кого в долг... Встань скорее! Ведь это глупо так себя вести! Ты в конце концов действительно умрешь! Как я буду жить без тебя? Ведь я твой настоящий друг!

— Ох-ох-ох! Вот поэтому я теперь и должен умереть! Мне стыдно потому, что я не верил в твою дружбу! Оставь меня! Теперь я умру! — сказал Бамби так тихо, что Сеша ничего не расслышал.

Огорченный таким упорством друга, Сеша попробовал его растолкать, поднять. Но это было уже невозможно. Бамби больше не шевелился и не дышал. Он действительно умер.

Тогда Сеша в безумном горе упал на землю с ним рядом и потребовал, чтобы его похоронили в этой же яме вместе с другом.

Но родственники запротестовали. Что он, с ума сошел, что ли? Что он, вина напился? Как он может думать о том, чтобы его похоронили заживо? Пусть сейчас же поднимется с земли, оставит в покое этого безумца, который все равно уже умер!

Услышав такие упреки, Сеша поднялся с земли, грустно посмотрел на своего умершего друга и сам засыпал землей глупого Бамби, который не верил в настоящую, искреннюю дружбу.

«ЗМЕЯ»

Муж и жена прожили вместе много лет, но детей у них не было. Жена постоянно жаловалась:

— Ох-ох-ох! И для кого только мы работаем и в доме, и в поле, ну для кого? Для себя? Но много ли нам надо! А после нас кому это все достанется? Кому? Чужим людям. Кто-то чужой будет есть в нашем доме, спать в нем. И перепортит все, что мы сделали за свой век... А вот если б был у нас сын, он помогал бы нам работать, вместе с нами ел бы то, что мы собираем в поле…

Муж утешал ее:

— Ну, что ты все жалуешься? Ведь не одна ты, многие женщины не имеют детей… А работаем для того, чтобы жить. Были бы здоровы, а остальное неважно!

Жена не соглашалась с ним и, не переставая, жаловалась на свою долю. Однажды ночью ей приснилось, что стоит она на берегу озера, набирает воду в кувшин, а к ней вдруг подходит какая-то старушка и говорит:

— Здравствуй, добрая женщина!

— Здравствуй, бабушка…

— Вот ты все жалуешься, что у тебя нет детей. Хочешь, у тебя будет дочка?

— Конечно хочу, очень хочу!

— Ну, хорошо. Исполнится твое желание. Смотри, только не рассказывай никому свой сон.

Женщина проснулась. Села на циновку. Она так разволновалась, что закурила трубку.

Муж тоже проснулся и удивленно спросил:

— Что с тобой?

— Так, ничего… не хочется спать…

— Нет, неправда. Раньше ты никогда ночью не курила… Но женщина, выполняя совет старухи, не сказала ему про свой сон. Она решила выйти из дому, прогуляться: разговор со старухой не выходил у нее из головы.

Но муж не позволил жене выходить из дому. Разве она не понимает, что это опасно? Разве она не знает, что ночью поблизости бродят дикие звери?

Сон — как смерть, он приходит, даже когда его не ждешь. И женщина в конце концов заснула. И муж задремал.

Женщине снова приснилось, что она на берегу того же самого озера, с тем же самым кувшином, который наполняет водой. И опять она слышит голос той же старушки:

— Послушай, женщина, если я сделаю так, что ты родишь, ты выполнишь обет?

— Конечно, выполню!

— Так вот, у тебя будет дочка. Только помни: девочка никогда не должна видеть своего лица — ни в зеркале, ни в стекле, ни отраженным в воде. Смотри, если увидит свое лицо, потеряешь дочку.

Утром женщина проснулась очень довольная. И хотя муж, напомнив жене о странном поведении ночью, стал бранить ее, она ему ничего не рассказала.

Очень скоро у нее начал расти живот. И люди кругом зашептались:

— Смотрите-ка! Она беременна! Вы видели ее живот?

В сказках месяцы проходят быстро. Когда настало время, у женщины начались роды. Пришла повивальная бабка, и на свет появилась необыкновенно красивая девочка.

Люди продолжали шептаться:

— Ну что, разве мы не говорили? Она действительно была беременна. Подумать только, так долго у нее не было детей! Вот удивительно!

В первую же ночь после родов женщине опять приснился тот же самый сон.

— Теперь у тебя есть ребенок, — сказал знакомый голос. — Но знай: никто не должен его видеть. Девочка не должна выходить из дому, запомни это!

И женщина стала делать все, чтобы никто не видел ее дочку. Она даже перестала в поле работать. А когда ей нужно было идти за водой, сторожил ребенка отец.

Малютка уже ползала, когда женщине опять приснился знакомый сон. Теперь старушка сказала:

— Девочку уже можно показывать людям. Зовут ее Самба. Не забудь только о том, что я говорила тебе раньше: она не должна видеть своего лица — ни в зеркале, ни в стекле, ни в воде!

Весь народ изумился, увидав девочку:

— Ох! Ох! Ох! Что за невиданная красота! Такого ребенка еще свет не видывал!

Мать снова начала работать в поле, оставляя девочку играть с другими детьми.

Единственная, любимая дочка, Самба всегда была чистенькая и нарядная. Родители холили ее, ласкали. Когда она стала постарше, отец и мать взяли ее с собой в поле. Они показали ей, как растет маниока, как выглядят сладкие бататы, земляные орехи. Самба смеялась от радости, все ей было ново и интересно. Отец и мать наполнили две огромные корзины овощами и клубнями, и все вместе пошли домой.

И вдруг, когда они шли по открытому полю, небо затмила огромная туча и хлынул дождь!

Родители бросились бежать. Но маленькая Самба не торопилась. Она впервые в своей жизни очутилась под дождем, и он ей очень понравился.

Мать, тревожась, что с дочкой случится какое-нибудь несчастье, заплакала и стала звать девочку:

Самба, Самба, беги от дождя, Торопись, моя дочка, Самба, Самба, беги от дождя!

А девочка, продолжая не спеша идти по дороге, отвечала:

— Мама, не могу я бежать, Браслеты сломаются на ножках. Отец, не могу я бежать, Браслеты сломаются на ручках!

Наконец, все мокрые от дождя, они добрались до дому. К счастью, с девочкой не случилось ничего плохого. Она даже не заметила огромную змею, которая, как толстое бревно, лежала у края дороги, нежась в теплой воде.

Через несколько лет по совету добрых соседей Самбу отдали на выучку женщине — должна же девочка уметь убирать дом и готовить еду. Об одном только просили родители эту женщину: спрятать все зеркала, какие есть в доме. А окон со стеклами здесь не было.

Все шло хорошо. Но однажды Самбе, когда она убирала комнату, захотелось открыть сундук. Самба повернула ключ, торчащий в замке, открыла крышку и заглянула внутрь. Сколько там вещей! Одну вещь за другой она вынимала и отбрасывала в сторону — это все ей неинтересно. И вдруг она увидела зеркало. Удивленная, она вытащила его и вскрикнула:

— Ах, что это такое? Кто это?

И сразу же онемела. В эту минуту вошла хозяйка дома. Что она ни говорила, сколько она ни трясла Самбу за руки, девочка молчала, только качала головой, и крупные слезы катились по ее лицу. И вдруг прямо на глазах у хозяйки девочка исчезла, как сквозь землю провалилась.

Женщина бросилась ее искать. Куда могла девочка деваться? Отчаяние охватило женщину, но тут она вспомнила про зеркало. Как же она сразу не догадалась? Ведь сундук открыт! Все вещи в нем перерыты!

Через несколько дней, как обычно, мать пришла проведать Самбу. Она принесла на голове в подарок хозяйке большую корзину с плодами и овощами. Узнав о случившемся, мать горько зарыдала.

Все родные искали Самбу, все знакомые... Пропала любимая., долгожданная дочка!

А в это время Самба очутилась вблизи одного дома. И хозяин этого дома и вся прислуга пожалели несчастную девочку. Такая красивая и немая! Самбу послали работать на кухню. Она оказалась очень чистоплотной, хорошо мыла посуду. В общем все были ею очень довольны.

Однажды, когда повара на кухне не было, огромная змея, невесть откуда взявшаяся, проглотила всю приготовленную на день еду. Вернулся повар увидел, что все съедено, и решил, не иначе как Самба это сделала. Повар пожаловался хозяину, и Самбу выгнали. Ведь девочка была немая и ничего не могла объяснить!

Самба пришла в другой дом, и тут ее пожалели и ласково приняли. Но змея появилась и здесь. Она вползла в дом, когда не было хозяев, и перебила всю посуду. Хозяева обвинили в этом Самбу, избили ее и прогнали.

И снова бедняжка должна была искать новое место. Здесь ее тоже пожалели. Но проклятая змея и тут не давала ей покоя. Она появлялась невидимо для всех в тот момент, когда в доме оставалась одна Самба, и также пожирала еду, била посуду. Однако хозяева не свалили всю вину на Самбу. Они ведь по-настоящему любили ее.

Как-то хозяин собрался ехать в город. Перед отъездом он созвал всю семью и всех слуг и спросил, кому чего привезти. Не пришла только Самба: хозяйка дома не позвала девочку — все равно бедняжка ничего не сможет сказать, ведь она немая! Но хозяин потребовал, чтобы Самба тоже пришла.

Когда хозяин спросил ее, что она хочет, чтобы он ей привез, к великому удивлению всех, Самба вдруг заговорила. Робким голосом она попросила хозяина привезти ей нож, «чтобы сам резал», точильный камень, «чтобы сам точил», и светильник, «чтобы сам зажигался». Сказав это, девушка снова онемела.

Хозяин уехал. А когда он вернулся домой, то привез каждому то, что он просил. С приветливой улыбкой он отдал Самбе нож, точильный камень и светильник.

Самба спрятала подарки у себя в комнате. Глубокой ночью туда вползла змея. Но из-за подушки Самбы мгновенно выскочил нож и начал кромсать змею, точильный камень стал на ходу точить нож, а светильник ярко вспыхнул, чтобы сжечь куски змеиного тела.

Рано утром в комнату Самбы вошли хозяева и остолбенели от ужаса, увидев раскиданные по полу куски громадной змеи, искромсанные и обожженные. А Самба, к которой снова вернулся дар речи, объяснила, что эта змея была причиной всех ее несчастий. Все, что произошло с Самбой, было делом злого колдовства. А теперь всем несчастьям пришел конец.

Самба вернулась к своим родителям и стала жить с ними, окруженная заботой и любовью. А потом на ней женился один из сыновей того человека, который привез Самбе нож, точильный камень и светильник.

«КОШЕЛЁК»

Один человек долго не мог найти работу. И вот наконец нашёл у одной богатой женщины. Работы у неё было очень много, денег она платила очень мало, а есть ничего не давала. Когда человек начинал жаловаться, скупая женщина спрашивала: разве не сам он просил у неё работы, разве не сам предлагал свои услуги? Бедный человек день и ночь трудился, так много трудился, что ему некогда было даже пойти купить себе чего-нибудь поесть. От голода и от тяжёлой работы человек скоро умер. А жестокая хозяйка велела выбросить его труп.

Какой-то путник увидел брошенное посреди дороги тело и пожалел беднягу. Неужели некому было его похоронить? Откуда он родом?

Нагнулся путник над бесчувственным телом и увидел, что из кармана торчит маленький кошелёк. Он открыл его и неожиданно увидел деньги!

Слухом земля полнится. Узнала хозяйка об этом кошельке и потребовала половину денег, сказав, что раб принадлежал ей. Но путник упрекнул женщину за бесчеловечность:

— Почему ты выбросила его тело? Наверное, он был тебе очень противен. А раз противен он, значит, тебе должны быть противны и его деньги.

И оставил кошелёк себе.

«КРОЛИК И ОБЕЗЬЯНА»

Долго стояла засуха, и звери в лесу голодали. Два друга — Кролик и Обезьяна — решили жить вместе, потому что вместе легче добывать пропитание. Обезьяна сделала маленький домик на макушке большого баобаба. В нем они и поселились. Но у друзей были еще старенькие матери. Их они тоже пристроили в своем домике.

Обезьяна и Кролик обычно вдвоем ходили добывать еду. А возвращаясь, поднимались по веревке на дерево и кормили матерей.

Однажды Обезьяна, заметив, как исхудала ее мать, решила убить мать Кролика. И вскоре, забравшись по веревке на дерево, когда друга Кролика не было дома, она осуществила свое злое намерение, а труп сбросила с дерева на землю.

— Зачем ты убила ее? — горько заплакала мать Обезьяны.

— Я убила ее, потому что на вас двоих у нас не хватает еды. Разве ты не видишь, как ты похудела? Мне тебя очень жалко!

— Ты очень плохо поступила. Очень плохо! — продолжала плакать старушка.

— Смотри, мама! — строго сказала Обезьяна.- Если друг Кролик спросит тебя, куда девалась его мать, скажи ему, что ее съел голодный дядя Леопард.

Когда Кролик вернулся с охоты и хотел было забраться на дерево, чтобы покормить свою мать, Обезьяна сказала ему:

— Леопард перегрыз веревку, друг Кролик, не совсем, правда, перегрыз, но она еле держится, и ты по ней не взберешься.

Кролик сначала поверил. А потом он заподозрил неладное. Да и как будет его мать жить без еды! И вот, сказав Обезьяне, что он сегодня придет поздно, Кролик вернулся раньше обещанного и благополучно забрался по веревке па верхушку баобаба. И тогда мать Обезьяны обманула Кролика. Она сказала Кролику, что его мать съел Леопард.

Бедный Кролик горько заплакал. Он долго плакал, а потом решил, что теперь будет сидеть все время в этом домике, одиноко доживать свои дни.

Вернулась Обезьяна, увидала плачущего Кролика и стала гнать его из дому. Но Кролик наотрез отказался покинуть свое жилище.

— Леопард съест и тебя! — закричала Обезьяна.

— Ну и пусть. Я теперь один на белом свете. Зачем мне жизнь?

— Ты просто глупец! — заявила Обезьяна.

Кролик долго-долго раздумывал, отчего умерла его мать. И чем больше думал, тем сильнее сомневался в том, что ее съел Леопард. И однажды, когда Обезьяны не было дома, он пристал к ее матери с расспросами: отчего умерла его мать. И та, расплакавшись, во всем ему призналась.

— Мою мать теперь уже не вернешь! — грустно сказал Кролик.- Но дружбе нашей конец. Мне жалко тебя, и я не буду убивать тебя, хотя и надо было бы отомстить Обезьяне! Живите одни на дереве, а я пойду искать себе другое пристанище.

С тех пор Кролик и Обезьяна живут врозь: Кролик — на земле, а Обезьяна — на дереве.

«МЕСТЬ СОБАКИ»

Жил-был старый вождь. У него была собака. Однажды какой-то незнакомец-охотник попросил у вождя пристанища. И вождь не отказал ему в приюте.

Через некоторое время пришелец обокрал вождя и убежал. Вор знал, что за ним будет погоня, и спрятался в высокой траве рядом с домом вождя. А вождь, думая, что вор ушёл далеко, без опасения вышел из дому, и тогда вор убил вождя.

Собака, которая следовала по пятам за своим хозяином, погналась за убийцей, настигла его, повалила на землю и загрызла. Жалобно завывая, оплакивая смерть хозяина, пошла она по тропинке.

Собаке встретился человек, который спросил, какое горе её постигло. И собака рассказала ему о неблагодарности охотника.

Прохожий посочувствовал собаке и спросил, чем он может ей помочь. Собака ответила, что ей нужно только одно: чтобы он похоронил её убитого хозяина. И прохожий сделал это.

В знак благодарности собака отдала ему всё имущество убитого хозяина. Человек с радостью принял этот дар и даже поселился в доме вождя. Но он плохо кормил собаку. И через некоторое время собака заболела и издохла. Как раз в этот день какой-то прохожий постучал в дверь и попросил пристанища. Хозяин дома разрешил ему остаться. И вот однажды пришелец похитил у своего спасителя всё имущество и оставил его в нищете.

И человек пошёл искать работу, потому что ему нечего было есть. Но он никакой работы не нашёл, никому он не был нужен.

Устав от напрасных поисков, голодный и грустный, он лёг в тени под большим деревом и заснул. И собака явилась ему во сне.

— Так вот как ты отблагодарил меня за всё добро, которое я тебе сделала! Если б ты меня кормил хорошо, не морил голодом, я б не издохла. А теперь до конца своих дней ты будешь сам, как бездомная собака, бродить от дома к дому, но не найдёшь никого, кто приютил бы тебя и накормил! — сказала собака.

«О ГХАГАРА И ГХАУНУ»

В давние времена дождь был человеком — Гхауну. Его женой была младшая сестра птицы Гхагара. И вот Гхагара решил забрать свою младшую сестру у её мужа Гхауну и отправился за ней, чтобы отвести её обратно к родителям.

А Гхауну стал преследовать своего шурина, и они увидели, как он прошёл возле них, за холмом, — заклубились облака и исчезли.

Гхагара стал торопить сестру:

— Надо идти дальше, до дома ещё далеко! Гхауну прошёл возле них — появились облака и снова исчезли.

Гхагара сказал своей младшей сестре:

— Ну, иди дальше, ведь ты же видишь, это Гхауну!

И она шла дальше с тяжёлой ношей — она несла вещи мужа. Они были подобны воде и давили ей на спину, пригибая её к земле, и становились всё тяжелее.

Гхауну опять прошёл мимо них, за холмом, — они увидели, как снова появились облака и исчезли.

Их дом был уже неподалёку.

Гхагара подождал, пока сестра его нагонит, и воскликнул:

— Да что там за тяжесть ты тащишь с таким трудом?!

Услышав, как Гхагара говорит о его вещах, Гхауну разгневался. Он чихнул, так что кровь брызнула из его ноздрей, и метнул в Гхагара молнию. Но Гхагара, подняв руку, тут же отбил удар и метнул молнию в Гхауну. И они стали метать друг в друга молниями.

Гхагара сказал сестре:

— Не отставай, иди рядом со мной, ты же видишь, твой муж не даёт нам передохнуть и мечет молнии одну за другой. Так Гхагара и Гхауну, сердитые друг на друга, всю дорогу метали друг в друга молнии. Гхауну думал, что отгонит Гхагара молниями, но Гхагара не боялся их огня и, в свою очередь, отгонял мужа своей младшей сестры Гхауну. А муж его младшей сестры всё метал молнии в своего шурина.

А потом Гхагара метнул в мужа своей младшей сестры чёрную молнию, и эта смертоносная молния отогнала Гхауну. Он упал и лежал в агонии, громыхая громом.

А Гхагара обвязал голову сетью, так как она у него раскалывалась от боли, и вернулся домой. Гхагара натёрся бушу и натёр бушу также свою младшую сестру. Он лёг в своей хижине.

А Гхауну лежал там, где его сразила молния, громыхая громом.

Мои бабушки говорили: когда на востоке скапливаются тяжёлые облака, которые громоздятся друг на друга, как горы, и сверкает молния,- это Гхагара и Гхауну борются друг с другом.

«ЦАРИ ЖИВОТНЫХ»

Жили-были муж и жена и были у них три дочери. Первую звали Луанда, вторую — Мукажи и третью — Мбежи. Когда они стали взрослыми, все три вышли замуж. И вместе с мужьями отправились жить в дальние края.

У Луанды муж был Царь птиц. У Мукажи — Царь антилоп. А у самой младшей, Мбежи, — Царь рыб. Среди людей мужья сестёр выглядели как все люди, и разговаривали, и вели они себя тоже как люди. Только у себя дома они принимали свой настоящий облик.

Пристроив дочерей, женщина снова забеременела. На этот раз у неё родился мальчик. Он был последним ребёнком. Когда ему исполнилось шесть лет, он пошёл в школу. Однажды мальчишки, его соученики, за что-то на него рассердились и закричали:

— Убирайся прочь! Не хотим с тобой играть! Ты не такой, как мы! И наши сёстры не такие, как твои! Наши сёстры не выходили замуж за животных!

Мальчик, от которого мать скрыла, что у него есть старшие сёстры, прибежал домой в слезах и потребовал, чтобы ему сказали правду. Где его сёстры? Почему он о них ничего не знает?

— Пускай себе мальчишки говорят! Это они просто от зависти! Все мальчишки такие,- утешала его мать.

И мальчик поверил ей. Но через несколько дней мальчишки снова стали дразнить его и опять напомнили ему о сёстрах.

Снова мальчик в слезах прибежал к матери, и снова она скрыла от него правду.

Мальчик рос и столько раз слышал от чужих людей рассказы о его сёстрах, что, став юношей, решил отправиться на их поиски.

— Но куда ты пойдёшь? У тебя нет никаких сестёр! Ты наш единственный сын! — отговаривала его мать.

— А я всё равно пойду. Я пойду в самую чащу леса, где плачет только дитя птицы, где никогда не было слышно плача ребёнка…

Смирившись, родители отпустили упрямого сына. Мать приготовила большой узелок с едой, сунула в него и бутылку воды.

Юноша отправился в путь. Ночью он спал на деревьях, привязываясь к ветвям верёвкой. Когда еда, взятая из дому, кончилась, ему пришлось есть то, что едят обезьяны. Когда вода в бутылке, которую ему дала мать, тоже кончилась, он пил воду из ручья или болота.

Бежали дни, бежали недели, бежали месяцы. А он всё шёл и шёл. И ни разу он не видал ни одной хижины. Он видел только деревья и узкую тропинку среди них, проложенную путниками, по которой он шёл куда глаза глядят.

Так прошёл год. Однажды, поднявшись на высокую гору, он заметил дымок. Юноша обрадовался. Значит там, внизу, люди. Он ускорил шаг, но добрался до первого дома только на следующее утро.

АФРИКАНСКИЕ СКАЗКИ

«АНАНСИ — СТАРЕЙШИЙ ИЗ ЖИВЫХ СУЩЕСТВ»

Однажды полевые лесные звери поспорили, кто из них старше и заслуживает большего уважения. Каждый из них твердил:

— Я старейший из живых существ! Они спорили долго и горячо и наконец решили

обратиться к судье. Пошли звери к пауку Ананси.

— Кваку Ананси, мы никак не можем решить, кто из нас достоин наибольшего уважения. Выслушай нас!

Ананси приказал своим детям принести ему скорлупу ореха, с большим достоинством уселся на нее, словно вождь племени на резном стуле, и стал слушать.

Первой начала цесарка:

— Клянусь, говорю истинную правду! Я старейшая из всех живых существ. Когда я родилась, произошел великий лесной пожар. Никто в мире, кроме меня, не потушил бы его! А я не побоялась пламени и затоптала огонь. Я тогда сильно обожглась, и, как вы можете сами убедиться, ноги у меня до сих пор красные.

Звери посмотрели на ноги цесарки и увидели, что они и в самом деле красные. И тут все разом воскликнули!

— Да, да! Она старше всех нас! Потом заговорил попугай:

— Клянусь, что говорю правду! Старейший из всех живых существ — я. Когда я появился на свет, не было еще никаких инструментов и орудий. Это я изготовил первый молот для кузнецов; я стучал по железу клювом, отбивая железо, потому-то у меня клюв и стал кривой.

"Что же делать?-растерялся ворон.- Вода-то ведь прибывает!"

— Крупнолобики! — взмолился он. — Отпустите меня! Я же утону!

Молчат крабы, хоть бы один откликнулся.

— Эх вы, какой ручей пропадает! — вздохнул ворон. — Я только затем и прилетел, чтобы подарить вам тот ручей, да заболтался что-то, кра-кра...

— Какой ручей? Где он?- всполошились крабы и тут же отпустили ворона.

— Пошли провожу, — засмеялся ворон и, взмахнув крыльями, полетел вдоль берега.

А немногие смельчаки, те, что последовали за ним, быстро сбили на камнях свои башмаки и вернулись.

Полетел ворон вдоль берега и увидел вдруг рыбку. "Кто-то ее потерял", — решил ворон и стал лакомиться. Наелся и полетел. Летит, блестит на солнце: чешуя налипла на перьях, вот и сияет. Смотрит ворон, стоит на берегу медведь, оленя свежует.

— Кра-кра, — окликнул его ворон. Поднял голову медведь, удивился:

— Что с тобой, ворон? А ворон в ответ:

— Прости медведь, тороплюсь. Видишь, даже почиститься не успел.

— Да что стряслось-то? — не отстает медведь.

— Ох, боюсь, не успеешь ты, косолапый. Там ее столько!.. На всю зиму хватит, если, конечно, не растаскают...

— Ты это о чем? О рыбе? — догадался наконец медведь.

— Ну да, — обрадовался ворон. — Беги скорее, а я оленя посторожу.

Медведь поспешил к рыбе, а ворон преспокойно принялся за оленя. Наелся и улетел, только его и видели. Вернулся медведь злой, усталый, а ворона и след простыл: улетел подальше от берега, чтоб медведь не нашел. Да и ягод ему захотелось: после рыбки да оленины неплохо и ягодами полакомиться.

Полетел ворон к белке. Уселся возле ее дома и стал ждать. А вот и белка с лукошком по веткам прыгает, домой торопится. Смотрит, на пороге ворон сидит.

— Посторонись, пожалуйста, — просит белка ворона. — У меня там бельчата голодные.

— Пустяки, — махнул крылом ворон. — Мы с тобой столько лет не виделись, кра... Расскажи лучше, какие новости? Слыхала, кто-то рассердил медведя? Говорят, он теперь зол на весь свет, кра... Да что ж ты молчишь?

— Меня бельчата ждут, пусти, — снова попросила белка. -Я скоро вернусь. Я же несу им поесть.

— Да я и сам спешу, — заверил ее ворон. — Из-за тебя только и задержался. А ягоды у тебя какие! Одна другой лучше!

Покосился ворон на лукошко, а белка на него смотрит. Смотрит и говорит:

— Знаешь что, давай потанцуем! А потом я угощу тебя ягодами, хорошо?

— Хорошо! — обрадовался ворон. — Жаль только, музыки нет, да и спешу я. Давай начнем прямо с ягод?

— Ха-ха-ха, — расхохоталась белка. — Да ты, наверное, и плясать не умеешь!

— Ну да уж, — обиделся ворон. — Знаешь, какие мы, вороны, музыкальные?

— Мы тоже,- гордо сказала белка. — Давай-ка я буду петь, а ты пляши. Посмотрим, как у тебя получится!

— Кра! — взмахнул крыльями ворон. — Я и с закрытыми глазами могу. Начинай!

И ворон, зажмурившись, закружился над деревом. А белка тут же юркнула в свой домик.

— Как можно! — возмущался потом ворон. — Такая кроха — и такая обманщица.

«БАБУЗЕ»

Жил-был вождь, имя его было Бабузе; и хотел он иӏти к девушке. Его отец воспретил ему; сказал он:

— Не ходи к той девушке, ибо кто идет, тот не возвращается.

Но вождь Бабузе сказал:

— Я хочу идти туда.

Тогда его отец согласился, дал ему много скота и сказал он:

— Ну, иди же.

Он дал ему людей, чтобы они шли с ним.

И он собрал всех людей и пошел. Сказал ему его отец:

— Дитя мое, не иди той дорогой, которая идет в гору; иди дорогой, которая спускается.

И пошел Бабузе. Но случилось, что у раздела двух дорог, оставил Бабузе ту дорогу, о которой говорил его отец, говорил ему идти по той; он пошел другой дорогой, о которой говорил его отец, говорил ему не идти по той.

Случилось дальше, встретился Бабузе с множеством зверей; они увидели его, когда он появился, и закричали ему, когда он был далеко:

— Бабузе, Бабузе, сын вождя!

И сказал Бабузе:

— Мой отец говорил мне, приказывая, чтобы я не шел этой дорогой; он говорил плохая дорога, с гиенами.

Так говоря о гиенах, он дал им много скота.

Они снова вернулись и сказали:

— Бабузе, сын вождя!

Он снова дал им скот, пищу гиен. И вот скоро скот пришел к концу. Они опять попросили и сказали:

— Бабузе, сын вождя!

Он тотчас отдал людей.

Они вернулись и повторили снова, сказали они:

— Бабузе, сын вождя!

Теперь прикончил он для них людей. Опять попросили гиены. Теперь он не знал что делать, ибо люди все кончились. Теперь он шел один.

Гиены вернулись и попросили снова, сказали они:

— Бабузе, сын вождя!

Он побежал и встретил впереди полевую мышь.

Сказала полевая мышь:

— Обдери меня и держи в руке мою шкуру.

Он ободрал ее тотчас, ибо тут были гиены, которые собирались есть, которые были близко. Взял он шкуру и она тотчас подняла его ввысь, когда явились гиены, желая его съесть; подняла она его далеко в облака, гиены же бродили по земле. Гиены вернулись обратно.

И шкура повлекла его в облака; она положила его на краю селения, там где была девушка, которую он любил. И вошел он в дом, идя теперь по тверди. Шел он со шкурой, привязанной к своему жезлу.

И дома люди открыли празднество, сильно радуясь, говоря: «Пришел жених дочери вождя».

Были ему зарезаны быки. И он остался. В конце года, в который он ушел, он еще оставался там. Когда окончился год, отец девушки созвал большую свадебную партию, чтобы она справила свадьбу его дочери. Пошло множество людей.

Сказал Бабузе:

— Дай мне также много скота, ибо там, по пути, гиены; ибо сам я был там со множеством людей, которые были мне даны моим отцом, в пути они были съедены гиенами. И он дал ему много скота. И пошел он с девушкой, скотом и людьми.

И он пришел туда, где гиены отстали от него; он нашел мясо полевой мыши, он положил шкурку на мясо полевой мыши; и зарезал он для полевой мыши вола, оставил он все его мясо и было оно съедено полевой мышью.

Встретил он гиен; они опять попросили, сказали:

— Бабузе, сын вождя!

Он им больше ничего не дал. Брат девушки заколол одну гиену, которая была их вождем, и все гиены сдохли.

И теперь шли они благополучно. Явились они к своему дому и был плач, ибо увидели, что вождь возвращается, когда думали, что он умрет. И он явился в свой дом; было зарезано множество скота для свадебной партии и вождя, их сына. Они поженились и она сделалась великой женщиной. Ее братья не возвращались домой. Вся свадебная партия поселилась там.

«БЕДНЯК И ЕГО КРАСИВАЯ ЖЕНА»

Однажды султан услышал, что у одного бедняка есть красивая жена. Он тут же отправился и забрал ее себе.

Когда бедняк вернулся — жены дома не оказалось, а соседи сказали, что ее забрал султан. Бедняк задумалс: что же теперь делать? И решил: "Возьму-ка я барабан и начну бить в него, а когда люди спросят в чем дело, закричу: война! война идет!"

Так он и сделал.

И вот слухи о войне дошли до приближенных султана. Они побежали и сообщили ему:

— Война надвигается!

Султан испугался и убежал, забыв даже захватить с собой жену бедняка.

А красавица вернулась к своему мужу и сказала ему:

— Султан очень плохой человек! Все богачи — жадные. Если они видят, что за бедного человека некому заступиться, отнимают у него все, что захотят.

Вот так-то!

«БОЛЕЗНЬ ЛЬВА»

Прошло некоторое время, и Лев, как всем показалось, успокоился, стал забывать о Шакале. Он больше не искал его и никого о нем не расспрашивал. На самом же деле Лев решил хитростью заманить Шакала в свою пещеру.

Лев притворился больным и немощным, будто вот-вот отдаст богу душу. Разнесся слух, что он просит всех зверей навестить его, чтобы перед смертью повидаться с ними и простить друг другу все обиды. Звери поверили и пришли. Один за другим входили они в пещеру, а Лев с каждым из них в одиночку расправился и съел. Никто не вышел оттуда живым и невредимым.

Явился и Шакал. Но прежде чем войти, он крикнул:

— Как ты себя чувствуешь, царь зверей? Лев прислушался, узнал голос Шакала и принялся жалобно стонать, словно настал его смертный час.

— Войди, Шакал, поцелуемся в знак примирения, я умираю!

Однако хитреца Шакала не так-то просто обмануть.

— Мириться давай, но я спешу по своим делам и зайти не могу,- ответил он.

Уж как только Лев не заманивал Шакала, но тот не поддавался на уговоры.

— Я вижу только следы, ведущие в твою пещеру, но следов, ведущих наружу, я что-то не вижу,- ответил Шакал. Лев не выдержал и взревел:

— Будь ты проклят, предатель! Пусть вина за убийство тех, кого ты предал, тяжким грузом ляжет на твою совесть! И знай, отныне мы враги, с сегодняшнего дня между мной и тобой, моим и твоим потомством вражда до конца света!

По сей день между львами и шакалами жива вражда. Когда ночью в деревне слышен вой одного или стаи шакалов, значит, нет поблизости льва. Когда же, напротив, царит тишина и шакалы молчат, значит, где-то поблизости бродит царь зверей, хозяин этого края.

«БУРУНДУК И ГИЕНА»

Бурундук спустился к реке, чтобы наловить себе на обед рыбы. Сначала он складывал рыбу на берегу, потом принялся есть ее. Наелся досыта — а рыбы еще много. Тогда бурундук крикнул:

— Кто хочет рыбы, пусть идет сюда! Пришла гиена.

— Сегодня у меня была удачная охота, и я угощаю тебя,- сказал бурундук гиене. Гиена обрадовалась и съела все, что наловил бурундук. Тот очень рассердился. А гиена наелась и разлеглась на песке.

В это время прилетела цесарка, села на ветку и стала прихорашиваться.

— Ах, если бы у меня был такой красивый наряд! — воскликнула гиена, посмотрев, как цесарка расправляет свои перышки.

— Я могу помочь тебе,- сказал бурундук.- Если ты принесешь немного белой глины и нож, я сделаю тебе наряд не хуже, чем у цесарки.

Гиена была глупая. Ей и в голову не приходило, что бурундук сердится на нее за то, что она съела всю его рыбу. Она пошла и принесла острый нож и комок белой глины. Бурундук велел гиене лечь. Она легла. Тогда бурундук принялся ножом разрисовывать ей спину. Он исполосовал ее вдоль и поперек, а потом замазал царапины белой глиной. Гиена выла от боли, но бурундук приговаривал:

— Потерпи немножко, и у тебя будет платье, такое же пестрое и красивое, как у цесарки! Наконец он отпустил гиену, и она побежала в лес залечивать свои раны. А бурундук смеялся ей вслед:

— Теперь я тебе отомстил! Зачем ты сожрала всю мою рыбу?

С тех пор шкура у гиены так и осталась полосатой.

Так было.

«ВЕЛИКИЙ СОВЕТ ЗВЕРЕЙ»

Однажды звери собрались на Великий совет и сообща постановили, что отныне не будут пожирать друг друга, а будут жить в мире и дружбе. Льва они избрали своим владыкой. Затем выработали законы и определили наказания тем, кто нарушит эти законы.

Лев устроил свою резиденцию в большом лесу, где жил в окружении ближайших своих придворных — Шакала, Кабана, Лисы, Зайчихи, Осла, Курицы и Коровы. У каждого из них были свои обязанности: Кабан служил Льву циновкой, Шакал — одеялом. Зайчиха — подушкой, Курица несла яйца. Лис носил воду, Осел — дрова, а Корова давала молоко.

Жили звери в мире и покое. И хищники и травоядные бок о бок паслись на зеленых лугах. Вечно продолжалось бы их благоденствие, если бы не Шакал, советник Льва. Он-то все и нарушил. Ему одному, коварному и злобивому, не пришлись по сердцу новые порядки. Воспоминание о былых временах, когда у него вдоволь было и свежее мясо, и теплая кровь, бередили ему душу. И только страх перед Львом и его острыми когтями удерживал Шакала до поры до времени. Но в конце концов он решился прибегнуть к хитрости и начал тайно подстрекать придворных к непослушанию. А что из этого вышло, вы узнаете дальше.

«ВЕРБЛЮД, СЛОН И КУРЕГЕ»

Эта сказка о том, как верблюд, слон и куреге обрабатывали поле.

Однажды верблюд пришел к куреге и сказал ему:

— Я собираюсь обрабатывать поле. Мне нужен помощник.

— Хорошо. Я найду тебе помощника,- ответил куреге.- Это будет большой и сильный зверь.

Верблюд пошел на поле, расчистил его и сжег на нем высохшую траву.

Через нскоторое время к куреге пришел слон и тоже сказал ему:

— Я собираюсь обрабатывать поле. Мне нужен помощник.

И куреге ответил:

— Хорошо. Я найду тебе помощника. Это будет большой и сильный зверь. На следующий день, после дождя, слон отправился в поле, вскопал и засеял его. Спустя некоторое время на поле пришел верблюд и прополол всходы. Потом слон сделал вторую прополку. Наконец верблюд пришел и увидел, что зерно созрело; он срезал колосья, а слон связал их в снопы.

Но все это время слон и верблюд не встречались друг с другом.

Когда верблюд встретил куреге, он спросил его:

— Я обрабатывал поле, но я не видел помощника. Где он?

— Он сейчас придет,- ответил куреге,- но он велел, чтобы ты сделал яму для хранения зерна.

Верблюд выкопал уже большую яму, когда пришел слон и принес зерно. Слон увидел куреге и громко спросил:

— Я обрабатывал поле, но я не видел помощника. Где он?

— Вот он, в яме,- шепотом ответил куреге,- но он сердится, что ты так долго не приносил зерно. Сейчас он вылезет и будет бранить тебя.

А верблюд со страхом услышал, что к яме подошел какой-то большой и сердитый зверь.

Земля посыпалась со стен ямы.

Тут слон подумал, что оттуда сейчас выскочит кто-то огромный и страшный. Он испугался, бросил зерно и побежал в лес. Услышав его топот, верблюд выскочил из ямы и тоже бросился бежать. Так слон и верблюд убежали, а куреге остался и взял все зерно себе. На этом сказка кончается.

«ВИНОГРАДНЫЙ КУСТ»

Поссорились два приятеля и перестали знаться друг с другом. При встречах даже не здоровались. Так прошел год. Но вмешались друзья и ценой больших усилий сумели их примирить.

Однажды после примирения пошли приятели в лес. Ходили, ходили, устали и присели отдохнуть.

— Я хочу побрить голову,- сказал один из них.- Если у тебя бритва с собой, побрей меня.

— Ну что ж,- ответил второй.- Бритва у меня с собой, и я побрею тебя.

И начал он брить. А сердце этого человека все еще было полно затаенной ненавистью. Приставив бритву к горлу приятеля, он вдруг говорит:

— Мы здесь совсем одни. Если я сейчас зарежу тебя, об этом никто не узнает.

— Если ты сделаешь это, то всевидящий все равно узнает, расскажет об этом нашему султану, и тебя накажут.

Но тот, движимый злобой, словно не слышал, что ему говорят, полоснул бритвой по горлу приятеля и отсек ему голову. Потом вырыл около дерева яму и закопал труп. С тех пор чувство страха надежно поселилось в его душе. Прошли дни, месяцы и годы, а преступление так и не раскрылось. И успокоился преступник.

Года через три вспомнил убийца о случившемся и направился в лес к тому дереву, возле которого похоронил он убитого приятеля. Там он увидел большой виноградный куст с листьями ярко-зеленого цвета. С куста свешивались большие грозди красивых желтых плодов. Пахли они ароматно, как мускус. Протянул он руку, сорвал гроздь и съел несколько виноградинок. Показались они ему слаще сахара, и удивился он, тем более, что дело было зимой, когда виноград обычно не созревает. Пошел он домой, взял корзину, вернулся, наполнил ее доверху виноградом и решил отнести султану, правителю своей страны, эти прекрасные, созревшие не в свой срок плоды.

Представ перед султаном, пал этот человек ниц, поцеловал землю и преподнес ему подарок. Изумился султан, что виноград, да еще такой красивый и душистый, созрел зимой, взял гроздь из корзины и вдруг как закричит:

— Что это ты такое принес?! Я вижу там бритую мертвую голову!

Заглянул человек в корзину и видит: лежит там голова его приятеля, и кровь с нее каплет.

— Но ведь я принес только грозди винограда! — вскричал он в испуге.

И пришлось ему рассказать всю историю с самого начала. Выслушал его султан и говорит:

— Всевидящий раскрыл твое преступление и сообщил мне об этом. А теперь я приказываю: перережьте ему горло, как он сделал со своим другом.

«ВОЛК И ЛИСА»

Шли вместе однажды Волк и Лиса. Шли-шли и вдруг видят: впереди сад, ворота наглухо закрыты, а вокруг густая изгородь из колючего кустарника. А там, за изгородью, — множество деревьев и кустов с аппетитными плодами. И до того захотелось приятелям полакомиться, что у них даже слюнки потекли. Что делать? Решили пойти вдоль ограды — авось отыщется хоть какой-нибудь лаз. И впрямь отыскали они вскоре узкую лазейку. Волк насилу в нее протиснулся, а Лиса проскользнула легче легкого. В саду стали они рвать с ветвей сочные плоды, гроздья винограда. Волк-обжора ел, ел, пока живот у него не раздуло. А Лиса ела совсем мало — тут пару ягодок щипнет, там плод надкусит. А когда пришла им пора выбираться наружу, вернулись к той самой лазейке, через которую проникли в сад. Лиса шмыг — и уже по ту сторону ограды. А Волку удалось только голову и передние лапы просунуть. Тут откуда ни возьмись садовник. Увидел он серый волчий зад и давай колошматить по нему палкой. То ли от побоев, то ли от страха, но прибавилось у Волка прыти, удалось ему наконец вырваться наружу.

Недаром говорится: судьба не помогает тому, кто не предвидит последствий своих поступков.

«ВОЛК, У КОТОРОГО НЕ БЫЛО СЕРДЦА»

Заболел лев — царь зверей. Болеет день, другой, третий. Стали его навещать звери, приходили один за другим и желали скорейшего выздоровления. Побывали у него и слон, и тигр, и лиса, и обезьянка, и гиена, и даже ежик пожаловал. Пришел, поздоровался, поцеловал лапу хозяину леса, пожелал здоровья и долгой жизни. Да еще полюбопытствовал, что его мучает. Поблагодарил лев ежа за внимание и говорит:

Голова у меня болит, будто раскалывается, все тело ломит, а к ногам точно гири привязали.

— О наш повелитель, хворь твоя для меня яснее ясного, и могу я излечить тебя, царь зверей!

Разволновался лев и стал расспрашивать ежа о снадобье, которое ему надлежит принимать.

Еж еще раз внимательно поглядел на льва и сказал:

— Тебе непременно надо съесть сердце волка.

— Ну что это за снадобье! — возмутился лев.- Я столько съел этих волков на своем веку, что со счета сбился, а толку никакого — все равно заболел.

— Что правда, то правда, волками ты полакомился всласть, — говорит ежик. — Но вот отдельно волчье сердце ты никогда не пробовал. А ведь лучшего средства на всем свете не сыщешь.

Посмотрел лев по сторонам и видит: вокруг него десятки разных зверей стоят, но волка — ни одного.

— Как же так, куда попрятались все волки? Разболелся я совсем, вы же сами видите, так что не до охоты мне.

— Нет ничего легче, я найду волка и приведу его прямо сюда,- сказал еж и низко поклонился.

Лев поблагодарил ежа, и тот удалился, дав клятву, что выполнит обещанное. Бросился еж волка искать. Искал, искал и в конце концов нашел. А все дело было в том, что сам ежик давно мечтал отведать волчьего сердца, надеясь тем самым вернуть утраченные силы и здоровье, ведь был он уже не молод. Но разве мог он, маленький, сам справиться с волком? Вот еж и придумал хитроумный план: привести волка на расправу к царю зверей.

Поздоровался еж с волком и говорит с укоризной:

— Что случилось с тобою, волк? Ты так много охотишься и столько ешь, что просто зависть берет. По-моему, зря ты хлопочешь, пора подумать о будущем!

Удивился волк таким речам и спросил, что еж имеет в виду.

— Разве ты не слышал,- прокричал еж, высоко задрав голову,- заболел лев, все звери навещают его и желают ему здоровья. Один ты не являешься. Смотри, пройдет немного времени, поправится лев и снова пойдет на охоту. Что тогда? Само собой, тех, кто навещал его во время болезни, он не тронет. Понимаешь теперь, о чем я толкую?

— Твоя правда, брат еж, я и сам не раз думал об этом. Но что делать, ведь я так боюсь льва. Рассмеялся еж и говорит:

— Ну и глуп же ты, даже не верится. Чего тебе его бояться? Ведь болен он, серьезно болен, и будет рад, если ты его проведаешь. И уж можешь быть уверен, он никогда не забудет твоего доброго поступка, оценит твое внимание.

Согласился волк с ежом и решил не откладывая навестить льва. Стоило, однако, им приблизиться к логову льва, где тот лежал и лениво почесывался, как еж во весь голос закричал:

— Пришел волк, о царь лесов! Хочет справиться о твоем здоровье и желает тебе полного выздоровления!

Однако волк долго не решался приблизиться ко льву, ему почудилось, будто в глазах повелителя зверей мелькнуло коварство и алчность. "А вдруг это ловушка? Вдруг меня хотят застигнуть врасплох?" — подумал осторожный волк. Но, подбадриваемый ежом, он отбросил сомнения и, собравшись с духом, подошел поближе. Лев даже усмехнулся от радости: вот прямо перед ним стоит волк, протяни лапу — схватишь! Бросился лев вперед, пытаясь вцепиться в волка, но не тут-то было, тот оказался проворнее, выскользнул из лап льва и был таков.

— О царь леса! — гневно закричал еж.- Я выполнил свое обещание и привел волка, а ты упустил его! Теперь попробуй его поймай.

Опечалился лев и поник головою. Но еж утешил его:

— Ладно, не горюй, так и быть, я приведу волка еще раз. Но будь наготове, не дай ему снова скрыться.

И зашагал еж к лесу. Он решил непременно разыскать волка.

Все получилось так, как думал еж. Ему повезло.

— Почему ты разгневал льва? — спросил еж, когда наткнулся на волка.

— Разве ты не видел, что произошло, брат еж? — сказал волк.- Ты ведь помнишь: пришел я с тобой навестить льва, хотел пожелать ему здоровья, а что он сделал? Коварный лев прыгнул на меня, чуть не растерзал.

— Нет, нет! — закричал еж. — Это неправда! Ты слишком плохо думаешь об льве. Он хотел лишь обнять тебя. Разве мог владыка леса вместо благодарности наброситься на тебя? К нему приходили все звери, у него и в мыслях не было кого-нибудь обидеть. Он здоровался с каждым и каждого обнимал, а тебе почему-то показалось, что он тебя растерзать хочет...

Еж долго уговаривал волка, убеждал его снова пойти ко льву:

— Ведь ты помнишь, как лев удивился, когда увидел, что ты хочешь убежать от него. Гневу же его не было предела, когда он узнал, что ты плохо о нем подумал.

Правдами и неправдами удалось ему убедить волка пойти ко льву еще раз.

Когда оба они оказались в логове льва, еж шепнул волку:

— Подойди поближе, разве ты не видишь, лев хочет обнять тебя.

Не успел волк сделать и шага, как лев хватил его по туловищу лапой, да так сильно, что переломил пополам. Тут подбежал тихонько еж, быстро съел сердце волка и стал прикидываться, будто чем-то озабочен, будто что-то ищет и найти не может.

— О повелитель, у этого волка нет сердца,- сказал он наконец.

Лев сердито отшвырнул ежа далеко в сторону и сам принялся искать сердце, но все понапрасну.

— Вот уж никогда не думал, что бывают на свете волки, у которых нет сердца! — воскликнул лев и посмотрел на ежа.

— О повелитель, ты как всегда прав, — согласился еж. — Будь у этого волка сердце, вряд ли согласился бы он прийти к тебе во второй раз (Древние египтяне полагали, что сердце — источник мысли.).

«ВОЛШЕБНАЯ КОБЫЛИЦА»

Давным-давно жил-был царь, и был у него один сын Мухаммад. А жена того царя рано померла. Перед смертью призвала она к себе сына и говорит:

— Умираю я и вместе с родительским благословением дарю тебе эту кобылицу. Не простая она, волшебная. Береги ее. Если случится с тобою какая беда, выручит она тебя.

Прошло время, женился царь во второй раз. Невзлюбила новая жена царского сына, целыми днями все думала да гадала, как его извести.

Раз говорит кобылица Мухаммаду:

— Не ешь хлеба, он отравлен мачехой.

И юноша не стал есть хлеб. "Не иначе как его кто-то предупреждает, — подумала мачеха. — Надо бы еще что-нибудь сделать, да поглядеть, кто это ему помогает советом".

Так удалось злой женщине проведать, что Мухаммада оберегает говорящая кобылица.

А надобно вам знать, что эта женщина давно уже завела себе любовника, еще более хитрого и коварного, чем она сама. Во всем она слушалась его советов. Вот и надумал любовник, как им избавиться от кобылицы.

— Обложись под одеждой кусками черствого хлеба,- учил он ее.- Все услышат скрип, станут говорить: "У царицы спина скрипит". А я пройду мимо, да скажу: "Я знаю способ, как вылечить царицу".

Призвал царь к себе этого человека, спрашивает его:

— Скажи, что нам делать? Как избавить царицу от странного недуга?

— Есть у тебя молодая кобылица?

— Есть.

— Как зарежешь ее, царица сразу выздоровеет. Прознала кобылица свою судьбу, горько заплакала, а потом и говорит Мухаммаду:

— Не тужи, Мухаммад. Вырви из моей гривы три волоска. Как понадоблюсь тебе, сложи их вместе, тут я и приду на помощь.

Зарезали кобылицу, а царский сын совсем загрустил. Случилось, проходил как-то мимо дворца торговец маслом. Мухаммад и просит его:

— Отдай мне твои одежды, а взамен возьми мои. — Ты принц, сын царя, — отвечал торговец маслом.- На что тебе мои грязные обноски?

— Пусть это не заботит тебя,- сказал Мухаммад. Обменялись они с торговцем одеждой, и покинул юноша дворец своего отца.

Шел он, шел и пришел в другую страну. У царя той страны было семь дочерей-красавиц, одна лучше другой. Сел юноша близ дворца, увидали его девушки и спрашивают:

— Не хочешь ли ты служить нам, работать в саду, по дому или делать какую другую работу?

— Я на все согласен,— отвечал им юноша. Однажды Мухаммад работал в саду. Огляделся — нет никого. Достал три волоска, сложил их вместе, и тотчас возникла перед ним волшебная кобылица. Вскочил он в седло и стал гарцевать перед дворцовыми окнами. На его беду, а может, на счастье, увидала его младшая дочь царя и влюбилась без памяти. "Знать, не простого роду-племени этот садовник",— подумала девушка. Наутро пришла она к царю и говорит:

— Отец, все наши подруги давно уже замужем. Ты же не хочешь, чтобы мы остались пустоцветами?

— Завтра созову я лучших юношей нашей страны,— отвечал ей царь.— Пусть каждая выберет себе суженого.

Назавтра съехались самые знатные юноши той страны. Шесть старших дочерей, по обычаю, бросили шали своим избранникам. А младшая бросила шаль бедному садовнику.

Разгневался царь.

— Клянусь Аллахом, я заточу тебя в темницу вместе с твоим замарашкой!

Однако случилось так, что на другое утро напали на царство враги, окружили дворец, грозили все огнем пожечь, самого царя злой смерти предать. Сели бравые избранники шести старших сестер на боевых коней, взяли мечи острые, а Мухаммад оседлал хромого ослика.

— Я тоже пойду воевать, — сказал он.

— Кому ты нужен вместе со своим ослом? — вскричал Царь.— Только тебя нам не хватало!

Не послушал Мухаммад царя, выехал из дворца. В укромном месте сложил он три заветных волоска — кобылица тут как тут. Вскочил он в седло и ринулся в бой. Крушил Мухаммад врагов налево и направо. Один с целым сонмищем справился. А избранники шести старших сестер испугались, убежали с поля брани. Смотрит царь — остался только он один, да еще какой-то юноша.

Захотел царь узнать, кто этот храбрец. Задел он нарочно мечом руку Мухаммада, потом сорвал с головы повязку и перевязал ему рану.

А как только не осталось в живых ни одного вражеского воина, соединил Мухаммад три волоска, и кобылица исчезла. Во дворец он вернулся верхом на хромом ослике.

— Знаю я, — возвестил царь, — кто спас мне жизнь и кто отстоял в битве нашу страну. Я найду этого храбреца по ране на руке.

Осмотрел царь женихов своих дочерей, но все были целы-невредимы. Один только бедный садовник тихонько сидел в стороне.

— Приведите ко мне этого замарашку! — молвил царь.- Может быть, это и есть тот, кого я ищу. Тут все начали смеяться и говорить:

— Куда ему! Он только на хромом осле ездить может!

Взглянул царь на руку Мухаммада, увидал свою повязку и сказал:

— Истинная правда, вот единственный, кто достоин занять престол.

Выгнал он с позором женихов шести старших своих дочерей, а младшую дочь выдал за храбреца Мухаммада. А вскоре после свадьбы вернулся Мухаммад с молодой женой во дворец своего отца. За это время, оказывается, умерла злая мачеха Мухаммада. Отец с радостью встретил сына, и жили они все долго, не зная забот и печалей.

«ВОЛШЕБНОЕ ФИГОВОЕ ДЕРЕВО»

С того дня, как он остался без хвоста, Шакал не знал покоя. Страх не отпускал его ни днем ни ночью. Он понимал, сколь опасны угрозы Льва, и, не видя иного выхода, пошел за советом к древнему старцу. Тот выслушал его, обещал помочь и вручил росток фигового дерева. Шакал посадил росток в поле, и очень скоро выросло деревце, оно зазеленело, зацвело. Потом дерево принесло плоды, и еще задолго до того, как созрел урожай на других деревьях, начали осыпаться с волшебного дерева зрелые фиги.

Шакал созвал своих собратьев, которые удивились такому чуду, а затем, ссорясь и переругиваясь, набросились на нежные плоды.

— Вы недостойно ведете себя, братья! — остановил их Шакал.

Чтобы умерить их алчность и дать каждому возможность съесть свою долю, Шакал привязал собратьев веревкой за хвосты к стволу дерева, а потом потряс ствол, и фиги усыпали всю землю вокруг. Шакалы жадно ели, стоя на привязи, каждый на своем месте. Бесхвостый же забрался на соседний холм, чтобы якобы быть на страже. И вдруг он закричал во всю глотку:

— Собаки! Всадники! Они сюда несутся! Они уже близко!

Обезумевшие шакалы рванулись в разные стороны, а их хвосты так и остались привязанными к дереву. Шакал был счастлив. Его замысел удался! Теперь, когда все шакалы лишились хвостов, Лев не сможет его узнать.

«ВОРОНА И ЛИСИЦА»

Лисица увидела на дереве ворону. Ей хотелось есть, и она не прочь была поживиться даже вороной.

— Почему ты забралась так высоко? — спросила лисица.- Спускайся, составь мне компанию!

— Ну нет! — отвечала ворона.- Ты голодна, и ты меня съешь.

— Ах, ах! — сказала лиса.- Разве ты не знаешь, что пророк Соломон провозгласил мир между зверями. Не бойся, мир уже наступил!

— Об этом повелении великого пророка я ничего не знаю! — сказала ворона, поворачивая голову в сторону пустыни.

— Что ты там увидела и куда ты так пристально глядишь, друг мой? — спросила лиса.

— Я заметила человека с собакой,- ответила ворона.- Они идут сюда.

— Ну ладно, до свидания,- сказала лиса.- Да хранит тебя бог!

— Что же ты так скоро уходишь? — откликнулась ворона.- Раз объявлено повеление пророка — ни человек, ни собака не причинят тебе зла!

— Конечно, конечно! — торопливо бросила лиса.- Но, возможно, человек так же, как и ты, еще ничего не знает о мире, провозглашенном нашим могущественным пророком.

И она шмыгнула за деревья.

«ВОСКОВЫЙ МАЛЬЧИК»

На краю деревни жила женщина, и был у нее маленький сын. Жили они бедно. А тут еще повадилась к ним старая гиена. Каждую ночь приходила она к хижине и крала еду.

Женщина видела, что еда исчезает, но никак не могла понять, куда все девается. Однажды сказал ей сын:

— Я не буду спать. Узнаем, кто к нам повадился. Мать согласилась. Сын притворился, будто заснул, а сам смотрит. И увидел, как гиена вылизывает у них горшки. Утром мать спрашивает:

— Ну, кто ночной вор?

— Это гиена Мьямбаго,- ответил сын.

— Что же нам делать? — спросила мать.

— Я подумаю,- сказал сын. Подумал он и говорит:

— Сделай из пчелиного воска мальчика. Посади его у порога. А сами спрячемся. Посмотрим, что будет.

Так они и сделали. Мать вылепила из пчелиного воска мальчика, посадила его у порога и вложила ему в руку горсть вареной фасоли. А сама вместе с сыном спряталась в темном углу. Спрятались и ждут.

Ночью, как всегда, притащилась старая гиена Мьямбаго. Видит — сидит у порога мальчик с горстью вареной фасоли в руке. Сидит и молчит.

Обошла гиена мальчика, пробралась в хижину. Нашла горшок с фасолью, нашла горшок с похлебкой — и все сожрала. Даже горшки разгрызла! Но только гиене все мало! Подошла она к мальчику и зарычала:

— Дай мне фасоль, я голодна! Восковой мальчик сидит — молчит.

— Ты не хочешь меня накормить? Не хочешь даже со мной разговаривать?

Восковой мальчик сидит — молчит.

— Так я же тебя проучу! — зарычала гиена и ударила воскового мальчика лапой. Лапа сразу прилипла.

— Ты что меня держишь за лапу? Восковой мальчик сидит — молчит.

— Ах так? Я тебе сейчас покажу, что у меня есть еще и вторая лапа!

Ударила гиена воскового мальчика второй лапой. И вторая лапа прилипла.

— Ты схватил меня за руки, ха-ха-ха! — расхохоталась гиена.- Но я тебе покажу, что у меня есть еще ноги с острыми когтями.- Вот я тебе сейчас распорю живот!

Изловчилась гиена, лягнула воскового мальчика одной задней лапой, второй — обе задние лапы тоже прилипли.

— Проклятый мальчишка! Ты схватил меня за руки и за ноги! Но я тебе покажу, что у меня есть еще зубы!

И с этими словами вцепилась гиена восковому мальчику в горло. Да толку-то что? Прилипла и мордой, так что не шевельнуться.

Увидели мать и сын, что гиена прилипла накрепко, схватила мать копье, а сын — дубину и вышли из угла на свет.

Видит старая гиена, что люди с оружием, а она беззащитна. Испугалась, но решила схитрить.

— Что вы хотите делать? — спрашивает.

— Хотим убить старую воровку,- отвечает мать.

— Ай, ай, пропала я! Только если уж вы хотите моей смерти, убейте сразу, не мучьте. Если проткнете меня копьем — я не умру. Если будете бить по голове дубинкой — я не умру. Но если выльете на меня котел горячей воды, я сразу подохну.

— Это правда? — спросила мать.

— Правда, — ответила гиена. — Мне ведь все равно умирать, так хоть поскорее.

— Ладно,- сказала мать.

Развели они с сыном огонь в очаге, согрели котел воды.

— Горячая ли вода? — спрашивает гиена.

— Сейчас закипит! — отвечает мать.

— Ой, ой, надо ждать! Наверное, уже хорошо.

— Хорошо так хорошо,- сказала мать и вылила горячую воду на гиену.

Восковой мальчик сразу растаял. Взвыла ошпаренная гиена, рванулась — и бежать! Только и успел сын вдогонку огреть ее дубиной по заду.

С той поры все гиены зад волочат и обходят людское жилье стороной. И до сей поры у всех у них шкура пятнистая, словно облезлая.

«ГДЕ ТЫ РОДИЛСЯ»

Жил один человек. Он покинул свою родину и поселился в другой стране. Там он женился, и у него родились дети. Соседи скоро совсем забыли, что он приехал издалека, и очень полюбили его.

Но вот однажды правители этой страны решили пойти войной на его родину. Они собрали совет старейшин, пригласили и чужеземца. А потом был устроен пир, и все присутствовавшие на нем поклялись убить всякого, кто разгласит военную тайну.

Но человек, приехавший издалека, решил помочь своей родине и предупредить ее правителя об опасности. Он взял по кусочку от всех яств, которые подавались на пиру, взял нож, измазал его кровью и отослал все это с одним верным человеком правителю той страны, где он родился.

Правитель и его приближенные посмотрели на присланное и поняли, что им угрожает война; они успели хорошо подготовиться и дали отпор врагам.

С тех пор, когда люди собираются на военный совет, они сначала спрашивают друг друга: "Где ты родился?" Потому что человек всегда захочет помочь своей родине и не станет участвовать в военном заговоре против нее.

«ГЛУПЦЫ»

Однажды кролик сидел под деревом и вслух размышлял о жизни.

"Наш мир полон тревог, опасность подстерегает на каждом шагу, — задумчиво говорил он себе. — Во-первых, может случиться беда: землетрясение, обвал или ураган. Во-вторых, все время боишься голода: ведь запасы пищи и воды могут кончиться. И, наконец, на тебя всегда могут напасть воры или разбойники… "

Тут кролик вспомнил о каком-то своем важном деле — и убежал.

Кролик даже не знал, что три обитателя джунглей услышали его речи и насмерть перепугались. Это были чибис, земляной червяк и обезь

Чибис пришел в ужас при мысли о землетрясении и урагане и дрожащим голосом проговорил:

— А вдруг небо свалится на меня, когда я буду спать?! Хорошо еще, если оно упадет днем, — я смогу улететь прочь. Но если оно упадет, когда я сплю, оно же раздавит меня!

Земляной червяк испугался голода:

— О, если кончатся запасы в почве, которыми я питаюсь, тогда я умру, умру!

А обезьяна сразу же подумала о ворах и со слезами на глазах сказала:

— Больше всего на свете я дорожу землей. Но на ночь мне приходится покидать ее, потому что я не привыкла спать на земле. Что, если воры и разбойники придут и украдут землю, пока я сплю?!

С тех пор чибис всегда спит на спине, задрав свои крошечные лапки, чтобы подпереть небо, если оно вдруг рухнет.

Земляной червяк тут же выплевывает все, что съедает, чтобы не уменьшить запасы почвы.

А обезьяна каждую ночь трижды спускается с дерева, чтобы пощупать землю и убедиться, что разбойники еще не украли ее.

«ГОРНЫЕ ГОЛУБИ»

Случилось вначале, при начале начал, явились горные голуби к одному дому и нашли женщину сидящей снаружи; они вошли и разбросали золу в ее доме. Она заплакала. Она была женой, но она не родила. — Сказала она: они пришли смеяться надо мной, они видят, что у меня нет ребенка разбрасывать золу. — Явились шесть голубей; сказал один: «вукуту». — Спросил другой: почему ты говоришь «вукуту»? — Повторил первый: «вукуту». — Спросил другой: почему ты говоришь ссвукуту»? Они проделали это перед той женщиной. — Затем первый сказал: возьми рог, пошевеливайся. Опять сказал другой: «вукуту». Сказал первый: возьми рог, пошевеливайся, возьми сгусток крови положи в горшок, замажь его и отставь его на восемь месяцев. Когда пройдут девять месяцев, — сказал он, — открой его через девять месяцев.

И она открыла, она нашла дитя; сгусток крови внутри горшка имел дитя. — Сказал горный голубь: вынь же его теперь, положи его в мешок, дай же ему пищу. — Пришел другой голубь и сказал: заверни его в его покрывало, положи его в глубину дома; прячь его, чтобы об нем не знали другие женщины, давай ему помногу, чтобы он тотчас вырос. И он тотчас вырос.

К вечеру пришел: ее муж. Жена зажгла большой огонь. Муж не знал об этом дитя, дитя лишь сгустка крови. И взяла женщина дитя из глубины дома, она вышла с ним, села и положила его перед ним; она взяла пищу дитя, положила ее перед ним и сказала: ешь же, дитя, вот твоя пища. — Удивился ее муж, заговорил он и сказал: откуда ты взяла это дитя? чье это дитя? — Сказала женщина: оно мое, моего сгустка крови, горных голубей, которые поведали мне мудрое: они сказали, они велели мне надрезать себя, сделать вырезку, взять мне сгусток крови и положить его в горшок, чтобы он стал ребенком.

Тогда возрадовался муж, возблагодарил ее и сказал: я веселюсь, я радуюсь сегодня. Ты имеешь свое дитя. Очень хорошо. Верно тогда он так сказал. Так выросло дитя из сгустка крови.

«ГУНГКУКУБАНТУАНА»

Была когда-то давно одна старуха; жила она со своей дочерью; была она тещей. Ее зять дал ей кислое молоко и сказал, чтобы она съела его; ибо пищи не было много, был голод. Она отвергла кислое молоко. Он дал ей корову, говоря чтобы она ее ела; она отвергла, она сказала, что не может есть молоко своего дятя.

Во время мотыженья она была очень голодна; она возвращалась в полдень, приходила, открывала дом своего зятя, наливала кислое молоко и ела его. — И когда зашло солнце, сказал ее зять: возвращайся, — говоря своей жене, — пойди свари зерно, чтобы мы смешали его с кислым молоком, ибо тыква полна. Придя, она сварила зерно и замешала кашицу;

придя, муж взял тыкву, он нашел тыкву пустой, там была лишь сыворотка. Они кричали с детьми, которые изголодались, и зять сказал: они умрут, дети моих детей, ибо вор съел тыкву из-за этого большого голода. Старуха поступала так все время. Но муж со своей женой не знали, что молоко было съедено их матерью.

Муж лежал и ждал, он поймал их мать; но их мать закричала, сказала она: я начала это делать лишь сегодня. — Сказал ее зять: пойди, принеси мне воды оттуда, где не кричит лягушка; я тогда не расскажу о тебе людям.

Он дал ей тыкву. Она шла, шла, она шла долгое время, переходя много рек, которых она не знала; она спрашивала, говоря: есть ли тут лягушка? — Отвечала лягушка: крруе, я здесь. Она перешла; она пошла и пришла к другому месту; она увидела заводь и пошла зачерпнуть воды; сказала лягушка: крруе, я здесь. Она вылила и пошла делая также, лягушки были во всех заводях. — Она пришла к другой заводи и сказала: есть ли тут лягушка? — Лягушка молчала. Она присела и зачерпнула воды. — Когда она наполнялась, ибо посудина была большая, сказала лягушка: крруе, я здесь. — Снова старуха вылила воду, с криком, говоря: несчастье мне! ведь я лишь взяла себе кислое молоко, пищу моего зятя. Она прошла дальше.

Она пришла к очень большой заводи; она увидела много тропинок, которые шли к заводи: она испугалась. — Старуха пришла к заводи, присела и спросила: есть ли тут лягушка? — Было тихо. Она опять спросила. Было тихо. Она набрала воды в посудину, посудина наполнилась. Когда та наполнилась, она пила много, пока не прикончила посудину: она снова черпала, пока та не наполнилась; она пила, пока уже не могла прикончить посудину, у нее заболел живот, ибо она не могла приостановиться, ибо ведь было так приятно пить.

Но когда она захотела встать и пойти, она не могла встать, она поволочила посудину, пошла в тень и села там, ибо не могла больше итти. — Наконец наступил полдень; явился била и спросил: кто сидит в тени владыки? — Отве тила она: я, отец мой. Я собиралась отправиться, но занемогла. — Сказал била: ты скоро увидишь Гунгкукубантуана. Она пошла, попила из заводи, пошла и села в тени. Еще пришел пунзи. — Спросил он: кто сидит в тени владыки? — Ответила она: я, отец мой. Я собиралась отправиться, но занемогла. — Сказа»л пунзи: ты скоро увидишь Гунгкукубантуана. — Пришел леопард, спросил он: кто сидит в тени владыки? — Ответила она: я отец мой. Я собиралась отправиться, но занемогла. — Сказал леопард: ты скоро увидишь Гунгкукубантуана. Все приходили, говоря то же. И наконец к закату пришло очень много и много; все звери говорили то же.

Случилось, когда солнце заходило, она услышала великий шум, слышалось: гунгку, гунгку. Она испугалась дрожа. Наконец появилось великое, выше всех зверей, виденных ею. Когда оно появилось, сказали звери, как один, сказали они: вот же Гунгкукубантуана. Явившись, сказала она, будучи вдалеке, спросила она: кто это, кто это сидящий в тени, принадлежащей Гунгкукубантуана? Тогда старуха потеряла силу говорить; было так, как будто смерть явилась к ней. Опять спросила Гунгкукубантуана. — Ответила старуха, сказала она: это я, владыка. Я собиралась отправиться, но занемогла. — Сказала она: ты скоро увидишь Гунгкукубантуана.

Гунгкукубантуана пошла к заводи; она пришла, она встала на колени и пила из заводи; хотя заводь была очень большой, она пила, пока не появилась грязь на дне заводи. Она вернулась и села на земь. Кроме того, были там ула, которые были военачальниками Гунгкукубантуана: были там и гиены. — Сказала Гунгку: пусть она будет съедена. Гиены согласились. — Но ула сказали: она будет съедена, когда будет жирной, о владыка. — Снова сказала она: пусть она будет съедена. — Сказали ула: стемнело; она будет съедена утром, о владыка.

Было темно; они спали, и все звери спали. Но некоторые Звери медлили спать, ибо они хотели, чтобы старуха была съедена. Случилось, что в полночь наконец все спали. Но четыре ула сами не спали, они встали, взяли старуху, взвалили ее на себя; они положили ее на трех из них четырех. Четвертый ула нес посудину. Они бежали ночью; они пошли и положили ее на краю ее селения снаружи; они быстро вернулись, говоря, что они придут пока не рассветет. И верно, они быстро явились.

Сказал один ула другому: что же: мы сделаем? Придумаем способ, чтобы не узнали, что это мы помогли ей бежать. •Сказали другие: раз звери, которые любят есть людей, — леопард и лев и другие звери и гиены, — сказал другой: обмажем грязью гиен, ибо это они любят есть людей; владыка согласится, он скажет, что они взяли, они пошли и съели вдалеке дичь владыки; ибо если мы обмажем леопарда, он почувствует, ибо он штука очень свирепая, он встанет, разбудит весь народ, владыка скажет, это мы взяли его дичь, пошли и съели ее. Все ула согласились. Они пришли, грязью обмазали лапы гиен и когда ула вычи-стили себя, они легли на то место, где они лежали.

Утром встали все звери и сказали: где дичь вождя? Вождь убьет ула, это они не хотели, чтобы она была съедена. — Ула тотчас встали, говоря: вождь посмотрит на ноги всего народа. Если они не ходили, они будут чистыми. Но если они ходили, будет видна грязь на их ступнях и лапах. — Вождь согласился, приказал он ула: поторопитесь, тотчас осмотрите лапы с грязью, пусть те будут схвачены, пусть будут приведены те ко мне. Все звери встали и осматривали друг друга; была найдена грязь на гиенах. — Сказали ула: это гиены взяли ее, они пошли, они съели ее, ибо они твари, которые любят поесть. Были взяты гиены и приведены к вождю. Вождь подошел, он схватил их и съел трех гиен.

Старуха сидела на краю своего селения, пока не увидела одного из своих людей; он рассказал ее зятю; тот пошел и взял ее с посудиной. Зять сидел и пил ту воду, которая явилась с тещей.

В дни, когда кончилась вода, сказала старуха: раз я пошла я достала воду, и ты пойди и достань ливер гого. — Было ему приготовлено много лепешек, чтобы, идя, он ел их в пути, ибо это было очень далеко. Утром, неся лепешки, он пошел и спал в пути; наконец он пришел при новой луне, он встретил очень много гого, они прыгали на берегу реки, они резвились. Он приблизился и сам, резвясь, идя на руках и ногах. — Сказали старшие: вот наш гого. — Сказали младшие: что это за гого, обросший как человек; с глазками как у человека; с ушками как у человека? — Сказали старшие: гого, как гого, гого как гого. И младшие замолчали. — Но когда они остались одни, они засмеялись и сказали: это не гого, мы сами видим. Наконец они повернули и пошли домой.

Он пришел и увидел, что там была бабушка, состарившаяся. — На утро сказали гого: пойдем, приятель; мы идем охотиться. — Сказал он: я устал; я не пойду сегодня. — И пошли все старшие; младшие сказали: мы не пойдем куда-либо. — Сказали старшие: пусть, когда мы придем, вы соберете дров для варки. — Сказали младшие: мы не хотим оставлять бабушку одну с человеком, который пришел. — И отправились они, пошли охотиться; когда они вернулись, они нашли младших сидящими; рассердились старшие и сказали: мы уже пришли с охоты, а вы не собрали дров. Младшие молчали. Была сварена дичь. Они поели и легли.

На утро сказали они: пойдем, мы идем охотиться. Он пошел с ними. Они поохотились и вернулись после полудня; они нашли и младших являющихся со сбора дров. Они пришли и сварили свою добычу. Сказал тот вновь пришедший гого когда дичь была приготовлена: отложите мне ногу, ибо у меня болит живот. Я не могу сейчас есть мясо. — И они согласились, они отложили ему ногу. Они легли.

На утро они позвали и спросили: как живот, все также болит? — Ответил он: болит. — Сказали они: пойдемте сами, идем охотиться. — И они пошли; он остался с младшими. — Когда старшие пошли, сказал он: пойдите, наберите мне воды из реки, чтобы я мог попить. Они взяли посудину и пошли с ней. Но посудина текла. У нее была дыра внизу. Они пришли к реке, они набрали воды, потекла посудина.

Они очень тихо шли обратно с реки, до самого полдня. Но как только они ушли, того поднялся, взял копье, пронзил бабушку тех того, которых не было. Он разрезал грудь и живот, появился ливер, он вытащил его, посмотрел по сторонам, взглянул наверх, увидел огниво, снял его и побежал.

Когда заходило солнце, возвращались младшие гого и когда они были в нижней части селения, они увидели много крови, которая бежала по тропе, засохшей, ибо он пронзил бабушку утром. Они побежали домой, пришли и вошли в дом, но дом был очень длинный и внутри него не было светло. Они пришли и увидели их бабушку умершей. Они вышли и быстро побежали, они кричали, они смотрели в ту сторону, куда их ушли охотиться. Они увидели старших гого: — сказали младшие, они говорили, говорили, говорили, спрашивали они: что это за гого с глазами как у человека? — Спросили старшие: что случилось? — Ответили младшие: он убил предка. Они побежали, они бросили добычу, они держали копья и спрашивали: видели ли, куда ушел тот человек, которого мы принимали за гого? Отвечали младшие: мы его не видели; мы пошли зачерпнуть воды; мы нашли бабушку умершей, но его самого не видели.

Они следовали по крови, идя там, где капала кровь. Они бежали, когда темнело, они спали снаружи. На утро они вставали и бежали очень быстро. В полдень человек, который нес ливер, посмотрел и увидел много пыли позади себя. Он быстро побежал. Но сами гого были быстрее его, ибо сам он был человеком, а они зверями. В полдень они увидели его. Как с лёту видели они его. Он увидел, что они скоро его настигнут. Он поднялся на очень длинный откос; когда он был на вершине горы, они подошли книзу откоса, он спустился и собрал очень много травы; он взял огниво, сел на земь и начал вращать, он выжег огонь, зажег старую траву и он окружил ту отвесную гору; гого убежали, ибо они боялись огня. Они возвратились от горы тем же путем; мужчина бежал прямо вперед, пока стемнело, не видя их.

Он спал. Утром он встал и побежал; он пошел и спал в другом селении на возвышенности. Утром он проснулся и побежал. В полдень он посмотрел назад и увидел бегущих гого. Те, которые оставались позади, утомленные, когда увидели его, быстро побежали снова, как будто кончилась их усталость. Он увидел снова, что они его схватят. Он начал вращать огниво, выжег огонь и зажег траву; они увидели, что огонь зажегся, и остановились. Он бежал, пока их не видел; он спал два раза в пути, не видя их. На третий день, когда он должен был достигнуть своих, он в полдень увидел гого, они его преследовали; он поторопился, приблизился к селению и тогда они повернули обратно.

Они пришли домой. Они пришли, взяли их бабушку и сварили ее в большом горшке. Она лежала, варясь на очаге. В течение дня они поддерживали огонь и утром поддерживали они огонь, до полудня. После полудня они вытащили ее, положили ее на циновку; она лежала, пока остывала. — Сказали старшие младшим: съедим предка, тогда мы не умрем. И они съели ее, они ее прикончили,

Достиг дома зять этой старухи; он пришел и дал ей ливер. Сказала она: ты выполнил дитя мое.

«ДВА БРАТА»

Однажды дети одного человека пошли охотиться; между ними была разница в летах. Они нашли старые горшки, множество, составлявшие длинный ряд. Старший испугался горшка, младший перевернул его. Он перевернул их все, под конец вышла старушка.

Сказала она старшему: проводи меня. Он отказался. — Сказала младшему: проводи меня. Младший согласился. Старший последовал. Они шли, шли, пока не пришли в страну, где было дерево со скотом; они несли топор. — Сказала старуха младшему: руби это дерево. Он порубил, и вышел бык; он порубил, и вышло множество скота; затем вышел баран; затем вышла коза; затем вышел белый вол.

Старушка осталась там. Они пошли оба, погоняя скот, идя со своими собаками, с которыми они охотились. И шли они, высохшей страной, без воды. Наконец они поднялись к краю расщелины и сказал старший: обвяжи меня веревкой, чтобы я пошел напиться воды в расщелине, ибо нет спуска к этому месту. И он обвязал его. И спускал его. Наконец он его опустил; тот пил, пил и удовлетворил себя; младший вытащил его. — Сказал младший: и меня обвяжи веревкой, чтобы я мог напиться. И тот обвязал его. Наконец тот опустил его и оставил там. Старший погнал скот. Он пришел домой к своему отцу и своей матери. — Спросил один: где ты оставил его? — Ответил он: он вернулся первым, я же пошел со старухой, она дала мне скот. И они легли.

Рано утром явилась птица, сказала она: чийо, чийо, чийо; ваше дитя брошено в воду. — Спросили люди: слышите ли, что говорит эта птица? — Сказали люди: последуем за ней, она кричит как медовая птица, которая зовет людей к ульям. Его мать с его отцом последовали за ней. Так шла она и говорила: чийо, чийо, чийо; ваше дитя брошено в воду. Она пришла и спустилась туда, где они спускались пить воду. Она закричала снизу. Отец заглянул в расщелину и воскликнул: о, кто опустил тебя туда? — Ответил он: я был оставлен моим братом, когда мы пили воду; я его первого спустил и вытащил. Он же меня спустил и оставил. Ибо он отказался перевернуть горшок: и вышла старушка. Она попросила его проводить ее, пойти с ней в страну. Он отверг. И когда он отказался, она попросила итти меня. И я согласился. Она не приказывала потом ему рубить дерево; она приказала рубить мне. И я рубил дерево, вышел скот, и овца, и коза, и белый вол. И она сказала, что скот мой, мне младшему. Вот чем кончилось. И мы погнали скот. Он же оставил меня в воде, он боялся меня убить.

Тогда воскликнул его отец: О! но что же мы будем делать, раз ты там внизу расщелины? — Сказал он: найдите дома веревку, бросьте ее сюда, чтобы я мог обвязаться, я свяжу ее с другой, оставленной при мне. И возвратился отец, а его мать оставалась.

Она бросила ему пищу, взятую на дорогу. Его отец шел, шел, пришел домой, там он не рассказал сыну об этом деле. Он велел другому человеку пойти его вытащить. — И они пошли, бросили ему веревку, он связал ее и сказал: тащите же меня. И они его вытащили. И мать его плакала. Когда он рассказал случившееся в их странствбвании, они возвратились и пришли домой.

Когда они явились, старший брат уже убежал; неизвестно куда он ушел.

«ДЕВУШКА И ЛЮДОЕДЫ»

Случилось, отправились людоеды, пошли они охотиться; они пошли далеко. Встретили они мальчиков, пасших скот, и овец и коз. Был туман, они забрали жирного барана и пошли с ним. Мальчики не видели их. Людоеды пошли с ним к своему дому, они пришли в свой дом.

Там была девушка, которую они захватили раньше в одном селении. Она имела братьев. — Когда людоеды уходили, они запретили ей, говоря: не жарь мясо нашего барана. Ибо они боялись других людоедов, что те придут, почуяв запах мяса, захватят девушку, когда не будет ее обладателей. Они пошли далеко.

Случилось в полдень, девушка была голодна, она зажарила мясо и съела его. Другие людоеды почуяли запах мяса и сказали: Ум, ум! Откуда идет этот вкусный запах? Они зафыркали, почуяв вкусный запах. Они явились туда, где была девушка.

Там, где она находилась, была большая скала; имя той скалы было — скала Тунжамбили, ибо внутри было жилище; еще, говорят, та скала открывалась по слову владельца; она закрывалась также владельцем, который говорил: откройся, она открывалась; который говорил: закройся, она закрывалась. Ибо она повиновалась ему одному.

Когда владелец пребывал на охоте, девушка была внутри. Он закрыл ее там внутри, как свою добычу. Он запретил ей, он сказал, чтобы она не жарила мясо, ибо он боялся других людоедов. Когда она проголодалась, она зажарила мясо и съела. — Когда другие людоеды почуяли его запах, они сказали: ум, ум! Откуда идет этот вкусный запах? — Они понюхали в том направлении, откуда шел запах, они пошли туда и пришли к скале, имя той было Тунжамбили. — Один из них сказал: скала Тунжамбили, откройся для меня, дай мне войти. Находившаяся внутри девушка узнала, что Это другие людоеды, не ее собственник, и сказала: прочь! пусть уберется длинноволосый людоед. Это не тот владелец места.

Он убрался, пошел и прижег свой голос мотыгой. — Он снова возвратился к скале Тунжамбили; он явился и заговорил маленьким голосом, почти похожим на голос владельца места; сказал он: скала Тунжамбили, откройся для меня, дай мне войти. — Она открылась; он вошел и съел мясо, о котором говорилось. Когда девушка его увидела, она потеряла силы.

Сказал людоед: пойдем, чтобы я тебя не съел. Девушка дрожала от сильного страха. Она дала ему мясо, он ел и наелся. — Сказал он той девушке: оставайся здесь, пока я не возвращусь; я иду охотиться. Он вышел и пошел.

Девушка знала, что он придет ее съесть, и вышла. Она насыпала кукурузы в посудину и пошла. — Явился людоед и сказал: скала Тунжамбили, откройся для меня, дай мне войти. Была тишина; ибо девушка ушла. Он снова повторил, говоря то нее самое. Было то же. Людоед узнал, что девушка вышла. Он созвал многих и они последовали за девушкой. Они пришли на тропинку и увидели кукурузу; ибо людоеды любили кукурузу; они стали собирать ее. Это девушка сделала идя, чтобы, когда людоеды будут итти, они нашли кукурузу, и остановились подбирать, чтобы она их видела; ибо девушка знала, что они будут ее преследовать. Людоеды преследовали ее. Они нашли кукурузу и подбирали ее. — Она увидела их по пыли и сказала: вот они самые. Она бросила много кукурузы на земь и пошла, пошла быстро. Они пришли туда, где была рассыпана кукуруза, собирали и задержались; она очень быстро пошла. Снова она увидела, что они подымают пыль; она снова сделала так же; она бросила кукурузу и быстро пошла. Она увидела, что они были близко; она снова бросила остатки из посудины и пошла.

Людоеды устали и сели наземь. Она шла и тоже была утомлена. Увидела она очень высокое дерево, великана. Подошла она к нему, влезла на него и села на птичьем месте. Поднявшись, людоеды пошли; она была очень далеко. Они пришли к дереву, снова устав, они сели под ним отдыхая, говоря, что они будут опять ее преследовать, когда они отдохнут.

Случилось, девушка пустила мочу, она опорожнилась на них сверху; послышалось: кцо, кцо! — Испугавшись, людоеды сказали: что это там?

Они взглянули наверх и увидели девушку сидящей на птичьем месте. Обрадовавшись, они рубили дерево топорами, ибо они имели топоры: они рубили его, одни находились с одной стороны дерева, другие находились с другой стороны. Когда дерево должно было упасть, оно опять закачалось из стороны в сторону и затихло, и укоренилось в земле, оно стало так, как было перед этим. Снова они рубили, одни с одной стороны, другие с другой, некоторые с двух сторон. Они рубили его; когда дерево должно было упасть, оно сделало опять так же и снова укоренилось в земле, оно снова стало так, как было перед Этим. Опять они снова рубили; когда оно должно было упасть, оно сново укоренилось в земле, оно снова стало так, как было перед этим.

Брат девушки во сне увидел ночью девочку, свою сестру, она съедалась людоедами в одном месте, которое он знал. Утром он вышел со своими очень большими собаками и пошел охотиться в то место, которое он видел во сне. Когда он охотился, он увидел толпу людоедов у подножья дерева, они рубили, дерево. — Он пошел туда со своими большими собаками; он пришел туда и спросил: что вы тут рубите, приятели мои? — Ответили они: иди, помоги нам рубить, брат наш. Вот тут наша дичь, она наверху. Он посмотрел наверх и увидел, что это его сестра.

Говорят и брат ее залез наверх; он увидел очень прекрасную страну. Они нашли там очень красивый дом; тот дом был зеленый, пол его был вытерт и страна та наверху была очень прекрасна, они ходили по ней все время, осматривая ее, ибо они не видели ее раньше. Но землю они видели очень далеко, не будучи в силах спуститься туда? ибо они боялись людоедов, думая, они видели их ходящими по земле в поисках пищи.

Они пошли в страну, лежавшую перед ними. Они нашли и поймали скотину, большого вола; они погнали его, они пошли с ним вдвоем к дому; они пришли и зарезали того вола, они содрали шкуру и разостлали ее на солнце; пока она не высохла, они разожгли в доме огонь. Людоеды почуяли запах мяса, вкусно пахнущего, они посмотрели туда-сюда, они посмотрели наверх и увидели дом. — Сказад мальчик: этот людоед похож на того, который гнался за ними на земле.

Сказала его сестра: подымем его сюда к нам, раз ты имеешь копье, он побоится нас есть; ибо людоеды боятся копья. — Спросил ее брат: чем мы его подымем? — Сказала его сестра: я как и ты не знаю. — Сказал ее брат: разрежем шкуру, пока она еще сырая, подымем его веревкой из шкуры. Он вышел из дому с копьем, он разрезал шкуру, пока ее стало очень много, пока шкура не прикончилась.

Он взял веревку, сбросил большую часть вниз и сказад людоеду: хватай эту веревку, влезай по ней. — Сказал людоед: хау! мать моя! Я упаду, если полезу по веревке, ибо она маленькая; она порвется. — Сказали они: да нет; она не порвется; мы знаем, что она крепкая. Влезай же. Людоед схватил веревку и полез. — Но когда он был на середине расстояния до верху, они оба заговорили, сказал мальчик: отпустим его, он упадет вниз. — Сказала девушка: подымем его, чтобы он пришел сюда к нам, мы его помучаем, ибо и нас они мучили. — Сказал он: мы снова его подымем. — Согласилась его сестра. Ее брат отпустил людоеда, он упал вниз и вскричал: ой! отец мой! я умираю! Вы сказали, что будете меня держать веревкой; вы же меня отпустили, я разбил зад, я упал на него. — Сказал ее брат: да нет, людоед, мы выпустили тебя не нарочно; веревка выскочила, теперь мы бросили очень прочную веревку: хватай ее крепко.

И верно, людоед схватил веревку; он влез, они помогли ему подняться к ним наверх, повели его в хижину и вошли; они сели и зажарили мясо, три куска. — Сказал ее брат: мясо зажарено, будем теперь есть. — И они взяли мясо и ели его. Людоед смотрел на них и пускал слюни. — Сказал ее брат: брось пускать слюну. Я проткну тебя, раз ты пускаешь слюну. И они сидели, и кончали мясо.

Когда стемнело, они легли. Людоед лежал у очага, мясо было положено вблизи выхода, сами они лежали в верхней части. Ночью людоед встал, подкрался, пошел и взял желудок быка, он схватил его пригоршню. Сестра проснувшись сказала своему брату: вставай, вставай! Тут кто-то забрал мясо. — Спросил ее брат: кто забрал мясо? — Ответила его сестра: оно захвачено людоедом. И брат ее сразу проснулся, говоря: положи, положи желудок моего вола, кто тебе его дал? — Ответил людоед: нет, правда, владыка: я думал, что он не твой, я думал ты его выбросишь. — Сказал ее брат: положи тотчас. Я могу тебя пронзить. И людоед положил желудок. Они заснули.

Рассвело. Они провели много дней, едя мясо. Людоеду они ничего не давали. Кости они бросали вниз; они сторожили людоеда, чтобы он не поднял чего-либо снизу. И оставался людоед умирающим от голода. Случилось, ночью он умер. Они спали, не видя его. Утром они встали и увидели, что он умер. Они выбросили его вниз.

Сказала его сестра: пойдем поищем нашу сестру, раз наша мать говорила, есть другая наша сестра, замужняя. Поищем ее, пока ее не достанем, поживем с ней, раз умерли наш отец и наша мать и мы остались вдвоем. — Спросил ее брат: если мы спустимся — ай! мы не увидим людоедов? — Ответила его сестра: раз мы жили здесь так долго, ты думаешь людоеды еще там? — Сказал ее брат: пойдем же, спустимся и пойдем ее искать.

Они взяли веревку, которая оставалась, которой они поднимали людоеда; они опустили ее в воду и она сделалась мягкой. Днем они нашли большое бревно, вкопали его в землю, оно ушло очень глубоко и привязали веревку к тому бревну; они спускались по веревке пока не достигли земли. И они оставили веревку свисать с бревна. Они пошли и прошли по костям того людоеда, который умер. Они прошли дальше, пошли и искали свою сестру; они шли, пока не умерла луна, не увидев сестры. Когда вышла другая луна, они нашли ее. Они пришли и увидели свою сестру, но не знали, каким именем ее зовут. — Она сама их увидела и позвала их по именам, сказала она: это, кажется, наши дети. — Они ответили. — Спросила она: откуда вы идете? Ответили они: долго мы были отделены от нашего отца и нашей матери. Но нас мучили людоеды. Мы пришли из прекрасной страны наверху, там мы жили, не мучимы ничем. Мы подняли одного людоеда, мы мучали его, мы не давали ему пищи, он умер, мы его выбросили; и мы спустились найти тебя. Мы радуемся найдя тебя.

Жили они втроем прекрасно на том месте.

«ДЕРЕВЯННАЯ ДЕВУШКА»

Рассказывают, жил в стародавние времена царь, и была у него красавица жена, которую он очень любил. А еще был у того царя волшебный перстень, который мог исполнить любое приказание хозяина, любой наказ. И жил царь, не ведая ни забот, ни печалей. Однако недолго длилось его счастье — умерла родами красавица жена, оставив маленькую дочь.

Прошло много лет, но царь по-прежнему был безутешен. Ничто не радовало его — ни богатства несметные, ни прекрасные невольницы, ни чудесный перстень. От горя и тоски он даже позабыл о малютке дочери. Росла она, окруженная заботами служанок и рабынь, почти никогда не покидая дальние дворцовые покои. А годы шли и шли, и незаметно превратилась царская дочь в красивую девушку, очень похожую на мать.

Однажды, прогуливаясь по дворцовому саду, увидел царь свою дочь, и до того напомнила она ему покойницу жену, что он, потеряв рассудок, возжелал ее и стал домогаться ее любви.

Страх овладел сердцем девушки, и поняла она, что нельзя ей больше оставаться в отцовском дворце. Как-то глухой ночью взяла она волшебный перстень, кошелек с деньгами и покинула дворец.

Первым делом нашла девушка в ближнем селении плотника и заказала ему сделать деревянную куклу, ростом с живого человека и полую внутри. А как заказ был исполнен, расплатилась девушка с плотником, забрала куклу и побрела куда глаза глядят. Всякий раз, как предстояло ей войти в незнакомый город или селение, забиралась она внутрь деревянной куклы, и все только диву давались — что это за чудо невиданное шагает!

Стучалась девушка деревянной рукой во многие двери. ходила по рыночным площадям и всюду предлагала:

— Кому нужна служанка? Кому нужна служанка? Но люди с удивлением смотрели на нее и смеялись:

— Служанка из дерева? Кому такая нужна! Отчаялась принцесса, что никто не желает взять ее в услужение. Оказавшись как-то в большом столичном городе, пошла она прямиком к царскому дворцу и постучалась в ворота. Открыл стражник ворота, но никого не увидел и снова закрыл их. Во второй раз постучалась девушка, и опять стражник никого не увидел. Но девушка не уходила и постучалась в третий раз. Как только стражник открыл ворота, она сказала:

— Я хочу служить во дворце.

Удивился стражник и поспешил к царю сообщить, что пришла деревянная девушка, которая говорит человеческим голосом и хочет служить во дворце. Рассмеялся царь и приказал ввести девушку во дворец и поставить прислуживать в банях.

А тут как раз настало время свадьбы принца — сына царя. Жениться он должен был на дочери своего дяди. Начались во дворце приготовления к свадебным торжествам. Царица каждой рабыне и служанке поручила какое-то дело, только деревянной девушке не дала никакой работы.

Тогда деревянная девушка сама попросила царицу разрешить ей прислуживать на кухне. Обрадовалась ее просьбе царица и поручила ей приготовить мясо. Но девушка изъявила желание приготовить все до единого блюда, которые будут поданы на свадьбе. Она сказала, что сможет сделать это, прежде чем царица сосчитает до ста. Если же она нарушит свое обещание, то пусть ей отрубят голову. Только одно условие поставила девушка: все слуги и рабы должны покинуть кухню, оставив ее там одну. Удивилась царица, но согласилась исполнить просьбу девушки.

Едва закрылись двери кухни за последней служанкой, достала девушка волшебный перстень и приказала приготовить самые разнообразные блюда, разложить их на подносы и украсить.

И впрямь, не успела царица сосчитать до ста, как вышла девушка и предложила ей испробовать кушанья. Царица была поражена увиденным, а, отведав блюда, еще больше поразилась.

Во дворце начались празднества. Стали собираться гости, зажглись яркие огни, заиграла громкая музыка. И тогда деревянная девушка попросила царицу дать ей одно из своих платьев в награду за приготовленные яства. Удивилась царица этой необычной просьбе, но не смогла девушке отказать. И та выбрала платье цвета яркого солнца. Вышла она из деревянной куклы, умело украсила себя и явилась к гостям.

Гости поразились необычайной красоте девушки — она была красивей всех девушек на празднике. Платье так шло ей и так блистало лучами сияющего солнца, что царица даже не узнала ни свое платье, ни свою служанку. Девушка встала позади невесты. Жених-принц подошел к невесте, держа в руках ожерелье из драгоценных камней, золотой браслет и дорогое кольцо. Но, увидев девушку, он был очарован ее красотой, голова его закружилась, он забыл о невесте и, не сознавая, что делает, надел кольцо на палец служанке, браслет — на запястье и ожерелье — на шею. Невеста рассердилась и вышла из зала. В то же мгновение скрылась и деревянная девушка.

Царь, царица и гости растерялись, и весь дворец охватило волнение. Все произошло так быстро, что большинство гостей так и не поняли, что случилось. Невеста заявила, что ни минуты больше не останется во дворце и немедленно его покинет, а принц в ответ объявил, что не желает на ней жениться.

Не прошло и недели, как принц тяжело заболел. Собрались у его постели врачи и чародеи, но так и не смогли решить, как его вылечить. И тут подходит к царице деревянная девушка и говорит, что знает средство, как исцелить принца. Царица обрадовалась и попросила девушку поскорей взяться за лечение. Девушка взяла немного муки, размешала ее с водой и подала принцу. Тот отказался выпить. Тогда девушка незаметно положила рядом с чашей со "снадобьем" то самое кольцо, которое принц надел ей на палец. Снова поднесла принцу напиток и говорит:

— Посмотри, что лежит рядом с чашей. Как только принц увидел кольцо, он залпом выпил напиток, улыбнулся и спрашивает:

— Скажи мне, где находится сейчас та, у которой ты взяла кольцо?

— Она сама придет к тебе,- ответила девушка,- но не раньше, чем ты выпьешь это снадобье три раза — по одному разу в день. Осталось всего два дня, и явится к тебе твоя возлюбленная в платье цвета сияющего солнца.

— А где же она? — воскликнул принц.

Промолчала деревянная девушка в ответ.

И начал принц выздоравливать. На другой день девушка, подавая принцу снадобье, положила рядом с чашей браслет, на третий день — ожерелье. Принц почти совсем оправился от хвори. На третий день спросил он девушку:

— Где же моя возлюбленная?

И тут вышла принцесса из деревянной куклы и поведала принцу всю свою историю, взяв с него слово, что он до поры до времени будет хранить ее в тайне.

Пошел принц к своему отцу и попросил разрешения жениться на деревянной девушке — служанке. Разгневался царь и отвечает:

— Я хотел женить тебя на дочери своего брата, богатой и знатной принцессе. Так почему же ты так безобразно повел себя, надел кольцо на палец какой-то другой девушке и ей же отдал браслет и ожерелье? Ты жестоко оскорбил принцессу, она обиделась и навсегда покинула наш дворец.

Но принц твердо стоял на своем. Когда же об этом узнала царица, то она до крайности огорчилась. Однако большая любовь к сыну и опасения за его здоровье заставили ее дать согласие на свадьбу. Она слезно молила царя пожалеть сына. И тот в конце концов уступил ее мольбам.

А деревянная девушка тем временем поручила волшебному перстню построить ко дню свадьбы большой хрустальный дворец, обставить его красивой, доселе невиданной мебелью, устлать пышными коврами, подушками из страусовых перьев, расставить золотые чаши и самую дорогую посуду с диковинными яствами. Дворец должен быть и больше, и богаче дворца царя. А еще при нем должен быть прекрасный сад, который радовал бы глаз и тешил сердце. И еще повелела принцесса доставить ей платье серебристо-лунного цвета, серьги с драгоценными камнями в оправе формы глаз и большой алмаз в форме рта.

И были устроены пышные празднества. Но царь был сердит, царица печальна, а гости не улыбались и не смеялись. Подумать только, принц женится на деревянной служанке!

Но вот в зал вошли новобрачные — принц-красавец, а рядом с ним прекрасная гурия, от одного взгляда на которую можно было ослепнуть. Серебристое платье на ней сияло, подобно редкостному жемчугу, в ушах висели длинные серьги, а на лбу сверкал большой алмаз в форме рта. Но красота губ девушки превосходила красоту этого камня. Царь тотчас признал в этой красавице ту самую незнакомку, в которую до беспамятства влюбился принц и которой вместо невесты преподнес подарки. Подошел царь к девушке и спросил:

— Кто ты и откуда, прекрасная гурия?

И тут принцесса рассказала обо всем, что с ней приключилось. Сердца царя и его супруги преисполнились жалостью и великой любовью к этой девушке.

Не успел еще закончиться праздник, как все увидели, что рядом с царским дворцом вырос новый хрустальный дворец, излучающий мягкий белый свет. Подобной красоты никто прежде и не видывал. С улыбкой молвила тогда принцесса царю:

— Это мой дворец. Пожалуйте ко мне. Ввела она царя, царицу, принца и всех гостей в свой хрустальный дворец. Всех поразили его великолепие и красота сада, где множество цветов излучали дурманящий аромат. Принцесса изъявила желание, чтобы празднества продолжались в ее дворце. И длились они сорок дней и сорок ночей. А когда закончились празднества, зажили принцесса с принцем в довольстве и счастье, и родила она ему много сыновей и дочерей.

«ДИКАЯ УТКА, ЛИСА И ВОРОН»

Дикая утка вывела на высокой пальме птенцов. Пришла лиса с заступом, который она слепила из глины, остановилась под пальмой и громко поздоровалась с уткой. Когда та ответила на приветствие, лиса сказала:

— Слушай, утка, если ты не сбросишь мне одного из твоих птенцов, я повалю заступом пальму и съем тебя вместе со всем выводком.

Утка сбросила одного птенца. Лиса схватила его и съела.

На другой день лиса пришла снова и сказала то же, что говорила накануне. И утка снова сбросила одного из птенцов. Лиса опять схватила его и съела.

Так было и на третий день. Но когда лиса ушла, к утке в гости прилетел ворон. Увидел он, что утка плачет, и спрашивает:

— Отчего ты плачешь?

— Пришла лиса с заступом, — ответила утка,- и сказала, что повалит пальму и съест меня и моих детей, если я не сброшу ей одного утенка. Я бросила ей птенца. На другой день лиса опять пришла, и я снова дала ей одного из птенцов. А сегодня она вновь явилась. Я в третий раз бросила ей птенца. Я плачу от горя. Ведь лиса съела уже трех моих детей!

— Мы, птицы, имеем крылья, чтобы летать, — сказал ворон утке. — Передай это завтра лисе, когда она придет. Если лиса повалит пальму — улетайте и садитесь на другую.

Сказал так ворон и удалился.

Наутро опять появилась лиса и потребовала четвертого птенца. Но утка ответила ей так, как посоветовал ворон. Она сказала:

— Если ты хочешь повалить эту пальму, сруби ее. Мы перелетим на другую.

Лиса ударила заступом по пальме, но заступ-то был глиняный и сразу разлетелся. "Все это мне, конечно, подстроил ворон, — подумала лиса.

И вот улеглась лиса в ямке на спину и притворилась мертвой. Прилетел ворон и, увидав лису, сказал:

— С давних пор мертвые лисицы имеют обыкновение двигать одним ухом.

И лиса тотчас шевельнула ухом.

— Ты жива еще, лиса! — воскликнул ворон и улетел. Лиса встала, улеглась в другой ямке и опять притворилась мертвой. Ворон подлетел к ней и сказал:

— С давних пор мертвые лисицы имеют обыкновение шевелить хвостом!

И лиса тотчас завиляла хвостом.

— Ты жива еще, лиса! — воскликнул ворон и улетел.

Лиса поднялась, прошла немного и снова улеглась в ямку, закрыв глаза. Прилетел ворон и сказал:

— С давних пор мертвые лисицы имеют обыкновение открывать и закрывать глаза.

Но лиса осталась неподвижной, даже глазом не моргнула. Лежала словно мертвая. Ворон подумал, что лисица умерла, слетел вниз и уселся на нее. Лиса тотчас его сцапала.

— Мой отец и моя мать прокляли меня так: "Пусть поймает тебя лиса, пусть столкнет с вершины высокой горы и сожрет твои раздробленные кости!" — сказал ворон.

Лиса понесла ворона на вершину высокой горы и столкнула его вниз, а сама со всех ног помчалась к подножью. Но, конечно, ворона не нашла. Взглянула лиса вверх и увидела, что высоко в небе, описывая круги в воздухе, летает ворон.

— Не хочешь ли ты спуститься?- крикнула ворону лиса.

— Ты глупа! — ответил ворон.- Разве не говорил я этого утке, чтобы она передала тебе? Не сказала ли она тебе, что мы, птицы, имеем крылья, чтобы летать? Почему же ты не съела меня сразу? Зачем отнесла меня на вершину горы и столкнула вниз — ведь я мог улететь?

"Да, я сама во всем виновата!" — подумала лиса. И она убежала, понурив от стыда голову.

«ДРОВОСЕК, ЕГО ДРУЗЬЯ И ВРАГИ»

Рассказывают, что у одного дровосека умерла жена оставив ему семерых детей. Дровосек каждый день ходил в лес и с утра до ночи работал, но жил в большой бедности. Ведь лес, какой бы большой он ни был, со временем редел, а лесорубов становилось все больше и больше.

Однажды он возвращался из леса и вел осла, нагруженного дровами. Не много дров удалось ему нарубить в тот день. Вдруг слышит какие-то голоса, которые, казалось, доносятся из-под земли. Удивился он и пошел на эти голоса, посмотреть, кто это разговаривает. И наткнулся на заброшенный колодец. Заглянул в него и на самом дне увидел человека, змею, мышь и льва.

— Спаси меня, о брат! — взмолился человек.- Сжалься надо мной и вытащи отсюда, не то я пропаду. Ведь я брат твой — человек. И желаю тебе только хорошего. Не дай же мне погибнуть.

Не успел дровосек и слова молвить, как змея говорит:

— Не вздумай спасать человека! Яд его жалит сильнее моего. Спаси меня, и только меня! Я пригожусь тебе. Если тебе будет угрожать смерть, я спасу тебя.

— Но как же так, — отвечает дровосек, — как я могу оставить в беде своего брата и спасти тебя — змею? Да и какая польза от тебя?

— Что верно, то верно, этот человек — сын людей, как и ты, — ответила змея. — Но знай, если ты его спасешь, он когда-нибудь причинит тебе вред. Вытащи меня, и я дам тебе в знак благодарности немного своей чешуи. Когда тебе будет угрожать опасность или смерть покажет свои когти, сожги эту чешую, и я мигом откликнусь на твой зов и выручу тебя.

Дровосек рассмеялся:

— Может быть, все это и так, но зачем далеко загадывать. Кто может знать — предашь ты меня или нет? Знаешь, чего я боюсь: вытащу я тебя, а ты вместо благодарности меня ужалишь.

Змея клялась и божилась, что ни за что не обманет спасителя.

— Как же я могу предать того, кто спас меня? — убеждала она.- Люди так могут поступать, а мы, змеи, никогда!

— Не оставляй меня! — снова закричал человек.- Ведь человек человеку что брат родной, помогать друг другу — наш долг.

Тут вмешался лев:

— О дровосек! Берегись человека. Он наверняка принесет тебе вред, если ты спасешь его. И не думай вытаскивать его. Вытащи лучше меня, я тебе пригожусь. Ведь я — царь леса, никто не сравнится со мной в силе. Я никогда не предаю тех, кто помогает мне. Клянусь, я не только не причиню тебе зла, а отплачу тебе добром.

— Как же ты это сделаешь?

— Дам я тебе несколько волосков из моей гривы. Как только тебе будет угрожать смерть или какая-нибудь опасность, сожги их, я немедленно явлюсь и выручу тебя из беды. Но я предупреждаю тебя: не доверяй человеку.

— Как ты можешь его слушать! — вскричал человек.- Он все врет. О брат мой, молю тебя, спаси меня. Тут раздался голос мыши:

— Будь осторожен и не думай спасать человека! Пользы тебе от него никакой, один только вред. Спасешь меня, и я тебе пригожусь.

— А как же ты, мышка-малышка, можешь помочь мне? — рассмеялся дровосек.

— Я дам тебе клочок своего пуха. Если ты будешь страдать и мучиться из-за бедности, сожги его. Я тотчас явлюсь к тебе и наполню дом твой деньгами. Вы, люди, любите деньги, и они тебе, конечно, помогут. Разве не так? Спаси меня, и я пригожусь тебе.

— Так уж и быть, вытащу-ка я вас всех, — решил дровосек.

Кинул он в глубокий колодец веревку и первым вытащил человека. Потом властелина леса, затем змею и наконец мышь. Все спасенные поблагодарили дровосека и удалились, вручив ему свои подарки: лев — волоски из гривы, змея — несколько чешуек, мышь — клочок пуха. Пошел дальше своим путем и их спаситель.

Однажды, спустя какое-то время, отправился дровосек по дрова. Углубился он в лес, нарубил дров, нагрузил ими осла и поспешил домой. Но случилось так, что он заблудился. Солнце уже начало заходить, а дровосек никак не может найти дорогу к своей хижине. И вдруг услышал он рычание, смотрит: три льва окружили его, вот-вот нападут. Испугался дровосек, весь дрожит от страха, не знает, что делать. И вспомнил он тут про волоски из гривы спасенного льва, вынул их из мешка и поджег. Не успели они сгореть дотла, как раздался грозный рык повелителя леса, и все три льва замерли на месте. Явился лев, которого спас дровосек, что-то прорычал на своем львином языке, и три льва, замотав головами, молча удалились. Скоро и спасенный лев исчез в чаще леса, но через несколько мгновений вернулся и кинул под ноги дровосека газель. Разжег дровосек костер, зажарил газель и сытно поел. Лев пристроился неподалеку. Потом дровосек лег спать и проспал до самого утра под охраной льва, а наутро лев вывел его на дорогу, ведущую к дому.

Шло время. Дровосек зарабатывал все меньше и меньше, даже не мог прокормить детей. От непосильного труда и забот истощились силы дровосека, и он тяжело заболел. Дома воцарились голод и нужда. Тут и вспомнил дровосек о пушинке, что мышь ему дала. Сжег дровосек пушинку, и в тот же миг предстала перед ним мышь. Пожаловался он ей на неудачи и на бедность. Выслушала его мышь и издала какой-то странный звук. Видит дровосек: весь его двор мгновенно заполнился сонмищем мышей.

— Братья мои,- обратилась к ним мышь. —Этот дровосек спас меня от неминуемой смерти. Разве мы не отблагодарим его?

— Мы готовы воздать ему сторицей! — зашумели мыши. Тогда мышь, которую спас дровосек, предложила прорыть длинный лаз между домом дровосека и казной во дворце царя. Не медля ни минуты все принялись за работу. Мышь попросила дровосека принести немного меду. Когда лаз был готов, мышь стала мазать спины своих товарищей медом. Как только мыши проникали в казну, к их спинам прилипали мешочки с деньгами, и они возвращались с драгоценным грузом в дом дровосека. Так они трудились несколько часов. За это время мыши перетаскали в дом дровосека много мешочков с монетами. Дровосек поблагодарил мышей, и они удалились.

Наутро хранитель казны обнаружил пропажу и доложил царю.

— Как же воры осмелились проникнуть ко мне во дворец?! — гневно закричал царь.

И повелел он найти воров, а того, кто раскроет тайну и укажет, где прячутся воры, щедро наградить. Во все концы страны разъехались гонцы царя.

Дровосек остерегался появляться на рынке с золотыми монетами. "Ведь всем известно, что я бедняк,- размышлял он,- еще начнут спрашивать, откуда у меня такие монеты, что тогда отвечать?" Очень обрадовался дровосек, когда случайно встретил человека, которого когда-то вытащил из колодца. Поведал он ему обо всем, что случилось во дворце, и попросил никому о том не рассказывать. Затем дал ему несколько мешочков с монетами, чтобы тот купил себе все, что хочет из еды и вещей, а заодно и ему, дровосеку. Но, прослышав о щедрой награде, обещанной царем за поимку вора, этот человек поспешил во дворец и донес на своего спасителя.

Привели дровосека во дворец. Предстал он пред царем, низко склонился и поцеловал землю у его ног.

— Как же ты осмелился, презренный, обворовать мою казну? — закричал гневно царь.

— Клянусь Аллахом, о повелитель! В жизни своей не украл я ни крошки. Я — честный человек и тружусь с утра до ночи, чтобы прокормить себя и детей.

— Ты лжешь! — еще пуще гневается царь. — Вот этот человек донес на тебя.

И царь указал на человека, которого когда-то спас дровосек.

— Ты дал ему несколько мешочков с золотыми монетами. А знаешь ли ты, негодный, что они украдены у меня!

— Отруби мне голову, повелитель, если я тебе хоть словом солгал. Или же докажи, что я хоть малость украл из твоего дворца.

— Ну, тогда скажи, как у тебя оказались эти мешочки с золотом?

— Так слушай же, о повелитель! Спас я однажды от смерти мышь, и дала она мне клочок своего пуха, чтобы я сжег его, когда мне будет плохо. Когда я вконец обеднел и мне нечего стало есть и нечем кормить своих детей, я сжег эту пушинку...

И дровосек рассказал царю подробно всю историю с мышами. Подивился царь услышанному и повелел проверить, правду ли говорит дровосек. В казну принесли ворох свежей травы и подожгли. Помещение тотчас наполнилось дымом, он проник во все щели, в том числе и в тайный лаз, прорытый мышами. Вскоре струйка дыма появилась в доме дровосека. Так царь убедился в том, что дровосек говорит правду. Поднялся он со своего трона и сказал:

— Что бы там ни было, не нравится мне, что в моем дворце обокрали казну. Если бы дровосек солгал, то велел бы я казнить его. А раз рассказал он всю правду и мы знаем, как все случилось, так посадите его в тюрьму на три года.

В тюрьме дровосека неотступно мучила мысль о детях: что с ними, не голодают ли? Прошло три дня. От тяжких дум и страданий дровосек едва рассудка не лишился. Но тут вспомнил он о змее, ведь обещала она помочь ему в случае опасности или беды. "Уж такая беда пришла, хуже не придумаешь: дети голодают, и нет им помощи ни от кого". Вытащил дровосек чешуйки и сжег их. Не успели они догореть, как появилась змея.

— Я ли не предостерегала тебя против человека, я ли не говорила, что его яд губительней моего и что он принесет тебе зло? Но я пришла не упрекать тебя, а помочь.

— Как же ты можешь помочь мне?! — в отчаянии воскликнул дровосек.

— У царя есть дочь, которая для него дороже собственных глаз. Я обовьюсь вокруг ее живота, груди и шеи и буду убивать всех, кто посмеет приблизиться ко мне. Только тебя я не трону. А ты скажи своему стражнику, что умеешь разговаривать со змеями и можешь спасти принцессу от верной гибели. Когда тебя приведут к царю, ты скажешь ему, что это — не простая змея, а царица змей, и что, мол, она не отпустит девушку, пока не убьет человека, который не сохранил тайну и забыл о благодарности. Требуй, чтобы доносчика казнили. Вот увидишь, они непременно приведут его и отрубят ему голову. Как только казнь совершится, я тут же отпущу девушку, и тебе дадут столько денег, что хватит на всю жизнь.

Дровосек поблагодарил змею.

Ночью, когда все спали, змея проникла в спальню принцессы, вползла на ее постель и обвилась вокруг тела. Увидела это рабыня и ужаснулась, бросилась к царю, разбудила его и рассказала о том, что случилось. Сбежались в комнату царь, царица, слуги и служанки, рабы и рабыни, стражники. Один из стражников сделал шаг к постели. Змея будто нехотя плюнула в него, и он тут же упал замертво. Никто даже с места не тронулся, не шелохнулся, все стояли объятые ужасом и боялись подойти к змее.

Дворец погрузился в печаль и уныние. И царь объявил по всей стране, что отдаст тому, кто спасет принцессу, все, чего тот только пожелает.

Со всех концов пришли люди, которые утверждали, что имеют власть над змеями. Не успел первый приблизиться, как змея плюнула, и он упал замертво. Остальные в страхе попятились и покинули спальню принцессы.

Тем временем позвал дровосек стражника и говорит:

— Иди к царю и передай, что я могу спасти его дочь.

Стражник поспешил выполнить просьбу узника. Обрадовался царь, велел немедленно привести дровосека.

— Ты и впрямь можешь спасти нашу дочь? — спросил царь, когда дровосек предстал пред ним и поцеловал землю у его ног. — Спасешь — я верну тебе свободу и дам все, чего только пожелаешь.

Дровосек попросил, чтобы его проводили в спальню принцессы. Привели его, но в спальню пустили одного, никто с ним не зашел, а царь и царица, вся свита и стражники остались стоять у дверей. Дровосек смело приблизился к змее, положил на нее руку, подержал немного, а потом повернулся к царю и говорит:

— Это — не простая змея, а царица змей, она требует, чтобы убили подлого предателя, который не сохранил доверенную ему тайну и забыл о благодарности. Этот предатель, о повелитель,- тот самый человек, который донес тебе на меня.

Царь, собственными глазами видевший, как змея убивала всякого, кто к ней приближался, поразился без меры, когда дровосек бесстрашно подошел к ней. Он уже не сомневался в правдивости слов узника и тут же повелел привести доносчика и казнить. Едва голова предателя скатилась с плеч, змея отпустила принцессу и покинула комнату.

Царь дал свободу дровосеку и так щедро наградил его, что тот, его дети, а потом и дети его детей жили всю жизнь в богатстве и достатке.

«ДХЛУБУ И ЛЯГУШКА»

Однажды вождь женился на дочери другого вождя; он ее очень любил; его жены были обеспокоены из-за его любви к ней. Она забеременела и родила дитя-девочку; ее отец очень ее любил. Она росла; когда она сделалась прекрасной, жены составили заговор, сказали они: раз ее отца нет, пойдемте надерем траву зи. Они сказали детям: вы не соглашайтесь брать дитя. Ее мать позвала девочку, которая оставалась с ней. Та отказалась взять дитя. Ее мать взяла ее на спину и пошла с ней.

Они драли траву зи, так они шли. Случилось в. одной впадине между гор, что они сели на земь, и взяли понюшку табака. Ее мать связала вязанку травы зи и дала ребенку, чтобы он играл с ней. Они поднялись и драли траву зи.

Так они шли. Позабыла мать свое дитя. Так они шли, надирая; они связали, понесли на головах и пришли домой. Они пришли домой и позвали нянек детей; все они явились. Но ее нянька пришла без дитя. — Мать спросила, сказала она: где мое дитя? — Сказали они: ты шла с ним. Она опечалилась; она закричала, побежала и пошла искать. Не нашла ее и вернулась.

Был большой шум. Жены говорили, спрашивали они: что же будет теперь? Мы разбили сокровище отца. Любимая (жена) безутешна.

Было сообщено ее отцу; было сказано: вождь, дитя твое потерялось, когда мы драли волокно. Ее отец очень опечалился.

На утро старуха большого дома из другого племени пошла набрать воды; она услышала дитя, которое играло; она услышала: та, та, та. Она удивилась и подумала: хау! кто это там? Она тихо подошла и нашла сидящее дитя, которое играло. Она пошла домой и оставила его вместе с горшком с водой, вдвоем. Она позвала великую женщину вождя и сказала: поди сюда. Великая женщина вышла из дому. — Сказала старуха; иди, пойдем. Там что-то есть у реки; ты увидишь. Жена вождя пошла с ней. Они пришли. Сказала старуха: вот дитя. — Сказала великая женщина: возьми ее. Сказала она от радости. Старуха взяла её. Они пришли к реке. — Сказала великая женщина: омой ее. Та омыла ее. Великая женщина взяла ее, посадила на спину и пошла домой.

Она кормила ее грудью; ибо сама она родила дитя — мальчика; она вырастила ее. Девушка выросла. Они ходили с ее мальчиком вдвоем. Она росла и сделалась большой девушкой. На нее смотрели как на вождя девушек, когда справлялось большое торжество. Было зарезано много скота. Все люди радовались.

После этого сказали военачальники мальчику: женись на этой девушке. — Мальчик удивился и сказал: хау! что это такое? Но ведь это моя сестра? Мы вскармливались вместе у нашей матери? — Сказали они: да нет; она была найдена во впадине между гор. Он отверг и сказал: да нет, это моя сестра. — Утром снова сказали они: лучше тебе ее взять себе в жены. Он отверг, он был очень огорчен.

Случилось, в другое время старуха обратилась к девушке и сказала: ты знаешь? — Сказала та в ответ: что? — Сказала старуха: что на тебе женятся. — Спросила та, сказала: кто? — Ответила старуха: юноша из твоего дома. — Сказала она: хау! как же так? Ведь это мой брат? Сказала старуха: да нет; ты была найдена во впадине между гор, вскормлена великой женщиной. Девушка закричала и огорчилась.

Она взяла горшок для воды, пошла, пришла к реке, села на землю и заплакала. Она зачерпнула воды и пошла домой. Дома она села. Ее мать дала ей пищу; она не пожелала ее, она отвергла. — Ее мать спросила, сказала она: что это? — Сказала она: ничего. Болит моя голова. Стемнело и она пошла спать.

На утро она встала, взяла горшок для воды, пришла к реке; она села наземь и заплакала. Когда она плакала, вышла большая лягушка и спросила: что ты плачешь? — Ответила она: я огорчаюсь. — Спросила лягушка: чем ты огорчена? — Сказала она: говорят, я буду взята моим братом. — Сказала лягушка: иди, собери свои прекрасные вещи, которые ты любишь, и неси их сюда.

Она встала, подняла на голову горшок для воды, пришла домой; взяла другой горшок, схватила свои вещи, уложила их в горшок; медный посох, травяной передник, и пояс с плетенкой из медных бус, и повязку, и медяшки, и свои бусы. Она взяла эти вещи, пошла к реке и выложила их на землю.

Спросила лягушка, сказала она: хочешь ли ты взять меня к своим? — Ответило дитя: конечно. Лягушка схватила вещи, проглотила их, схватила дитя, проглотила его и пошла с ней.

Она шла и встретилась с рядом юношей; они увидели лягушку. — Сказал передний: посмотрите же; вот большая пребольшая лягушка. Сказали другие: убьем ее, бросим в нее камнями. — Сказала лягушка:

Я лишь лягушка, да не буду я убита.

Я несу Дхлубу в ее страну.

Они оставили ее. — Сказали они: хау! как это лягушка разговаривает, она творит диковинное? Оставим ее. И они прошли мимо, они пошли дальше.

И лягушка пошла. Опять она встретилась с рядом мужчин. Сказал передний мужчина: о, взгляните, посмотрите на большую лягушку. — Сказали они: убьем ее. — Сказала лягушка:

Я лишь лягушка, да не буду я убита. Я несу Дхлубу в ее страну.

Они прошли мимо. Пошла лягушка. Она встретила мальчиков, пасших скот; они увидели ее, она была увидена мальчиком ее отца. — Сказал мальчик: вау! Дхлубу, дочь вождя! идите сюда, убьем большую лягушку. Бегите, нарежьте острых палок, поразим ее ими. — Сказала лягушка:

Я лишь лягушка, да не буду я убита. Я несу Дхлубу в ее страну.

Он удивился и сказал: о, мужи, не будем ее убивать. Она вызывает печаль. Посторонитесь, пропустите ее. Они посторонились.

Она пошла и встретилась с другими, ее увидел брат девушки; сказал он: о, Дхлубу, дочь вождя! вот большая пребольшая лягушка. Побьем ее камнями, убьем ее. — Сказала лягушка:

— Я лишь лягушка, да не буду я убита. Я несу Дхлубу в ее страну. Сказал он: о, пропустите ее. Она говорит страшное.

Лягушка прошла мимо и пришла к дому, она вошла в рощу в нижней части селения и выложила девушку вместе с ее вещами. Она привела ее в порядок, очистила девушку донкой, облизала ее и разукрасила ее.

И пошла девушка. Она взяла свой медный посох, вошла в ворота, она прошла посреди загона для скота; она пошла посреди него; пришла к лазейке, вышла и вошла в дом ее матери. Пришла ее мать, вошла в хижину и спросила: откуда ты явилась девушка? — Ответила она: я просто брожу. — Сказала ее мать: расскажи мне. — Сказала она: да нет, я просто брожу. — Сказала ее мать: женщины бывают довольны такими детьми. Я же горюю; мое дитя потерялось, я оставила его во впадине между гор: оно умерло там. -Ответило дитя, сказало оно: почему ты его оставила? Ты сделала так потому, что не любила его? — Сказала та: да нет; меня заставили забыть жены вождя; они не позволили, чтобы нянька брала ее. — Ответила она, сказала она: ну нет, нет такой женщины, которая бы забыла свое дитя. — Сказала она: да нет, это произошло потому, что я сама не привыкла ухаживать за дитя; ибо оно оставалось с нянькой. — Сказала девушка: эхе, ты делала так потому, что не любила меня. Мать начала пристально смотреть на нее; она увидела: «Это мое дитя».

Когда она увидела ее, она возрадовалась. Она прокричала прозвища дитя. Ее маг схватила свое платье и оделась; она взяла свою повязку и надела ее на голову; она взяла свой передник и надела; она взяла свой посох и вышла, она прыгала от радости, она кричала «халала»; она вошла в загон для скота, резвилась, прыгая от радости. Удивились люди и спросили: что сегодня с Нтомбиндэ? Что это она так радуется? Ведь со смерти своего перворожденного дитя она не радовалась; но была печальной.

Вышла одна женщина с ее стороны и сказала: дайте я пойду посмотрю, что там в доме? Почему я слышу как великая женщина называет прозвища дитя, которое умерло?

И пошла она, вошла в дом и увидела девушку; она вышла, подняла страшный крик и возблагодарила.Все люди вышли. Они побежали к дому, обгоняя друг друга. Они толкали друг друга у входа. Они увидели дитя. Все с ее стороны радовались. — Все другие огорчились, и жены вождя с другой стороны сказали: хау! к чему это? Раз мы думали, что убили это дитя. Оно снова восстало. Мы будем пристыжены за одно с нашими детьми. Кончится господство наших детей.

Отправился гонец, он пошел к ее отцу, пошел, пришел и сказал: вождь, восстало дитя, которое умерло. — Сказал вождь: хау! ты сходишь с ума? Что это за дитя? Сказал гонец: Дхлубу. — Сказал ее отец: откуда она пришла? — Сказал он: я не знаю, вождь. — Сказал ее отец: если будет не она, я тебя убью. Если это она, беги, поднимай шум во всех местах, чтобы согнали всех больших быков и пришли с ними.

Он отправился и поднял шум. — Говорил он: дочь вождя явилась. Торопитесь с быками. — Люди спрашивали, говорили они: какая дочь вождя? — Говорил он: Дхлубу, дочь вождя, которая умерла.

Они возрадовались; они вооружились щитами; они захватили быков, они погнали их, и дары, чтобы порадовать дочь вождя; ибо она восстала от смерти; они обрели ее, когда уже не чуяли. Они пришли, они зарезали множество быков и по дороге, чтобы ели старики и старухи и больные, которые не имели сил добраться до дому, где была дочь вождя.

Явился ее отец и сказал: выйди, дитя мое, чтобы я посмотрел. Она не отвечала. Он зарезал двадцать быков. Она появилась у входа и встала. Он зарезал третий десяток. Она вышла. — Сказал ее отец: иди, войди в загон для скота,, протанцуем для тебя от большой радости, ибо я думал, ты умерла, но ты тут. Она стояла. Опять он зарезал четвертый десяток. И она пошла, вошла она в загон для скота.

Они много плясали для нее. Но другая сторона селения не радовалась, она не плясала с детьми и женами этой стороны. Они кончили плясать.

Отец пошел с ней в дом, он сел с ней и сказал: пусть будет взят молодой жирный бык, будет зарезан и приготовлен для дитя, чтобы мы могли есть радуясь; ибо она была мертвой, она восстала от смерти.

И радовались все люди. Дитя вернулось в свое положение, свое господство. Ее отец правил сильно, он возвратился к обычному, он жил в своем селении, ибо он хотел пребывать там долго, ибо он помнил свое дитя.

Ее мать с детьми из ее дома вместе радова-

— Спросил ее отец, сказал он: как ты пришла сюда? — Сказало дитя: меня принесла лягушка. — Спросил ее отец: где она? — Ответило дитя: она там в роще. — Сказал ее отец: пусть будут схвачены быки; пусть спляшут ей, пусть она подымется и придет к дому. И люди пошли, они потанцовали для нее.

Люди пришли с ней домой. Ввели лягушку в дом, дали ей мясо и она съела. — Спросил вождь, сказал он: что хочешь ты, чем бы я отблагодарил тебя? — Сказала она: я хочу множество черных безрогих быков. Он взял множество скота и людей и сказал: идите, отправляйтесь с ней. И пошли они, пришли они в ее страну.

Лягушка построила большое селение и сделалась великим вождем. Все время они резали на мясо скот; и люди приходили просить мясо. — Спрашивая, они говорили: кто ваш вождь, который выстроил это селение? — Отвечали они: Селеселе. — Спрашивали они: откуда взяла она такое большое селение? — Отвечали они: она его достала, ибо принесла дочь нашего вождя; вождь дал ей скот и людей. — В ответ спросили они: вы значит люди Селеселе? — Ответили они: конечно. Не отзывайтесь о ней плохо; мы вас убьем, ибо она великий вождь.

Селеселе принимала множество людей. Они бросали своих вождей, ибо видели множество пищи у Селеселе. И правила Селеселе, была она вождем.

Узнал Нкоси-Яасенхла и сказал: есть у Нкоси-Яасен-занси прекрасная девушка, имя ее Дхлубу. — Сказал он своим людям: идите, посмотреть на нее, что за девушка она. — И пошли они, пришли они к Нкоси-Яасензанси, и сказали: вождь, мы посланы Нкоси-Яасенхла, чтобы выбрать среди твоих детей прекрасную девушку.

И созвал вождь детей, они пришли, они явились. Наконец увидели люди Нкоси-Яасенхла единственную девушку среди всех, которая превосходила других красотой. Ибо они помнили, что если вождь послал людей пойти выбрать

прекрасную девушку, то нужно им хорошо смотреть; ибо эти люди были глаза вождя, он верил им; они проделали, чтобы не быть обруганными им, когда придут домой. Если они видели, что она плоха, не подходит девушка быть выбранной для вождя, они ворчали, говоря, зачем вы позорите вождя, выбирая ему плохую вещь? Слава этих людей кончалась; у них отнималось и хорошее положение, ибо они не заслуживали доверия. — И поэтому они выбрали Дхлубу за ее красоту, говоря: она одна подходит, чтобы быть великой женщиной вождя перед всеми этими.

И поэтому оставленные были пристыжены, и их матери были пристыжены, и их братья были пристыжены. Было радостно в доме Дхлубу. Радость началась с Дхлубу, которую выгляделаи среди множества девушек и на глазах у всех, говорили: вот действительно красавица! — Ее мать сказала в сердце своем: я его прекрасно родила, дитя мое! И ее дети были возвеличены, хотя их мать была уже давно возвеличена вождем, будучи любима. И вот возросло недовольство против дома Дхлубу; оно не прекращалось, ибо вождь другого племени продолжал любить Дхлубу и ее мать опять была очень любима отцом Дхлубу. Были очень пристыжены другие жены вождя красотой Дхлубу, которая была любима вождем другого племени выше всех их детей. Так они были пристыжены.

И посланцы посмотрели и выбрали Дхлубу. Они отправились рассказать вождю. — Они пришли домой и сказали: вождь, мы видели прекрасную девушку, имя ее Дхлубу. — Сказал вождь: эхе, к добру. Нужно чтобы мы отправились, пошли туда и взяли тысячу скота. И они пошли.

Сказал Нкоси-Яасензанси, сидя в тени посреди загона для скота со своими людьми, спросил он: что это там? Там великая пыль, которая соединяется с небом. Они испугались. — Сказал он своим воинам:

приготовьтесь, ибо мы не знаем, что это идет. После этого появился скот, он шел с вождем и его людьми. Они пошли их встречать.

Сказал вождь другого племени: я Нкоси-Яасенхла, я пришел к Дхлубу. Они пошли с ним, они шли домой. Они пришли, они попросили Дхлубу. Ее отец возрадовался, услышав это.

Были им зарезаны быки. Они говорили с ее отцом. — Сказал Нкоси-Яасенхла: я пришел к тебе Нкоси-Яасензанси, я хочу взять твою дочь; если ты согласен, будет хорошо. Я пришел с тысячей скота. — Ее отец согласился и сказал: будет хорошо.

Он собрал всех девушек и юношей, младших и старших юношей с обручами; он отобрал людей для работы на Дхлубу. Он отобрал ее медные украшения для свадьбы и бусы, и пять сотен быков, приказал он: хорошо же отправляйтесь с ней. Вот военачальник, чтобы проводить ее свадьбу.

Они пошли с ним и пришли домой. Когда они появились, был поднят большой шум, явились люди со всех сторон, говорили они: явилась великая женщина Нкоси-Яасенхла. Они радовались.

Легли спать. На утро, когда вышло солнце, сделалось тепло, вышли девушки с юношами и юношами с обручами., они пошли в заросли, они сели там. Когда пришло время плясок, они сплясали; они взяли девушку из рощи; она пошла домой, пошла танцевать.

Они танцовали и закончили. Она взяла медяшки, положила их перед его отцом, приветствовала и сказала: вождь., покровительствуй мне, ибо теперь я в твоей руке, охраняй меня.

Вся свадебная партия села на земь. Они танцовали для них. Они кончили танцевать. На утро девушка зарезала десяток быков: они ели, они радовались.

Сказал военачальник: вождь, мы хотим отправиться, итти домой, ибо работа закончена.

Вождь отобрал пять сотен быков и сказал: это ее матери. Они пошли домой.

Девушки остались. Ее отец сказал, чтобы они не шли домой, оставались с ней, работали на нее; и множество людей, мужчин и женщин, строило ее селение, оставалось там.

Приказал вождь: нарежьте теперь для селения великой женщины, где ей жить со своими людьми. И было построено селение, закончено оно. Вождь пришел туда; было зарезано множество скота, чтобы ели воины и закончили селение великой женщины. И вождь отправился, он пошел жить там, в новом селении. Он избрал Дхлубу.

Пришли люди отца Дхлубу домой и сказали: вождь, мы поработали хорошо, много. И вот быки для матери Дхлубу, данные ей ее сыном. Он велел, чтобы мы приветствовали за него ее отца и ее мать.

И жили они прекрасно вместе.

«ЕЖ И ШАКАЛ В КОЛОДЦЕ»

Как-то вечером еж повстречал шакала. Еж поздоровался и спросил:
— Куда ты идешь? -Искать счастья.
— И я с тобой.

Они пошли вместе. Обоих терзала жажда, и возле колодца они остановились, чтобы напиться.

Колодец был с двумя ведрами: если одно поднималось, то другое опускалось.

Первым спустился еж. Напившись, он крикнул шакалу:
— Здесь восемь овец с ягнятами… Прыгай в ведро. Шакал прыгнул и опустился на самое дно, в то время как еж выбрался наружу.

"Вот они, превратности судьбы, которая одних возносит, а других низвергает",— думал шакал, тщетно пытаясь выбраться из колодца.

«ЗАЯЦ И БУЙВОЛ»

Однажды заяц увидел, как буйвол рогами ломает дерево, чтобы запасти себе дров.

"А я чем хуже? — подумал заяц.- Я тоже так могу".

Разбежался он, да как стукнется лбом о ствол дерева. так стукнулся, что голова у него ушла в плечи.

Завопил заяц не своим голосом. Услышал его буйвол. Смотрит — что такое? Прыгает заяц без головы! Подошел он ближе и увидел, что голова зайца ушла в плечи. Схватил зайца за уши, потянул. Голова у зайца встала на место, только уши с тех пор длинные.

Побежал заяц домой. И поклялся больше не подражать буйволу. То, что может рогатый, безрогому не под силу!

«ЗАЯЦ И ЛЕВ»

Однажды заяц отправился в лес поискать себе пищи и увидел там большой баобаб. Заяц посмотрел наверх и заметил на дереве улей. Очень захотелось зайцу меду, но он побоялся, что не справится с пчелами, и решил пойти в город за товарищами.

В городе ему случилось проходить мимо жилища крысы, и та пригласила его зайти.

— Знаешь, — сказал ей заяц,-умер мой отец и оставил мне в наследство улей с медом. Пойдем поедим вместе.

Они отправились, и, когда пришли к баобабу, заяц сказал:

— Ну, полезли наверх.

Они влезли на дерево, зажгли факелы и дымом прогнали пчел. Затем они потушили огонь и стали есть мед.

Вдруг под баобабом появился лев — хозяин дерева, улья и меда. Он посмотрел наверх и увидел, что кто-то там шевелится.

— Кто там? — заревел лев.

— Молчи, не отвечай ему,- шепнул заяц крысе,- этот старик сумасшедший.

— Кто вы? Почему не отвечаете? — снова крикнул лев.

Крыса испугалась.

— Это мы, — пискнула она.

— Теперь, — шепнул заяц крысе,- помоги мне залезть в факел и скажи льву, что ты сначала бросишь факел, а потом слезешь сама.

Крыса так и сделала. Лев посторонился, а крыса бросила факел с зайцем. Как только факел упал на землю, заяц выскочил из него и удрал.

— Ну, спускайся! — крикнул лев крысе. Она спустилась.

— С кем ты была там, наверху? — грозно спросил лев.

— С зайцем, — ответила крыса.

Лев съел крысу и отправился искать зайца, но найти его нигде не мог.

На другой день заяц позвал черепаху пойти с ним поесть моду.

— А чей это мед? — спросила черепаха.

— Моего отца, — отвечал заяц. Они отправились к баобабу, влезли наверх, прогнали пчел и принялись лакомиться.

Тут под баобабом снова появился лев.

— Кто там наверху? — крикнул он.

— Молчи, — шепнул заяц черепахе.

Лев повторил свой вопрос. Черепаха испугалась и шепнула зайцу:

— Ты сказал, что это твой мед, а выходит, что хозяин-то тут сам лев.

— Кто вы? Отвечайте! — в третий раз крикнул лев.

— Это мы! — ответила черепаха.

— Спускайтесь! — приказал лев.

— Идем,- сказала черепаха.

— Ну, сегодня-то я поймаю зайца! — обрадовался лев.

— Положи меня в факел и скажи льву, что сначала ты бросишь факел, а потом спустишься сама, — зашептал заяц черепахе.

— Хорошо, — ответила та, а сама подумала: "Он хочет убежать и оставить меня на съедение льву. Но ничего у него не выйдет. Лев съест его первого!"

Она взяла факел, запихнула туда зайца и крикнула:
— Лови зайца!

Лов поймал его и схватил в лапы.
— Ну, что же мне с тобою делать? — спросил он.
— Если ты хочешь меня есть, то имей в виду, что мясо у меня очень жесткое, — отвечал заяц.
— А как сделать его помягче? — спросил лев.
— Возьми меня за хвост и покрути, а затем побей о землю,- ответил заяц.

Лев принялся крутить зайца за хвост, а когда он собрался побить его о землю, заяц выскользнул из его лап и удрал.
— Ну, спускайся и ты! -крикнул лев черепахе. Она спустилась.
— А с тобой мне что делать? — спросил лев.
— Положи меня в грязь и три до тех пор, пока с меня не слезет панцирь, — отвечала черепаха.

Лев понес ее к воде, положил в грязь и тер до тех пор, пока у него кожа не сошла с лап и не показалась кровь. Лев принялся было рассматривать свои ссадины, а черепаха в это время ускользнула в воду.
— Ну, заяц опять перехитрил меня,- сказал лев и пошел искать зайца.

Он спрашивал о нем всех встречных, но безуспешно. А заяц тем временем сказал жене:
— Давай переменим жилище.

И они переселились в другое место.

Наконец льву указали новый дом зайца. Лев отправился туда, но хозяев дома не застал.

"Спрячусь-ка я тут,- решил лев. — Когда заяц вернется, я съем и его и зайчиху".

Возвращаясь с женою домой, заяц заметил на дороге следы льва.
— Ступай обратно, — сказал он жене, — здесь проходил лев, он ищет меня.
— Я не вернусь, — отвечала зайчиха, — я не покину мужа в беде.
— Подумай о своих родителях, вернись! — убеждал заяц.

И зайчиха вернулась.

Заяц пошел по следам льва и увидел, что они ведут прямо в его дом. "Ого! Лев внутри",— подумал он.

Заяц отошел подальше от дома и закричал:
— Привет, дом! Привет, дом! Привет, дом! Никто не отозвался.
— В чем дело? — громко сказал заяц. — Каждый день я здороваюсь со

своим домом, и всегда он отвечает мне. Может быть, сегодня туда забрался кто-нибудь чужой?

Лев услышал это и ответил:

— Привет!

— О лев, ты там внутри! — воскликнул заяц.- Ты собираешься съесть меня? Но интересно, где это ты слышал, чтобы дома разговаривали?

— Ну, подожди же! — крикнул лев.

А заяц пустился бежать. Лев гнался за ним, пока не выбился из сил, но так и не догнал.

"Опять заяц перехитрил меня, не буду с ним больше связываться",- решил он и вернулся домой.

«ЗАЯЦ И ЧЕРЕПАХА»

Однажды заяц встретил у реки черепаху и сказал:

— Давай побежим наперегонки! Назначим награду победителю — корзину самых спелых плодов. Поставим корзину на далекий холм. Кто прибежит первым, тот и съест плоды.

Подумала черепаха и согласилась.

Наполнили они корзину плодами, поставили ее на вершину далекого холма, а сами вернулись к реке.

— Бежим! — сказал заяц и покатился со смеху. Он-то знал, что бегает много быстрее черепахи. И черепаха знала, что ей за зайцем не угнаться. Но все же она что было сил заторопилась к далекому холму.

А заяц катался от смеха по траве и никак не мог отдышаться. Наконец, когда заяц пришел в себя, увидел он, что черепаха уже взбирается на далекий холм. Припустился за ней вдогонку со всех ног. Да только опоздал. Когда заяц достиг вершины холма, черепаха уже поедала сочные плоды.

Почему же так получилось?

Черепаха шла к цели не останавливаясь. А заяц валялся в траве и бахвалился. Но хвастуну и быстрые ноги не впрок.

«ЗЕМБЕНИ ИЛИ СВАТОВСТВО СИКУЛУМИ»

Зембени — великая женщина. Она родила двух дочерей. Но она ела людей в той стране, где она была, пока не прикончила их, ела их и зверей; убивала! человека вместе со зверем; варила мясо человека и зверя вместе. Случилось так, что люди были целиком прикончены,, оставалось она сама с ее двумя дочерьми. Ее дочери славились среди племен, они слави

Пришел юноша, дитя вождя. Имя того юноши было Сикулуми, он пришел выбрать красивую девушку среди этих девушек. Он пришел днем. Зембени не было там, она ушла охотиться. Другое ее имя, которым она звалась, было Зва-ниде; ибо у нее палец на ноге был страшно длинный; из-за него она была видима, когда появлялась, подымалась пыль; пока она еще не появлялась, появлялась пыль, подымаемая ее пальцем; ибо палец появлялся первым, там, где шла Зва-ниде. Когда случилось, что пришел Сикулуми; верно, он нашел этих двух девушек; он увидел, верно, что они прекрасны. Он полюбил их, и они полюбили его; ибо он был дитя вождя, заслуживающий взгляда. — Но они пролили много слез из-за него, говорили они: ты пришел сюда не к месту. Мы боимся; не знаем, куда тебя деть, ибо наша мать ест людей. Мы же, видишь, лишь боимся. — Сказала одна: посмотри же на мою щеку. Это же она моя мать? Мы не знаем, куда поместить тебя.

Итак Сикулуми пришел туда к девушкам, он пришел один. Из дому он вышел идя со своей сворой собак; но он оставил их в тростниках. — Девушки придумали уловку, говоря: если мы велим ему уйти, Званиде будет его преследовать; они выкопали посреди дома яму, положили его внутрь, закрыли ее и сели поверх нее.

На заходе солнца показалась пыль. — Сказали они: вот она идет. Первым пришел палец, за ним следовала Званиде. Как только она пришла, она рассмеялась, она смеялась, она смеялась и каталась по земле, говоря: эх, эх! Тут сегодня в моем доме вкусно пахнет. Детки мои, что вы сделали такое? Откуда идет этот запах? Она вошла, она смеялась, похлопывая их, говоря: детки мои, что такое здесь в доме? — Ответили девушки: довольно! Перестань надоедать нам; мы не знаем, где мы могли взять что-либо. — Сказала она: дайте же мне поискать, детки мои. — Сказали они: мы не знаем, что ты хочешь найти, здесь нет ничего такого. — Сказала она: хорошо, подымитесь же, я поищу. — Ответили они: мы не подымемся. Мы ничего не знаем. Делай как хочешь. Мы не знаем, что ты сделаешь с нами, раз вот как ты изуродовала нас, вот мы какие. Говорила девушка, показывая ей свою щеку, съеденную ею. Званиде отстала и заснула. На рассвете она вышла и пошла охотиться. Когда она вышла, они видели потому как пыль кончилась, что она скрылась из виду. Они вытащили Сикулуми. — Сказала одна: пошли. — Другая сказала: о, дитя моего отца, иди сама. Я не могу итти с тобой, итти с таким позором. Ты видишь какая я; моя мать изуродовала меня. Иди одна. Сама я останусь, чтобы Званиде могла прикончить меня.

И пошла девушка с Сикулуми; шли они до захода солнца. Шел он тростниками, ища своих собак; он поймал их, собаки пошли с ним. Наконец стемнело. На рассвете они шли усталые, говоря: если мы будем спать, она нас настигнет. Будем итти день и ночь, до рассвета; может быть мы ее оставим позади.

Званиде пришла домой. Она нашла свою дочь одну. — Не спрашивая, она пошла дальше, говоря: куда пошла мое дитя? Она шла до рассвета. В полдень Сикулуми с девушкой увидели пыль. — Обратилась девушка к Сикулуми, сказала она: вот же она Званиде, вот она сама; она нагнала. Куда мы пойдем? Они увидели высокое желтое дерево; они побежали и взобрались на него; собаки оставались внизу. Пришла Званиде — женщина великой силы. Она пришла со своим топором. Она взглянула наверх и увидела их. Не спрашивая, топором по дереву; пока она с силой рубила дерево, собаки кусали ее; она рубила его с силой. Когда послышался треск дерева, которое ломалось, собаки схватили ее с силой: одна оторвала ей голову, а другая руку: остальные оторвали у нее все члены, они разбросали ее далеко по сторонам; другие растащили ее кишки.

Дерево тотчас выросло, оно стало, как вначале. Зембени снова встала, все ее члены соединились; она встала, взяла топор, и с силой рубила дерево; когда послышался его треск., собаки опять оторвали у нее голову и члены; каждая из них побежала с одной частью тела, побежала к реке, к скале; все делали подобным образом; они взяли гальки растерли члены и сделали муку.

После этого, Сикулуми с девушкой спустился с дерева; они побежали, они ушли к людям Сикулуми. Собаки высыпали мясо Зембени в порошке в воду. Они пошли, последовали за Сикулуми. И умерла Зембени, кончилась она. Прибыл Сикулуми к своим домой; было устроено оплакивание. — Были зарезаны быки, сильно радовались, говоря: где ты взял такую прекрасную девушку? Мы не думали, что ты здесь. Мы думали, ты умер.

«ЗМЕЯ И ТЫСЯЧЕНОЖКА»

Когда-то, очень давно, у змеи были ноги, но не было глаз. А у тысяченожки были глаза, но не было ног. Змея и тысяченожка так подружились, что каждая обещала отдать другой все, что бы та ни попросила.

И вот однажды змея сказала тысяченожке:

— Сегодня в деревне Нитакуджа состоятся танцы; мне очень хотелось бы пойти посмотреть на них. Не одолжишь ли ты мне свои глаза? А я дам тебе мои ноги.

Тысяченожка согласилась, и они поменялись. Змея пошла смотреть на танцы, а тысяченожка осталась дома, потому что без глаз ничего не видела.

Когда танцы кончились, змея отправилась обратно. Пройдя половину пути, она оглянулась по сторонам и вдруг поняла, какое это счастье — быть зрячей. "Да, хорошо тысяченожке, — подумала змея, — она может любоваться красивыми вещами, может издали заметить врага. С какой стати я буду возвращать ей глаза? Пусть у нее останутся мои ноги, а ее глаза оставлю себе".

И она повернула в другую сторону. А почтенная тысяченожка осталась с множеством ног, но без глаз. С тех пор змея и тысяченожка больше ни о чем не договаривались.

«КАК ЗАЯЦ СТАЛ ВОЖДЕМ ВСЕХ ЗВЕРЕЙ»

Однажды заяц созвал всех зверей и сказал:

— Давайте наварим пива, поставим его под огромным деревом и спросим у тех, кто живет там, на небе, кому быть вождем здесь, на земле. Все согласились и назначили день. А на рассвете того дня заяц посадил на дерево своего брата, тоже зайца. Вот собрались звери — были тут и слон, и лев, и носорог, — сварили пиво, поставили его под деревом.

Только начали пить пиво, а заяц и говорит:

— Настало время спросить: кому быть вождем здесь, на земле?

Поднялся слон и крикнул:

— О, вы там, наверху, в деревне наших предков! Кому быть вождем здесь на земле?

Но никто не ответил сверху; стояла тишина. Тогда заяц сказал:

— Они не отвечают тебе. Значит, не признают тебя! И не быть тебе вождем!

Поднялся лев и закричал:

— О, вы там, наверху, в деревне наших предков! Кому быть вождем здесь, на земле?

И снова ответом было молчание. А заяц опять говорит:

— И тебе не быть вождем! Теперь уж сам заяц поднялся:

— Это я, заяц, кричу. Кому быть вождем здесь, на земле?

И услышали звери, как сверху раздался голос:

— Тебе, почтенный заяц, тебе! Тебя мы оставляем вождем там, на земле!

Заяц оглядел всех важно:

— Ну, теперь вы слышали?

И все согласились. А слон сказал:

— Воистину ты вождь, так сказали нам сверху! Поднялись все звери, поклонились зайцу — своему вождю.

И сказал тогда заяц:

— Теперь иди за мной, народ мой!

«КАК МАНГУСТ ПЕРЕХИТРИЛ КРОКОДИЛА И ЛЕОПАРДА»

Произошло это давным-давно, в то старое доброе время, когда звери еще разговаривали. Жил-был маленький хитрый мангуст, и была у него большая красивая охотничья собака. Верой и правдой служила собака своему хозяину. Каждый день, шел ли дождь, палило ли солнце, трудолюбивый пес отправлялся на охоту и всегда возвращался с добычей. И не с какой-нибудь, а крупной добычей! Он приносил не меньше десяти-двенадцати штук самого разного зверья. Очень гордился им мангуст. Во всей округе только у него одного и был такой славный пес. И хотя говорят: "Добрая слава лежит, а дурная по дорожке бежит", — о собаке мангуста по всем окрестным деревням и селениям пошла добрая слава. Узнали о ней даже в горах, лощинах и ущельях жившие там искусные звери-охотники.

Узнал о ней и крокодил — не менее искусный охотник, вернее, разбойник и гроза здешних речных просторов. А как узнал, решил наведаться к мангусту, проверить, так ли это? Верно ли говорят звери?

Мангуст принял крокодила гостеприимно, предложил циновку.

— Слышал я, — сказал крокодил, как только ступил на порог дома, —

про твою собаку. Плетут такие небылицы, будто она каждый день тебе приносит десять-двенадцать штук всякого зверья. Так ли это?

— Ты спрашиваешь: "Так ли это?" — сказал мангуст. — По всему видно, не веришь ты тому, что всем хорошо известно. А собаку мою всякий знает — о ней только и судачат в наших краях.

— Нет, я верю, — сконфуженно ответил крокодил, видя, как превратно истолковал его слова мангуст. — Я спросил: "Так ли это?" — лишь потому, что не всегда верю слухам.

— Этим слухам можно верить. Чистую правду говорят звери. Такая собака, — продолжал мангуст, — подарок судьбы. Ей цены нет! Она кормит и меня, и всех жителей моей деревни.

— А скажи, пожалуйста, какая она из себя? Чем она отличается от своих собратьев?

— Хм! Чем отличается? Это породистый пес! Что может быть у него общего с собачьей сворой?!

— Как бы мне хотелось хоть одним глазком глянуть на нее. Покажи, сделай милость...

— Да ее ж нет дома. Она еще с охоты не вернулась.

— Хотел бы я иметь такую собаку. Может, продашь, а? — решил попытать счастья старый пройдоха, надеясь как-нибудь обмануть мангуста.

Забыл лукавый обманщик, что мангуст мал, но хитер.

— Если сказать правду, я продавать ее не собирался. Но раз тебе так загорелось... И потом, если добычу ты будешь делить пополам, а с собакой хорошо обращаться... Почему не продать?!

— А запросишь сколько?

— Да пять-то коз взять надо.

— Дороговато...

— Дороговато?.. Дело твое, можешь не покупать собаку, пусть козы твои на охоту ходят. Только сделка выгодная! Через два-три дня ты поймешь, что я тебе ее отдал даром. Ведь каждый день она столько добычи приносит! В корень смотреть надо. Но знаешь, не я к тебе в дом, а ты, не я тебе навязываю собаку, а ты просишь продать ее. Не сошлись в цене — всего хорошего. Ты оставайся при своем, а я при своем, и делу конец!

Крокодил улыбнулся: он счел, что дело сделано, ведь мангуст согласился продать собаку. А цена? Пять коз так пять коз! Лишь бы этот плюгавец не передумал, и крокодил отправился за козами.

Вот тут улыбнулся мангуст. Нет, не улыбнулся, а засмеялся. Нет, не засмеялся, а захохотал и хохотал долго, до упаду: ловко он обставил зеленого, тот даже не увидел собаки, которую торговал.

Спустя час мангуст совсем уж было собрался на охоту со своей собакой, глядь — идет леопард к его дому.

По всему видно, торопится, боится опоздать. И вид такой озабоченный.

Мангуст припрятал собаку — зачем выставлять напоказ свое добро? — уселся важно у порога и стал поджидать знатного гостя — все-таки гроза здешних лесов и полей. Поджидая, он набил трубку, раскурил ее и несколько раз с наслаждением затянулся.

Пятнистый поздоровался с мангустом, и тот предложил ему циновку и трубку в знак уважения. Пуская дым из ноздрей, леопард стал рассказывать мангусту все известные ему сплетни. Болтал, болтал, заговаривая зубы хозяину дома, потом не выдержал и спросил напрямик:

— Слышал я, у тебя охотничья собака что надо! Не продашь ли?

Мангуст пожал плечами, затянулся, закашлялся, сплюнул и сказал, уставившись на собеседника:

— Ну, верно, есть у меня собака, но какая нужда мне ее продавать? Ты же знаешь, второй такой нет в наших краях. Она меня кормит.

— Не врут звери, — вздохнул леопард. — Посмотреть бы на нее.

— За посмотр денег не беру, пожалуйста. Только она еще с охоты не вернулась, и когда вернется — не знаю. Продать! Тоже скажешь... Кто ж даст цену хорошую? Вот ты, например, разве заплатишь как следует?

— Почему нет? Такая собака стоит немало, это я знаю. Говори: сколько хочешь? — сказал леопард, впившись взглядом в мангуста. — Ну, твоя цена?

Очень он надеялся, что сумеет обвести вокруг пальца эту малявку: заплатить часть, получить собаку и... поминай как звали. Где мангусту тягаться с леопардом?

— Давай пять коз.

— Ну, если ты так хочешь, будь по-твоему. Довольный собой и тем, как ловко он сумел уговорить мангуста, чтобы тот продал собаку, леопард скрылся в лесной чащобе, и не успел мангуст до трех сосчитать, как у ног его лежали пять коз, одна другой упитаннее. Мангуст отправил их в загон, а сам, любезно поблагодарив леопарда, сказал:

— Ну вот теперь все в порядке: козы — мои, а собака — твоя!

— Собака-то моя, а только где она? — с нескрываемым беспокойством спросил леопард.

— Как где? Я ж тебе сказал: на охоте. Иди-ка сюда. Вон видишь, — и он махнул в ту сторону, куда уполз крокодил, — там поблескивает река, вот оттуда и должна она прийти. Но тебе лучше спрятаться здесь в кустах и выждать, пусть поближе подойдет, а тогда бери ее. Только удержишь ли? Она ведь очень сильная. Придется и зубы и когти в ход пустить.

— Не беспокойся, за этим дело не станет. Ты только скажи точно, где мне спрятаться. Никто еще не усомнился в моей силе, — кичливо сказал леопард.

Мангуст не сомневался: леопард не даст маху, да и крокодил не спасует. Особенно страшна у крокодила пасть. А так как леопард не знал, как выглядит собака, мангуст описал ему во всех подробностях внешность крокодила, еще раз заметив:

— Зла очень, будь осторожнее, замешкаешься — не миновать беды!

Терпеливо и внимательно выслушал советы мангуста пятнистый леопард и залег в кустах, которые указал ему хитрец.

Между тем мангуст, поджидая крокодила, предвкушал, как схватятся два матерых разбойника.

Крокодил был легок на помине, как раз в тот самый миг он положил на порог своих коз. Мангуст отвел их в загон, вернулся к крокодилу и сказал:

— Дело сделано. Теперь козы — мои, а собака — твоя!

— Ну, раз собака моя, скажи, где она, — спросил крокодил.

— Вон видишь кусты? — И мангуст указал крокодилу то место, где укрылся леопард, а так как зеленый не знал, как выглядит собака, мангуст точь-в-точь описал внешность леопарда и добавил: — Смотри, будь осторожен. Она так просто в руки не дастся, у нее такие зубы и такие когти…

— А ерунда… Никакие зубы и никакие когти для меня не опасны. Мою ведь кожу не прокусишь!

— Ах да, конечно. И потом, это уж твоя забота, мое дело предупредить.

Не медля более, крокодил пополз навстречу леопарду. А мангуст свистнул собаку, подхватил свои пожитки, десять коз вперед пустил и отправился в путь — искать новое пристанище. Он шел и весело пел:

Счастливо оставаться,
Бороться и сражаться,
Зеленый крокодил,
Пятнистый леопард…

А зеленый крокодил и пятнистый леопард и вправду сражались, и сражались не на живот, а на смерть. Молча, упорно изматывали они друг друга, и ни тот, ни другой уступить не хотел. Спустилась ночь, забрезжило утро, наступил новый день, а они все сражались, и казалось, этому побоищу конца не будет. Лишь к исходу второго дня, когда дневное светило угасло, увидел крокодила и леопарда человек.

— Чем вы досадили друг другу и почему бьетесь так страшно? — спросил он.

Услышав человеческий голос, крокодил и леопард прекратили сражение, и каждый стал доказывать свою правоту.

— Это моя собака, — сказал леопард, — я купил ее у мангуста, отдав пять коз. Зеленый возмутился:

— Что ты сказал? Я — твоя собака? Я не собака, а крокодил! Это ты моя собака, я купил тебя у мангуста. Пять коз ему дал.

— Чушь какая! — Я — леопард, — сказал пятнистый. Человек весело смеялся, слушая их перебранку, а потом заметил:

— Здорово провел вас маленький мангуст. И коз получил, и собаку себе оставил. Ох, не надорвал ли он себе живот от смеха, потешаясь над вашей глупостью!

А крокодил и леопард, поняв, что они обмануты, бросились к мангусту, но того уже и след простыл. Хитрец был далеко, и сколько они ни искали его и кого только ни спрашивали, никто его даже в глаза не видел.

Сбежать-то он сбежал, но зло, сотворенное им, его преследует: крокодил и леопард с той поры ищут хитрого мангуста, чтобы наказать по заслугам.

«КАК МЫШИ УЦЕЛЕЛИ»

В одном доме жило много мышей, и еще жил там кот, грозный как лев. Кот не ленился ловить мышей, и становилось их все меньше и меньше. Оставшиеся в живых загрустили. Собрались как-то мыши на совет, судили, рядили, что делать, если кот и впредь будет так же ловко расправляться с ними, и решили, что единственный способ уцелеть — это не выходить из нор. Так и сделали. Кот сперва только досадовал, но потом, когда ему есть стало нечего и он совсем отощал, решил пойти на хитрость: лег около входа в нору и притворился мертвым. Увидели мыши, что кот мертв, и стали поздравлять друг друга — подумали, что теперь можно вылезть из нор. Но среди них нашлась одна умная мышка, которая сказала:

— О сестры! Будьте осторожны и не спешите покидать норы. Боюсь я, что дурит нас этот кот, жив он, просто притворился мертвым. Если я даже увижу его шкуру, набитую соломой и выставленную как чучело, то все равно не поверю.

Послушались мыши совета, не покинули нор и потому спаслись от хитрого и коварного кота.

Поистине верно говорят: кто выдержан и терпелив, тот своего добьется.

«КАК ТЮР ДОБЫЛ ПИЩУ С НЕБЕС»

Давным-давно, говорят, это было. В те времена не стало пищи на земле. Пища была только у одного человека, который явился с небес. И вот, когда люди начали голодать, они пришли к тому человеку и стали его просить:

— Накорми нас!

Но он прогнал их прочь.

В те дни многие умирали от голода.

Пришли тогда люди к Тюру-пауку и сказали:

— Среди нас только один человек имеет запасы еды. Но он злой человек. Он жадный.

— Ничего больше не говорите,- ответил им Тюр-паук. — Я доберусь до него.

И вот Тюр пришел к жадному человеку и сказал:

— О друг мой, господин мой, давай станем кровными братьями!

Понравилось это жадному человеку, и они побратались. Каждый высосал у другого каплю крови из раны на руке и стали они кровными братьями.

Вскоре опять пришел Тюр к тому человеку и сказал:

— О мой кровный брат, дай мне немного еды: мои дети умирают от голода!

Тогда его кровный брат нагнулся и говорит:

— О мой кровный брат Тюр, залезай ко мне в брюхо и держись там крепче!

Делать нечего, влез Тюр, куда было сказано. И тогда человек вместе с ним взлетел в небо. Там он выпустил Тюра и сказал: — Вот, мой кровный брат Тюр, видишь, здесь много еды. Собери, сколько тебе надо, орехов и маниока, поймай себе двенадцать крыс, и мы вернемся на землю.

Тюр набрал орехов и маниока, поймал двенадцать крыс. Человек снова нагнулся, Тюр влез на свое место, и они спустились на землю.

Вернулся Тюр-паук домой, накормил своих жен и детей. А когда все наелись, сказал Тюр:

— Плохой человек мой кровный брат. Заставил меня влезать к нему в брюхо сзади,- иначе не хотел брать на небо, где вдоволь всякой еды. Плохой человек!

А в это время жадный человек подкрался к хижине Тюра и услышал, как Тюр-паук его поносит. Обозлился он, но зло затаил про себя.

По вот кончились припасы, что принес Тюр с небес, и снова все жены и дети его стонали от голода.

Опять пришлось Тюру идти к своему кровному брату. Тот не подал вида, заставил Тюра проделать все, что и в прошлый раз, и отнес на небо.

Однако на этот раз, кроме орехов и маниока, кроме жирных крыс аканду, Тюр собрал в свой большой мешок семена всех съедобных плодов и злаков. Но пока он собирал семена, жадный человек потихоньку спустился на землю. Остался Тюр-паук на небесах.

А тут еще дождь пошел. Промок Тюр насквозь. Искал он, искал дорогу обратно на землю и увидел вдруг узенькую тропинку. Пошел Тюр вниз по тропинке. Почти дошел до земли, но тут дорога оборвалась. Тогда Тюр-паук сплел из своей паутины веревку и спустился по ней прямо на плоский камень на вершине горы.

Из своего большого мешка вытащил Тюр маленький барабан и начал барабанить. На звуки тамтама сошлись к нему люди со всего света. Тюр дал им немного еды и всем раздал семена съедобных плодов и злаков. А с тем, что осталось в его мешке, вернулся домой.

Взошли семена, принесенные Тюром с небес. И с тех пор у людей есть еда.

«КАК ТЮР ОТВОРИЛ ВОДУ»

Давным-давно, говорят, земля изнывала от жажды.

В те времена жила одна старуха. Она сажала ямс. И такой у нее был вкусный ямс, что люди издалека приходили угоститься. Только никто домой не возвращался.

Когда приходил гость, старуха пекла ямс на углях. Человек съедал сухой и горячий клубень. От жажды все у него внутри слипалось, но старуха не давала ему воды. Человек умирал. Тогда старуха бежала в ущелье, к плотине, за которой у нее была затворена вся вода страны, набирала полный котел воды, варила убитого гостя и съедала. Так она погубила многих.

Но вот прослышал об этом Тюр-паук. Набрал он дождевой воды в пустую тыкву, всунул в тыкву полый стебелек и все спрятал в мешок, так что только кончик стебелька выглядывал. Снарядился Тюр и отправился в путь.

Пришел он к хижине старухи. Смотрит, а от хижины две тропинки — одна сухая, та, по которой он шел, а на другой вода расплескалась. "Ага,- подумал Тюр, — вот куда старуха за водой ходит!" Вошел он в хижину и говорит:

— Угости меня своим сладким ямсом[1]!

Испекла ему старуха большой клубень. Тюр съел, пососал незаметно воды через стебелек и сидит, ждет еще.

Испекла ему старуха ямс покрупнее. Тюр съел, пососал воды и еще просит.

Выкопала ему старуха самый большой клубень — больше не бывает! Испекла на углях как следует, чтобы рассыпался, подала на банановом листе. Все съел Тюр и говорит:

— Ой, ой, пить хочется, все внутри горит!

— Хи-хи-хи! — засмеялась старуха. — Люди приходят сюда угощаться ямсом, а не воду пить. Нет здесь воды.

Закатил Тюр глаза, захрипел и упал, словно умирает.

— Хи-хи-хи! — засмеялась старуха. — Вот и этот готов для котла!

Взяла она длинный нож, хотела прирезать Тюра. Но Тюр-паук вскочил на ноги и выбежал из хижины. Старуха за ним. Тюр сразу повернул на влажную тропинку. Бежит за ним старуха, кричит:

— Куда бежишь, куда? Тропа не ведет никуда!

А Тюр бежит быстрее.

— Не ходи по тропе нехоженой, там только место отхожее! — кричит старуха.

А Тюр еще наддает.

Добежал до плотины и сразу все понял. С размаху пробил Тюр в плотине копьем дыру. Потекла вода сначала струйкой, потом струёй, потом ручьем, потом рекой хлынула, и захлебнулась в той бурной реке старуха.

А Тюр выбрался из ущелья наверх и по вершинам гор вернулся домой.

Так Тюр-паук отворил воду. Разлились реки по всей земле, да так и текут до сих пор.

«КАК ШАКАЛ И ГИЕНА В ГОСТЯХ ГОСТИЛИ»

Однажды на дороге шакал Рилл встретил гиену Йаку. Был жаркий полдень. Сели они отдохнуть. Йаку и спрашивает:

— Куда ты собрался, Рилл?

— В гости,- отвечает Рилл.- Знакомые обещали меня накормить вкусной горячей похлебкой. А мне это кстати: я уже два дня не ел.

---

[1] Ямс — съедобное растение, клубни которого содержат крахмал; употребляется в пищу многими народами Африки.

— И я тоже, — говорит Йаку. — Видишь, лапу поранила. А с такой лапой какая охота! Возьми меня, Рилл, с собой.

Согласился Рилл, и пошли они дальше вместе. Шли, шли, гиена все больше хромает. Наконец села, дальше, говорит, идти не могу. Делать нечего, связал ее Рилл, чтобы было удобней нести, взвалил на плечи и понес. Так и принес к дому. Увидели его хозяева, удивились.

— Кого это ты принес? — спрашивают.

— Да это гиена Йаку,-отвечает Рилл.-Видите, охромела она и совсем помирает с голоду. Дайте нам две миски похлебки, да погуще!

Сели они пировать. Да только Рилл от усталости совсем мало ел, а гиена Йаку на его плечах отдохнула и теперь так жадно набросилась на похлебку, что проглотила ложку. Хватились хозяева: где ложка? Рилл говорит:

— Я не знаю

А гиена Йаку:

— Это Рилл проглотил ложку. Видите, подавился и есть ничего не может.

Набросились хозяева на Рилла с палками.

— Ах ты жадина! Ах ты вор!

Еле отбился от них Рилл и убежал. Но с тех пор затаил на гиену злобу. Поклялся он отомстить и с гиенами больше по гостям не ходить.

«КАК ШАКАЛ С ГИЕНОЙ МЕД ДОБЫВАЛИ»

Вскоре встретились шакал Рилл с гиеной Йаку вновь. Встретились они под деревом с дуплом, из которого вылетали пчелы.

— Что они там делают, в дупле? — спросила Йаку.

— Разве ты не знаешь? — притворно удивился Рилл. — Пчелы там мед собирают. А я жду: как соберут побольше, я медком и полакомлюсь.

— Как же ты его достанешь?

— Хочешь научу? Только слушайся меня во всем! Жадная гиена согласилась. Рилл привязал ее к дереву, дал ей в лапы палку и говорит:

— Стучи по дереву сильнее! Пчелы испугаются, разлетятся. Тогда я наверх залезу и начну тебе мед прямо в рот лить. Давай стучи, а я за черпаком сбегаю.

И Рилл убежал. А гиена Йаку принялась стучать палкой по дереву. Налетели на нее пчелы, жалят чуть не до смерти. Рванулась гиена бежать, да веревки не пускают. Взвыла Йаку от боли и упала без памяти. Так и провисела она на веревках три дня. Лишь на четвертый день, когда гиена совсем исхудала от голода, веревки с нее свалились. Бормоча проклятия, заковыляла Йаку домой. И с тех пор началась у них с Риллом вражда не на живот, а на смерть.

«КАК ШАКАЛ С ГИЕНОЙ НА БЕГЕМОТА ОХОТИЛИСЬ»

Как-то раз на берегу реки повстречал Рилл знакомого, и тот подарил шакалу большой кусок мяса бегемота. Бежит Рилл домой, радуется. И вдруг за поворотом дороги нос к носу сталкивается с гиеной. Увидела его Йаку, взвыла от ярости:

— Вот ты мне где попался! Сейчас я тебя разорву за то, что ты со мной сотворил!

— Что же я тебе сделал? — притворно удивился Рилл. — Видно, ты плохо по дереву стучала, не сумела пчел напугать. А я пока за черпаком ходил, обо всем позабыл…

— А вот я тебя и сожру, чтобы не забывал! — зарычала Йаку.

— Ой, не ешь меня, подожди! — взмолился Рилл. — Отведай лучше этого мяса. Не понравится, тогда можешь съесть меня — я ведь от тебя никуда не денусь.

— Ладно, — согласилась гиена.- Давай мясо! Быстро разложили они костер, поджарили мясо бегемота.

Гиене оно так понравилось, что она смягчилась.

— Я тебя прощу, — говорит,- если ты расскажешь, где добыл такое сочное, вкусное, нежное мясо.

— Это дело простое, — отвечает Рилл. — Утром пошел я на реку, нашел на отмели молодого бегемота и поймал его.

— А как поймал?

— Это еще проще. Взял веревку подлиннее, один конец обвязал себе вокруг пояса, чтобы тащить было сподручнее, на втором конце сделал петлю и накинул бегемоту на шею, пока он спал. Потом потянул за веревку, удушил бегемота и вырезал из его бока самый лучший, самый сочный, самый нежный кусок. А остальное бросил в реку.

У гиены от жадности глаза разгорелись.

— Пойдем, — говорит, — со мной на берег! Добудем бегемота побольше, обоим хватит!

— Нет, — отвечал Рилл. — Прости меня, но сейчас не могу. У меня жена вот-вот родит, мне надо домой. Однако веревку я могу тебе одолжить.

— Ладно, — говорит Йаку, — давай хоть веревку! И гиена заковыляла к реке. А Рилл со всех ног припустился домой.

Пришла Йаку к реке, выбрала на отмели бегемота побольше. Потом обвязалась веревкой, как сказал Рилл, на другом конце веревки сделала петлю и накинула ее бегемоту на шею. Потянула гиена веревку, разбудила бегемота. от спросонья — бултых в реку! И потащил гиену за собой. еле-еле выбралась она, да только пока от веревки освобождалась, досыта воды нахлебалась. И поклялась Йаку казнить Рилла злою казнью.

«КАК ШАКАЛ С ГИЕНОЙ РЫБУ ЛОВИЛИ»

На другой день отправился шакал Рилл на реку и поймал там большую жирную рыбу. Но только он собрался испечь ее на углях, как из кустов выпрыгнула гиена Йаку.

— Ага, — говорит, — теперь ты от меня не уйдешь. Прошлый раз я тебя отпустила по доброте моей, но сегодня я с тобой разделаюсь!

"Ну, — думает Рилл, — пропал!"

Но тут вкусный запах печеной рыбы защекотал гиене ноздри. И решила Йаку, прежде чем расправиться с Риллом, закусить рыбкой.

— Что же ты меня не убиваешь? — спросил Рилл с дрожью в голосе.

— Подожди, успеется,- ответила гиена, облизываясь от жадности. — Я сначала отведаю этой рыбки.

Подсела гиена к костру и принялась за рыбу. Пока не съела все дочиста, не произнесла ни слова. Наконец кончила гиена есть, обернулась к Риллу и спросила:

— Как ты поймал такую рыбу?

"Спасен!" — подумал Рилл и возликовал. Но вслух ответил:

— Это очень просто! Ступай к реке и там на отмели ищи холмики свежевыброшенного песка. Найдешь такой холмик, разрой его и увидишь на дне рыбу с разинутым ртом. Тогда тебе останется только сунуть в ямку хвост: рыба уцепится за него, и ты ее вытащишь. На другую приманку эта рыба не клюет. Я бы и сам с тобою пошел, да мне надо поле прополоть. К тому же и рыбы там мало — тебе одной только хватит. Но, впрочем, если ты хочешь…

— Ладно, ладно,- заворчала гиена. — Без тебя обойдусь!

И, забыв от жадности обо всем на свете, она побежала к реке. А Рилл — в другую сторону, от реки подальше.

На отмели отыскала гиена холмик еще влажного песка, разрыла его — и впрямь видит, кто-то сидит на дне ямки и на нее таращится. Не разглядела жадная гиена, что это не рыба, а здоровенный краб, и сунула хвост в ямку. Вцепился краб в хвост гиены изо всех сил. От боли и ужаса взвыла Йаку не своим голосом, выдернула хвост и бежать.

С тех пор гиены, если и едят рыбу, то только тухлую. А шакалов спокойно видеть не могут.

«КОЗА И ШАКАЛ»

Однажды пошла коза рыбу сетью ловить. Забрасывала она сеть и тут и там, но ничего ей в сеть не попадалось.

Задумалась коза: "Что делать? Чем козлят голодных кормить?"

Вдруг видит: идет по берегу шакал и тащит целый мешок свежей рыбы — видно, улов был богатый.

"Эх, была не была! — подумала коза. — Либо съест меня шакал, либо я его перехитрю!"

— Эй, соседка, как дела? — крикнул шакал издали. Но коза по-прежнему сидела с задумчивым видом, словно ничего не слышала.

Второй раз окликнул ее шакал, и снова коза не ответила. Тогда шакал с досады бросил мешок с рыбой, швырнул сеть, подскочил к козе и заорал:

— Эй, коза, проснись! Я спрашиваю: как дела?!

— А? Что вы сказали? — встрепенулась коза.

— Послушай, соседка, о чем ты так задумалась, что даже не слышишь, когда тебя спрашивают? — удивился шакал. — Видно, тебе твоя шкура не дорога!

— Ах, извините, — с испугом ответила коза. — Ума не приложу, что мне делать с мясом. У меня дома мяса полон сарай, а в такую жару оно быстро портится. Вот я и думаю, что мне делать, как его сохранить?

— Откуда же у тебя столько мяса? — недоверчиво бросил шакал.

— Да была я недавно у могущественного колдуна, и он сделал мне такие рога, что стоит мне наставить их на какого-нибудь зверя, он сразу же умирает. Многие звери не верили, вот и поумирали. Туши я перетаскала в сарай, и теперь он полон. А мясо портится. Что? Вы мне тоже не верите?

— Верю, верю! — закричал шакал.

Взглянул он на козьи рога и от страха закрыл глаза. Так, с закрытыми глазами, и начал пятиться в кусты. А потом повернулся и бросился со всех ног подальше от страшных рогов козы.

А коза подобрала мешок с рыбой и сеть шакала и спокойно пошла домой.

В тот вечер в доме у козы все были сыты, а шакал бегал вокруг деревни и выл от голода.

«КОЛОДЕЦ НЬЯМЫ»

Говорят, что в стародавние времена все звери в лесу не давали лягушке прохода, потому что у нее не было хвоста. Лягушка на зверей обиделась и пошла к богу Ньяме попросить себе хвост.

Бог неба выслушал лягушку, подумал и сказал:

— Есть у меня такой колодец, где вода никогда не иссякает. Для этого колодца мне нужен сторож. Если ты согласишься стать сторожем, то получишь хвост.

— Хорошо, буду сторожить, только дай мне хвост. Ньяма дал лягушке хвост и послал ее к колодцу:

— Берись за дело! Содержи колодец в чистоте, чтоб каждый путник мог утолить жажду.

Отправилась лягушка к колодцу и поселилась в нем.

Она очень гордилась своим хвостом и новой должностью.

Но однажды началась засуха. Дождей давно уже не было, и колодцы все пересохли. Только в одном колодце Ньямы была вода. Тут уж лягушка и вовсе заважничала и стала заносчивой и просто глупой.

Когда нигде не стало воды, звери пошли к Ньяме и попросили воды у него. Он послал их к своему колодцу, который никогда не пересыхал.

Первым пришел напиться буйвол. Услыхала лягушка, что буйвол идет, и заквакала:

— Кто идет мутить воду в колодце Ньямы?

— Это я, буйвол, — ответил буйвол. Лягушка в ответ:

— Убирайся отсюда! Нет для тебя воды! Колодец высох.

Буйвол ушел, так и не напившись.

Потом к колодцу подошла овца, и лягушка опять заквакала:

— Кто идет мутить воду в колодце Ньямы? Овца ответила:

— Это я, овца.

А лягушка закричала:

— Убирайся отсюда! Нет для тебя воды! Колодец высох.

Ушла и овца, изнывая от жажды.

Один за другим подходили к колодцу Ньямы газель, кабан, корова и слон, и всех их лягушка прогоняла:

— Убирайтесь прочь! Нет здесь воды! Колодец высох. Наконец всем в округе стало невмоготу. Когда до Ньямы дошел слух о том, что его подданные погибают от жажды, он сам отправился к колодцу, посмотреть, что там делается.

Услыхав его шаги, лягушка проквакала:

— Кто идет мутить воду в колодце Ньямы? Ньяма строго сказал:

— Это я, Ньяма!

Но лягушка по привычке проквакала ему в ответ:

— Убирайся прочь! Нет здесь воды! Колодец высох.

Услышав такие слова, Ньяма страшно разгневался. Он схватил лягушку за хвост и оторвал его. А лягушку прогнал прочь.

И осталась лягушка без хвоста.

Теперь она всюду ищет воду и живет у воды, вспоминая свои лучшие дни, когда она сторожила колодец самого Ньямы.

Но Ньяма постоянно напоминает лягушке, сколько горя она всем причинила: рождаются-то лягушки с хвостом, но, когда подрастут немного, Ньяма хвост у них отнимает.

«КОШКА»

В древности кошки не были домашними животными, они жили в лесу.

Жила-была одна кошка, и дружила она с зайцем. Они всюду ходили вместе, и кошка восхищалась умом своего друга.

Однажды заяц поссорился с антилопой; антилопа ударила его рогами и убила. Бедняге-кошке показалось страшно оставаться одной; она пошла за антилопой и подружилась с ней.

Но вскоре антилопу загрыз леопард. Кошке пришлось пойти за леопардом. Они стали вместе охотиться. Это была неплохая жизнь, но она продолжалась недолго: леопард подрался со львом, и тот убил его.

Кошка, уже привыкшая к превратностям судьбы, пошла за львом и подружилась с ним. Но вот однажды они повстречали стадо слонов и огромный слон убил льва. Кошка подумала: "Если хочешь жить спокойно, нужно иметь такого друга, как слон. Он больше всех зверей и, конечно, сильнее и умнее всех. Его уж наверняка никто не сможет победить!" И она подружилась со слоном.

Но испытания ее на этом не кончились. В лес пришел охотник — и убил слона.

На этот раз кошка растерялась — ведь ей еще не приходилось видеть зверя на двух ногах. Она долго думала и поняла, что, если этот маленький двуногий зверь убил такого великана, как слон, значит, он сильнее всех. И она последовала за охотником до его дома, но внутрь войти побоялась и притаилась поблизости...

Вдруг она услышала шум и крики и увидела охотника — он убегал из дома, а за ним бежала женщина и била его черпаком.

И кошка сказала:

— Ну, наконец-то я поняла, кто самый сильный из всех зверей. Это — женщина!

И кошка поселилась в доме человека и подружилась с женщиной, потому что, на самом деле, женщины могущественнее всех на свете.

«КРОКОДИЛ И БАКЛАН»

Однажды голодный крокодил плыл по Нилу, надеясь чем-нибудь поживиться. Вдруг видит — стоит у самой воды баклан. Хотел крокодил его схватить, да призадумался: клюв у баклана как наконечник копья, шея — как древко копья. Что-то не очень похоже на легкую добычу.

Спросил крокодил:

— Друг мой баклан, почему у тебя такой острый клюв? Ведь он, наверное, может пронзить насквозь, как копье?

— Ты не ошибся, — ответил баклан.- Хочешь попробовать?

— Я бы попробовал, да боюсь.

— Не бойся, я ударю тебя в четверть силы.

— Хорошо, — согласился крокодил.

А сам подумал: "Если клюв у этого баклана не слишком остер, а сам он не слишком силен, я его съем".

Подставил крокодил голову, зажмурился. Баклан же, не будь дурак, приподнялся, да как долбанет крокодила своим острым клювом в глаз! Тот свету невзвидел.

— Ой, ой! — закричал он.- Больше не надо, я вижу, как ты силен!

И крокодил поспешил нырнуть в реку.

С тех пор все бакланы спокойно переправляются через Нил и крокодилы их никогда не трогают.

«КРОКОДИЛ И БЕЛАЯ РЫБА»

Давным-давно это было. В те времена крокодил очень боялся белой рыбы. Он старался держаться от нее подальше, но однажды они все-таки встретились.

Крокодил посторонился.

Белая рыба сказала ему:

— Ты всегда меня боишься. Почему? Подплыви ближе, загляни мне в рот!

Крокодил испугался еще больше.

— Ты такая большая рыба! — сказал он.- Мне все говорят, что ты меня съешь. Поэтому я тебя и боюсь.

— Не бойся, у меня же нет зубов!

— Открой рот пошире,- сказал крокодил.- Я посмотрю издали.

Рыба открыла рот. Крокодил посмотрел издали. Затем приблизился, заглянул в пасть рыбы и увидел, что у нее и в самом деле нет зубов.

— Теперь я не буду тебя бояться,- сказал он рыбе. И они поплыли дальше вместе. Так они плыли и плыли, плыли и плыли, а потом крокодил взял да и съел рыбу.

«КРОКОДИЛЬИ СЛЕЗЫ»

Поселился один человек в лесу, построил хижину и занялся охотой. Каждый день возвращался он с богатой добычей, но прошел год, другой, и все звери вокруг разбежались. Теперь охотнику приходилось долго бродить по лесу, чтобы найти добычу.

Однажды охотник два дня плутал по лесным тропинкам, но не встретил даже мыши. И вдруг он заметил в кустах крокодила. Видно, уполз крокодил далеко от реки и заблудился в незнакомом лесу.

Обрадовался охотник нежданной добыче, вскинул ружье, прицелился крокодилу в голову.

— Не стреляй в меня! — взмолился крокодил.

— Почему это мне в тебя не стрелять? У меня и ружье уже заряжено. Я охотник меткий и еще ни разу не упускал добычу.

И охотник снова вскинул ружье. Заплакал крокодил:

— Не надо меня убивать! Пожалуйста! Медленно опустил охотник ружье и сказал:

— Я целых два дня и ночь бродил по лесу, но не встретил ни зверя, ни птицы. Если я не убью тебя и не принесу домой мяса, моя семья умрет с голоду.

— Не убивай меня! — стал просить охотника крокодил. — Уж очень мне жить хочется. У меня совсем пересохло в горле, и я сам не доползу до воды. Отнеси меня к реке, я тебе за это хорошо заплачу. Будет у тебя и еда, и вино, и деньги. Я очень богат! У меня на дне реки спрятано много золота и серебра...

Подумал охотник и говорит:

— Ладно, не буду тебя убивать, только не забудь хорошенько мне заплатить. Но как же я тебя донесу до реки? Ты очень тяжелый!

— Пожалуйста, спаси меня! — умолял крокодил, И крупные слезы катились из его глаз. — Видишь, я плачу. Уж как-нибудь понесешь, потихонечку, с остановками...

— Хорошо, — согласился охотник, — так и быть, донесу тебя до реки. Но боюсь, как бы ты меня по дороге не съел — вон какая у тебя огромная пасть!

— Не бойся пасти, бойся зубов, — ответил крокодил.- А чтобы я не мог тебя съесть, сунь мне в рот толстую палку, а морду завяжи веревкой.

— Да, но у тебя такие сильные лапы! — возразил охотник. — Нести тебя будет страшно.

— Не бойся лап, побойся когтей, — снова ответил крокодил. — А на всякий случай свяжи мне лапы веревкой, я и оцарапать-то не смогу тебя.

Вставил охотник палку в пасть крокодила, а морду туго обмотал веревкой. Потом связал крокодилу лапы и взвалил его себе на спину.

— Спасибо! Я знал, что у тебя доброе сердце! — всхлипнул крокодил.

И понес его охотник через лес к реке.

Шел он медленно, часто останавливался. Легко ли нести на себе такую тушу? Пот катился по лицу охотника, ноги его подгибались, но он шел и шел вперед.

И вот показалась река.

— Устал я, нет больше сил тебя нести, — тяжело вздохнул охотник. — Давай я тебя развяжу, ползи к воде сам. Но крокодил снова принялся упрашивать охотника:

— Пожалуйста, отнеси меня поближе к реке! Я совсем обессилел и умираю от жажды. К тому же лапы у меня так долго были связаны, что совсем онемели.

Делать нечего. Вздохнул охотник и понес крокодила дальше. Донес до берега, положил у самой воды.

— Ну, теперь все? — спрашивает охотник.

Нет, отнеси меня, где поглубже! — отвечает крокодил.

Оставил охотник ружье на берегу и поволок крокодила в реку. Вот уже вода до колен достигает охотнику.

— Здесь-то в самый раз теперь будет?

— Нет, — сказал крокодил, — еще рано. Вот уже вода до пояса достает охотнику.

— А теперь?

— Нет, — снова говорит крокодил. — Здесь еще слишком мелко.

А когда вода дошла охотнику до горла, остановился он:

— Ну, теперь, наверное, пора. Дальше я идти не могу, боюсь утонуть.

— Ладно, теперь в самый раз! — согласился крокодил, и крупные слезы покатились из его глаз. Развязал охотник крокодила и говорит:

— Я твою просьбу исполнил: оставил тебя в живых и донес до реки в такую жаркую пору. Легко ли мне было! Но я бедный человек, у меня большая семья, и ты теперь должен меня щедро отблагодарить.

— Не беспокойся! — кивнул крокодил. — Я тебя так отблагодарю, что никаких забот теперь знать не будешь! Я тебя съем! Разве ты не знаешь, что за добро платят злом?

Ты не знаешь, что за добро платят злом? Разве ты не знаешь, что такое крокодильи слезы? Мы плачем, когда собираемся съесть свою жертву. Ха-ха-ха!

— Я не знал, когда крокодилы плачут, — ответил охотник. — Но я знаю, что ты поступаешь нечестно. За добро следует платить добром, у кого хочешь спроси!

Долго спорили крокодил и охотник и наконец порешили; спросить первых трех зверей, которые придут к реке, кто из них прав. Как звери рассудят, так и будет!

Притаились они под берегом и стали ждать. Вскоре прибежала к реке газель. — Ты кто? — спросил ее крокодил.

— Я газель!

— Чего тебе надо на моем берегу?

— Я умираю от жажды, — ответила газель. — Разреши мне напиться.

— Запрещаю тебе пить из моей реки! — крикнул крокодил. — Но если мне понравится, как ты ответишь на мой вопрос, может, я и позволю тебе напиться.

— О чем ты хочешь меня спросить? — удивилась газель.

И крокодил принялся рассказывать, как он уполз далеко от реки, чтобы найти себе добычу, и заблудился в лесу.

— Охотник нашел меня, хотел застрелить, но я заплакал и уговорил его не убивать меня, отнести к реке на глубокое место. А за это я обещал ему выкуп. Но он не знал, что такое крокодильи слезы, не знал, что за добро всегда платят злом. И когда я сказал, что хочу его съесть, он ответил, что это нечестно. Рассуди нас! Скажешь, что я прав, можешь пить сколько хочешь!

Газели очень хотелось пить. Посмотрела она на охотника и говорит крокодилу:

— Ты можешь съесть этого человека. Своей огненной палкой он убил много зверей, но сегодня пришел его час. Он должен был знать, что такое крокодильи слезы!

— Слышал, что сказала газель? — обрадовался крокодил.

— Слышал, — опечалился охотник.

Напилась газель и убежала, а крокодил с охотником остались под берегом ждать других двух зверей, чтобы те их рассудили.

Через некоторое время показался у реки шакал. Только он спустился к воде, крокодил его окликнул:

— Стой, ты кто?

— Шакал.

— Что тебе здесь понадобилось, на моем берегу?

— Я пришел напиться.

— Сначала ответь на один вопрос, а потом пей вволю, — решил крокодил.

Рассказал он шакалу, как дело было. А потом спрашивает:

— Могу я съесть этого человека?

— Конечно, можешь, раз голоден, — тявкнул шакал. — Чего тут раздумывать?! Будет знать, что такое крокодильи слезы!

— Ну?! Слышал? — обрадовался крокодил.

— Да, — ответил охотник упавшим голосом. Напился шакал и убежал поскорее в лес.

Долго ждали охотник и крокодил третьего зверя, но на берегу никто не показывался.

— Я так голоден, что у меня больше нет сил ждать, — проревел крокодил. — Сейчас я тебя съем! Ты своими ушами слышал, что сказали газель и шакал. То же самое тебе скажет любой зверь. Мы только зря тратим время.

Но охотник стоял на своем:

— Скажет третий зверь, что ты прав, тогда меня и съешь. А пока подождем!

Наконец из лесу выскочил на берег заяц. Огляделся по сторонам, подбежал к реке и только хотел напиться, как вдруг услышал хриплый голос крокодила:

— Стой! Ты кто?

— Заяц!

— Что ты делаешь на моем берегу?

— Прибежал напиться. Я всегда пью здесь в это время.

— А сегодня я тебе запрещаю! — сказал крокодил. — Сначала ответь на один вопрос.

И крокодил начал рассказывать все с самого начала. Внимательно выслушал его заяц и говорит:

— Позвольте мне напиться, а потом уж я вам отвечу. У меня от жажды в горле першит, и я очень боюсь, что вы прогоните меня от воды, если я отвечу неправильно. А судья не должен бояться!

Подумал крокодил и согласился:

— Ладно, пей! Я хочу, чтобы ты без страха ответил, имею ли я право съесть этого человека, если я голоден. Напился заяц, стряхнул воду с усов и говорит крокодилу:

— Я бы вам ответил, но не могу судить по справедливости возле реки. Придется вам выбраться на берег и отползти подальше в лес.

— Почему ты не можешь рассудить нас здесь? удивился крокодил — Может, шум воды мешает тебе думать?!

— Нет, не поэтому! Мой дедушка разбирал тяжбу вашего дедушки с одним человеком на берегу реки и не дожил до старости. Мой отец тоже как-то взялся судить близ воды и умер не своей смертью. Из-за этого я так рано остался сиротой. Нет, я согласен рассудить вас только в лесу, подальше от воды!

— Ладно, — согласился нехотя крокодил. — Только пусть охотник сам несет меня в лес — мне по суше ползать тяжело!

— Я боюсь нести его на себе, — признался охотник зайцу. — Смотри, какая у него пасть и какие лапы!

— Не бойся большой пасти и сильных лап, опасайся зубов и когтей, — сказал заяц. — Нес же ты крокодила к реке из лесу, так же понесешь и в лес от реки. Иначе я не смогу вас рассудить!

— Ладно уж, — проворчал крокодил.

Бросил заяц охотнику веревку и палку. Охотник связал крокодилу лапы, сунул толстую палку в пасть, а морду туго замотал. И потащил крокодила к берегу.

Когда вода дошла охотнику до пояса, спросил крокодил:

— Заяц, может, ты здесь нас рассудишь?

— Нет! — ответил заяц. — Вы ведь еще в воде, а не на суше.

Вот дошла вода охотнику до колен, и снова крокодил спрашивает:

— Заяц, а теперь ты можешь сказать, кто из нас прав?

— Нет! — ответил заяц. — Пусть охотник подальше отойдет!

Выволок охотник крокодила на берег, подобрал свое ружье, взвалил крокодила на спину и понес к лесу. Не успел он сделать и трех шагов, крокодил опять спрашивает зайца:

— Ну а теперь можешь нас рассудить? Мы ведь уже на земле.

— Нет, — ответил заяц. — Не могу я судить поблизости от воды. Вот дойдем до леса…

И лишь когда охотник отнес крокодила далеко в лес, заяц остановился:
— А теперь, охотник, бросай крокодила на землю, сейчас я вас рассужу. Охотник! Убей этого крокодила! Он тебя обманул, чуть было не съел. Осталась бы твоя семья без кормильца. Убей его! Пусть все знают, что за добро платят добром, а за зло платят злом. Убей его! И никогда не верь крокодильим слезам.

И охотник пристрелил крокодила. С тех пор все знают, чего стоят крокодильи слезы.

«КТО ВЫШЕ ВСЕХ ЛЕТАЕТ»

Собрались птицы и решили, что им нужно иметь царя — ведь цари есть у всех живых существ. Пошли они ко Льву, царю всех зверей, и попросили собрать совет. Лев собрал совет и говорит: — Что будем делать? Колибри, самая маленькая из птиц, сказала: — Хоть я и меньше всех, но царем буду я! А Сокол подумал: "Я могу взлететь выше всех. Надо бы устроить такое состязание: кто поднимется выше других, тот и будет царем". Но ему было неудобно говорить об этом: все знали, как высоко он летает, и могли сказать, что потому он и хочет состязаться в лете. Сокол не предполагал, что Колибри задумала то же самое.

И тут заговорил Соловей: — Я хочу кое-что предложить, — сказал он, — но не знаю, как вы к этому отнесетесь. — Говори, говори! — закричали птицы. И Соловей продолжал: — Я не стану предлагать вам сделать царем того, кто лучше всех поет. Ведь ясно, что в пении никто не может соперничать со мной. Нет, я хочу сказать другое. Всем нам, птицам, бог дал одно общее — крылья. Поэтому давайте договоримся — кто взлетит выше всех, тот и будет царем.

Сокол обрадовался — он и сам этого хотел. Он поднялся и сказал: — Да, это правильно! И все птицы тоже согласились.

А когда состязание началось, Колибри забралась в перья на спинке Сокола. Она была такая маленькая, такая легкая, что он этого и не заметил. Взлетел Сокол высоко высоко, и птицы говорили: - Сокол всех побеждает! Но потом они взглянули вверх еще раз и видят: Колибри выше. И птицы закричали: - Нет, нет царем будет Колибри — она взлетела выше Сокола.

Вот как Сокол собирался стать царем птиц, а вышло совсем иначе.

«КТО ПРИНЕС ПЛЕМЕНАМ ОГОНЬ»

Эту сказку динка, нуэры, шиллуки, джо-луо и бари все рассказывают одинаково. Некогда племена не знали огня. И выручил их пес. Однажды отправился пес в деревню джуоков и увидел, что все джуоки собрались в кузнице вокруг горна кузнеца, а в горне пылает огонь.

— Что-то холодно мне! — сказал пес и подвинулся ближе к огню.

Так он пододвигался все ближе и ближе. Вдруг искра упала ему на хвост, и хвост загорелся.

С воем выскочил пес из кузницы и помчался в лес, размахивая хвостом. Искры сыпались от него во все стороны. И вот загорелись вокруг трава, дерево аболо и другие деревья. Еле живой добежал пес до деревни.

— Где ты достал огонь? — спросили его люди.

— Я принес его из деревни джуоков,- ответил пес. Но теперь вы найдете его и в дереве аболо.

Пошли люди посмотреть, и впрямь: все другие деревья и травы погасли, а дерево аболо еще тлеет.

С тех пор у племен есть огонь. И чтобы добыть его, люди трут друг о друга куски дерева аболо.

«КУНЖУТНОЕ СЕМЯ»

Однажды царь и его вазир прогуливались по городу. Смотрят — идет навстречу молодая женщина, подобная луне в ночь полнолуния. Повернулся царь к вазиру и говорит:

— Дай мне совет, о вазир!

— Все в руках Аллаха, о царь времени!

— Что ты говоришь, о вазир? Ведь женщина прекрасна и совершенна.

— И что же дальше? — молвил вазир.

— Поди, — говорит царь, — и узнай, замужем она или вдовствует и какова ее история.

Расспросил вазир народ и узнал, что эта красавица.- жена рыбака. Пошел он к царю и все ему доложил.

— Что же делать? — спросил царь.

— Клянусь Аллахом, царь времени, мы найдем способ извести ее мужа.

— Будь по-твоему,- ответил царь и послал за рыбаком.

Явился рыбак к царю, тот ему и говорит:

— Хочу просить тебя кой о чем. Коли не сделаешь, не сносить тебе головы.

— Слушаю и повинуюсь,- отвечал рыбак.

— Завтра, — продолжал царь,- ты явишься ко мне пешком, но верхом.

Опечалился рыбак, но делать нечего, пришел домой, все жене рассказал.

— Не тревожься,- сказала она, а сама пошла к своей сестре, которая была замужем за джинном.

— Дам я тебе ослицу,- молвила сестра.- Пусть твой муж едет к царю на ней. Сам-то верхом, а ноги по земле волочиться будут.

Поутру явился рыбак к царю верхом на ослице.

— Клянусь Аллахом, на сей раз твоя взяла. Завтра придешь ко мне одетым, но раздетым.

Опечалился рыбак, пришел домой, жене все рассказал.

— Не печалься,- сказала жена, а сама пошла за советом к сестре.

Та ей говорит:

— Пусть твой муж обернется с головы до ног своей сетью.

Наутро явился рыбак к царю, запутанный в сеть на голое тело. Призадумался царь и просит своего вазира:

— Придумай такую задачу, чтоб рыбак ни за что не справился с ней. И сказал вазир:

— Слушай, рыбак, завтра ты приведешь младенца семи дней от роду, пусть этот младенец поведает нам историю, в которой не будет ни слова правды. Не выполнишь мою волю — пеняй на себя.

Пошел рыбак к жене и поделился с нею своим горем. — Дай срок,- сказала жена, а сама поспешила к сестре.

— Дело не из легких,- молвила сестра. — Но и на сей раз я вам помогу. — Сказала и вынула из колыбельки своего сыночка — ровно семи дней от роду.

Воротилась жена домой, отдала младенца мужу и говорит:

— Ступай к царю, это то, что ему нужно.

— Прощай, жена, завтра придет моя смерть.

— Ступай и не рассуждай.

Ничего не понял рыбак, но к царю пошел. Вазиры и эмиры были уже в сборе. Не успел рыбак войти, как младенец закричит:

— Мир с тобой, о царь времени!

Тут рыбак возликовал в душе — младенец говорил.

— Это и есть тот самый младенец? — спросил царь насмешливо.- Неужто он сможет поведать нам историю, в которой не будет ни слова правды?

Вместо ответа усадил рыбак младенца на скамеечку, и тот начал свой рассказ:

— Пятьдесят лет тому назад вышел я из дому и захотелось мне поесть фиников. Огляделся я, под пальмой — ничего нет. Подобрал я тогда несколько глиняных комочков, хотел было бросить их в пальму, чтобы сбить финики. Вдруг комочки эти в один миг слепились и превратились в большое поле.

— Но это невозможно! — воскликнул царь.

— Побежал я домой за плугом, мулами и двенадцатью мешочками кунжутного семени,- продолжал младенец, — вспахал и засеял поле. Иду домой, откуда ни возьмись навстречу мне старик. "Что ты сажаешь в это время года?" — спросил он меня. — "Кунжут!" — "Но сейчас не время для кунжута". Спохватился я, начал выкапывать все семена обратно, да набрал только одиннадцать мешочков. А что до двенадцатого, то там недоставало одного семени. Сам посуди, мог ли я оставить его в земле, о царь времени?

— Ну и что дальше? — спросил изумленный царь.

— Вот и ищу я это семя уже пятьдесят лет. Никак не могу смириться с потерей.

— Что за вздор! — вскричал царь.- Ну найдешь ты, положим, это семя, на что оно тебе?

— А на что тебе жена рыбака? — молвил младенец.- У тебя в гареме полным-полно красавиц, но тебе недостает чужой жены!

— Твоя правда,- ответил царь и, повернувшись к рыбаку, сказал: — Благодари судьбу, забирай своего младенца и иди с миром.

«КУРОПАТКА, ЕЖ И ВЕРБЛЮД»

Куропатка снесла свои яйца в можжевельнике и, так как ей надо было улетать, попросила ежа:

— Пригляди за ними, чтобы никто их не разбил. Мимо проходил верблюд.

— Иди отсюда подальше,- сказал ему еж.- Здесь лежат яйца, снесенные куропаткой. Не раздави их.

Но верблюд пошел через можжевельник.

Тогда еж ударом палки рассек ему губу, а верблюд, в свой черед, лягнул его по голове.

Вот почему у верблюда рассечена губа, а у ежа на голове рубец.

«ЛЕВ И ГАЗЕЛИ»

Совершил Лев хадж в святые места. Об этом стало известно газелям. И стали они говорить друг другу, что наверняка после хаджа Лев изменился к лучшему, раскаялся в былой кровожадности и больше не будет их, газелей, задирать. И решили газели пойти ко Льву — поздравить со счастливым возвращением и пожелать хорошего здоровья. Так они и сделали. Увидел Лев приближающихся газелей, прикинулся кротким и добрым. Но едва они приблизились к нему на расстояние прыжка, Лев прыгнул и вонзил в одну из них свои когти.

— Да он ничуть не изменился! — воскликнули газели.- Напротив, стал еще кровожадней и злобней!

И разбежались газели в разные стороны.

«ЛЕВ И ГЛУПЫЙ ОСЕЛ»

Пасся на пастбище Осел, а поблизости копошились куры и петух. Проходил мимо Лев. Увидел Осла и приготовился напасть на него. Но в этот самый миг закричал петух. И хотя Лев — царь леса и никто из зверей ему не страшен, испугался он и убежал: никогда прежде не доводилось ему слышать, как кричит петух. А глупый Осел решил, что Лев его испугался, и кинулся вдогонку за царем леса.

— Обернулся Лев, видит, бежит за ним Осел, схватил его и растерзал.

Вот почему надо уметь здраво оценивать свои силы и силы врага.

«ЛЕВ И МЫШЬ»

Угодила как-то маленькая Мышь в лапы Льву.

— О царь зверей! — пискнула Мышь.- Я настолько мала, что едва ли ты мною насытишься. Лучше пожалей меня и отпусти. Недаром говорится: "Соверши милосердный поступок и отпусти пойманную рыбу в море. Пусть об этом мало кто узнает, но ведь Творцу ведомо все". Так отпусти же меня ради великого Аллаха! Если когда-нибудь случится и тебе попасть в беду, я тебе пригожусь.

Смягчилось сердце Льва, хоть и смешным показалось обещание Мыши выручить его из беды.

— Ладно, — сказал он, — иди. — И разжал когти. Лев имел обыкновение забираться во владения одного человека и задирать там верблюдов, лошадей и других животных. Рассердился человек на Льва и задумал устроить ему ловушку. У входа в загон установил он капкан и вечерами для приманки привязывал рядом быка.

Однажды ночью пришел Лев к загону и при одном виде легкой добычи напрочь забыл об осторожности. Бросился он на быка и угодил с капкан. Взвыл Лев от боли и испуга. Услышала Мышь, прибежала. "Наверное, это тот самый Лев, который сжалился надо мной и отпустил",- подумала она. Перегрызла Мышь веревку капкана и отпустила Льва.

Вот почему полезно делать добро.

«ЛЕВ И ЧЕЛОВЕК»

Жил в лесной глухомани Лев, жил и не ведал, что, кроме лесных обитателей, есть еще множество разных живых существ. И вот однажды покинул он свой обжитой и знакомый край и пошел бродить по дальним землям. Шел-шел и пришел в такое место, откуда было полдня ходу до человеческого жилья. И вдруг навстречу Льву вышла неведомая зверушка — сама маленькая, но и повадкой и обличием схожая с ним.

— Ты кто такая? — удивился Лев. — Вроде как нашего, львиного, роду-племени, только очень уж маленькая в сравнении с нами.

— Я и впрямь родня тебе, Лев, — отвечала зверушка. — Но только живу не в лесу, не на воле, а при человеке. Я — Кошка.

— Кошка? — удивился Лев. — В жизни о тебе не слышал. А при ком ты, сказала, живешь? Повтори.

— При человеке.

— А это еще кто такой?

— Мой опекун и хозяин. Он сильней всех зверей на свете.

— Покажи мне его.

— Ну, что ж, пошли в селение.

Шли они, шли и через некоторое время набрели на пасущегося верблюда. Смотрит Лев: стоит зверь — ноги сильные, шерсть мохнатая, вид спесивый, а спина — горбатая.

— Это и есть человек? — спросил он Кошку.

— Что ты! Человек гораздо сильнее. Это — Верблюд, он в услужении у человека, возит его самого и его поклажу.

Идут они дальше. Смотрит Лев: другой зверь травку щиплет — шея гордая, ноги резвые, грива и хвост шелковистые.

— Это человек? — спросил он.

— Нет, нет! Это Конь, он тоже в услужении у человека. Человек кладет ему на спину седло, садится верхом и едет куда надо. А конь послушно выполняет любой приказ человека.

Пуще прежнего сделалось любопытно Льву: каков же он с виду, этот человек, которому прислуживают столь сильные и красивые звери? Идут они с Кошкой дальше. Тут попадается им навстречу другой зверь — чем-то похожий на Коня, хоть ростом ниже, по всему видать, выносливый и терпеливый. Шкура у него серая, длинные уши торчком.

— Уж это наверняка человек! — воскликнул Лев.

— Ха-ха! Человек совсем другой. А это один из самых послушных слуг человека. Это — Осел. Не очень-то жалует его человек: и навьючивает без меры, и палкой бьет, чуть что не по нем.

— Ну и ну! — удивился Лев.- Выходит, человек жестоко обращается с животными. Уж я-то ему отомщу, как повстречаю! Пошли, Кошка, дальше.

Чем ближе к человеческому жилью, тем чаще попадались навстречу нашим путникам самые разные звери — и Буйволица, и Корова, и Коза, и Овца. Кошка терпеливо объясняла Льву, кто это такие и какая польза от них человеку.

— Человек с виду совсем не силен, — растолковывала Кошка своему спутнику,- однако один может управиться с целым стадом таких вот зверей. А чтобы ты наверняка смог отличить человека от прочих тварей, запомни: он ростом невысок и ходит на двух ногах.

Тут выскочила прямо перед носом у Льва Курица.

— Ага! — вскричал он. — Вот он, человек — мучитель животных! Сейчас я с ним поквитаюсь!

— Стой, стой! — удержала его Кошка. — Это же всего лишь Курица. Человек употребляет в пищу яйца и мясо. Для того и выращивает этих глупых птиц. Захочет –может хоть сотню кур прирезать.

— Каков злодей! — вспылил Лев. — Я ему этого не спущу!

На самом подходе к селению увидели они вдруг человека, тот как раз рубил дерево.

— Это он? — спросил Лев Кошку.

— Он, он самый.

Взревел царь зверей, грива на нем дыбом встала.

— Берегись, человек! — вскричал он.- Да я же тебя одной лапой переломлю! Как ты смеешь измываться над животными! Разве тебе неведомо, что все они находятся под моим покровительством?! Выходи со мной один на один, будем бороться!

— Я согласен, Лев, — спокойно отвечал человек.- Но только как же я буду бороться с тобой, если оставил свою силу дома. Мы, люди, не всегда носим ее с собой — чтоб не сносилась раньше времени. Сейчас, конечно, ты меня победишь, но что же скажут о тебе звери! Что ты на бессильного набросился.

— Иди домой за своей силой да возвращайся поскорей, — согласился Лев.

— А ты небось тем временем улизнешь!

— Нет, нет! Чего мне бояться?

— Чтоб не было у меня никаких сомнений, давай я тебя привяжу к этому дереву. А как только вернусь со своей силой, мы и поборемся.

Лев без лишних слов согласился. Взял человек крепкую веревку, да так прикрутил беднягу Льва к дереву, что у того дух перехватило.

— Ну-ка, отведай теперь моей силы! — крикнул человек и замахнулся палкой.

Долго охаживал палкой человек Льва, но до смерти не стал забивать — пускай еще походит по лесу.

Ты понял, о чем эта сказка? О том, что смекалистый да толковый сильней любого силача.

«ЛЕВ, ЕЖ БУ-МОХАММЕД И ШАКАЛ»

Как-то раз лев предложил бу-Мохаммеду и шакалу пойти поохотиться. Те согласились. Они напали на овцу.

— Зарежем ее, — предложил лев ежу. Тот зарезал ее, освежевал.

— Кто ее разделит? — спросил он.

— Шакал, — ответил лев. И велел шакалу: — Раздели овцу.

— Бисмилла![2] — сказал шакал. — Вот твоя часть, лев, вот моя, а вот твоя, еж.

Лев ободрал шакалу всю морду и сказал ежу:

— А теперь раздели ты.

Еж сказал:

— Вот твоя часть, лев. И это твоя часть. И это твоя часть. Все части твои.

---

[2] Бисмилла! — Во имя Аллаха! — формула, с которой мусульмане начинают любое дело.

— Кто тебя научил так делить? — спросил лев.
— Ободранная морда шакала,- ответил еж.

«ЛЕВ, ЛЕОПАРД И ГИЕНА»

Однажды к леопарду пришло много гостей. Ели, веселились, а когда наступила ночь, увидел леопард, что всех гостей ему не разместить. Не на чем им спать.

"Схожу-ка я ко льву, — подумал, — одолжу у него шкуру буйвола, которого он позавчера убил на охоте". И пошел.

— Послушайте, лев, у меня в доме много гостей, а разместить их не на чем. Не одолжите ли вы мне шкуру буйвола?

— Возьми, — ответил лев, — только верни ее завтра утром.

— Верну обязательно.

Утром разошлись гости леопарда, и он уже совсем было собрался отнести шкуру льву, но тут пришла гиена.

— Дорогой леопард, у меня сегодня праздник и придут гости. Одолжите мне, пожалуйста, эту шкуру буйвола.

— Да знаешь ли ты, кто хозяин этой шкуры?

— Знаю, лев.

— То-то. Нет, не могу я дать тебе шкуру. Известны мне твои повадки, ты ее обязательно испортишь.

— Что вы, что вы! — успокоила его гиена. — Ведь шкура принадлежит самому льву! Неужели я позволю причинить ему какой-нибудь вред?

Поверил леопард и дал шкуру.

На следующий день разошлись гости гиены, а в доме не осталось никакой еды. Голодная гиена отгрызла кусочек от шкуры. Потом еще кусочек и еще... Все знают, какие гиены прожорливые: едят все, что может быть хоть мало-мальски съедобным.

Так и съела гиена всю шкуру.

А лев тем временем устал ждать шкуру. "Что же это такое? — думает. — Обещал леопард вернуть шкуру на следующий день, прошло уже два дня, а шкуры все нет".

Вышел он из дому да как закричит на всю саванну:

— Верни-и шку-уру-у! Верни-и шку-уру-у! Испугался леопард, побежал к гиене.

— Где шкура?

— Нет шкуры, дорогой леопард, я ее съела.

— Что ты наделала! Тогда заплати за нее чем-нибудь льву.

— Чем же я заплачу? У меня ничего нет.

— И у меня нет. Как нам теперь быть?

Думали они, думали, но ничего не придумали. Так и ходит с тех пор лев по саванне, и все требует, чтобы ему вернули шкуру буйвола, и очень сердится:

— Верни-и шку-уру-у! Верни-и шку-уру-у! А леопард и гиена, заслышав его грозный голос, убегают и прячутся.

«ЛЕВ, ЛИСА И ВОЛК»

Лев, Лиса и Волк отправились однажды вместе на охоту. Добыли они осла, газель и зайца. Когда сели делить добычу, сказал Лев Волку:

— Возьми-ка ты и подели меж нами. Тогда Волк и говорит:

— Давайте поделим добычу так, чтобы каждому досталась доля, равная по размерам ему самому. Льву достанется осел, заяц — Лисе, а газель — мне.

Сказал Волк и положил тушу осла перед Львом. Но такой дележ царю зверей не понравился, он рассвирепел, ударил Волка лапою и переломил ему хребет.

— А теперь дели ты! — обратился Лев к Лисе.

— Слушаюсь, повелитель мой! — ответила хитрая Лиса и положила всю добычу передо Львом.

— Зайца ты съешь на завтрак, газель — на обед, а осла — на ужин.

Такой дележ понравился Льву. Посмотрел он на Лису и говорит:

— Кто научил тебя так мудро делить добычу?

— Переломанный волчий хребет, — ответила Лиса.

«ЛЕОПАРД И АНТИЛОПА»

Настал как-то голод из-за сильной засухи, и людям и зверям нечего было есть. Задумала тогда антилопа пойти к Маву и попросить у него дождя. Пришла она к нему и говорит:

— Пошли дождь на нашу землю. Если ты исполнишь эту просьбу, заколи меня себе на обед, когда поспеет ямс нового урожая. Согласился

Маву и послал так много дождя, что все плоды очень хорошо уродились. Когда же захотелось ему отведать свежего мяса, то вспомнил он слова антилопы и послал за ней своих гонцов.

Пришли слуги Маву к антилопе, но она велела передать, что еще очень молода, ей следует подрасти немного, а потом уж пусть приходят за ней.

Слуги ушли и рассказали все Маву; Маву согласился подождать. И сколько раз ни приходили за антилопой, она все говорила, что еще слишком молода.

Прошло несколько лет. Возвращаясь однажды от антилопы, слуги встретили леопарда, что жил по соседству с антилопой.

— Куда это вы все ходите, друзья мои? — спросил их леопард.

Слуги ответили. Тогда леопард сказал:

— Антилопа никогда не вырастет больше — такова ее порода. И нечего ждать, ловите ее да ведите к Маву.

Вернулись слуги к Маву и рассказали ему все, что поведал им леопард. Рассердился Маву и приказал слугам сейчас же поймать антилопу.

Поймали слуги антилопу, надели ей на шею веревку и повели к Маву. По дороге встретился им леопард.

— Куда это ты идешь, антилопа? — окликнул он ее злорадно.

— Да вот, — отвечает антилопа, — послал Маву за мной разгрызать ему кости во время еды.

— Да ведь у тебя нет зубов?!

— Искала я кого-нибудь позубастей, но не нашла! Обиделся тут леопард: кому не известно, до чего крепки леопардовы зубы! И значит кому, как не ему, быть помощником Маву! Снял он веревку с шеи антилопы и надел на свою собственную.

Пришли они к Маву. Слуги оставили леопарда во дворе. Видит он, неподалеку ребенок плачет. Слышит, мать его утешает:

— Не плачь, сынок, сегодня твой отец большого зверя заколет! Как раз сейчас его привели. Славное угощение будет!

Вздрогнул леопард от этих слов, сразу стала ему понятна хитрость антилопы. Скинул он веревку с шеи и пустился наутек, благо его никто не видел!

А по дороге он встретил антилопу, схватил ее и притащил домой.

Но леопард не стал сразу есть антилопу, а велел ей сначала собрать дрова и развести огонь.

Вот ходит антилопа по дороге, дрова собирает и что-то себе под нос бормочет.

— С кем это ты разговариваешь? — спрашивает леопард.

А антилопа молчит.

Второй раз услышал леопард бормотание антилопы и опять спросил ее о том же.

Отвечает антилопа:

— Слуги Маву пришли за тобой. Вот я и кричу тебе:"Беги поскорее!"

Выскочил тут леопард из дому и убежал в лес. Ушел и больше не возвращался.

Так антилопа перехитрила леопарда.

«ЛЕОПАРД И ШАКАЛ»

Возвращался леопард с охоты и увидел близ крааля барана. Никогда раньше не видел леопард такого зверя. Испугался он и, подойдя к барану, робко спросил:

— Здравствуй, приятель! Как зовут тебя? Затопал ногами баран, заблеял громко:

— Я баран. А ты кто такой?

— Я леопард, — ответил леопард. А сам испугался еще больше и убрался поскорее прочь.

По дороге встретил леопард шакала и рассказал, какого страшного зверя довелось ему только что увидеть. Засмеялся шакал:

— Ох и глуп же ты, леопард! Ведь ты упустил прекрасный кусок мяса! Завтра пойдем туда вместе, поймаем да и съедим его!

На другой день отправились они за бараном. Вот уж подошли к кралю. А баран в это время как раз собирался идти на луг. Увидел он на холме леопарда с шакалом и испугался. Побежал скорее к жене и говорит:

— Там на холме леопард и шакал, они идут к нам. Ох, боюсь, пришел нам конец!

— Не бойся, — ответила жена, — возьми детеныша с собой и выходи к ним. Только подойдут леопард и шакал, ущипни детеныша, пусть он заплачет, будто голоден.

Так и сделал баран: взял детеныша и вышел навстречу леопарду и шакалу.

Когда леопард увидел барана, он опять испугался и хотел уже воротиться. Но шакал привязал леопарда к себе кожаной веревкой:

— А ну иди со мной!

В это время баран ущипнул детеныша, и тот громко закричал. А баран говорит:

— Спасибо тебе шакал, что привел ко мне леопарда. Видишь, как голоден мой детеныш, как просит он есть!

Услышал леопард эти слова, закричал от страха и бросился прочь. Не останавливаясь бежал он через холмы и горы и волочил за собой шакала. Так прибежал он к себе домой и шакала за собой приволок.

«ЛИСА И ГОРЛИЦА»

Однажды Лиса наведалась в лес поискать чего-нибудь съестного и, к своей радости, увидела на дереве Горлицу. Сидит та себе на веточке и воркует. И задумала Лиса изловить птицу. Подошла она к дереву и говорит:

— Хвала Аллаху! Как ты красива, и голос твой прекрасен даже издалека. Представляю, как он красив, когда его слышишь вблизи!

И принялась хитрюга Лиса на все лады расхваливать Горлицу. Поверила птица Лисе и спустилась пониже, чтобы та имела возможность лучше ее рассмотреть и услышать ее голос вблизи. Тут Лиса как прыгнет и схватила Горлицу.

— О простодушная птичка! — насмешливо воскликнула Лиса.- Как ты думаешь, от чего будет мне больше пользы: от того, что услышу твой голос, или от того, что я тебя съем?

И съела Лиса птицу.

А я вам говорю: никогда не верьте хитрецам и льстецам, добра от этого не будет.

«МЕСТЬ ЛЬВА»

Несколько дней больной Лев пролежал в своей пещере. Его разбухшие ноги горели, а от нарывов началась сильная лихорадка. Громоподобно рычал он, вспоминая, как предатель Шакал надсмеялся над ним, царем зверей.

Как только Льву полегчало и он смог ходить, он первым делом отправился на розыски Шакала, дабы ему отомстить. Лев обошел всю округу, но нигде не встретил Шакала.

Прошло много времени, прежде чем Лев и Шакал однажды случайно столкнулись нос к носу в ущелье с крутыми каменными склонами. От страха Шакал едва не лишился сознания: вот она, его погибель, вот он, великий судья!

Лев изготовился к прыжку и, словно сокол на мышь, ринулся вперед. Однако проворство Шакала от страха увеличилось вдвойне. Он увернулся от страшных Львиных когтей, сам уцелел, только хвоста лишился. В мгновение ока взлетел Шакал на вершину отвесной скалы и только там почувствовал себя в безопасности. Однако страх по-прежнему не покидал его, и он трепетал как лист на ветру.

Лев разорвал в клочья хвост Шакала и крикнул:

— Предатель! Ты мне еще попадешься! Запомни мои слова и берегись! Пусть на сей раз тебе удалось вырваться от меня, но я оставил на тебе метку и безошибочно отличу из множества тебе подобных. Рано или поздно я тебя поймаю, сломаю хребет, съем твой мозг, выпью твою кровь!

И каждый пошел своей дорогой.

«МОЗГ ЛИСА»

Шакал всегда считал себя самым хитрым среди приближенных Льва. Не уступал ему, пожалуй, один только Лис, двоюродный братец. Лис был самый осторожный из всех, и никому не удавалось обвести его вокруг пальца. Шакал втайне завидовал своему двоюродному брату и решил поквитаться с ним в первую очередь.

Однажды Лев слегка прихворнул, видать, простудился. Его накормили омлетом с чесноком, но от этой еды он не почувствовал никакого облегчения. Тогда владыка собрал своих придворных, чтобы спросить у них совета, как быстрее избавиться от недуга. Наперебой давали звери советы. Но Льва не удовлетворил ни один из этих советов.

— Нет лучшего средства от простуды,- сказал наконец Лис-хитрец,- чем кровь Шакала.

Лев метнул взгляд на Шакала, но тот даже ухом не повел.

— Это действительно так, о царь зверей, — сказал Шакал после некоторого размышления.- Но надо, чтобы моя кровь была смешана с мозгом Лиса.

Ударом лапы Лев размозжил Лису голову, а Шакал нанес себе маленькую ранку, из которой выступило несколько капель крови, и изготовил для царя зверей лекарство.

— А то, что осталось от Лиса, ты, Шакал, пойди и закопай в землю, — сказал Лев.

Шакал отнес останки Лиса к оврагу, мясо съел, а шкуру и кости закопал. Радостный, он думал: "Отныне и навсегда я свободен от закона Великого совета!"

«МУДРАЯ ВОРОНА»

Ворона целых три дня не держала во рту ни капли воды, всюду искала, где бы напиться, но так и не могла найти. Вдруг видит — стоит кувшин, а в нем на самом донышке вода. Попыталась ворона достать клювом воду — не тут-то было. Думала она, думала и придумала. Стала она один за другим бросать в кувшин камешки, вот вода и поднялась. Утолила ворона жажду и, довольная, улетела.

«МУДРОСТЬ ПАУКА»

Однажды джуок спросил Солнце и Луну:
— Как по-вашему, много людей на Земле или мало?
— Много, — ответила Луна.
— Мало, — ответило Солнце.- Я то и дело вижу, как люди умирают.
— Похоже, ты. Солнце, ничего не знаешь! — сказал джуок.
Рассердилось Солнце.
— Я мало знаю о людях,- сказало оно,- потому что они всегда прячутся, когда я восхожу. Мои лучи для них слишком горячи. А Луна светит мягко, вот они и выходят ее встречать по ночам. Разве это справедливо?
И обозленное Солнце в гневе опалило нежную Луну. До сих пор на лице Луны видны темные шрамы. И до сих пор она держится от Солнца подальше.
Сказал тогда джуок:
— Солнце очень одиноко, нет у него ни сестер, ни братьев. Я сейчас поколдую и сотворю еще одно Солнце. Но его услышал паук и сказал:
— Не смей этого делать, джуок! Если в небе будет два Солнца, все люди погибнут. И джуок не стал колдовать. Но Солнце все слышало и крикнуло пауку:
— Ты, паук, отговорил джуока, и за это я не хочу тебя больше видеть. Отныне не смей появляться мне на глаза!
С тех пор все пауки прячутся днем и выходят на охоту лишь ночью.

«МУДРЫЙ ОСЕЛ»

Рассказывают, жил-поживал в лесу старый волк. И был он настолько стар, что уже не мог охотиться и добывать себе пропитание. Вот и ходил он голодный, злой. Однажды брел волк по лесу и встретил старую лису, тощую да голодную еще голодней его. Поздоровались они и пошли дальше вместе, жалуясь друг другу на жизненные тяготы и горести и вспоминая былые времена, когда у них было вдосталь и пищи, и легкой добычи. Каждый рассказывал другому, на кого он обычно охотился и что ел. Но лучше б они не делали этого — от воспоминаний только усилились муки голода и обильней слюнки потекли.

— О сестрица лиса! — воскликнул волк.- Все знают, какая ты умница и плутовка, до чего горазда на удивительные проделки. Не можешь ли ты придумать что-нибудь этакое, чтобы мы раздобыли еды? Прошу тебя!

Похвала и лесть волка пришлись по душе старой лисице. Она вздохнула, улыбнулась и молвила:

— Трудные нынче времена. На одно только остается надежда — авось повстречается нам отбившаяся от стада овца. Поверь мне, нет добычи легче и приятней. Однако учти, братец волк, я мечтаю встретить овцу только ради тебя. Мне-то вполне хватило б курицы или маленькой утки.

Разговоры об овце еще больше распалили волчий аппетит. Он прибавил шагу, оглядываясь по сторонам,- вдруг им и впрямь повезет и сбудутся слова лисы?

Внезапно волк остановился как вкопанный и с волнением воскликнул, указывая на что-то в отдалении:

— Смотри, смотри туда!

Но как лиса ни всматривалась, как ни напрягала глаза, так ничего примечательного и не увидела.

— Куда ты показываешь, братец волк? Я не вижу там никакой добычи.

— Да вот она, перед тобой! Разве не видишь стоящего в поле осла? Правда, он старый. Но это неважно, ведь мясо — это мясо, а мы хотим мяса.

Лиса удивилась, печально покачала головой.

— Ах, братец волк, голод, похоже, напрочь лишил тебя рассудка. Где это видано, чтобы волки и лисы на ослов нападали! Неужели ты позабыл, как умеют ослы лягаться? Сила ослов, лошадей и мулов в их ногах. Я сама однажды встретила лошадь...

Но волк не дал лисе договорить:

— Сейчас речь не о том. Надо отвлечь внимание осла, ты подбирайся с одной стороны, я — с другой. А как только я окажусь достаточно близко, изловчусь и прыгну.

— Интересно, как же тебе это удастся? — насмешливо спросила лиса.- Не выйдет у тебя ничего, лягнет тебя осел.

— Я внушу ему, что он болен, а я — лекарь, пришел его лечить. Он мне поверит, вот тут-то я и прыгну на него и растерзаю.

Как ни отговаривала лисица волка, он не внял ее советам — очень уж хотелось ему свежего мяса. И пошел волк навстречу ослу. Лиса же потихоньку кралась следом.

Увидел осел волка, а за ним крадущуюся лису, насторожился.

Не доходя несколько шагов, волк остановился и вежливо поздоровался с ослом. Но тот был старый и многомудрый, хорошо знал цену волчьей приветливости и потому не спешил с ответом. А волк продолжал:

— Как дела, брат осел? Ну и жара нынче! Как ты ее переносишь?

Лиса хоть и кивала головой одобрительно, но продолжала держаться поодаль. Волк сделал еще несколько шажков.

— Такая погода вредна для здоровья. Ишь, как ты, бедняга, страдаешь, у тебя даже цвет лица изменился. Не иначе как из-за жары.

Волк умолк и понурился, будто погрузился в размышления, затем продолжил:

— Не выпил ли ты, брат осел, грязной воды, не укусила ли тебя муха? От этого и заболеть недолго. Считай, однако, что тебе повезло — ведь я лекарь и очень люблю ослов. Я с удовольствием примусь за твое лечение.

— Первый раз в жизни слышу, чтобы волк был лекарем и другом ослов. И вообще с какой это стати тебя заботит мое здоровье?

Волк укоризненно покачал головой.

— А что в том плохого? Все звери — братья. Я люблю ослов, потому что...

— Может быть, это и так, — прервал его осел. — Но меня вот что удивляет, братец волк, — ведь мы с тобой до сих пор ни разу не встречались. Знаешь ли ты хоть мое имя?

Волк недоуменно воскликнул:

— Откуда я могу знать твое имя?! Разве у ослов бывают имена?

Осел язвительно рассмеялся:

— Ты — невежа, братец волк! Даже не знаешь, что у нас, ослов, как и у людей, есть имена. У каждого осла на копыте задней правой ноги написано, как его зовут. — И осел важно и с достоинством поднял заднюю правую ногу.

Волк приблизился и, чтобы лучше разглядеть копыто, наклонился. И в этот миг осел изо всех сил лягнул волка, у того аж клыки посыпались из пасти. Кувыркнулся волк в воздухе и шлепнулся на спину. Насилу поднялся и, подвывая, заковылял к лесу. Лиса же, глядя на все это, дрожала от страха.

— И ты, сестрица лиса, хочешь узнать мое имя? — услышала она насмешливый голос.

Лиса стала пятиться задом, приговаривая на ходу:

— Да нет уж, нет! Я не могу... не умею читать... Пролепетала это лиса и стремглав бросилась к лесу.

«МУРАВЕЙ И СВЕРЧОК»

Сверчок только и делал целыми днями, что стрекотал. Пропустил он время охоты и ничего не заготовил себе на зиму. А сосед его Муравей не жалел сил и за лето запасся всем необходимым на зиму.

Пришла зима. Скоро у Сверчка стало нечего есть, и пошел он к Муравью просить еды. Рассердился Муравей, нахмурился и стал насмехаться над Сверчком:

— О сосед мой! Быстро же кончились твои запасы! Каким таким важным делом занимался ты все лето?

— Летом я стрекотал и ничего другого не делал,- ответил Сверчок.

— А сейчас не стыдишься попрошайничать у соседей? — насмешливо спросил Муравей и захлопнул перед Сверчком дверь.

Недаром говорится: того, кто ничего не делает вовремя, подстерегает беда.

«НЕБЛАГОДАРНЫЙ ЛЕОПАРД»

Шел по дороге человек с пустым мешком за плечами. Вдруг он увидел в зарослях раненого леопарда. Леонард попросил человека:

— Пожалуйста, спрячь меня в своем мешке.

— А ты обещаешь, что потом не съешь меня? — спросил человек.

Леопард поклялся, что не сделает этого. Тогда человек посадил его в мешок, взвалил на спину, как вязанку хвороста, и понес.

Вскоре ему повстречались люди, разыскивавшие леопарда. Один из них спросил путника:

— Брат мой, скажи, не видел ли ты проходившего здесь леопарда?

— Нет, не видел, — ответил тот. Когда встречные, ни о чем не догадавшись, ушли, человек выпустил леопарда из мешка.

— Человек, ты не уйдешь от меня, — сказал леопард, — я тебя съем!

— Почему же, господин леопард, ты хочешь меня съесть? — спросил путник. — Ведь я спас тебя от смерти! Разве ты не слышал, что говорили те люди? Я свое обещание выполнил, а вот ты нарушаешь наш уговор. Если хочешь меня съесть — пойдем судиться; пусть твои сородичи рассудят нас.

На суд собрались домашние животные и дикие звери. Первой стала говорить гиена.

— Мне кажется, что человека нужно съесть, — сказала она.

И все звери, которые говорили после нее, в один голос заявили:

— Человек должен быть съеден.

Наконец дошла очередь до обезьяны.

— Покажи-ка мне, каким образом ты спас леопарда, — сказала она.

Человек раскрыл мешок и посадил в него леопарда.

— Хорошо, — сказала обезьяна, — теперь завяжи мешок.

Человек сделал и это.

— А теперь, — сказала обезьяна, — проткни его один раз копьем и покажи мне; тогда я скажу свое мнение.

Человек проткнул мешок копьем и убил неблагодарного леопарда.

Вот и говорит пословица: не бери леопарда за хвост, а уж если взял, так не отпускай.

«НИЙКАНГ И ДИМО»

Все джо-луо — внуки Димо. Все шиллуки — внуки Нийканга. Нийканг и Димо — родные братья. Почему же джо-луо и шиллуки живут врозь?

А было так. Некогда Нийканг и Димо жили вместе, и сыновья их вместе забавлялись бусами. Но однажды сын Димо проглотил бусины сына Нийканга. Сын Нийканга заплакал и побежал жаловаться отцу. Нийканг разгневался. Он пришел к Димо и сказал:

— Твой сын проглотил бусы моего сына. Верни их мне тотчас!

— Брат мой, - ответил Димо, — дети играли вместе, и мы не знаем, как случилось, что мой сын проглотил бусы твоего сына. Но я буду следить за моим сыном каждый раз, как он пойдет по нужде. И когда бусы выйдут, я тебе их сразу верну.

Но Нийканг не хотел ждать. Он сказал:

— Нет, ты должен тотчас вспороть живот твоему сыну!

— Неужели ты и вправду хочешь вспороть живот моему сыну, чтобы взять какие-то бусы?

— Да, — ответил Нийканг.

Тогда Димо созвал всех своих детей, позвал жену и сказал:

Мой брат Нийканг хочет вспороть живот моему сыну ради каких-то бус. Я не могу больше жить с таким человеком. Мы уходим отсюда.

Димо со своими детьми переселился на юг. С тех пор внуки его, джолуо, живут на юге, а шиллуки, внуки Нийканга, на севере.

«НУЭРЫ И БОГ»

В давние времена бог имел обыкновение беседовать с нуэрами. Однажды он спросил:

— Чего бы вы хотели: жить вечно или со временем умирать?

Люди ответили:

— Если все мы будем жить вечно, земля переполнится. Пусть лучше старики умирают, чтобы освободить место тем, кто рождается.

— Ну что ж, будь по-вашему! — сказал бог и бросил в реку маленький камешек.

В тот день пса не было в деревне — он караулил стадо. Вечером пес вернулся в деревню и спросил людей:

— О чем сегодня бог говорил с вами?

— Он спросил, хотим ли мы быть смертными или бессмертными. Мы решили, что пусть лучше одни умирают, а другие рождаются.

— Ну и что сделал бог? — спросил пес.

— Бог сказал "будь по-вашему" и бросил камешек в реку.

— Покажите мне, где это было? — сказал пес. Люди отвели его к реке, показали то место. Пес нырнул. Со дна реки он достал маленький камешек.

— Бессмертными вы уже не станете,- сказал пес.- Но этот камешек будет охранять нуэров от преждевременной смерти.

И так было.

«НХЛАНГУНХЛАНГУ»

Однажды вождь брал жен. — Сказал он: такая-то родит вождя. Они забеременели; окончились месяцы, пришло время рожать и они родили. Всё оставалась беременной беременная вождем. Дети выросли, ходили и были отняты от грудей. Жены снова забеременели; окончились месяцы, пришло время рожать и они родили. Дети выросли, были отняты от грудей, росли и наконец сделались юношами, а та еще не родила.

Кончилось много лет; под конец она стала сбрасывать кожу, она рожала; собрались жены и сказали: она родила змею. Змея выходила много дней, пока не кончилась в животе и заполнила дом. Они выбежали и остановились у входа. Они позвали людей и сказали: пойдите посмотрите на диковину. Собралось племя: они закричали ей; спросили они: она вышла из живота? — Ответила жена: она вышла. — Приказал вождь: пусть сплетут веревку. — Сказала она: она закончилась.

Заставили войти человека, дали ему кол и сказали, чтобы он развернул змею и добрался до головы. Он развернул змею до головы и добрался до нее; люди бросили ему веревку, он обвязал ее веревкой и вышел с ней. Они повалили, заслон против дома и спросили: что за змея? — Ответили они: хлуату. Была найдена заводь, множество людей потащили змею и бросили ее в воду. Они омыли тела, поднялись и явились домой.

Приказал вождь: нужно убегать. Было приказано: пусть остается ее мать, которая родила это навождение. Они отправились, направились в другую страну. Они отстроились и закончили дома. Дети сильно росли и под конец взяли жен. Были посватаны девушки, которые родились после тех мальчиков. Наконец были посватаны их дети.

Пошла мать змеи; она встретилась с людьми; они спросили, сказали они: куда ты Идешь? — Ответила она: я следую за вождем. — Спросили они: какое твое отношение к нему? — Ответила она: он мой муж. — Спросили они: где ты пребывала? — Ответила она: он меня оставил в старом селении. — Спросили они, чем ты его разгневала? — Ответила она: я разгневала его рождением зверя. — Спросили они: какого зверя? — Ответила она: хлуату. Я была им беременна много лет. — Спросили они: куда его положили? — Ответила она: он был брошен в воду. Люди убежали, они сказали, что у меня навождение, ибо я родила зверя.

Она пошла и спросила в селении, сказала она: Нхлан-гухлангу отстроился здесь? Они указали ей реку. Она пошла и пришла туда; она увидела мальчика и сказал он: вот такая-то идет. Она вошла в дом у входа в селение. Она цриветствовала хозяйку дома и та спросила ее, сказала она:

как у тебя в животе? — ответила она: прохладно. — Сказала та: я спрашиваю, ибо я знаю что в тебе был зверь. —

Ответила она: все уже в порядке. — Спросила она: что думает обо мне вождь? — Ответила женщина: он смеется над этим. Люди говорят: вон она умерла и вождь радуется. Говорят они: он правильно сделал оставив ее в старом селении, хотя бы она и выздоровела. Она опять родила бы другое навождение.

Вышла женщина у которой она остановилась и вошла к вождю; она пришла, а вождь спал. — Она спросила у дитя, сказала она: вождь спит? — Ответил вождь: я прилег. — Сказала женщина: тут пришла мать змеи. — Встал вождь, сел и спросил: откуда она пришла? — Ответила женщина: она говорит, что пришла из старого селения. — Было приказано: пойди, позови ее. — Женщина вышла, позвала ее, пришла с ней и вошла в дом. — Сказал вождь: здравствуй. Она ответила. — Спросил он: как в животе? — Ответила она: прохладно.

Она осталась, ей дали еду и она съела ее. — Сказали люди: не продолжай с ней разговаривать, может прибавиться другое навождение. Они построили ей дом; они расположили его у входа. Она жила там. Она ссорилась с другими женами. — Говорили они: ты зазнаешься? из-за того, что ты родила лишь зверя? И она устыдилась. — Говорилось, что ты родишь вождя, который будет править нашими детьми. Ты теперь собака. Не заставляй нас больше говорить: мы породили селение. Ты лишь собака. Что ты не возвра- , щаешься к пруду, где живет твое дитя? — Сказала она: что вы надо мной смеетесь? — Сказали они: мы видим, ты пришла к нам из дерзости. Она замолчала.

— Сказал вождь: оставьте ее. Я думал она родит мне вождя. Она родила навождение. Бросьте смеяться над ней из-за этого. Сама она не делала себя. — Спросили они: к чему она нам? Пускай же молчит, не заговаривает, ведь она будет вождем, ибо она родила змею. — Сказала она: оставьте меня, я не буду повторяться. Я увидела, что вы меня приняли так из-за того, что я родила зверя. Они замолчали. Змея оставалась в воде. Дитя сбросило кожу змеи; оно высунуло руку вперед, будучи мальчиком; он сбросил кожу змеи. Появилось множество мальчиков, следуя в порядке рождения. Все целиком порождение их матери. — Заговорил Нхлату-йесизиба, сказал он, Итомби-нтомби, мы родные. Они оставались в пруду. — Сказал он: выйдем, выберемся наверх. Они вышли из воды. — Сказал он: направимся домой. Их было десять: пять мальчиков, девочек тоже пять.

Они направились к старому селению. — Сказали они: поищем кости быков. Они нашли десяток костей. Сказали они: приведем их в порядок, сделаем быков. Они сложили их вместе, они подняли быков. — Сказали они: влезем же на них. Бык Нхлату-йесизиба был Мпенгемпе. — Заговорил мальчик, сказал он: кричи же, как всегда Мпенгемпе. Мы ищем нашу мать. Она родила и бросила нас; мы ели землю и росли. Мы дети Бундубундуабалувуме. Они все отправились, влезли на быков. Они миновали селение.

Сказал вождь Нхлату-йесизиба, сказал он: вернемся; не будем проходить мимо селения. Закричал бык. — Сказал вождь: кричи же, как всегда Мпенгемпе. Мы ищем нашу мать. Она родила, она бросила нас; мы ели землю и росли. Мы дети Бундубундуабалувуме. — Сказали люди: проходите дальше.

Они пошли и пришли в селение. Они встретили возвратившийся скот. Его сестра ударила быка. — Сказала она: кричи, как всегда. Мы ищем нашу мать. Она родила, она бросила нас. Мы ели землю и росли. Мы дети Бундубундуабалувуме. — Сказали люди: проходите дальше.

Они пришли в селение Кузангуе. — Спросили люди: чьи вы? — Ответили они: мы дети Нхлангунхлангу. — Спросили люди: где вы пребывали? — Ответили они: — мы пребывали в воде. Они ударили быка. — Сказали они: кричи же, как всегда, Мпенгемпе. Мы ищем нашу мать. Она родила и бросила нас; мы ели землю и росли. Мы дети Бундубундуабалувуме. — Сказали они: мы ищем нашу мать. Она родила и бросила нас; мы ели землю и росли. — Сказали люди: проходите дальше.

Они пришли в селение, где была рождена их мать; они остановились у входа; ударили быка и сказали: кричи, как всегда, Мпенгемпе. Мы ищем нашу мать. Она родила и бросила нас; мы ели землю и росли. Мы дети Бундубунду-абалувуме. Из дома вышла старуха и сказала: слышите ли вы это? Разве мое дитя не родило зверя, брошенного? Было сказано: ударьте снова. Они ударили и сказали: кричи же как всегда, Мпенгемпе. Мы ищем нашу мать. Она родила и бросила нас; мы ели землю, мы росли. Мы дети Бундубундуабалувуме.

Было сказано им: слезайте на земь. Они отказались. Были остановлены быки, схвачены два быка; спросили, сказали: чьи вы? — Ответили дети: мы дети Нхлангун-хлангу. — Было сказано: где вы пребывали? — Ответили они: мать наша родила змею. Было приказано выбросить ее. Наша мать была оставлена в старом селении. Было сказано, что она опять родит другое навождение. Ушли, а она была оставлена. — Спросили, сказали: где ваша мать была рождена девочкой? — Ответил мальчик: у Бундубундуабалувуме. — Выступила их бабушка, сказала она: это о моем дитя, которое родило змею, говорилось: она родит вождя. Она родила зверя. И они бросили ее.

Множество быков было зарезано; собрались люди; говорилось, придите посмотреть на детей, вышедших из змеи. — Говорилось: пусть им покажут дорогу. Им показали дорогу. Они встретились с людьми. — Спросили люди: чьи это дети? — Было сказано: они Нхлангунхлангу. Они пошли мимо. Встретились они с людьми. — Спросили люди: чьи это дети? Они шли со старухой, родившей их мать. — Было спрошено: где они пребывали? — Было отвечено: они пребывали в пруду. Где они находились? было отвечено: они были в змее. — Спросили они: это они и есть, о которых говорил Нхлангунхлангу, что они обернулись зверями? Люди указали им селение Нхлангунхлангу. Они пошли прямо к нему. Они пришли домой. — Было сказано: выйдите., посмотрите на прекрасных детей. Похоже, что они были рождены одним человеком. Они встали у входа. Вышла их мать. — Они ударили быка и сказали: кричи, как всегда, Мпенгемпе. Мы ищем нашу мать. Она родила и бросила нас; мы ели землю и росли. Мы дети Бундубундуабалу-вуме.

Закричала их мать, сказала она: эти люди меня раздирают. — Сказала она: похоже что они говорили обо мне и поминали прозвище моей матери. — Было сказано: повторите с ним. — Дети ударили быка и сказали: кричи же, как всегда, Мпенгемпе. Мы ищем нашу мать. Она родила и бросила нас; мы ели землю и росли. Мы дети Бундубун-дуабалувуме.

Были собраны люди, был позван вождь, было сказано, чтобы он пришел посмотреть. Пришел вождь и сел наземь. — Сказали люди: вождь приказывает, ударьте быка. Бык закричал. — Сказали они: кричи же, как всегда, Мпенгемпе. Мы ищем нашу мать. Она родила и бросила нас. Мы ели землю и росли. Мы дети Бундубундуабалувуме.

Была спрошена бабушка, было сказано: раз ты идешь. с этими детьми, то где ты их взяла? — Ответила она: когда они пришли, то были спрошены, откуда они явились. Они ответили, что явились из заводи. Было спрошено: были ли они брошены в заводь? Они ответили: то была змея. Спросили: кто был ваш отец? — Сказали: они Нхлангунхлангу. — Спросили: видели ли вы, что вы были змеей? — Ответили они: мы видели. — Спросили: кем вы были рождены? — Ответили они: мы были рождены такой-то. — Было сказано: слезайте с быков. Они отказались.

Спросил вождь: вы хорошо знаете, что ваш отец Нхлангунхлангу? — Ответили они: мы хорошо знаем. — Спросили люди: ваша мать не имеет других детей? — Ответили: не имеет. — Спросили они: Сколько раз ваша мать рожала? — Ответили они: рожала один раз и родила змею. — Спросили они: что за змею? — Ответили они: Нхлату. — Спросили они: когда она была рождена, куда ее положили? — Ответили они: она была рождена и брошена в заводь. — Спросили они: сколько месяцев она была беременна? — Ответили они: много месяцев. — Спросили они: ваша мать не была ли беременна вместе с другими? — Ответили они: она была беременна вместе с другими; под конец они родили, они обогнали ее. Потом они опять снова забеременели другими; и опять ее обогнали.

Наконец они родили множество, а наша мать все была беременна. Наконец она сбросила кожу и родила Нхлату. Змея рождалась много дней; она заполнила дом и женщины выбежали наружу. Кричали, спрашивали: жива ли она? — Ответила она: я жива. Было спрошено: змея еще не кончилась? Ответила она: она кончилась. Заставили человека войти в дом, он сказал, чтобы они бросили ему кол, чтобы ему отыскать голову; он развернул змею и сказал: вот я увидел голову. Сказал он, бросьте мне и веревку. Он обвязал ее за шею. Было спрошено: вы все это слышали? — Ответил Нхлату-йесизиба: я слышал, но я не видел. Было спрошено: как ты слышал? — Ответил он: я слышал разговор. — Спросили они: кто говорил? — Ответил он: говорил Нхлангун-хлангу. Спросили они: куда он приказал бросить змею? — Ответил он: бросить ее в заводь. — Было спрошено: видел ли ты людей, поднимавших змею? — Ответил он: я почувствовал. Спросили они: они подняли ее вверх? — Ответил он: они протащили ее по земле и бросили ее в заводь. — Спросили они: ты видел их? — Ответил он: я почувствовал. — Спросили они: хорошо, но как же ты вышел? — Ответил он: я вылез наверх. — Спросили они: как же ты вылез наверх? — Ответил он: я высунул руку. — Спросили они: и что же ты сделал? — Я сбросил кожу. — Спросили они: как же проделал с кожей? — Ответил он: я ее содрал. — Спросили они: что появилось изнутри? — Ответил он: появился десяток людей. Они вставали, вылезая в порядке рождения. — Было спрошено: сколько людей? — Ответил он: десяток людей. — Было сказано: укажи на следовавшего за тобой? Он указал его. — Было сказано: и ты укажи следующего. Он его указал. — Было сказано: и ты укажи следующего. Он указал его. Так было со всеми ними.

Было сказано: укажи свою мать. Он указал свою мать. — Было спрошено: какой дом твоей матери? — Сказал он: вот этот у входа в селение. — Было спрошено: как это случилось, что дом твоей матери помещен у входа? — Ответил он: это было сделано, чтобы огорчить, ибо она родила змею.

Приказал его отец, чтобы все племя согнало быков. Привели десяток быков. Приказали Нхлату-йесизиба спуститься. Он слез на-земь. Привели десяток быков; были они даны его сестре, которая родилась за ним. Она сошла на землю. Было сказано чтобы другие слезли, были розданы подарки.

Радовалась их мать. — Его отец взял Нхлату-йесизиба за руку и сказал: направимся в верхний дом. Нхлату-йесизиба отказался и сказал: я войду в дом моей матери. — Сказал его отец: дитя мое, что я могу поделать: дом ведь нижней части? — Сказал он: я вижу, что моя мать была угнетаема. — Сказал он: дитя мое, я ведь видел, что она родила зверя. Великая женщина была выгнана из верхней части где она жила, там другая великая женщина. — Сказал вождь: я так сделал, ибо она не рожала, а родила змею. Я говорил, что она та, которая родит вождя. И сказал он: сегодня явился мой вождь; все вы будете подвластны Нхлату-йеси-зиба.

Нхлату-йесизиба правил сам. Другие были его подчиненные. Его отец взял все, что было у него, он отдал ему. — Сказал он: все до мелочи будет мною отдано ему. — Сказал он: все мои люди будут его, и мое его.

«О ЗЕМЛЕ, ИЗ КОТОРОЙ ЗУБЫ РАСТУТ»

Давай играть в прятки, зайчик, — сказала однажды ласка.
— Прекрасно! Я охотно поиграю с тобой, — ответил заяц.
— Кто из нас лучше спрячется, так, что другой его не найдет, тот и выиграет, — говорит ласка.
— Тем лучше, — смеется во весь рот заяц. — Уж я-то так могу спрятаться, что ни один охотник меня не найдет.
— Итак, начинаем, — воскликнула ласка.
— Кто первый? — спросил заяц.
— Мы оба начнем игру одновременно, — сказала ласка, — но помни: никто из нас не имеет права подсматривать за другим.

Едва ласка прошла несколько шагов, чтобы спрятаться в кустах, как заяц уже повернул голову, а когда заяц уже приближался к своему убежищу, ласка повела за ним глазами.

Слово за слово — и дошло до ссоры.
— Это ты первая оглянулась! — закричал заяц.
— Неправда! Это ты подсматривал за мной, — кричала ласка.

В конце концов они договорились так: сначала спрячется ласка, а заяц будет ее искать, а потом она будет искать спрятавшегося зайца.
— Начинаем! — воскликнули они вместе. Быстро понеслась ласка в лес, выкопала себе нору и уже хотела закричать: "Раз, два, три!", как вдруг ей пришла в голову мысль: "А что, если забраться в норку, а из нее лишь зубы выставить? Вот будет весело! Никогда в жизни заяц меня не найдет". Как задумала, так и сделала.
— Раз, два, три, — слышит заяц и давай скакать за лаской. Ищет ее, ищет, а найти не может. Вдруг видит издалека из-под земли как бы беленькие корешки вылезают. Посмотрел заяц на них справа, слева, осторожно на цыпочках подобрался, на всякий случай подалеку держится. Что же это такое может быть? Зубы? И вправду — зубы из земли растут! Ну, такого-то уж никто не слыхал и не видал, с тех пор как белый свет существует.

Испугался зайчик, сложил свои ушки на макушке и слушает, а потом как кинется подальше от этих зубов.

— Что с тобой, зайчик? — спрашивает его слон. — Почему ты так убегаешь?

— Ах, ваше величество! Я увидел в лесу нечто страшное. Еще никогда в жизни не встречал я столь ужасной вещи, при одной мысли о которой я начинаю весь дрожать.

— Что же это такое, скажи мне, зайчик. Мне это очень интересно, — протрубил слон.

— Там из земли зубы растут.

— Мне уже более ста лет, — протрубил слон, — а я еще не слыхивал, чтобы из земли зубы росли. Тру-ру-ру... Зубы из земли?

Он так громко удивился, что его услышал буйвол, который пасся неподалеку.

Примчался что было духу и спрашивает:

Что случилось, ваше величество? Наверное, что-нибудь важное, если ты так громко затрубил?

— Да, — сказал слон, — представь себе, в нашем лесу из земли зубы растут. Я так поражен, что с трудом могу собраться с мыслями. Да, да, зубы, и притом — длинные, как стволы бамбука.

— Нет, нет, не такие уж они большие, — чуть слышно пискнул зайчик.

— Вот уж больше ста лет я живу в этих джунглях, — продолжал трубить слон, — а никогда ничего подобного не слышал! Виданное ли это дело — зубы прямо из земли растут!

— И я еще не видел до сих пор такого, — закричал буйвол, да так громко, что его услышал кабан, который сразу же прибежал, чтобы узнать, что случилось.

— Чему я обязан таким счастьем, что Ваше Достоинство так громко заревело? — спрашивает кабан, низко кланяясь буйволу.

— Знаешь ли ты, что зубы, длинные, как лианы, растут из нашей земли? — крикнул ему буйвол.

Кабан так громко хрюкнул от удивления, что тут же в несколько прыжков прискакала антилопа.

— Господин мой, что случилось? Что тебя так огорчает?

— Ох, несчастье, несчастье! Зубы растут из нашей земли! — застонал кабан.

— С тех пор, как живу на свете, я не слышал об этом. Ни мои родители, ни мои прародители мне тоже никогда о чем-либо подобном не рассказывали, чтобы зубы из земли росли. Да это просто невероятно!

— Я думаю, — продолжала антилопа, — что следовало бы пойти в джунгли и там, на месте, получше расследовать это дело.

— Ты права, ступай же, ступай туда, а потом нам все расскажешь! — в один голос закричали слон, буйвол и кабан.

— Да, хорошо вам говорить: "Ступай туда". Ведь я слабее вас, не сумею защититься от врагов. Лучше вы идите, вы такие сильные, мощные, не то, что я — бедная, слабая, нежная антилопа.

— Я бы с удовольствием пошел увидеть, рассмотреть все, — вмешался леопард, — но после вчерашней схватки у меня так болит спина, что я с трудом передвигаюсь.

— Легко сказать — "пойти, увидеть, рассмотреть", — вмешался слон. — А может быть, это какое-нибудь колдовство? Нет, не так-то все просто, как вам кажется. Прежде, чем пойти туда, надо совместно обсудить, с чего мы начнем наш поход и кому идти первому, а кому — последнему.

И слон вместе с буйволом, кабаном, леопардом и другими зверями открыли совет.

А наш зайчик все время сидел и слушал, тихонько притаившись у куста.

— Что с тобой, зайчик? Что тебя напугало? — спросила его черепаха, которая как раз в это время тащилась мимо.

— Ах, — пробормотал заяц, дрожа всем телом. — Я видел, как в нашем лесу из земли зубы растут. Но — ш-ш! Тихо! Сейчас происходит совет главных наших начальников. Они решат, кому первому идти туда.

— А не мог ли бы ты мне показать это место? — попросила черепаха.

— Я боюсь, я очень боюсь, очень-очень! — застонал заяц.

— Ты мне хоть издалека покажи, где это. А они пока пусть советуются. Да ты не бойся, со мной ты в полной безопасности.

— Хорошо, я покажу тебе. Но издалека, — прошептал зайчик. Когда они были уже недалеко от норы, где пряталась ласка, заяц вскрикнул во все горло:

— Там, там! Видишь? Зубы из земли растут! — И улепетнул со всех ног.

А черепаха потихоньку подползла к ямке, посмотрела, увидела, что это всего только зубки ласки, и, схватив ее лапками, спрятала в охотничью сумку, которую носила на своей спине.

— Зайчик! Зайчик! Тебе показалось — нет тут никаких зубов. Иди — сам увидишь.

Заяц издалека поглядывает, глазам своим не верит. Действительно, никакие зубы из земли больше не торчат.

— Где же они? Ведь не приснилось же мне, я их сам собственными глазами отлично видел.

— Тебе показалось, наверное, — успокаивала его черепаха. — Ну, а сейчас вернемся ко всем.

Черепаха с зайчиком вернулись на полянку, где собрались на совет сильнейшие из сильнейших со всего звериного царства. Но так они были увлечены обсуждением предстоящего похода, что даже внимания не обратили на вновь прибывших.

— Уважаемые господа! — сказала черепаха. — Сделайте мне милость, пожалуйте ко мне в гости. Есть у меня прекрасное пиво, корни кассавы да и пальмовое вино найдется.

Звери, уставшие от речей на затянувшемся собрании, охотно приняли приглашение черепахи. С удовольствием они закусили кореньями вкуснейшей травы — кассавы, хлебнули по глотку вина, да не по одному и не по два. Но все еще никак не могут покончить с разговорами о зубах, растущих из земли.

— И что ж это на белом свете-то делается, — качал головой слон, — что даже зубы из земли расти начинают. Ну и ну!

Тем временем ласка, которую черепаха выпустила, выбралась спокойно из сумки, взялась лапками за бока и давай хохотать.

— Ха, ха, ха! Вот так история! Ха, ха, ха! Нет, не могу, лопнуть можно от смеха, да и только! Ну и глупы вы, мои дорогие! И как это вы могли поверить бреду, что заяц-обманщик нес. Зубы из земли вырастают! Ха, ха, ха! Нет, это уж переходит, действительно, всякие границы. И при том, кто попался на это — сам слон, Его Величество, Почтенный буйвол. Великий кабан! И сам Государь-леопард собственной персоной! А хотите знать, как это на самом деле было? Играли мы с зайчиком в прятки. Я спряталась в норе и только зубы из норы высунула. Заяц издалека увидел их и ну — кричать: "Зубы из земли! Зубы из земли! Зубы из земли растут". Ха, ха, ха! Вот вам и зубы из земли!

— Что это там ласка несет? — закричали звери. — Как смеет она обманывать нас — повелителей лесов! Нет, этого мы не можем позволить! Уж слишком распустила язык эта лгунья! Это зубы-то не растут из земли? Видели ли вы что-нибудь подобное? Да ведь еще наши прадеды рассказывали нам об этом, а ей, видите ли, захотелось быть самой умной!

Так трубил слон на все джунгли от обиды, а буйвол мычал, леопард фыркал, и только антилопа поглядывала на всех своими ласковыми глазами и приговаривала:

— Ничего не могу я во всем этом понять, ну ничегошеньки!

И не миновать бы бедной ласке беды — поплатилась бы она жизнью за свою речь, если б не была так хитра. Видя, чем дело пахнет, она дала стрекача — только ее и видели.

— Вот видишь, — обратился зайчик к черепахе. -Моя правда вышла! Говорил я, что зубы из земли растут. И растут!

— Э-э! — махнула черепаха лапой, — да что с дураками разговаривать!

«О КУРОПАТКЕ НАНГУМБИ И ЛЕОПАРДЕ УЛУ»

А знаете ли вы историю о прекрасной куропатке по имени Нангумби? У нее было пять закадычных подружек. Одну звали Нанкимпели, другую — Навоки, третью — Намбенди, четвертую — Нантуту, а пятую — Нанкимпити.

Однажды пантера унесла мужа прекрасной Нангумби.

Подружки, узнав о несчастье бедной Нангумби, решили окружить заботой ее и бедных сироток — ее детей.

Нанкимпели собрала много вкусного проса, Навоки захватила с собой кочан кукурузы, Намбенди — пучок молодых побегов бамбука, Нантуту принесла стебель сахарного тростника, а Нанкимпити — кисти сладких бананов и фиги.

Прилетели они к гнездышку Нангумби и застали там ее птенцов одних.

— Где же ваша мама Нангумби? — спрашивают. А птенцы в ответ пищат:

— В лес пошла, в лес пошла,
Принесет нам молока кокоса,
Сладких фиников и дикого проса.

Куропатки — давай причитать:
О ты, наша Нангумби!
В лес пошла, в лес пошла
За молочком кокоса,
За горсточкой проса,
Тюр-ли-ли, тюр-ли-ли,
А мы все ей принесли:
И бананы, и просо,
И молочко кокоса,
И сладкий тростник,
И множество фиг!

Сложили они все свои подарки в гнездышке и полетели искать Нангумби.

Ищем мы- фью, фью, фью-
Куропаточку свою -
Ты вернись Нангумби,
Своих деток не губи! — звали они.

Громче всех кричала Нанкимпели.

— Подождите, — сказала она, я попробую еще раз окликнуть ее, теперь она уже наверняка отзовется:

Нангумби, Нангумби,
Гей-хо, гей-хо! Фю-фю-фю, фи-фи-фи!

Нангумби услышала и тут же, запыхавшись, примчалась из леса.

— Здравствуй, Нангумби! Мы принесли тебе немного еды для твоих деток, — сказали ей Нанкимпели, Навоки, Намбенди, Нантуту и Нанкимпити.

— Как я благодарна вам, — ответила им Нангумби. — Чем же смогу я вам отплатить за ваши дары? Может, вы выпьете хоть по скорлупке кокосового молока?

И Нангумби начала их угощать.

Так продолжалось все лето. Нанкимпели, Навоки, Намбенди, Нантуту и Нанкимпити помогали бедной вдове Нангумби и ее детям-сиротам.

Однажды приходят они к гнезду, а из него птенцы свои клювики высунули и пищат:

Дайте есть, дайте есть,
Мы голодные — все шесть.
Фю-фю-фю, фи-фи-фи!

Накормили они сироток и спрашивают:

— А где же ваша мать, где Нангумби?

В лес пошла, в лес пошла
Нам орешков собрать.

— Когда?

— Лишь заря взошла,
Уж она — со двора.
Ей вернуться пора!

И Нанкимпели, Навоки, Намбенди, Нантуту и Нанкимпити снова отправились искать Нангумби.

Спрашивают они ласточку:

— Не видала ли ты где-нибудь бедную Нангумби?

— Кив-вип, кив-вип!

Не видала, не видала! — ответила ласточка и полетела дальше, ловя на лету мошек.

Спрашивают они ворону:

— Не видала ли ты где-нибудь нашу бедную Нангумби?

— Кар-р, кар-р, кар-р!
Я такой и не знаю.

Спрашивают они маленькую птичку колибри:

— Прекрасная колибри! Не видала ли ты нашей дорогой Нангумби?

— Я-то ее не видела, но вы спросите у саранчи. Вон целая туча их прилетела на поле и поедают просо!

— Саранча! Саранча! — зовут Нанкимпели, Навоки, Намбенди, Нантуту и Нанкимпити. — Скажи нам, может быть, ты знаешь, что случилось с Нангумби? Еще вчера она вылетела из своего гнезда и больше не вернулась туда, где ждут-не дождутся ее голодные птенцы.

— Видели, видели мы ее, бедняжку. Ее поймал леопард себе на завтрак.

Грустные, со слезами на глазах вернулись они к гнезду.

Ох, ты наша Нангумби, Нангумби!

Своих деток не губи, не губи,

Кто же детками займется?

Кто сироткам улыбнется?

— Мы должны отомстить леопарду Улу за смерть Нангумби! Ему не пройдет это безнаказанно. Эдак он скоро всех нас уничтожит! — сказала Нантуту.

— Хорошо, но ведь он не сознается в своей вине, — возразила Навоки.

— А мы спросим шмеля. Он умный, посоветует нам, что делать.

— Бр-р-р-умм, брум-м, — загудел шмель после длительного размышления. — А известно ли вам, где находится река Конго?

— Да, — ответили куропатки.

— Так пойдите к реке Конго и протяните от одного ее берега к другому крепкие лианы.

— Хорошо, — ответили они хором. — А что же дальше?

— Пригласите леопарда и других зверей, пускай каждый пройдет по этому мосту. Под кем мост оборвется, тот и убил Нангумби. Поняли вы меня? Поняли вы меня? Брр-рум, бр-р-рум! — закончил шмель. — Но помните, что каждый из вас, проходя по мосту, должен так сказать:

Нангумби, Нангумби!

Если я тебя убил,

Если я погубил,

Пусть сорвется подо мной

Этот мост…

— О дорогой шмель! Мы благодарим тебя за твой хороший совет, — сказали куропатки. — Но кто из нас осмелится пригласить леопарда, ведь он такой огромный, такой сильный и, наверное, он нам откажет, — усомнилась Нантуту.

— А это уж моя забота. Бр-р-рум, брум-м, брум-м, — загудел в ответ шмель. — Я обо всем расскажу льву, а он-то уж заставит леопарда прийти на суд.

Нанкимпели, Навоки, Намбенди, Нантуту и Нанкимпити сделали так, как им посоветовал мудрый шмель. Они протянули длинные лианы над рекой Конго от одного ее берега к другому и созвали всех зверей.

Первой прошла по висячему мосту Нанкимпели, за ней — Навоки, потом Намбенди, Нантуту и, наконец, последней — Нанкимпити.

Нангумби, Нангумби!

Если я тебя убила,

Если я погубила,

Пусть сорвется подо мной

Этот мост...— произносили они, проходя по мосту, но мост под ними даже не дрогнул.

После куропаток прошел заяц, за ним вприпрыжку пробежала газель, потом важно прошествовал огромный страус, за ним — длинношеяя жирафа, дальше взбежала на мост пестрая пантера, за пантерой — тигр, обезьяна и, наконец, сам царь лесов — лев гордо прошествовал по натянутым лианам. Теперь пришла очередь леопарда Улу.

— Вот еще, некого мне больше убивать, что ли, кроме этой ничтожной Нангумби, — презрительно фыркнул леопард, входя на мост.

— Скорей произноси заклинание, как мы, — воскликнули сразу вместе все пять куропаток.

И леопард Улу изо всех сил выкрикнул:

Нангумби, Нангумби!

Если я тебя убил,

Если я погубил,

Пусть сорвется подо мной

Этот мост...

Когда леопард Улу добрался уже до середины реки лапы его соскользнули с моста, он свалился вниз, в воды Конго, и утонул.

А Нанкимпели, Навоки, Намбенди, Нантуту и Нанкимпити направились к гнезду Нангумби, накормили там птенцов и запели:

О Нангумби, Нангумби,

В Конго упал леопард Улу,

Что нашу сестру погубил.

Гей-го, гей-го.

В Конго упал скверный Улу.

«О МЫШАХ»

Однажды родился мышонок, который отличался от всех других мышей тем, что на шее у него было белое пятнышко.

«На ком нам женить его?» — размышляли мыши.

— Нет ему ровни среди нас. Только солнце ровня ему. Женим его на солнце, — говорили одни.

— Нет, — говорили другие, — солнце — не подходит: нашему сыну не ровня тот, кого закрывает туча.

— Ну, тогда женим его на туче, — сказали родственники.

— Не ровня нашему сыну тот, кого может развеять ветер, — не согласились другие.

— Женим его на ветре..

— Не может быть ровней ему тот, кого задерживает гора.

— Женим его на горе.

— Не ровня ему тот, у кого мыши могут подрыть подножие, — возразили другие.

— Ну, тогда выдадим за него мышь: только одна она ровня ему, — решили все мыши.

И мышонок женился на мыши, и все мыши жили в мире до тех пор, пока не появился кот.

— Я сильнее всех, — объявил он и принялся одну за другой хватать и уносить мышей.

Тогда собрались мыши на совет и решили: «Отдадим замуж за кота мышь: она будет предупреждать нас о его набегах».

Итак, отдавая замуж за кота свою сестру, задумали мыши породниться с котами.

Вскоре к мышам пришли молодые коты за невестой-мышью. Ожидая котов и опасаясь их козней, мыши — подруги невесты — из осторожности нарыли вокруг много нор.

Девушки-мыши вошли под навес и начали танец, напевая: «Ближе, ближе, к краю норки!»

С этой песенкой они расположились у входов в норки. Коты же об этих норках ничего не знали. Они собрались все вместе на одной стороне и, приплясывая, пели:

— Наш сын мяса не любит.

Девушки-мыши, подхватывая песню, отвечали:

— Мы увидим, мы увидим!

— Наш сын масла не любит, — пели коты.

— Мы посмотрим, мы посмотрим! — отвечали мыши.

— Наш сын сливок не любит, — пели коты.

— Мы посмотрим, мы посмотрим! — пели мыши в ответ.

— Окружайте, окружайте! — шипел один из котов остальным, и все коты подхватывали:

— Окружайте! Окружайте!

Напевая так, они обступали мышей, заключали их в круг.

И тут одна из мышей пропищала:

— Внимание, внимание!

— Понимаем, понимаем, — пели мыши.

Вдруг кот-запевала прошипел:

— Хватайте одну за другой, хватайте!

— Прыгайте, прыгайте каждая в свою норку, прыгайте! — запищали девушки-мыши.

Коты, не поймав мышей, подбежали к входам в норки и замяукали. Мыши же, сидя в своих норках, поддразнивали их:

Эх вы, дурачки!

Говорят, что все это на самом деле было.

«О РЫБЕ, РЕШИВШЕЙ ОТПРАВИТЬСЯ ИЗ РЕКИ В МОРЕ»

Жила в одной реке рыба. И не было ей там равных по силе и величине. Господствовала она над всеми другими рыбами, делала с ними, что хотела, судила и рядила. Всех считала своими подневольными. И до того возгордилась та рыба собою, что стала думать: "Не пристало мне, такой большой и сильной, жить в этой реке. Нужны мне морские просторы!"

И отправилась рыба вниз по течению, к морю. Приплыла она, огляделась, и сделалось ей страшно — ни конца, ни края не видать, да еще вокруг морские чудища плавают, зубастые пасти ощеривают. До того слабой и маленькой показалась сама себе рыба, до того одинокой, что пуще всего на свете захотелось ей вернуться в родную реку. Однако немало тягот и бедствий пришлось ей пережить, пока отыскала она дорогу домой.

«О ТОМ, КАК ЛИСА ОБМАНУЛА ГИЕНУ»

Однажды лиса сказала гиене:

— Пойдем со мной, я покажу тебе место, где можно сытно поесть.

Обрадовалась гиена и пошла с ней. Лиса привела гиену к загону, где было много скота, но загон был заперт, ночью его всегда запирали. Лиса и гиена обошли вокруг ограды, нашли щель и проползли в загон. Они убили много скота и стали есть.

Но вот лиса насытилась и решила выбраться за ограду. Правда, едва-

едва пролезла через щель — так живот распух. Но все-таки пролезла. А гиена осталась в загоне.

Гиена тем временем все ела и ела мясо. Когда же наелась до отвала и захотела вылезти из загона — не тут-то было! Только передняя часть туловища пролезла в щель. Живот же ее сильно вздулся.

Так гиена и осталась в загоне.

Пришел утром хозяин скота в загон, а там гиена! Схватил он палку и давай бить гиену, пока та не вырвалась и не убежала.

Вся избитая, пошла гиена искать лису, которая так коварно покинула ее.

А лиса, завидя гиену, повалилась на землю и, потирая бока, запричитала:

— О моя старшая сестра, они чуть не убили меня! Ох, как мне больно, ох, как мне больно! Я и шагу ступить не могу? Помоги мне, сестра, до дому добраться!

Взвалила гиена лису к себе на спину и понесла. Лиса же стала смеяться и петь:

— Больной везет здорового! Больной везет здорового!

Гиена услышала это, сбросила лису и погналась за ней. Лиса юрк в пещеру. Гиена — за ней. И что же она видит? Затянулась лиса в струну, а лапами уперлась в потолок! Только гиена хотела схватить лису, та как закричит:

— Ох, сестра моя, не делай этого, иначе упадет потолок и раздавит нас! Помоги мне удержать его, а потом уж добьешь меня! Держи потолок, пока я схожу срублю кол, подставим его для поддержки!

Согласилась гиена и осталась держать потолок, а лиса юрк из пещеры и была такова.

Вот стоит гиена держит потолок в пещере, ждет терпеливо, пока лиса кол раздобудет.

А в это время возвратились домой обезьяны, которые в этой пещере жили. Удивились они, увидев гиену, и спрашивают:

— Ты что здесь делаешь?

— Да вот потолок держу! Лиса говорит, того и гляди рухнет! Она-то за колом побежала. Может, удастся удержать потолок, — ответила гиена.

Засмеялись обезьяны:

— Оставь! Потолок держится крепко, не упадет. Разозлилась гиена пуще и опять отправилась искать лису.

Видит — сидит лиса у ямы и что-то бормочет. А в той яме пчелиное гнездо, только гиена про это не знала.

— А, попалась! — закричала гиена. — Настал час твоей смерти!

А лиса смиренно в ответ:

— Я и вправду очень-очень дурная. Знаю, не может быть мне никакой пощады. Но сегодня праздник, посмотри, дети песни поют, и я тоже. Видишь, у меня книга, я по ней молюсь!

Гиена услышала жужжание пчел и проговорила:

— Да, слышу, и правда поют! А лиса продолжает:

— Вот почему прошу тебя: не убивай меня сегодня, подожди уж до завтра! Бери-ка лучше книгу да молись вместе с нами!

— А где мне взять книгу! — спросила гиена.

— Да вот, в яме, — ответила лиса. — Выбирай любую — там их много.

Послушалась гиена, полезла в яму за книгой и растревожила пчел. Набросились они на гиену и искусали ей всю морду. А лиса тем временем убежала.

«ОБ УМНОМ МЫШОНКЕ»

Однажды маленький, простодушный мышонок, которому еще не довелось узнать, что кошки едят мышей, встретил котенка. Котенок был настолько мал, что тоже не знал, что кошки едят мышей. С тех пор каждый день они играли вместе с утра до захода солнца. Как только мышонок вылезал из норки, котенок тотчас приходил к нему, и они начинали бегать и резвиться, радуясь жизни.

Но вот как-то раз мышонок и котенок заигрались и разошлись только в полночь. Приходит котенок домой и видит, что мать его встревожена и сердита.

— Где ты был? — спросила она строго.

— Играл с другом.

— А кто твой друг?

— Мышонок.

Успокоилась кошка и спрашивает:

— Ну хорошо, а что ты сделал с ним перед тем как его съесть?

— Мы играли вместе. Как же я могу его съесть, если мы друзья?! — удивленно воскликнул котенок.

Рассердилась кошка и давай ругать сына на чем свет стоит:

— Да знаешь ли ты, глупыш, что Аллах создал мышей лишь для того, чтобы мы их ели. Они во сто крат вкуснее курицы или зайца. Без их мяса не обойдешься. Оно помогает нам быстро бегать и хорошо прыгать, видеть все в темноте, а зимой оно нас согревает.

Услышал все это котенок и стал просить у матери прощения, а та в ответ строго-настрого приказала завтра же принести мышонка и съесть у нее на глазах — только тогда она простит его. Котенок поклялся, что исполнит все, как велит ему мать.

Мышонок, вернувшись домой, нашел свою мать в слезах. О, как она волновалась, поджидая сына, но едва увидела его живым и невредимым, отшлепала его и отругала:

— Где ты был, негодный?

И мышонок ответил, что играл с другом.

— Кто же он, этот твой друг, с кем ты, забыв о матери, заигрался до полуночи?

— Котенок,- промямлил мышонок.

— Котенок? — воскликнула мать.- Как же он не съел тебя?

— Я уже давно с ним играю, не первый раз. Мы — друзья. Как же он может съесть меня? Разве коты едят мышей? Схватила мать сына и прижала к груди:

— Слава Аллаху, что он сохранил тебе жизнь! Котенок хитрый, он просто дает тебе, перед тем как съесть, нагулять жирок. Знай, кошки — наши злейшие враги. Мы для них самая лакомая еда. Пощады они не знают и всегда готовы растерзать нас. К котенку ты больше не ходи и из норки не вылезай, когда увидишь его вблизи.

Мышонок обещал, что выполнит все указания матери. Наутро пришел котенок играть с мышонком и очень удивился, не найдя того в обычном месте. И тогда он начал играть один. Прошел час, другой, а мышонок так и не появился. Но неразумному мышонку все же очень хотелось поиграть с котенком, и подошел он к самому выходу из норки. Заметил его котенок и кричит:

— Иди сюда, поиграем!

— И не подумаю! Мать не разрешает мне играть с тобой. Говорит, что ты мой враг и что кошки съедают бедных мышей. И твоя мама наверняка велела тебе поймать меня и съесть.

— Что правда, то правда,- ответил котенок.- Мы, кошки, и впрямь едим мышей. Но я ведь твой друг, вспомни, ведь мы уже давно играем вместе. Ты прав, мать моя и в самом деле велела мне съесть тебя. Но я никогда так не сделаю, я люблю играть с тобой и очень хочу, чтобы мы навечно остались друзьями.

Мышонок все это выслушал, но так и не осмелился вылезти. Тогда хитрый котенок решил подбодрить его:

— Хочешь, я поклянусь, что не трону тебя?

— А как ты это сделаешь?

— Мы сцепимся лапами, и каждый из нас скажет другому, что навсегда останется ему другом и никогда его не предаст.

Маленькому мышонку очень хотелось играть, и он воскликнул:

— Ну ладно, давай лапу, и мы поклянемся друг другу в верности.

Просунул котенок лапу внутрь норки, и друзья сцепились лапами. Сжав лапу мышонка, котенок вытащил его наружу и насмешливо спрашивает:

— Разве мать не предупредила тебя, чтобы ты никогда не верил котам? Разве она не рассказала тебе о нашей хитрости?

И мышонок понял, что его обманули, и взмолился о пощаде. Но жестокий котенок оборвал его:

— Что толку, приятель, в твоей мольбе?! Я обещал своей матери, что принесу тебя и съем у нее на глазах, и клятву свою не нарушу. Так что не надейся, я не отпущу тебя.

— Ну что ж, на все божья воля! — сказал грустно мышонок.- Теперь я вижу, песенка моя спета. И действительно, коли мне суждено быть съеденным, то пусть уж лучше меня съест приятель, чем какая-нибудь другая кошка. Только прошу тебя, окажи мне милость, тем более, что тебе это ничего не стоит. Давай пойдем к тебе домой, прочитаем вместе первую суру Корана. Попросим Аллаха, чтобы он дал моим родителям силы смириться с моей гибелью.

Согласился котенок и отнес мышонка к себе домой. Уселись они и прочитали суру. Когда кончили читать, воздел мышонок лапки и взмолился:

— О Аллах! Дай моим родителям терпение и утешь их!

— Аминь! — воскликнул котенок и тоже воздел лапы. А мышонку только того и надо, проворно вскочил он и шмыг в свою норку, а оттуда с насмешкой и спрашивает:

— Разве мать не предупреждала тебя, чтобы ты не читал Коран с мышатами?

Рассердился котенок и стал метаться перед норкой мышонка взад-вперед, взад-вперед. Потом опять стал звать приятеля поиграть вместе. Но маленький мышонок, собственными глазами повидавший смерть, затаился и молчал. Кот еще побегал немного, да и ушел восвояси ни с чем. Вот так-то.

«ОБЕЗЬЯНА И ЧЕРЕПАХА»

Обезьяна долго прыгала с места на место, пока не нашла, наконец, на берегу реки смоковницу, усыпанную ягодами. Залезла она высоко на дерево, чтобы вкусить плодов. Ела-ела, но тут одна ягода выкатилась у нее из лап и упала в воду. Услышала Обезьяна звук падающей ягоды, и очень он ей понравился. Тогда стала она кидать в воду каждую вторую ягоду. А надо сказать, что в той реке проживала Черепаха, ей и достались все брошенные Обезьяной ягоды. Поблагодарила Черепаха Обезьяну за вкусную еду, и установились между ними полное согласие и любовь. С тех пор Черепаха стала часто захаживать в гости к Обезьяне. Но это не понравилось мужу Черепахи. Пошел он к соседу, Рассказал, в чем дело, и попросил совета.

— Какой же ты неразумный! — ответил сосед. — Раз воя жена настолько сдружилась с Обезьяной, что уже не любит тебя как прежде, то тебе следует сказаться больным и лечь в постель. Когда твоя неверная жена вернется от Обезьяны, то на все ее расспросы отвечай одно, что чувствуешь, мол, сильную боль в груди. Тогда она спросит, обращался ли ты за помощью к соседям, ответь, что обращался, и они сказали, что есть прекрасное лекарство от болезни, но его очень трудно достать. Если же она в конце концов спросит, какое это лекарство, ты ей скажи, что это — сердце Обезьяны.

Вернулась жена домой и спросила мужа, что с ним, он ей так и сказал, как научил его сосед.

— О, это проще простого, — ответила жена. — Схожу я к Обезьяне и приглашу ее в гости. Когда она придет, мы ее убьем, вынем сердце, и ты его съешь.

И Черепаха тут же отправилась к Обезьяне. Вновь пошла меж ними дружеская беседа, а в конце поблагодарила Черепаха Обезьяну за внимание и заботу и говорит:

— Ты всегда была гостеприимна и добра ко мне, очень прошу тебя, окажи мне честь и посети, наконец, мой дом.

Поблагодарила Обезьяна за чистосердечное приглашение и пообещала, что в ближайшее время придет, ибо ответные визиты, по ее мнению,- это проявление дружбы и любви. Потом она спросила, где находится дом Черепахи.

— Мой дом за рекою, — ответила Черепаха и улыбнулась.

— Что же мне делать, ведь я не умею плавать?

— Не стоит беспокоиться, — ответила Черепаха. — Я перенесу тебя через реку на спине.

Так Обезьяна поддалась на обман. Посадила ее Черепаха на спину и поплыла через реку. На самой середине реки вдруг стала Черепаха понемногу опускаться в воду. Увидела это Обезьяна, испугалась и спрашивает, в чем дело. Черепаха тут возьми и расскажи ей все, о чем она договорилась с мужем. Тогда Обезьяна решила перехитрить Черепаху и говорит:

— О сестра моя! О моя подружка! Почему ты не сказала мне об этом раньше? Ведь все можно было так легко устроить. Давай вернемся ко мне домой, и я отдам тебе мое сердце.

— Ну что ты такое говоришь?! Разве сердце у тебя не с собою?

— В том-то и дело, что нет. Я оставила его дома. Уж такая у нас, обезьян, привычка: уходя куда-нибудь, обязательно оставляем сердце дома. И сейчас я тоже так поступила.

Черепаха поверила словам Обезьяны и говорит:

— Ну что ж, давай вернемся, придем к тебе домой, и ты отдашь мне свое сердце.

Поплыли они назад, и Черепаха высадила Обезьяну на сушу.

— Ах ты коварная изменница! — воскликнула Обезьяна, едва очутилась на берегу.- Разве так бывает, чтобы какой-нибудь зверь, покидая дом, прятал там свое сердце, а сам оставался при этом живым?

Сказала это, плюнула Черепахе в лицо и ушла. С тех пор и стали Обезьяна с Черепахой заклятыми врагами.

«ОБУВЬ, ИЗГОТОВЛЕННАЯ ШАКАЛОМ»

Наступило лето. Стояла изнуряющая жара. Шакал натер шкуру Коровы солью, затем пропитал маслом, развесил в тени, чтобы она равномерно просохла. И когда кожа была готова, он разрезал ее на полосы, выбрал из них два куска получше, вооружился иглой и ниткой. Обувь он подгонял прямо по лапам Льва, а чтоб она крепче держалась на ногах, пришивал кожу прямо к лапам царя зверей. Лев кричал, а Шакал приговаривал:

— Чем больней, тем обувка ладней.

На это занятие ушло все утро: один шил, другой кричал от боли, один рычал, другой приговаривал: "Чем сейчас больней, тем потом веселей".

Затем Шакал помог Льву добраться до небольшого холма и предложил ему лечь на спину.

— Подставь,- сказал он Льву, — все четыре лапы под солнце, башмаки должны как следует просохнуть.

Лев сделал, как велел Шакал, — пролежал под горячими лучами солнца до самого вечера. Ноги его распухли, а башмаки до того крепко "подогнались", что бедняга Лев не находил себе места от боли. Тем временем Шакал прохлаждался в тенечке, а с наступлением прохлады крикнул Льву:

— А теперь подпрыгни! Увидишь, что полетишь, как пташка в небе.

Лев прыгнул… и покатился по склону холма, на самое дно оврага. На нем места живого не было, однако он не разбился насмерть, как рассчитывал Шакал. Увидев, что его замысел не удался, Шакал проворно унес ноги. А Лев остался измученный и израненный на дне оврага.

Вечером пролетала стайка куропаток. Они увидели Льва, сжалились над ним.

— Поклянись, что не тронешь нас,- обратились они к владыке зверей,- и мы поможем тебе!

Лев поклялся, и куропатки, принося воду в клювиках, смачивали башмаки, пока те не размякли. Затем они вытащили нитки и разули Льва. Сгоряча Лев не удержался и схватил одну куропатку. К счастью, он был слишком слаб, и она выпорхнула живой из его пасти.

Израненный Лев потащился в свою пещеру. От чего он больше страдал — от ярости или от ран, неизвестно.

«ОТЕЦ НУЭРОВ — КИИР»

Киира нашли в реке. И нашел его Иул.

Иул со своим племенем охотился на берегу. Вдруг с неба в реку упали большая тыква, копье и звериная шкура. Тыква была очень большая, больше человека. Иул сказал своим людям:

— Принесите мне тыкву.

Но все испугались, потому что тыква была очень уж большая. Один Иул не испугался. Он вытащил тыкву, копье и шкуру на берег. Увидев это, все люди в страхе разбежались, и он остался возле тыквы один. Иул надрезал тыкву, и она раскололась пополам. Сначала из нее посыпались семечки, а потом вышел Киир.

Иул отдал ему копье и шкуру и сказал:

— Пойдем со мной в деревню.

Но Киир отказался. Иул ушел один.

Остался Киир в лесу. Он колдовал и охотился. Своим волшебным копьем он пронзал сердца слонам и носорогам. Он был могучий колдун и охотник.

Вскоре люди пришли к Кииру и начали его упрашивать:

— Пойдем с нами в деревню! Мы дадим тебе девушку. Сначала Киир не соглашался. Но люди так горячо просили, что под конец он согласился. В деревне Кииру дали жену, и она родила ему множество детей. Теперь у Киира большая семья. И все его дети — нуэры.

«ОТКУДА У ЗАЙЦА ШАПОЧКА»

Теперь носит заяц на голове шапочку из темного меха. А раньше была у него белая шапочка. Сшил ее зайцу его отец, старый заяц. Да только недолго пришлось зайцу в ней щеголять. Увидел его шакал и отнял шапочку. Заплакал заяц, стал просить вернуть ему подарок отца. Да разве шакала уговоришь! Так и остался заяц без шапочки. Затаил он обиду и решил отомстить шакалу. Как-то раз встретил заяц шакала в лесу и говорит:

— Брат шакал! Я знаю тут одно дерево, где живут пчелы. Помоги мне набрать меда! Сам я мал и до дупла не допрыгну.

Услышал шакал про мед и обрадовался.

— Веди меня скорее, показывай, где то дерево с дуплом! Я до меда живо доберусь.

Привел заяц шакала к большому дереву, где в дупле жили пчелы. Начал он прыгать вокруг дерева и жаловаться:

— Видишь, брат шакал, никак мне до дупла не достать! Попробуй сам, может быть, ты допрыгнешь.

Разбежался шакал, прыгнул на дерево и вцепился передними лапами в край дупла. Засунул он одну лапу в дупло, отковырнул кусок сотов с медом, сбросил вниз. Заяц тут же подхватил соты и спрятался за дерево. Быстро высосал мед и закричал шакалу:

— Брат шакал! Зачерпни поглубже, а то здесь меду нет, одна вощина!

Шакал устал держаться лапами за край дупла и решил залезть в него поглубже. Подтянулся, с трудом просунул в дупло голову и начал выгребать соты с медом. И тут на него набросились потревоженные пчелы. Начали они жалить шакала в лапы и морду. Вся голова у него распухла. Хотел он спрыгнуть на землю, а голова обратно не пролезает. Застрял шакал в пчелином дупле!

А заяц как закричит испуганным голосом:

— Брат шакал, охотники! Ой-ой-ой, видно, облава! И, похоже, идут сюда. Слезай скорее!

Попробовал шакал вытащить голову, а не может. А пчелы жалят еще сильнее!

— Брат заяц! — прохрипел шакал. — Не вытащить мне головы из дупла. Сбегай к питону, попроси его помочь мне, иначе я здесь умру.

— Хорошо, брат шакал, — сказал заяц. — Только достань побольше меда, я его питону снесу, а то ведь он даром и с места не сдвинется.

Набросал шакал соты с медом на землю. Подобрал их заяц, отнес домой. Дома спрятал мед взял свой большой барабан и бегом к дуплу.

Бежит, бьет в барабан и кричит:

— Брат шакал! Питона нет дома! облава все ближе. Бежим скорей, охотники окружают нас. Слышишь, как загонщики бьют в тамтамы? Бежим, не то схватят тебя и сдерут с тебя шкуру? Скорее!

И тут заяц изо всех сил начал бить в барабан.

Услышал шакал барабанный грохот, рванулся и выдернул голову из дупла, ободрав весь мех на ушах. Шлепнулся шакал на землю и, не разбирая дороги, бросился наутек подальше от того места, где гремел барабан.

Когда он убежал, заяц вылез из кустов. Видит: висят на дереве клочья темной шакальей шкуры. Допрыгнул до них заяц, снял с дерева. Отнес эти клочки своему отцу и попросил сшить из них шапочку.

Сшил отец зайцу новую шапочку. Надел он ее и пошел щеголять по лесу. Да на беду повстречался ему шакал. Увидел он новую шапочку зайца и спрашивает:

— Откуда она у тебя? Что-то мех знакомый, — чей бы это?

— Да ведь это клочья от твоей шкуры, брат шакал!

— А ну, давай сюда шапочку, раз она из моей шкуры сшита!

— Как бы не так, брат шакал! Мою белую шапочку ты отнял, но эту темненькую не получишь!

Услышав такой ответ, пришел шакал в ярость. Бросился он на зайца, но тот прыгнул в сторону и пустился наутек. Шакал — за ним! И с тех пор все гоняется за зайцем, хочет отнять у него шапочку.

Да разве шакалу зайца поймать?

Вот и бегают зайцы по сей день в темных шапочках.

«ПАЛЬМА»

Всевышний изгнал из рая Адама и Еву и в наказание отправил их жить на землю. Оказавшись на земле, мужчина вознес молитву великому Аллаху, дабы тот послал им что-нибудь поесть.

В ответ ему всевышний сказал:

— Состриги ногти и отрежь волосы у твоей жены и зарой все это глубоко в землю.

Адам так и сделал. Тотчас выросло дерево, протягивая высоко в небо свои ветви. Ствол у дерева был шероховатый, будто нанизанные стриженные ногти, а листья нежные и длинные, как волосы Евы. И на дереве в изобилии росли вкусные плоды.

Но демон-искуситель, из-за которого Адам и Ева были изгнаны из рая, увидел пальму и запрыгал в ярости вокруг нее. Он даже зарыдал от злости, и каждая его слеза, падая на листья, превращалась в колючку.

В Марокко люди очень любят пальмы, и каждое дерево окружают большой заботой. Ее плоды нежны и сладки, как мед, и утоляют голод даже в самые трудные времена.

«ПАУЧОК АНАНСИ»

Однажды муха, бабочка и комар отправились вместе на охоту. В лесу им попался паук Ананси.

— Мы тебя съедим! — сказали они и схватили паука.

Завязалась борьба. Но Ананси был сильнее, чем казался, и они втроем не могли одолеть его.

Боролись они, боролись, наконец решили отдохнуть. И тогда Ананси спросил:

— Почему вы напали на меня?

— Мы голодны,- отвечали муха, бабочка и комар.- Ты же знаешь, что всем надо есть.

— Я ведь тоже хочу есть. Почему же я не могу съесть вас?

— Ты не так силен, чтобы одержать верх над нами,- сказали они.

— Но и вы не так сильны, чтобы справиться со мной,- возразил Ананси.- Давайте заключим сделку. Пусть каждый из вас придумает какую-нибудь историю. А если я вам не поверю, пожалуйста, ешьте меня. Потом я тоже кое-что вам расскажу, но если вы скажете, что я соврал, тогда я съем вас.

Все согласились. Первой начала бабочка:

«ПЕРВАЯ ОХОТА»

Давным-давно, когда еще не было людей на земле, все птицы и звери умели говорить. Даже деревья разговаривали между собой.

Но вот пришли люди. И однажды человек отправился с собакой на охоту. Они встретили антилопу, и человек приказал собаке:

— Поймай ее!

Но пес не погнался за антилопой. Тогда охотник ударил пса.

— За что ты меня бьешь? — закричал пес. В изумлении человек спросил:

— Разве ты умеешь говорить?

— Все звери и птицы и даже деревья могут говорить,- ответил пес.

— Не может быть, — не поверил человек.

— Ладно,- сказал пес. — Сегодня ты убедишься, что не только люди могут говорить. Сегодня ты еще кое-что услышишь.

Пошли они дальше и наткнулись на другую антилопу. Собака помчалась за ней и выгнала ее на охотника. Человек сразил антилопу копьем. Он снял с антилопы шкуру, но не знал, что делать с мясом. Тогда пес сказал:

Я побегу в деревню и приведу сюда женщину.

Как же ты объяснишь ей, куда идти? — удивился человек.

— Я буду бегать вокруг, скулить и вилять хвостом. Женщина поймет и пойдет за мной. А ты жди нас здесь. Спрячь мясо в кусты. А сам ложись на землю и накройся антилопьей шкурой. Сегодня еще кое-кто заговорит при тебе.

И пес убежал.

Человек сделал все, как он велел: мясо спрятал, а сам лег и накрылся антилопьей шкурой.

Вскоре прилетели орел-стервятник и ворона. Они подумали, что на траве лежит дохлая антилопа.

— Здравствуй, Кабадхотога! — сказал орел, называя ворону ее тайным именем.

— Здравствуй, Макалобурианг! — отозвалась ворона, называя орла тайным именем.- Как твои дела? Что на свете нового?

— Новостей я не знаю,- ответил орел. — Вот разве откуда-то взялась эта дохлая антилопа. Как бы к ней приступиться? Пожалуй, я начну первым.

— Ладно! — согласилась ворона.- Я знаю, как расклевать любого мертвого зверя: слона, жирафа, леопарда, но эта антилопа какая-то странная. Начинай ты, Макалобурианг!

Услышал человек их разговор и испугался, как бы орел не ударил его своим клювом, как бы не схватил сквозь шкуру острыми когтями. Сбросил он шкуру и вскочил на ноги.

— Я так и знала! — закричала ворона, отлетая подальше. И птицы разлетелись в разные стороны.

Вскоре вернулся пес, ведя за собой женщину. Она взяла мясо и отправилась в деревню готовить еду.

Когда человек и пес остались одни, пес спросил:

— Ну, слышал ты что-нибудь?

— Да, я слышал, как разговаривали орел и ворона,- признался человек.

— Теперь ты мне веришь?

— Да, теперь верю.

— Но ты не должен никому об этом рассказывать, иначе ты умрешь,- предупредил охотника пес.

И они вернулись в деревню.

Три дня крепился охотник, никому ни о чем не рассказывал. Но на четвертый не выдержал и пришел под дерево совета, где мужчины играли в камешки. Охотник посидел с ними и начал рассказывать, не называя имен, не говоря, где и с кем это было. Он думал, что так рассказать можно.

Но когда пес услышал его рассказ, шерсть встала на нем дыбом и он зарычал. Тотчас лихорадка начала трепать охотника, и к вечеру он умер.

В полночь люди отнесли его тело подальше в лес. Но как только они удалились, пес пришел к своему хозяину и тронул его лапой. Охотник сразу ожил.

— Я не хотел оживлять тебя, — сказал пес, — да кто же, кроме тебя, обо мне позаботится! Пойдем домой.

И они пошли в деревню. Там охотник созвал всю свою семью, всех друзей и родичей. И сказал он им:

— Никогда не бейте собак. Пусть они спят в наших домах и едят нашу пищу, покуда жив на земле хоть один пес и хоть один человек.

Вот почему собака до сих пор живет с человеком.

«ПОПУГАИХА И ЗМЕЯ»

Устроила Попугаиха гнездо на ореховом дереве и зажила в нем. А под деревом приглядела себе местечко Змея. Когда из яиц Попугаихи вылуплялись птенцы, Змея забиралась на дерево и съедала их. Никак не могла Попугаиха защитить своих детей, и решила она тогда пуститься на хитрость.

Проходил как-то поблизости охотник. Попугаиха пролетела у него прямо перед носом. Приглянулась охотнику красивая птица, и захотелось ему ее изловить. А та перепархивает с ветки на ветку, словно сама в руки просится. И так, шаг за шагом, подвела Попугаиха человека к тому самому дереву, под которым обосновалась Змея. Увидел охотник Змею и сразу убил. Попугаиха же тем временем отлетела на безопасное расстояние.

«ПОЧЕМУ БЕЛЫХ ЛЮДЕЙ НАЗЫВАЮТ ВАЗУНГУ»

В давние времена, когда европейцы только еще стали появляться в Африке, местные жители их не любили и уходили из тех городов, где поселялись пришельцы.

Жил тогда на Занзибаре один старик. Когда он увидел, что европейцев становится вокруг все больше и больше, он решил уйти на материк.

Старик поселился было на новом месте, но однажды вечером он услышал звон колокольчика.

— Что это такое? — спросил он. Ему ответили, что в соседнем доме европеец-учитель учит туземцев.

— Ну, это как раз то, от чего я бежал, — сказал старик.

Он отдохнул несколько дней и пошел дальше. Придя в другой город, он расспросил о европейцах и очень обрадовался, узнав, что их тут нет. Он понемногу устроился, открыл торговлю, и дела его пошли успешно. Так прошло шесть месяцев. И вот однажды он услышал звуки барабана.

— Это караван! — сказали люди.

И все увидели, как в город входит караван. Начальник каравана ехал позади.

Прибыв на место, он позвал к себе правителя города и сказал ему:

— Я послан моим правительством водрузить здесь наш флаг, потому что эта земля принадлежит моей стране.

Тут наш бедный старик понял, что оставаться здесь ему больше нельзя. Он опять отправился в путь и дошел до Ньясы[3].

Но и там он встретил европейцев — правителей, торговцев, учителей, охотников, которые давно уже поделились в этих местах.

В глубокой горести старик снова отправился в путь и возвратился на Занзибар.

Вернувшись, он рассказал местным жителям свою историю.

— Но я еще не сдаюсь, — добавил он. — Африка велика, я поселюсь в Уганде.

— Отец, в Уганде европейцев еще больше, чем здесь, — сообщили ему друзья.

— Теперь я понимаю, почему их назвали "вазунгу"[4],— сказал старик,- они нас окружили.

---

[3] Ньяса — озеро в Восточной Африке.
[4] Здесь игра слов: на языке суахили "окружать" — "зунгука"; "вазунгу" — "окружившие".

«ПОЧЕМУ ГИЕНА ВОЛОЧИТ ЗАД»

Однажды гиена нашла нору варана. Заглянула: толстый варан сидит в норе.

— Ты здесь и живешь? — спросила гиена.

— Да, здесь и живу, — ответил варан.

— А что ты делаешь, когда идет дождь, гремит гром и сверкает молния? Ведь нору-то, наверное, заливает!

— Прячусь от дождя, от грома и молнии вон под тем кустом.

— Ты правильно делаешь, — сказала гиена и убежала. Услышал их разговор дикий кот Антбяро. Понял он, что гиена замышляет недоброе, и решил предупредить варана.

— Друг мой варан, — сказал кот. — Гиена хочет тебя сожрать. Когда пойдет дождь, загремит гром и засверкает молния, не прячься под кустом. Залезай лучше на дерево и спи там. А у входа в нору положи деревянного варана. Посмотришь, что будет!

— Спасибо, так и сделаю,- сказал варан. Выстругал он деревянного варана, положил у входа в нору головой на скамеечку для спанья и накрыл сверху шкурой. И когда ночью вдруг пошел дождь, загремел гром, засверкала молния, варан оставил у норы деревяшку, а сам забрался на дерево.

Скоро прибежала под дождем гиена. Прыгнула на деревяшку, вонзила в нее зубы — и никак не вытащит! Варан на дереве расхохотался.

— Хочешь освободиться, — сказал он гиене,- припади головой к земле, приподними зад повыше.

Делать нечего, припала гиена к земле, выставила зад. Вскочил на нее варан, обхватил сзади.

— Хочешь освободиться, неси меня к озеру! Делать нечего, потащила гиена варана на себе к озеру.

— Хочешь освободиться, зайди в воду поглубже! Деревяшка всплыла, гиена смогла наконец разжать пасть. Да только варан не дремал — соскочил с гиены и был таков. А в воде попробуй его поймай!

В ярости заметалась гиена на берегу. Бегала до утра, пока дождь не кончился. Утром видит: идет к озеру слон на водопой.

— Слон, слон! — закричала ему гиена. — Варан говорит, что тебе это озерцо никогда не выпить. Видишь, вон он на середине плавает, над тобой смеется!

Рассердился слон:

— А вот я его сейчас проучу! Все озеро выпью, пусть тогда посмеется! Только сначала сброшу свои сандалии, чтобы не замочить.

Снял слон свои слоновьи сандалии, вошел в озеро и принялся пить. Слон пьет, вода убывает. Вот уже половина осталась. И тут снова выручил варана дикий кот Антбяро. Подошел он к гиене и шепчет:

— Ты, бедняга, наверное, проголодалась. Чего же ты ждешь? Слон тут будет пить до вечера. Съешь сначала его слоновьи сандалии, а потом вараном закусишь!

— Правильно! — зарычала гиена и принялась грызть слоновьи сандалии.

А кот побежал к слону и говорит:

— Слон, пока ты тут воду пьешь, гиена твои сандалии жрет. Она ведь все нарочно придумала!

Пришел слон в ярость и сразу изверг всю воду обратно в озеро. Подбежал к гиене да как стукнет ее по заду хоботом! Еле ноги гиена унесла. Но с тех пор все гиены волочат приплюснутый зад. И мстят варанам как могут.

«ПОЧЕМУ СОЛНЦЕ И ЛУНА ПОССОРИЛИСЬ»

Когда-то Солнце и Луна были друзьями. Они жили вместе, и все хозяйство у них было общее. Однажды рано утром отправилось Солнце в поле и велело Луне приготовить обед. Но Луна ничего не сделала. Солнце возвратилось с поля и не нашло никакой еды.

— Если не хочешь ничего варить, то сходи хоть по воду,- сказало Луне Солнце.

Луна промолчала и осталась сидеть на месте. Тогда Солнце взяло кувшин, приказало Луне развести огонь и пошло за водой. Но даже и огня не захотела развести ленивая Луна.

Пришлось Солнцу самому готовить. Оно поставило горшок с водой на очаг, раздуло огонь и начало варить кашу. Когда каша поспела, Солнце сняло горячий горшок с огня и позвало Луну разделить с ним еду. И только тогда Луна встала и принялась за кашу.

Обозлилось Солнце. В ярости схватило горшок и закричало:

— Ах ты протухшая лентяйка, жрать ты всегда готова, а варить не хочешь!

И с этими словами Солнце так стукнуло Луну горшком по голове, что тот разлетелся на тысячу осколков, а каша обварила Луну с головы до ног. Луна еле убежала. С тех пор Солнце и Луна стали непримиримыми врагами.

Вот почему, когда Солнце восходит в небе, Луна не решается показываться. Она ждёт ночи и только тогда в одиночестве совершает свой путь.

«ПОЧЕМУ У ПОПУГАЯ КЛЮВ КРИВОЙ»

Собрались однажды попугай и ракушка каури строить себе дом и поспорили, чей дом получится лучше.

Каури строила себе жилище целиком из каури, а попугай из перьев, которые ему позволили выщипать из своих хвостов несколько попугаев.

Когда оба дома были готовы, каури увидела, что у попугая жильё получилось красивее. Тогда каури созвала своих друзей птиц и говорит им:

— Давайте утащим у попугая дом!

А у попугая не было друзей среди птиц: откуда ему знать о бесчестном сговоре? К тому же он обещал попугаям заплатить за выщипанные перья, и теперь ему приходилось работать особенно много и усердно.

Отправился однажды попугай по делам, а дом сторожить оставил свою приятельницу лягушку.

Тут как раз и надумали каури утащить его дом. Пришли они и птиц с собой не забыли позвать.

Испугалась лягушка, схватила флейту и давай в неё дуть!

Попугай услышал — и бегом домой! Подходит к дому и кричит:

— Здесь я, здесь я! Сейчас всякого поймаю и разорву на части!

И хвать первого попавшегося.

На другой день каури подбили ястреба идти на разбой. И опять лягушка дала сигнал. И опять попугай расправился с разбойником.

На третий раз маленькая птичка Арони вызвалась идти красть дом попугая.

Говорят каури:

— Куда тебе! Ты слишком мала!

— Стоит мне только попытаться, и вы увидите! — настойчиво твердит Арони. И ещё просит дать ей с собой семь каури.

Зашла Арони на рынок, купила там всякой всячины, перца побольше, и, завязав всё в узелок, направилась прямо к лягушке, которая опять сторожила дом друга своего — попугая.

— Слыхала я, что ты очень искусна в игре на флейте. Дай-ка мне взглянуть на неё, — попросила Арони, обращаясь к лягушке.

Та, не чуя подвоха, протянула ей флейту. Птичка вертит флейту, будто рассматривает, а сама накидала в трубу все, что купила на рынке. Потом, вернув лягушке флейту, вдруг принялась ухватывать поудобнее дом попугая!

Лягушка скорей за флейту, а флейта молчит!

Так Арони и удалось утащить жилище попугая.

Вернулся попугай домой, а дома нет!

Пошел он тогда к каури. В доме каури было целых семь дверей, и седьмая — железная.

Принялся попугай долбить эти двери. Вот одну разбил клювом, другую, третью, и так до седьмой. А седьмая — железная! — не поддается попугаю, как он ни старается! Даже клюв согнулся!

Вот почему у попугая клюв кривой.

«ПОЧЕМУ У СВИНЬИ РЫЛО ВЫТЯНУТОЕ»

Пришла раз свинья к слону и спрашивает:

— Скажи, что надо есть, чтобы стать таким огромным, как ты?

— О, это секрет, — ответил слон добродушно. — Впрочем, ладно. Если хочешь, я достану тебе это волшебное средство.

Он скрылся в чаще и вскоре принес откуда-то листья гбаньиги. Конечно, он не сказал свинье, где нарвал их.

— Каждый день я буду давать тебе немного таких листьев, и в конце концов ты станешь такой же большой, как я, — сказал слон.

С тех пор свинья ежедневно приходила к слону, получала у него несколько волшебных листьев и пожирала их. Через некоторое время она действительно начала расти и делаться похожей на слона. Она растолстела, рыло у нее вытянулось, появились небольшие клыки, глаза и уши тоже стали напоминать слоновьи.

"Все в порядке! — подумала свинья. — Скоро я сделаюсь такой же, как слон. Но я не буду без толку шататься по свету! Я всем покажу, что значит быть большим зверем!" Она задирала нос и перестала узнавать знакомых.

Однажды под вечер свинья пошла в лес накопать себе на ужин кое-каких кореньев. Она вела себя так, будто и в самом деле была уже большим и могучим зверем: громко топала, фыркала и чавкала, так что многие обходили это место.

Как раз в это время мимо проходил слон. Услышал странный шум, он остановился и спросил удивленно:

— Эй, кто там в чаще?

— Тот, кто здесь есть, больше самого слона, — прохрюкала в ответ свинья.

— Ого! — воскликнул слон. — Я сроду не видал зверя больше меня. Надо хоть взглянуть на него.

Он шагнул через кусты и увидел маленькую уродливую свинью, которая ковырялась в грязи.

— Так-так, — промолвил слон. — Вот ты, оказывается, какая! Я помогаю тебе расти, а ты... Стоило прибавить тебе немного в весе, как ты начала корчить из себя большого зверя и даже уверяешь, что стала крупнее меня! За это я больше не дам тебе волшебных листьев, и ты на всю жизнь останешься такой, как теперь.

Так он и сделал.

Вот почему рыло у свиньи вытянуто, а когда она ест, то топчется на месте, как слон.

«ПОЧЕМУ ЧЕРНЫМ БЫТЬ ХУЖЕ, ЧЕМ РОЗОВЫМ»

Первой женщиной в этой стране была Абунгдит. Первым мужчиной — Гурундит.

И вот родила Абунгдит двух близнецов. Один был красавец — с черной блестящей и гладкой кожей. Второй родился сморщенным, красно-розовым и противным. Прошло положенное число дней, и отец должен был впервые увидеть своих сыновей, чтобы определить их судьбу.

К тому дню, когда Гурундит собрался прийти в хижину Абунгдит, мать всей душой полюбила своего чернокожего сына и возненавидела розового. При мысли, что отец отберет у нее ее любимца, сердце матери разрывалось.

И вот, когда Гурундит пришел, Абунгдит сказала ему, что родился только один ребенок — розовый. Она показала уродца отцу, а чернокожего младенца спрятала в своей хижине.

Гурундит взял к себе розового сына. Он дал ему лучшие пастбища, дал ему лучшее оружие, превосходные одежды и всякой еды в изобилии.

Тем временем чернокожий сын подрастал. И вот он начал спрашивать мать, где его отец и что он получит в наследство. Но мать ничего не могла ему подарить, кроме копья.

Понял чернокожий сын, что его мать Абунгдит слишком бедна, и решил пойти объявиться отцу. Он хотел попросить, чтобы тот ему выделил его сыновнюю долю и подарил хорошее оружие, одежду и другие нужные вещи. И он пришел к дому отца.

Когда Гурундит увидел второго сына и узнал, что его обманули, он пришел в ярость.

— Я тебе ничего не дам! — закричал он.

— Если ты ничего мне не дашь,- сказал отцу чернокожий сын,- я сяду на землю перед твоим домом и буду сидеть, пока не умру.

Он так и сделал.

Утром, когда Гурундит выходил из дома, он видел у порога своего чернокожего сына.

Вечером, когда Гурундит возвращался домой, он видел у порога своего чернокожего сына.

И так было много дней, сын его все сидел на том же месте.

Наконец не выдержал Гурундит и, чтобы избавиться от своего чернокожего сына, подарил ему телку.

Вот почему до сих пор у динка не было ничего, кроме копья и скота, а у розовых людей — и ружья, и одежда, и еда, и все прочие вещи в изобилии.

«ПРИНЦЕССА-МОЛЧУНЬЯ»

Жил некогда один купец, и был у него единственный сын. Каждый день давал купец сыну пятьдесят динаров да приговаривал:

— Бери, дитя мое, покупай, что душе угодно. А коли будет еще нужда, приходи.

Так и жил юноша, забот не зная. Пил, ел, развлекался. Но однажды крепко задумался: "Не годится мне каждый день просить денег у отца, надо самому отправляться в дальние страны, купечествовать". Пошел он к отцу и говорит:

— Дай мне, отец, сто динаров. Пойду по белу свету, на людей посмотрю, торговать научусь.

— Что ты, сынок! — воскликнул купец.- Неужели тебе в отцовском доме плохо живется? Но юноша твердил свое:

— Хочу стать купцом.

Делать нечего, собрал купец сына в дорогу, а мать вынесла свое ожерелье и говорит:

— А это тебе от меня. Если понадобятся деньги, можешь продать ожерелье.

С тем и уехал юноша. Отцовские деньги истратил он в один день — не на баловство и развлечения, а на помощь бедным людям. Осталось у него одно ожерелье. Совестно ему стало, что истратился, так и не начав торговли, и пошел он куда глаза глядят.

Долго ли, коротко ли шел юноша, видит: сидит рыбак, рыбу сетью ловит. Подошел он к нему и говорит:

— Рыбак, закинь свою сеть, посмотри, каково мое счастье?

Закинул рыбак сеть и вытащил маленькую коробочку.

— Отдай мое счастье! — попросил юноша рыбака.

— Клянусь Аллахом, я отдам тебе эту коробочку, заплати прежде сто динаров.

— Сто динаров за одну коробочку?

— Да, сто динаров!

— Но у меня ничего нет, кроме ожерелья.

— Тогда давай ожерелье.

Вручил юноша рыбаку ожерелье, а сам пошел своей дорогой.

Шел он, шел, пока не оказался в пустыне. Жажда его томит, голод мучает. "Открою-ка я коробочку, посмотрю, что там есть",- подумал юноша. Открыл он коробочку и не успел глазом моргнуть, как выпрыгнул оттуда маленький человечек.

— Слушаю и повинуюсь, о юноша! Что тебе надобно? Проси, что хочешь.

— Я голоден.

— Закрой глаза, потом открой их.

Сделал юноша, как велел ему маленький человечек, глядь, а перед ним — скатерть с разнообразными яствами. Поел юноша, взял коробочку и дальше пошел. Шел он, шел, пока не пришел в другую страну. Видит: стоит дворец, весь сложенный из человеческих черепов. И кого юноша ни спрашивал про тот дворец, никто ему не отвечал. Только одна бедная женщина рассказала:

— У нашего царя есть дочь. Все у нее имеется, чего душа пожелает, однако она никогда не смеется, не улыбается, слова вымолвить не хочет. "Пускай, — говорит царь, — разговорят мою дочь в три дня. Кому это удастся, тому отдам ее в жены. А кому не удастся, того велю казнить".

— Теперь мне понятно, чьи это головы, — молвил юноша.

Достал он коробочку, открыл ее и говорит:

— Настал твой час. Разговоришь царскую дочь?

— Слушаю и повинуюсь, — отвечал человечек. — Как придешь во дворец, спрячь меня под подсвечник.

Пришел юноша к царю, говорит, что хочет попытать свое счастье.

— Сын мой, ты слишком молод,- отвечает царь. — Следы хорошей жизни еще лежат на тебе. Взгляни на эти черепа.

— Меня не страшит подобная участь.

— В таком случае подпиши условия в присутствии кади[5] и свидетелей.

Подписал юноша условие, а царь скрепил его печатью и молвил:

— Ведите его к принцессе.

Привели юношу в покои принцессы, оставили одного. Тут-то и засунул он коробочку под подсвечник. Сидит, ждет. Вдруг видит, входит принцесса.

— О госпожа, дочь царя, приветствую тебя,- молвил он.

В ответ ни слова.

— Мир с тобой, принцесса! Молчание.

— Ну, будь по-твоему. Коли ты не хочешь со мной говорить, может, подсвечник согласится? — Повернулся юноша к подсвечнику и говорит:

— Мир с тобой, царский подсвечник!

— И с тобой мир и благословенье Аллаха.

— Поведай нам какую-нибудь историю, чтобы скрасить печальное время, в которое мы живем.

— Так слушай же.

Жили в древние времена три брата,- начал подсвечник.- И была у них двоюродная сестра. Каждый из братьев хотел жениться на ней. Спорили они, спорили, так ничего и не решили. Тогда люди той страны сказали: пусть каждый отправится в путешествие, и кто вернется с самым ценным подарком, тот и возьмет девушку в жены.

Ехали братья, ехали, глядь — развилка трех дорог. Разъехались они в разные стороны, и каждый нашел, что хотел. Младший брат — источник живой воды, средний — ковер-самолет, а старший — всевидящее зеркало. Съехались они у развилки, старший брат взглянул в свое зеркало и говорит:

"Братья, сестра наша умирает".

"Летим",— молвил средний.

Сели они на ковер-самолет и в мгновение ока очутились в своей стране. Сестра их уже едва дышала. Взял тогда младший брат живой воды и влил несколько капель ей в рот, и девушка тотчас ожила, будто ничего с ней не было.

Кончил подсвечник рассказ, а потом спрашивает:

— Кто же из трех братьев должен жениться на девушке? Не будь у старшего зеркала, не узнали б они, что она при смерти. Не будь у среднего ковра-самолета, не поспели бы вовремя. А не будь у младшего живой воды, не удалось бы ее оживить.

— Конечно, младший брат.- воскликнул юноша. — Не найди он живой воды, не ожила бы она.

---

[5] Мусульманский судья.

И вдруг принцесса-молчунья заговорила, и речь ее отличалась красноречием.

— Клянусь Аллахом, юноша, твои рассуждения мне непонятны. Если бы не старший брат, который нашел зеркало, они никогда не узнали бы, что девушка умирает, никогда бы не добрались до нее, никогда бы не оживили. Нет, она должна достаться только старшему брату, который нашел зеркало.

В тот же миг набросил юноша на принцессу покрывало и сказал:

— Молчи, у тебя дурно пахнет изо рта. Кади и свидетели, тайком наблюдавшие за ними, были очень удивлены: видано ли, принцесса-молчунья только что говорила как самая настоящая болтушка. "Посмотрим, что будет завтра",— сказали они себе.

Все ушли, а юноша притворился спящим. Подкралась принцесса к подсвечнику и говорит:

— Мир с тобой, о царский подсвечник!

Ответа не последовало. Разгневалась принцесса великим гневом и сломала его. Наутро вытащил юноша коробочку из-под сломанного подсвечника и спрашивает:

— Теперь куда положить тебя?

— Положи меня под кресло.

Ночью повторилось все сначала. Как ни пытался юноша разговорить принцессу, ничего у него не вышло. Наконец он сказал:

— Не хочешь говорить — не надо. Может быть, кресло побеседует со мной. Мир с тобой, о царское кресло!

— Мир с тобой! — ответило кресло.

— Расскажи нам какую-нибудь историю, помоги ночь скоротать.

— Хорошо, расскажу я вам историю.

Путешествовали некогда три человека: плотник, портной и шейх. Однажды ночь застала их в пустыне. Решили они спать по очереди: первую треть ночи бодрствует плотник, вторую — портной, а последнюю — шейх. И вот, пока остальные спали, выстругал плотник из полена куклу. Сменил его портной — сшил кукле платье. Проснулся шейх, увидел куклу, по образу и подобию человека, но без души. Обратил он свои молитвы к Аллаху, дабы вдохнул он в куклу живую душу. Аллах внял молитвам шейха — и кукла стала живой девушкой. Наутро заспорили путники, кому она должна принадлежать. А как по-твоему?

— Шейху, конечно,- ответил юноша.

Вдруг, как и в прошлый раз, заговорила принцесса:

— Клянусь Аллахом, мне странно вас слушать. Кому как не плотнику жениться на ней? Не смастери он куклу, девушки не было бы. Плотник должен жениться на ней.

Повернулся тогда юноша к принцессе и говорит:

— Молчи! У тебя дурно пахнет изо рта! Прибежали кади и свидетели к царю:

— Вот уже две ночи твоя дочь разговаривает, о царь!

— Моя дочь?

— Да!

— Ладно, ступайте, посмотрим, что будет на третью ночь.

Тем временем юноша притворился спящим. Подошла принцесса к креслу и говорит:

— Царское кресло! Но кресло молчало.

— Да как ты смеешь, наша собственность, не отвечать мне! — разгневалась принцесса и сломала кресло.

Наутро вынул юноша коробочку из-под разбитого кресла и спрашивает:

— А теперь куда мне спрятать тебя?

— Положи под свою чалму. Принцесса не сможет причинить ей вреда.

На третью ночь обратился юноша к принцессе с такими словами:

— Дорогая принцесса, ты говорила две ночи. Скажи и сейчас хоть слово. Молчание.

— В первую ночь, — продолжал юноша,- ты сломала подсвечник, во вторую — кресло. Эти вещи принадлежали тебе, и ты была вправе поступить с ними как заблагорассудится. Теперь же я поговорю со своей чалмой. Мир с тобой, о чалма, — приветствовал он чалму.

— Мир с тобой, о хозяин! Что тебе надобно? Почему бы тебе не устроить для нас веселое представ-ление? Мы хотим песен и танцев.

И тотчас семь прекрасных девушек вышли из чалмы. Одна танцевала с бубном, пятеро — пели, седьмая била в барабан. Всю ночь развлекался юноша. Взыграла в принцессе ревность, кинулась она к нему, он ей и говорит:

— Уйди! Разве ты не видишь, эти девушки лучше тебя. А кади и свидетели пошли к царю и рассказывают:

— О царь времени! Две ночи твоя дочь говорила, а сейчас громко бранит юношу, так как ее одолела ревность.

— Не может этого быть! — воскликнул царь. — Я должен видеть это собственными глазами.

Вошел царь на женскую половину и видит: сидит принцесса обиженная, лица на ней нет.

— Что с тобой, дочь моя? — недоуменно спросил он.

— До чего же несправедливо устроен мир, батюшка,- отвечала принцесса.- Я полюбила этого юношу, а он меня гонит прочь.

— Тебе и впрямь не нравится моя дочь? — грозно спросил царь юношу.

— О царь времени! Я полюбил ее с первого взгляда! — ответил тот.

И велел царь готовиться к свадьбе. Много лет, до самой старости, жили супруги в любви и радости.

«РАДУГА»

Вон там, на вершине холма, видны развалины дворца. Когда-то очень давно здесь процветала жизнь — журчала вода, зеленели сады и щедро плодоносили оливковые деревья, такие большие, что, казалось, их ветви достигают неба. В кронах деревьев пели тысячи птиц. И над всем этим возвышался беломраморный дворец. Жила в том дворце женщина, самая красивая на свете. Звали ее Лалла эд-Доха, что значит Дама Утра. Сердце красавицы, что обитала в прекрасном дворце, было преисполнено доброты и благородства.

Много лет назад возлюбленный супруг Лаллы эд-Доха ушел воевать с врагами и не вернулся. С тех пор она дала зарок никогда больше не выходить замуж. Красавица постоянно пребывала в печали, она целыми днями сидела в высокой башне и не сводила глаз с пустынной дороги, ожидая чуда — возвращения своего любимого.

Однажды женщина узнала, что ее супруг был ранен в битве и вскоре скончался. Тогда она надела траур и решила посвятить свою жизнь беднякам, больным и нищим.

Но вот в один из дней пришли во дворец к Лалле знатные люди города. Они пришли, чтобы просить ее выйти замуж, ибо они боялись, что она, слабая женщина, не сможет дать отпор врагам, если они нападут на страну. И тогда погибнет и она сама, и все ее подданные. Так они говорили. Но Лалла эд-Доха наотрез отказалась:

— Я никогда не оставлю в беде мой народ, который верит в меня и который любит меня. Да, я всего лишь слабая женщина, но у меня достанет сил не пропустить врага на наши земли. Я чувствую и знаю, что в случае нужды мой возлюбленный супруг будет покровительствовать мне так же, как ему сейчас покровительствует Аллах.

Вот как ответила царица Лалла знатным людям города. Они покинули дворец, и вскоре весь народ повторял слова своей владычицы, прославляя ее храбрость и верность. Так родилась песня:

Хвала всевышнему, хвала за то, что лучшую из жен
Столь щедрым даром наделил.
В ней и краса, и храбрость льва,

И нежность, и душевный пыл.
Та женщина — Лалла эд-Доха,
И в имени ее сплелись
И меда сласть, и горечь вздоха.

Не единожды враги нападали на этот край, но всякий раз они были отброшены! И в том заслуга Лаллы эд-Доха.

Итак, и на юг, и на север ветер нес хвалу красоте и благородству Лаллы, и весь Магриб отдавал ей дань уважения.

Эта женщина жила очень долго и умерла спокойно в грозу, как раз в тот миг, когда на небе вспыхнула радуга.

С тех пор, когда люди видят радугу, то говорят, что Аллах создал ее, чтобы души святых могли по ней подняться в рай.

«РОДИНКИ»

Аллах создал землю. И послал на нее двух первых людей:

Адама и Еву. Творения Аллаха были до того красивы, что демон зла встревожился и стал размышлять, как бы их обезобразить, не навлекая при том на себя божественного гнева. Он долго думал, думал и наконец придумал. Однажды демон спрятался за колючками и стал поджидать, когда появится кто-нибудь из них — мужчина или женщина, но обязательно порознь. И вот пришла Ева.

Когда она поравнялась со злым демоном, он схватил горсть песка и швырнул изо всех сил в бедную женщину. Совсем маленькие камешки вонзились ей в лицо и тело, оставив безобразные метины. Демон был весьма доволен.

Но добрый Аллах все видит! Он превратил эти метины в очаровательные маленькие черные родинки, которые делают женщину еще прекрасней.

«РОЖДЕНИЕ САХАРЫ»

В горах близ одной деревни на юге Алжира жил марабу[6]. Все любили

---
[6] Марабу — отшельник, святой.

его и почитали за благочестие и великую доброту. Он молился целыми днями, и даже ночью, при свете луны, можно было видеть его молящимся. Всегда он перебирал свои четки из янтаря и размышлял о добре и зле.

Многие приходили к этому человеку за мудрым советом.

Однажды, когда святой молился, сидя, как обычно, на своем коврике, к нему подошел богатый господин в сопровождении оруженосца. Он пришел, чтобы спросить, как уберечь свои обширные и щедрые земли от частых набегов врагов. Мудрый марабу выслушал его и обещал помочь.

Старец спустился с горы, на которой жил, в долину. Там в изобилии росли деревья, цвели цветы, били источники и пели птицы. Марабу пошел просить жителей этого дивного края, чтобы они оказали помощь человеку, который страдает от набегов врагов. Но люди не вняли просьбе святого старца. Им-то самим не грозила опасность, у них-то царили мир и благоденствие.

Обиженный отказом в поддержке, тот господин, что пришел к марабу, выступил один со своим немногочисленным войском против врагов. И — увы — был разбит.

Гнев старого марабу не знал пределов. С посохом в руке он ушел из благодатного края, проклял этот народ, не пожелавший прийти на помощь человеку. Марабу наслал несчастья на их плодородную землю, и она постепенно сделалась мертвой и бесплодной. Реки пересохли, деревья стали чахнуть, прекрасные цветы и кусты в садах завяли. Ничего не осталось, кроме сорной сухой травы, которую ветер поднимал и уносил далеко.

С той поры не стало деревьев, зелени, воды и свежести. Весь край сделался пустынным и голым, и назвали его Сахарой.

Однако всевышний проникся жалостью к этой опустошенной земле. Овеяв своим дыханием лепестки роз, он создал из них оазисы. Только там течет свежая вода и пальмы дают желанную тень бедным жителям пустыни, некогда столь богатой.

«РОЗА ПУСТЫНИ»

Это было очень давно, еще в те времена, когда все люди были братьями и жили в мире. Одно племя кочевников, подобно перелетным птицам, кочевало по Сахаре, где день полон зноем, а ночь — прохладой. Во главе племени стоял почтенный старик с длинной белой бородой. Он много размышлял, перебирая янтарные четки и попивая крепкий кофе. Никто в точности не знал, сколько ему лет, но он был очень стар, и все его уважали и почитали.

Итак, вождь племени сидел однажды перед своей палаткой на молитвенном коврике, наблюдая за детьми, которые гонялись друг за дружкой, издавая пронзительные крики. И вдруг он увидел туарега[7], одетого в бурнус, и с объемистым свертком в руках.

Туарег подошел к старику, почтительно поздоровался и осторожно опустил свою ношу на землю.

— О всемогущий господин,- обратился он к старцу,- посмотри, что я нашел у источника!

Сказав это, человек начал развязывать веревку, такую длинную и такую белую, что только боги могли бы ее сплести. Наконец он раскрыл сверток, и удивленные люди увидели личико спящего ребенка.

Это была прелестная девочка двух или трех лет от роду. Тугие белые локоны обрамляли ее лицо. Как она была красива! Девочка открыла глаза необычайной синевы и весело улыбнулась. Затем вытащила ручонки и протянула их к благородному старцу, который тут же взял ее на руки. Девочка начала играть его длинной бородой, что-то лепеча и смеясь. Люди, собравшиеся поглядеть на удивительную находку, восхищенно притихли. Кто этот ребенок? Откуда взялся возле их стойбища?

Старик попытался заговорить с малышкой, но она ничего не понимала.

Ну, что делать? Оставили кочевники ребенка у себя, посчитав, что она послана им всевышним.

Девочка росла, любимая всеми. Но странная вещь — она не говорила, объяснялась только знаками. Однако все ее хорошо понимали. Чаще всего ее игры разделял сирота Исмаил, он следовал за ней повсюду и исполнял все ее желания. Так они росли вместе и никогда не разлучались.

Незаметно пролетели годы, и вот девочке-найденышу уже восемнадцать лет. Она отличалась редкостной красотой и к тому обладала кротким нравом, так что не было человека, который не любил бы ее.

Но вот что странно: с некоторых пор она каждый вечер стала исчезать куда-то, а наутро появлялась свежая и розовая. Девушка возвращалась, одетая в красивые платья цвета солнца, синего неба или серебристой луны. Алмазы сверкали в ее волосах, и нежные ножки были обуты в золотые сандалии. Куда она ходила? Люди гадали и так и этак, но напрасно.

Несколько туарегов попытались проникнуть в тайну девушки. Они следили за ней, но едва она приближалась к источнику, где была найдена ребенком, они теряли ее из виду. А стоило им приблизиться к этому

---

[7] Туарег — бербер-кочевник.

источнику, как непреодолимая дремота нападала на них. Люди как подкошенные валились на землю и крепко засыпали.

Исмаил, который всем сердцем любил свою подругу, глубоко огорчался, видя, как каждый вечер она куда-то исчезает. Однажды он предложил проводить ее, но она наотрез отказалась и даже гневно нахмурила брови. Тогда он решил пойти за ней тайком.

В один из дней он проник в ее палатку, пока девушка спала, и привязал к краю ее накидки длинную-предлинную нить, затем вышел, спрятался и стал терпеливо ждать ее пробуждения.

День стал клониться к вечеру, и девушка, как обычно, отправилась к источнику, не подозревая, что увлекает за собой славного Исмаила. Она шла около получаса и наконец подошла к источнику. Девушка запела странную и очень красивую песню. Тотчас из воды появилась золотая рыбка. Девушка взяла ее в руки и, разувшись, тут же исчезла вместе с ней в глубине источника. Спрятавшись за скалой, Исмаил видел, как исчезла его подруга. Потрясенный, он продолжал накручивать нить на клубок, удивляясь тому, что не испытывает ни малейшего желания спать. Он приблизился к источнику. Дальше нить уходила в воду. Юноша снял с себя бурнус и бабуши, положил их рядом с сандалиями девушки и храбро вошел в воду. И все. Он исчез, как и его подруга.

Что с ними стало? Никто не знал. Люди нашли у источника одежду юноши и сандалии прекрасной девушки, на которых лежали две великолепные розы из камня. Кочевники по сей день говорят, что эти розы — души молодых людей.

Вот почему люди пустыни с любовью относятся к этим камням, полагая, что это души заблудших в Сахаре, где все тайна.

«СВАТОВСТВО МЫШОНКА»

Жил на свете красивый белый мышонок, очень красивый. Шкурка у него была необыкновенно белой, а манеры поистине царственными.

Пришло время жениться мышонку, и родители решили, что у такого красавца и жена должна быть необыкновенной. Пожалуй, только в семействе бога можно найти невесту, достойную красивого белого мышонка. Кто не знает, что могущественнее бога никого на свете нет?!

По обычаю, выбрали трех старцев мышиного племени — пусть идут к богу и просят у него жену для красивого белого мышонка.

Подошли старцы к дому бога и остановились в нерешительности.

— Что же вы стоите у дверей? — спросил их бог и предложил войти.

Жил на свете красивый белый мышонок, очень красивый.

Вошли они в дом и сказали:

— Нас послало семейство красивого белого мышонка. На свете нет никого красивее его, а мы ищем ему достойную невесту. Думаем, только в вашем семействе, великом и сильном, можно найти жену для него.

Бог немного помолчал и улыбнулся старцам:

— Хорошо придумано. Такой мышонок и впрямь должен иметь достойную жену. Но, увы, вы ошиблись домом. Есть семейство посильнее нашего. Семейство ветра, например.

— Разве вы не сильнее ветра? — удивились старцы.

— Это только так кажется. Ветер могущественнее меня. Стоит ему задуть посильнее, поднимается такая пыль, что попадает мне в глаза и слепит меня. Конечно, ветер сильнее меня.

Посланцы посоветовались между собой и решили, что, пожалуй, семейство ветра достойно их красивого белого мышонка.

— Где живет ветер? — спросили они.

Бог улыбнулся и показал им дорогу. Старцы подошли к дому ветра и остановились в нерешительности.

— Что же вы стоите у дверей? — спросил их ветер и предложил войти.

Тогда они вошли и сказали: — Мы ищем жену для прекраснейшего из рода мышей. Мы были в доме бога, но он сказал, что вы, ветер, сильнее его. Поэтому мы и пришли сюда. Нет ли в вашем семействе подходящей для нас невесты?

— Благодарю вас,- поклонился ветер.- Но дело в том, что мое семейство вовсе не самое могущественное. Да, мне под силу многое, но я ничего не могу поделать с горой. Сколько ни дую, гора стоит недвижима. Она, конечно, сильнее меня.

— А где живет гора? — спросили старцы. Ветер рассказал им, как найти дом горы. Старцы поблагодарили его и отправились в путь.

Пришли они к горе, а она их спрашивает:

— Что же вы стоите у дверей? Вошли старцы в дом, и гора поздоровалась с ними по обычаю:

— Как вы поживаете? Какие новости? Как ваш скот? Как ваши дети?

Старцы вежливо отвечали горе, а потом поведали о красивом белом мышонке, для которого ищут невесту.

— Конечно, конечно! Такое прелестное создание должно иметь достойную жену! — воскликнула гора.

— Но в моем семействе вы ее не найдете. Есть существо посильнее меня. День и ночь оно подтачивает мое могущество и даже понемногу разрушает меня. Думаю, это семейство — самое могущественное на свете.

— Кто же это? — молвили старцы. — Как нам найти его?

Гора показала им дом, и старцы направились туда.

— Что же вы стоите у дверей? — спросила мышь и пригласила войти. Старцы объяснили, зачем они пожаловали. Мышь вежливо выслушала их и сказала:

— В нашем семействе вы обязательно найдете невесту для красивого белого мышонка. Как хорошо, что мы породнимся!

Так красивый белый мышонок нашел себе достойную жену — мышку.

«СИКУЛУМИ СЫН ХЛОКОХЛОКО»

Рассказывают был один вождь; он породил множество сыновей. Но он не любил рождения сыновей, ибо он говорил, случится, если сыновья будут взрослыми, случится, что они отнимут у него его власть. Были такие старухи, поставленные убивать сыновей того вождя; когда он порождал дитя мужеского пола, оно относилось к старухам, чтобы они его убивали; они тут же его убивали. Они делали так со всеми детьми мужеского пола, порожденными тем вождем.

Случилось однажды породил он другого сына; его мать снесла его под мышкой старухам. Она одарила старуху она страшно молила их, чтобы они не убили его, а снесли его к брату его матери, ибо это был сын, которого она сильно любила. И его мать щедро одарила старух, она велела им вскормить его. Они вскормили его, они снесли его к брату матери мальчика и устроили его там у брата матери. Бывало с ним, когда он сделался юношей, любил он пасти скот брата своей матери; он следовал за мальчиками брата своей матери; они почитали его, они возвеличивали его. — Случилось во время их пастьбы сказал он мальчикам: соберите большие камни, раскалим их. Они собрали их, они сделали из них кучу. — Сказал он: выберите хорошего теленка, зарежем его. Они выбрали его из стада, которое они пасли. Он велел им освежевать его; они его освежевали, они зажарили его мясо радуясь. — Сказали мальчики: зачем ты делаешь это. — Сказал он: я знаю, что я делаю.

Случилось на другой день они пасли скот и шли военачальники его отца, посланные им; спросили они: кто ты такой-Он им не ответил. Они взяли его, не сомневаясь, они думали: это дитя похоже на нашего вождя. Они пошли с ним и снесли его к его отцу.

Случилось по их приходе к его отцу, сказали они его отцу: если мы тебе расскажем хорошее происшествие, что ты нам дашь? — Сказал его отец военачальникам: я вам дам быков по цвету, вот такого цвета и такого, и такого. — Военачальники отвергли, сказали они: нет мы не желаем их. Было такое стадо черных быков, на которое они намекнули. — Спросил он что вы хотите? — Ответили военачальники: стадо черных. Он им дал их. И рассказали они ему, сказали они: случилось во время нашего похода увидели мы дитя схожее с твоим. — Тут его отец увидел, что этот юноша действительно его; спросил он: от какой он жены? — Ответили они, знавшие про него, что она его скрыла, — сказали, они: от такой-то жены твоей вождь.

Во гневе он собрал племя и велел убрать мальчика подальше. Собралось племя; пришла его мать со своей сестрой. Приказал он, чтобы они его отправили, пошли поместили его подальше в большой лес. Ибо было ведомо, что там, в том лесу, был такой большой многоголовый зверь, о котором рассказывалось, что он ест людей.

Они пошли туда. Многие не достигли леса, они были утомлены и вернулись обратно. Пошла его мать и сестра ее и сын, их трое. — Сказала его мать: я не могу оставить его на открытом месте, я пойду, я помещу его туда в то место, куда приказано итти. Они пошли к большому лесу: они подошли, они вошли в лес. Они поместили его на большом камне посреди леса. Мальчик уселся там. Они оставили его и вернулись обратно. Он оставался один наверху камня. Случилось однажды пришел многоголовый зверь, он появился из воды. Этот зверь владел там всеми вещами. Он взял того юношу, не убил его, взял его и давал ему пищу, пока он не оправился. Случилось, когда он оправился и не нуждался ни в чем, имел многочисленное племя, данное ему Этим многоголовым зверем, ибо это чудовище владело всеми вещами и пищей, и людьми, он захотел пойти к своему отцу. Он пошел с большим племенем, будучи вождем.

Он пошел к брату своей матери; он пришел к брату своей матери, только брат его матери не узнавал его. Он вошел в дом, только люди брата его матери не узнали его. Его военачальник пошел спросить быка у брата его матери; — сказал он: говорит Сикулуми сын Хлокохлоко, дай ему хорошего быка для еды. — Брат его матери услышал это имя Сикулуми сын Хлокохлоко, он удивился и спросил: кто такой? — Ответил военачальник: вождь. Брат его матери вышел посмотреть на него. Он увидел, что это был Сикулуми сын Хлокохлоко. — Он страшно обрадовался; вскричал он: йи, йи, йи! подняв шум от радости, сказал он: пришел Сикулуми сын Хлокохлоко! Собралось все племя брата его матери. — Брат его матери, от большой радости дал ему часть быков; сказал он: вот твои быки. Было сделано великое пиршество; они ели, они радовались, ибо видели его, ибо они не знали, что они снова увидят его. Он пошел дальше, пошел к людям своего отца. Они увидели, что это был Сикулуми сын Хлокохлоко. — Они донесли о нем его отцу; сказали они:

вот он твой сын, которого ты отослал в большой лес. Вождь сильно встревожился. Он созвал все племя; он приказал, чтобы принесли свое оружие. Собрались все его люди. — Приказал его отец: пусть будет убит Сикулуми сын Хлокохлоко. Это услышал Сикулуми сын Хлокохлоко и вышел наружу. Собралось все племя. — Приказал его отец: пусть он будет поражен копьями. — Стоял на открытом месте и говорил Сикулуми сын Хлокохлоко: мечите в меня копья без смятенья. — Он говорил так, ибо был уверен, что не умрет, хотя бы они метали в него копья долго, хотя бы до захода солнца, что не умрет. Так стоял он пока не зашло солнце. Они метали в него копья, не имея силы убить его. Ибо он обладал силой чтобы не умирать; ибо зверь сделал его стойким, ибо он знал, что Сикулуми пойдет к своим; он знал, что его отец не хочет сына; он знал, что они будут убивать Сикулуми сына Хлокохлоко; он сделал его стойким.

Они были бессильны метать в него копья. — Спросил Сикулуми: вы обессилены? — Ответили они: мы обессилены. Он взял копье, он поразил всех; они все умерли. Он захватил скот. Он отправился со своим войском из этой страны со всем скотом. И мать его пошла с ним, и сестра ее с ним — вождем.

«СИТУНГУСОБЕНХЛЕ»

Если об Ситунгусобенхле, то были девушки. Одна имела своей сестрой девушку из великого дома. Когда они шли толпой своих девушек собирать бенхле, они шли нарывая, оставляя ее по пути. Они достигли того рубежа, откуда они должны были возвращаться. И сказала ее сестра из великого дома, сказала она, что не любима она своим отцом; он любит дитя из малото дома. Они повернули обратно. Они шли, собирали, но та, которая была любима своим отцом, отстала, она позабыла. Когда они были на возвышенности, она вспомнила про свои бенхле.

Каждую девушку она напрасно просила: помогите мне, проводите меня за моей бенхле. — Они все отказались и ее девушки, и ее сестры: их отговорила ее сестра. И вернулась она одна. Она шла, шла и встретила людоеда, сидевшего в доме, где были ее бенхле. Когда она его встретила, она нашла, что он искал личинки и ел их. — Он позвал ее и сказал: входи, помоги мне искать. Она вошла, она находила и передавала ему личинки, а он ел.

Остальные девушки придя домой сказали: та девочка Ситуягусобенхле достигла зрелости. Был зарезан вол; все племя собралось на заклание, ибо дочь вождя достигла зрелости. Людоед положил ее в мешок; и она последовала за людоедом, он пошел к дому Ситунгусобенхле. Они повстречали двух ее братьев, бывших с телятами, других с быками, евших мясо. — Сказал людоед: отрежьте мне мяса. Они отрезали людоеду. — Сказал он: я расскажу вам о мешке великого человека.

Они дали ему, он поел. — Сказали они: ударь по мешку, ты сказал, что расскажешь нам о нем. И он ударил его. — И сказала девочка Ситунгусобенхле, которая была внутри мешка, сказала она: что я скажу? Я была брошена детьми моего отца, они отказались проводить меня собрать мою бенхле. Услышали мальчики ее братья, узнали по голосу; сказали они: проводите его к нашему отцу, чтобы он мог поесть хорошего мяса дома у нашего отца. И они проводили его до дома Ситунгусобенхле.

И он пришел к ее людям. Мать Ситунгусобенхле отрезала людоеду мяса; он поел. Сказали они: ударь по мешку великого человека. — И людоед ударил по нему. — Сказало дитя: что я скажу? Я была брошена детьми моего отца. — Сказала ее мать: пусть поведают вождю ее отцу. — Отец явился и сказал: пусть он ударит мешок: услышал он, говорила она: что я скажу? Я была брошена детьми моего отца. И сказал ее отец: дайте ему тыкву, пусть он наберет воду. Он продырявил кувшин копьем. И пошел людоед набрать воду. Он замешкался набирая воду, тыква текла. Они набрали и скорпионов, и змей, и собак и положили их в мешок; дитя, девушка Ситунгусобенхле была вытащена ее отцом. Все звери, все которые кусаются, были положены в мешок людоеда. — Пришел людоед и сказал: зачем вы дали мне дырявую тыкву? Сказал вождь, он его повредил, сказал он: его дала великая женщина. Как это она не нашла тебе не поврежденной тыквы, крепкой?

И спросил людоед: мой мешок там же? — Ответили они: он на том же месте, куда ты его положил. И поднял его людоед; он был одарен мясом и пошел домой, пошел домой в свое селение. Он пришел и положил снаружи свой мешок и приказал: пусть разведут огонь, пусть приготовят горшок. Горшок закипал. Он послал свое дитя, он наказал принести мешок. Дитя было укушено, оно бросило его. Он снова послал другое; оно пошло и, когда оно схватило его, то и оно было укушено; оно бросило его. Звери, которые были внутри мешка, кусали детей людоеда. — Наказал он своим детям: вы не являйтесь сюда в дом. — Он приказал взять его великой женщине. Она была укушена. — Сказала она: они правы, говорили дети, что твой мешок кусается. — И сказал людоед: закройте меня внутри, заткните и маленькие дырки. И они закрыли, они вышли. Он взял мешок сам. Они все время его кусали. Он высвободил его, он потряс его. Выскочили все звери, положенные внутрь. Он заорал. Он орал внутри, он был стеснен, он никуда не мог выйти. Спустя некоторое время они открыли, он был кончен и оставались одни кости. Он выбрался, побежал, направился к глине, достигнув, он упал на голову. Пчелы вошли в его кости, он был уже деревом!

Дома вождь позвал Ситунгусобенхле, он приказал ей выйти. Но девушки отказали. Он явился к хижине, где производилась церемония. Он нашел, что другую девушку убирали ветвями, и говорили, что это Ситунгусобенхле. Он позвал их всех и все до одной вышли. Он достал бревно, схватил косарь и изрубил всех девушек.

«СИТУНГУСОБЕНХЛЕ И ЖУБАТЕНТЕ»

Говорят, что была девушка, которая достигла зрелости, Ситунгусобенхле было имя ее. Случилось, что люди всего селения пошли копать далеко от их селения, и девушки тоже пошли собирать цапа; Ситунгусобенхле осталась одна. Случилось, что явились Жубатенте, Жубатенте явились, схватили Ситунгусобенхле и отправились с ней, паря в высоте; они понеслись к месту, где были ее матери, где они копали, они свесили ее над ее матерью. — Ситунгусобенхле закричала, увидев свою мать, и сказала: мать моя, мать моя, я удаляюсь с Жубатенте. Они свесили ее. Ее мать пыталась схватить ее, но они этим только мучили ее мать, они отправились с Ситунгусобенхле; и мать следовала неотступно, идя и рыдая. Когда стемнело, они достигли дерева, взобрались наверх и остались там наверху. Ее мать легла у подножья дерева. Посреди ночи Жубатенте взяли Ситунгусобенхле, они отправились с ней, они пошли к себе. Утром ее мать не видела больше на верху дерева Жубатенте. Она пошла обратно и вернулась назад. Жубатенте прибыли к своему дому с Ситунгусобенхле. — Сказали Жубатенте: пусть она будет великой женщиной. — И она сделалась великой женщиной. Она родила дитя. Ее мужем был Жубатенте. Она еще родила одного; она еще родила одного: всего троих.

Случилось, что была созвана партия охотников; она пошла далеко охотиться; с ней вместе пошел муж Ситунгусобенхле и ее дети; все люди пошли охотиться. Ситунгусобенхле осталась дома со старухой; они обе оставались дома. — Она придумала уловку со своими детьми, она сказала: притворитесь больными.

Партия охотников вышла утром. — Когда они выходили из дому, вскричал старший ее мальчик падая ниц, вскричал он, — ой, я ушибся. — Сказал его отец: возвращайся, иди домой. Партия пошла дальше. —

Вскричал другой мальчик, следующий за старшим, вскричал он: ой, у меня болит живот. — Сказал его отец: возвращайся к себе. Партия пошла дальше. — Вскричал младший, пропала моя голова. — Сказал его отец: возвращайся к себе. Они делали умышленно, обманывая своего отца, думая этим путем убежать. Все они трое собрались с матерью дома.

Их мать связала свое добро, взяла своих детей и пошла с ними. Как только старуха заметила, что нет Ситунгусобенхле, что она ушла, она закричала, говоря, — йи йи, йи, она забила тревогу, великая женщина убежала с детьми вождя. — Один из охотников услышал и сказал: Тише! Кто это там кричит? Похоже, что он кричит: — великая женщина убежала вместе с детьми вождя. — Они схватили его и сказали; он накликает беду на детей вождя. Они убили его. — Снова закричала старуха, сказала она: — йи, йи, йи, великая женщина убежала с детьми вождя. — Снова сказал другой: хоть вы убили того, — там человек, который кричит. Похоже, что он кричит: великая женщина убежала с детьми вождя. — Они схватили и этого, они убили его, говоря; он накликает беду на детей вождя. — Снова она закричала, она говорила: йи, йи, йи, великая женщина убежала с детьми вождя. — Снова услышал другой, сказал он: нет, хоть вы убили людей, там человек, который кричит, он кричит: великая женщина убежала с детьми вождя. — Они и его поймали, они убили и его; сказали они: он накликает беду на детей вождя, что они могут убежать. — Снова в четвертый раз закричала старуха: йи, йи, йи, великая женщина убежала с детьми вождя. — И опять четвертый сказал: тише, послушаем. Хоть вы их убили, там человек,, который кричит. Похоже что он кричит: великая женщина убеясала с детьми вождя. Оставьте меня, не убивайте и меня. Возвратимся домой, узнаем дома, нет ли там человека, который кричит? Приказал вождь оставить этого человека. Они отправились и пошли домой; Они прибыли домой. — Сказала старуха: великая женщина убежала с детьми вождя. — Сказал человек: что я говорил вам? Я сказал вам, я говорил, там человек, который кричит.

Собрались все люди вождя Жубатенте. Приказал вождь, чтобы они следовали за Ситунгусобенхле. Они пошли, многочисленная армия во много тысяч, и с ней вождь Жубатенте.

Ситунгусобенхле достигла моря; сказала она: — море, море, море, расступись! я Ситунгусобенхле. Море расступилось. Она переправилась со своими детьми и села на другой стороне. Войско Жубатенте достигло моря и увидело Ситунгусобенхле, сидящей на другой стороне моря. Войско пришло и удивилось видя ее на другой стороне моря.

Ситунгусобенхле сплела очень длинную веревку, бросила ее на другую сторону и сказала она: идите, я вас переправлю. Она только насмехалась над ними, насмехалась над ними. Она подобрала острый камень. — Сказала Ситунгусобенхле: хватайтесь помногу за веревку. —

Они схватились помногу за веревку. Ситунгусобенхле потянула веревку. Когда они были на середине, она перерезала веревку и они пропали в море. — Воскликнула она: ой! пропали люди вождя; притворяясь, перерезав нарочно. Она снова сказала другим: хватайтесь опять за веревку. — Они схватились помногу за веревку. Она потянула их. Когда они были на середине моря, она опять перерезала веревку. — Воскликнула она: ой! пропали люди вождя. Снова она бросила веревку, говоря, что она выскользнула у нее. — Сказала она: хватайтесь снова, помногу. Они схватились за веревку. Когда они были опять посреди моря, она перерезала веревку и они пропали в водах моря. Наконец их оставалось немного на другой стороне, их было мало теперь. — Сказал один из оставшихся: наконец кончаются люди вождя. И они вернулись обратно.

И пошла Ситунгусобенхле, прибыла она в страну своих. Она пришла, а людей не было там; они были съедены Кукумадеву. Она увидела гору, которая была там впервые и сказала: что это за гора? — Она пошла, она приблизилась к тому месту, где было их селение: она нашла большую штуку Кукумадеву, которого она вначале приняла за гору.

Она приблизилась вплотную к нему, пробралась под него, держа нож и рассекла снизу его живот. — Первым вышел петух: прокричал он: кукулуку! Наконец я вижу свет! ибо давно я его не видал. За петухом вышел человек. — Сказал он: хау! наконец я вижу свет! — За ним вышел бык; сказал он: уум! наконец я вижу свет! — За ним вышла собака; сказала она: хау, хау, хау! наконец я вижу свет! — За ней вышла коза; сказала она: ме, ме! наконец я вижу свет! За ней вышла овца; сказала она: бе, бе! наконец я вижу свет! — За ней вышли все вещи. Все возвратились, все отстроились, всё опять были счастливы, все стало, как Это было прежде. И это был конец.

«СОБАКА И КОТ»

В давние времена выслеживать добычу по запаху умл только кот. Об этом узнала собака и поняла, что это прекрасный способ добывать себе пищу: ведь всем другим зверям надо сначала увидеть добычу, а кот находит ее по запаху. И вот собака отправилась к коту и сказала ему:

— Пожалуйста, научи и меня этому делу — находить добычу по запаху. Я вижу, это очень удобно.

Кот согласился. Собака осталась жить у него, и кот стал учить ее.

Прошло много дней. Собаке показалось, что она уже освоила всю науку, и она стала просить кота отпустить ее домой.

— Потерпи немного, — сказал кот,-ты выучила еще не все.

— Мне обязательно надо сходить домой,- настаивала собака.

— Хорошо,- ответил кот,- иди, но не сегодня, а завтра.

Утром кот сказал своей жене:

— Когда придет моя ученица и будет меня спрашивать, скажи, что я ушел, а куда — ты не знаешь. Явилась собака.

— А где хозяин? — спросила она.

— Ушел куда-то, — отвечала кошка.

А кот ушел нарочно, чтобы проверить, хорошо ли собака научилась искать добычу по запаху.

И вот собака начала нюхать и пошла по следу кота. Шла она несколько часов и наконец пришла к тому месту, где спрятался кот. А кот спрятался так: отойдя подальше от дома, он прыгнул с одного камня на другой; затем залез в пещеру, а вылез из нее с другого конца; потом взобрался на баобаб и вскарабкался на верхушку.

Собака нашла оба камня, нашла вход в пещеру и вышла с другого конца. Но, когда она подошла к баобабу, след пропал. Не видя кота, она стала бродить вокруг дерева. А кот прекрасно видел ее сверху.

— Взгляни наверх, на дерево! — закричал он наконец.- Ты поспешила бросить учение и осталась недоучкой.

Вот почему собака умеет хорошо выслеживать добычу только на земле.

«СОЛОВЕЙ»

Однажды соловей ночевал в виноградной беседке, и вокруг его шеи обвился усик. С большим трудом удалось ему освободиться. После этого он уже боялся спать ночью и пел, чтобы не заснуть.

Вот почему соловей начинает петь ночью, когда виноградная лоза пускает ростки, и прекращает свое пение, когда она вянет. Затем долгую часть года он молчит и начинает снова петь, когда опять зазеленеет виноградная лоза.

«ТРИ БЫКА И ЛЕВ»

Рассказывают, что жили когда-то три быка: черный, белый и рыжий.

Однажды, измученные тяжелым трудом в поле, они решили уйти от своего хозяина туда, где растет сочная трава и имеется свежая вода.

Поселились они на воле и зажили хорошо. И постепенно шерсть у них стала гладкая, рога острые, как копья; в быстроте и ловкости не уступали они диким зверям. А чтобы обезопасить себя от нападения хищников, они договорились все делать по очереди: поочередно пастись и пить воду, поочередно охранять друг друга во время сна.

Как-то раз быки встретились со львом. Лев было испугался их острых рогов, но не подал вида, приблизился к быкам и сказал:

— Я хочу дать вам дружеский совет. Сейчас, когда я шел по этому откосу, я принял белого быка за белую палатку, черного — за черную палатку, рыжего — за шамму[8].

— Я думаю, что белому быку было бы лучше пойти туда, где на белой земле растут белая трава и белые деревья; там его нельзя было бы заметить. Тебе, черный бык, лучше было бы идти туда, где на черной земле растут черная трава и черные деревья с черными листьями — ты слился бы с ними. А тебе, рыжий, лучше всего быть там, где на рыжей земле растут рыжие цветы, рыжая трава и рыжие деревья. Тогда ни один хищник не заметил бы вас. — И лев указал, куда каждому из них следовало идти.

Доверчивые быки пошли туда, куда направил их лев. А тот, как только увидел, что быки разошлись в разные стороны, устроил засаду и растерзал их всех по очереди.

Прежде чем слушать совет, узнай, кто советует — друг или враг.

«ТРИ ИСТИНЫ»

Когда-то давно жил один царь. Он издал в своем царстве указ, гласивший, что всякий, кто совершит проступок, заслуживающий смертной казни, может быть помилован, если скажет три истины, которые нельзя опровергнуть.

И вот однажды некий солдат совершил такой проступок, и виновного собирались казнить. Солдат убежал и скрылся в лесу. Но царь приказал своим воинам поймать его. Они поймали солдата и привели к судье.

— Знаешь ли ты новый указ? -спросил судья.

— Да, знаю, — ответил солдат.

---

[8] Шамма — род одежды; представляет собой кусок материи, перекидываемый через правое плечо и обертываемый вокруг тела.

— Можешь ли ты сказать три истины, которые нельзя опровергнуть? — спросил судья.

— Да, — ответил солдат.

— Ну, так назови их, — приказал судья. И солдат сказал:

— Если кто-либо скажет тебе, что я был плохим от рождения,- не верь ему.

— Да, это так, — согласился судья, — человек не может быть плохим от рождения.

И солдат сказал вторую истину:

— Если кто-либо скажет тебе, что мне сейчас очень весело,- не верь ему.

— Поистине нет человека, которому было бы весело в твоем положении,- согласился судья. И солдат сказал:

— Если кто-либо скажет тебе, что, убеги я сейчас, я добровольно вернусь сюда, — также не верь ему.

— Правда твоя. подтвердил судья, — нет человека, который, едва вырвавшись из пасти смерти, снова полез бы в нее. Истины твои невозможно опровергнуть.

И солдата отпустили на свободу.

«ТЮР И ОДНОНОГИЙ»

Давным-давно, говорят, поселился неподалеку от дома Тюра-паука Одноногий человек. Но между его домом и домом Тюра были непроходимые заросли.

Одноногий не хотел, чтобы люди его видели. Поэтому он выходил из своей хижины только по ночам. Когда становилось совсем темно, он залезал на большой термитник посреди зарослей и кричал:

— Эй, Тюр, а ну ответь: ты когда-нибудь меня видел? Тюр просыпался от громкого крика и отвечал:

— Нет, я тебя никогда не видел. Каков ты собой?

— Я красавец, настоящий красавец, красивее всех мужчин на свете! — хвастался Одноногий.

Потом он спускался с термитника и шел к себе. По дороге он плясал и пел от радости. Хорошо, что его никто никогда не видел!

И так повторялось каждую ночь. Каждую ночь Одноногий мешал Тюру спать.

И вот надоело все это Тюру пауку. И однажды вечером он сказал своей старшей жене:

— Когда наш сосед опять закричит ночью и спросит: "Тюр, ты меня видел?" — ответь ему за меня: "Нет, не видел, каков ты собой?" А я тем временем посмотрю на этого красавца.

И Тюр еще засветло прокрался в кусты и спрятался возле большого термитника.

Едва начало темнеть. Одноногий взобрался на термитник и принялся кричать:

— Ого-го-го, Тюр! Ты когда-нибудь меня видел? Ответь! Ого-го-го!

— Нет, я тебя никогда не видел,- ответила за Тюра его жена.- Каков ты собой? На кого ты похож?

— Я красавец, красивее не придумаешь! — заорал Одноногий.- Я самый красивый из всех мужчин!

И он вернулся к себе, приплясывая от радости. Но Тюр успел его хорошо разглядеть. Он бегом вернулся в свою хижину и сказал старшей жене:

— Ой жена, ты знаешь, кто наш сосед? Ты знаешь, кто нас тревожит каждую ночь? Урод из уродов. У него одна нога, одна рука, половина тела и полголовы с одним глазом, одним ухом, одной ноздрей и одним огромным зубом во рту!

Все жены Тюра принялись хохотать, и так хохотали, так хохотали, что едва не задохнулись.

На другую ночь Одноногий снова вскарабкался на термитник в зарослях и снова завопил:

— Тюр, ого-го-го! Ты меня когда-нибудь видел?

— Ого-го-го! — ответил Тюр. — Да, я тебя видел.

— Тогда скажи, каков я собой? — поспешно спросил Одноногий.

— Ты урод из уродов с одной ногой, одной рукой, с половиной тела и половиной головы: у тебя один глаз, одно ухо, одна ноздря и всего один большой зуб во рту. Вот ты каков!

Одноногий пришел в ярость. Единственный глаз его налился кровью. Он-то думал, что никто его не увидит, и все будут считать красавцем! Потрясая копьем, устремился он через кусты к хижине Тюра, распевая:

Моя мать меня видела, но Тюр не видел, —
Где он мог меня видеть?
Мой отец меня видел, но Тюр не видел, —
Где он мог меня видеть?
Не жить больше Тюру, если он меня видел, —
Где он мог меня видеть?
Сдеру с него шкуру, если он меня видел, —
Где он мог меня видеть?

Услышал эту песню Тюр и бросился наутек. Со всех ног бежал Тюр от страшного Одноногого и жалобно пел:

— Ох-хо-хо, плохо Тюру,- хуже собаки! Одноногая смерть за ним скачет во мраке. Ох-хо-хо, плохо Тюру, — сожрут его звери за то, что он только глазам своим верит.

Изо всех сил бежал Тюр, но Одноногий скакал за ним не отставая. Так он гнался за Тюром день за днем много лет, и Тюр никак не мог от него убежать. И не было видно конца этой погоне.

Тем временем подросли сыновья Тюра. Однажды сказали они своим матерям, женам Тюра:

— Мы убьем Одноногого и спасем отца! Они выковали наконечники для копий, выковали длинные ножи и короткие метательные ножи. Они собрались в дорогу и пустились по следам Тюра. Встретились им люди.

— Не видели вы Одноногого? — спросили сыновья Тюра. — Он гонится за нашим отцом.

— Они пробежали здесь пять лет назад, — ответили люди.

Быстрее побежали сыновья Тюра. Опять остановились и спросили у людей:

— Не видели вы Одноногого? Он преследует нашего отца.

— Они пробежали здесь три года назад, — ответили им. Еще быстрее побежали сыновья Тюра. Снова остановились и спросили:

— Не видели вы отца нашего Тюра и Одноногого?

— Они пробежали здесь год назад, — ответили люди. Все быстрее и быстрее бежали сыновья Тюра, останавливались, спрашивали и бежали дальше. И наконец сказали им люди:

— Отец ваш Тюр и Одноногий пробежали здесь вчера вечером.

Из последних сил припустились сыновья Тюра. И наконец издали услышали они песню Одноногого:

Не жить больше Тюру, если он меня видел. — Где он мог меня видеть? Сдеру с него шкуру, если он меня видел, — Где он мог меня видеть?

А потом увидели обоих и услышали жалобную песню Тюра:

Ох-хо-хо, плохо Тюру, сожрут его звери За то, что он только глазам своим верит.

Ох, как жалко стало сыновьям Тюра своего отца! Понеслись они, словно газели. Догнали Одноногого и пронзили копьями.

Когда упал Одноногий, Тюр тоже упал без сил. И сказал он:

— О сыновья мои, вы спасли меня от жестокой смерти. Как хорошо иметь сыновей! Вырежьте у этого страшного человека сердце и дайте мне — пусть его сила перейдет в меня. Так они и сделали. А потом все вместе вернулись домой.

«УПРЯМЫЙ СЛОНЁНОК»

Жил в Африке слонёнок. И был он такой упрямый, что никто с ним не мог сладить.

Вот однажды собралась вся слоновья семья погулять,

— Пойдём, — сказал слонёнку отец-слон.

— Не пойду, — ответил слонёнок.

— Пойдём, — сказала мать-слониха.

— Не пойду, — ответил слонёнок.

— Пойдём, — сказали старшие братья-слоны.

— Не пойду, — ответил слонёнок.

— Ну, так мы прогуляемся без тебя, — сказали слоны и ушли.

Слонёнок остался один. А когда он остался один, ему ужасно захотелось гулять со всеми. Поэтому он очень обиделся, что старшие ушли без него.

— Раз так, — сказал сам себе слонёнок, — я не буду больше слоном.

Он задумался, кем же ему стать. И решил стать львёнком. Слонёнок бросился на землю, задрал все четыре ноги и принялся болтать ими в воздухе. Совсем как львёнок.

Пробегала мимо пугливая газель. Она остановилась на мгновение, посмотрела на слонёнка, испугалась и унеслась прочь. На бегу она вскидывала тоненькие ножки и потряхивала рожками.

— Вот кем я буду, — закричал слонёнок и поскакал за газелью, как газель.

Уши его тряслись, словно листья банана на ветру, а толстые ноги заплетались одна за другую. Скоро от прыжков у него заболело всё тело.

"Совсем не так уж приятно быть газелью", — подумал слонёнок.

Тут он увидел зеленоглазую ящерицу. Ящерица сидела на гибкой лиане, которая свешивалась с дерева.

— Добрый день, — сказал слонёнок. — Как поживаешь?

— Плохо, — ответила ящерица. — Отпустила я своих деток к берегу реки — поиграть с двоюродными братьями, маленькими крокодильчиками. Боюсь, как бы крокодильчики, разыгравшись, не проглотили нечаянно моих деток.

— Я бы тоже хотел с кем-нибудь поиграть, — сказал слонёнок. — Вот я сейчас заберусь к тебе на лиану, и мы покачаемся.

— Ну, уж нет! — пискнула ящерица.

— Как? — обиделся слонёнок. — Ты не хочешь играть со мной?

— Конечно, не хочу. Во-первых, я беспокоюсь о детях; во-вторых, ты слишком тяжёлый и оборвёшь мою лиану. А в третьих, прощай!

И не успел слонёнок глазом моргнуть, как ящерица юркнула в листву дерева, — только хвост мелькнул.

— Подумаешь, очень мне нужна ящерица! — фыркнул слонёнок. — Найду себе товарища получше. Он отправился дальше.

На полянке слонёнок увидел обезьян. Они играли в пятнашки.

— Вот эта игра по мне, — сказал слонёнок.

— Можно мне поиграть с вами?

— Поиграй с нами! Поиграй с нами! — завизжали обезьяны, да так громко, что совсем оглушили слонёнка.

Не успел он опомниться, как обезьяны принялись с ним играть.

Ох, что это была за игра! Обезьяны хватали его за хвост, тянули за хобот, дёргали за уши. Они кувыркались на его спине и щекотали ему живот. А слонёнок, как ни старался, не мог запятнать ни одной обезьяны.

Скоро слонёнок совсем выбился из сил.

— Не нравится мне быть обезьяной, — сказал он и побежал прочь. А обезьяны ещё долго смеялись над неповоротливым слонёнком.

Шёл слонёнок, шёл и увидел попугая, который перелетал с ветки на ветку. Попугай был такой пёстрый, что у слонёнка даже зарябило в глазах.

— Теперь я, наконец, знаю, чем мне заняться, — обрадовался слонёнок. — Я буду летать.

— Начинай, а я посмотрю, — отозвался попугай. Слонёнок сделал большой прыжок, но почему-то не взлетел. Он шлёпнулся на землю и ушиб ногу.

Старый попугай наклонил голову набок и с насмешкой посмотрел на него одним глазом.

— Просто тут разбежаться негде, — сказал смущённый слонёнок.

— Я покажу тебе, где можно разбежаться, — утешил его попугай и повёл слонёнка к крутому берегу реки.

— Смотри, — сказал старый насмешник, подошёл к самому обрыву, подпрыгнул и взлетел.

Слонёнок тоже подошёл к самому обрыву, тоже подпрыгнул и... шлёпнулся в воду.

Выбрался он на берег мокрый, грязный, весь облепленный илом и тиной. А выбравшись, увидел, что рядом стоит отец-слон, мать-слониха и братья-слоны. И все молча смотрят на него.

Стыдно стало слонёнку.

— Возьмите меня с собой гулять, — сказал он. — Я теперь всегда буду слоном.

И всё слоновье семейство отправилось гулять.

«ХЕБО»

Однажды вечером Хебо сидела у входа в хижину и мечтала о будущем. Она видела себя женой прекрасного, статного и богатого человека, представляла, как она живет в роскоши, имеет множество рабов, которые полностью избавляют ее от всякой работы. Ей казалось, что счастье и благополучие зависят от ее необычайной красоты.

Ведь уже многие важные господа хотели на ней жениться. Но никому не удалось победить ее сердце. И какие только богатые дары ей не подносили! Но она всех мужчин равнодушно прогоняла. «Неужели так уж бесчувственна красавица Хебо?» — удивленно спрашивали люди. Нет, просто не все замки открываются одним и тем же ключом.

Итак, в этот вечер Хебо сидела возле хижины и тешила себя обычными мечтами, как вдруг перед ней остановился какой-то незнакомец. Сразу было видно, что этот человек пришел из далеких краев и ничего не знал о гордости и чванстве красавицы Хебо. Подумайте только! Он посмел попросить ее, попросить красавицу Хебо, подать ему уголек, чтобы он мог закурить! У него, видите ли, потухла трубка!

Хебо презрительно оглядела его с ног до головы, сразу смекнула, что он беден, и насмешливо усмехнулась:

— Ты что, с ума сошел? Неужели ты думаешь, я поднимусь, чтобы принести тебе уголек?

— Ай~ай-ай! Неужели так трудно встать и подать уголек путнику? — удивился человек.

— Смотри, какой нашелся! Нечего тут болтать. Я не поднимусь даже для твоих хозяев, не только что для тебя. От тебя воняет, как от дикого кота! Уходи прочь, собака!

И незнакомец, не сказав ни слова, ушел.

Но он был так оскорблен, что его охватило желание наказать гордячку. И он пошел искать колдуна. Он-то уж придумает средство, чтобы унизить жестокую красавицу.

— Я хочу, чтобы эта женщина стала моей. Но она не должна знать, что это я. Придумай что-нибудь, — обратился человек к колдуну.

И колдун ответил:

— Я превращу тебя в птицу, в огромную, сильную птицу, и ты в своих когтях унесешь девушку, куда захочешь.

И тотчас путник превратился в огромную птицу. Широко развернув свои крылья, она взвилась высоко в небо. Плавно покачиваясь между облаками, летела она к тому селению, где жила Хебо.

— Вот я лечу, — говорила она. — Вот приближаюсь... Лечу, чтобы отомстить...

Люди видели, как летит огромная птица, слышали какие-то непонятные, доносящиеся с неба слова, в испуге прятались. Что означает появление такой необычайной птицы? Какое событие оно предвещает? Куда она летит?

А птица все летела и летела вперед, с угрозой повторяя:

— Вот я лечу. Вот приближаюсь... Лечу, чтобы отомстить... Была уже ночь, когда птица долетела до того селения, где жила Хебо. Опустившись на высокое дерево рядом с хижиной девушки, птица запела, нарушив глубокую тишину ночи:

Вот и я, красавица Хебо,
Вот и я прилетел, чтоб тебя взять.
Вставай скорее, полетим дальше вместе.

Красавица проснулась, дрожа от страха. Кто это поет? Птица? Она зовет ее? Может быть, ей показалось? Нет, нет, она не ослышалась.

Вот и я, красавица Хебо,
Вот и я прилетел за тобой.
Вставай скорей, полетим дальше, вместе, —опять запела птица.

Красавица закрыла глаза от ужаса. Надо бы крикнуть, позвать на помощь, но страх так сковал, что и не пошевельнуться, и рта не раскрыть. А снаружи, откуда-то сверху, из темноты слышался голос:

Разве ты не слышишь меня?
Торопись, а то погублю тебя!

И Хебо поднялась, а потом, как кролик, зачарованный взглядом змеи, идет навстречу гибели, так и она направилась во мрак ночи. Но вдруг девушка бросилась обратно, в комнату, где спали родители, и, громко плача, закричала:

— Отец мой, мать моя, проснитесь, птица хочет меня унести! Но родители ничего не слыхали. Они спали, спали глубоким сном.

И снова, но уже более грозно, запела птица:

Разве ты не слышишь меня?
Торопись, а то погублю тебя!

В отчаянии Хебо бросилась в комнату, где спали братья. Может, они защитят ее:

— Братья мои, братья мои, проснитесь! Меня птица хочет погубить!

Но братья ничего не слыхали. Они тоже спали, спали глубоким сном. А острые когти птицы уже царапали крышу, ворошили солому. Несчастная Хебо стала громко кричать:

— Соседи мои! Соседи мои! Придите, спасите меня! Птица хочет меня унести!

Но и соседи ее не услыхали. Так же как родители Хебо, так же как и ее братья, они спали, спали глубоким сном.

Шелестя перьями, птица сидела на крыше хижины и сбрасывала когтями последние соломинки. И вот она просунула в хижину огромную лапу с острыми когтями, схватила девушку и улетела с ней вместе.

Утром люди проснулись, и ужас охватил их. Крыша сорвана, Хебо исчезла. Что случилось?

И только одна мудрая старуха, которая сквозь сон слыхала страшную ночную песню, поняла, что произошло.

— Ее похитил колдун в наказание за гордость, — сказала она.

Рассвело уже, когда птица залетела в далекие края и опустилась на землю в незнакомом селении. И тотчас она превратилась в человека, а перепуганная Хебо узнала в нем путника, которого она прогнала с таким презрением.

— Узнаешь меня? — захохотал он зловеще.

— Айюе! Только не убивай меня! Прости!

— Теперь ты дрожишь, дрожишь передо мной, от которого воняет, как от дикого кота. Не бойся, я не убью тебя. Дикие коты убивают только курочек, женщин они не убивают...

— Прости меня, господин. Прости!

— Гм, посмотрите-ка на нее, какая смирная стала! Так вот, знай: отныне ты будешь спать со мной, только со мной! — И он ткнул себя пальцем в грудь. — Со мной, от которого воняет, как от дикого кота! Слышишь? И это в наказание за твою гордость!

Прошли годы, и человек-птица, ставший уже отцом троих детей, отправился вместе с женой и потомством в гости к семье Хебо. Родственники простили ему былую жестокость и приняли его, как и положено принимать гостей, очень радушно.

А Хебо в наказание за свое высокомерие была теперь осуждена на вечную покорность.

«ЧТОБЫ ЗЕМЛЯ НЕ ТРЯСЛАСЬ»

Раньше нуэры ходили медленно и осторожно, чтобы земля не тряслась. И так было долго.

Но однажды они увидели, как мимо бежит охотник.

— Стой! — закричали нуэры.- Стой, а то земля содрогнется!

Но охотник не расслышал и продолжал бежать. Тогда нуэры побежали за ним, чтобы его остановить. И земля от этого не затряслась.

Когда нуэры увидели, что земля не дрожит у них под ногами, они обрадовались. С тех пор нуэры бегают быстро, а земле хоть бы что!

«ШАКАЛ И ЗАЙЧИХА»

Наступила весна. Земля покрылась зеленью и цветами, деревья оделись нежной листвой, и в каждой звериной семье народилось потомство.

Пришел однажды Шакал к Зайчихе из свиты Льва и повел такой разговор:

— У всех твоих соплеменниц уже есть зайчатки. Счастливые мамаши водят деток при лунном свете покувыркаться в траве, пощипать тимьян или сочные стебли дыни. Лишь ты одна остаешься здесь, чтобы служить подушкой царю зверей.

Зайчиха ничего не ответила Шакалу, только тяжко вздохнула. Его слова подействовали на нее, как яд. Несколько дней она размышляла, а потом набралась смелости и отправилась ко Льву.

— О царь зверей, отпусти меня на волю! — взмолилась зайчиха, дрожа от страха.

Лев сперва ласково уговаривал Зайчиху остаться, потом пригрозил, но напрасно. Зайчиха продолжала проситься на волю. Тогда потерявший терпение Лев убил ее одним ударом лапы.

— Пойди и закопай эту тварь! — приказал Лев Шакалу. Шакал отнес Зайчиху в тот же овраг, сожрал мясо, а шкуру закопал. "Скоро, скоро вернутся былые дни!" — радостно думал он.

«ШАКАЛ И КАБАН»

Несколько дней спустя Шакал отправился к Кабану. — Все твои собратья, — сказал он ему, — разгуливают на свободе, жуют желуди, роют клыками землю, добывая мучнистые клубни, а как наедятся до отвалу, забираются в свои логова и спят сколько хочется. А в это время ты, которого все хвалят за отвагу, служишь Льву циновкой. Ха-ха!

Кабан от этих слов пришел в дурное расположение духа и сердито захрюкал. Шакалу только того и надо было. Он тут же побежал ко Льву и стал ему нашептывать:

— Царь зверей, будь осторожен! Мне кажется. Кабан замыслил пустить в ход против тебя свои клыки!

— Как узнать, что Кабан готовится к нападению? — спросил Лев.

— Увидишь, что он хмурит брови, значит, вот-вот набросится, — ответил Шакал, хотя кому не известно, что Кабан по любому поводу хмурит брови.

После этого Шакал вернулся к Кабану и говорит:

— Будь осторожен, друг, царь зверей поклялся тебя убить!

— Как бы мне заранее узнать, что он готовится напасть на меня? — спросил Кабан.

— Увидишь, что у него усы подрагивают — будь настороже! — ответил Шакал. Но ведь каждый знает, что у Льва усы подрагивают всегда.

Вечером, когда все звери из свиты Льва собрались вокруг владыки. Лев присмотрелся к Кабану и заметил, что тот нахмурил брови, а Кабан, исподтишка наблюдая за Львом, тоже заметил, как подрагивают у царя зверей усы. Недолго думая, они набросились друг на друга — когти против клыков, рык против хрюканья. Шакал отпрыгнул в сторону и заверещал:

— Какое печальное зрелище! Какой злосчастный день! Давай, владыка Лев! Хозяин Кабан, давай!..

Ловким ударом Лев повалил Кабана и перебил ему хребет. Шакал тут же перегрыз ему горло, разорвал на четыре части, и они съели его в несколько присестов. Хитрюга радовался жизни, думая про себя: "Вот и настали прекрасные времена!"

«ШАКАЛ И КОЗА»

— Мне достаточно один раз обернуться вокруг себя чтобы насытиться, — сказала Овца.

— А мне, чтоб наесться, надо обойти всю округу,сказала Коза.

Однажды Коза отбилась от стада и забрела в отдаленную долину. Был полдень, время, когда вся природа замирает, изнуренная жарой. Шакал, который случайно там проходил, увидел в речной воде отражение Козы и, решив, что это и есть сама Коза, прыгнул, чтобы схватить ее. Но никого он, разумеется, не поймал, только промок. Недовольный собой, выбрался Шакал на берег и тут-то заметил Козу, спокойно объедавшую молодые побеги на фиговом дереве.

— Слава всевышнему, сестра! — воскликнул он.- А я подумал было, что ты тонешь в этом омуте. Спускайся, пойдем вместе!

— Я боюсь, что ты меня съешь,- ответила Коза.

— Поклянись, что не тронешь, тогда я пойду с тобою.

Трудно ли Шакалу поклясться! Он заверил Козу, что даже не приблизится к ней, и они пошли вместе. Шакал шел впереди. Он то и дело останавливался, оборачивался, хотел удостовериться, что Коза не убежала. Спустя некоторое время он сказал ей:

— Ты смеешься над моей походкой и моими уродливыми ногами!

— Да что ты такое говоришь! — возмутилась Коза.

— Ну, давай я пойду впереди.

И они продолжали путь. Теперь Шакал следовал за Козой, а та шла перед ним, словно бы пританцовывая. Соблазн был слишком велик. Шакал исходил слюной.

— Ты пылишь на меня,- ворчал он.- Совсем меня пылью запорошила и все-таки передразниваешь. Надо бы тебя задрать!!

— Ах, ах! Ты ищешь ссоры! — воскликнула Коза.

— Но мне с тобой не совладать. Ежели хочешь, то съешь меня, но только не здесь, а у Белого Камня. Дай мне слово. :

Шакал согласился. И они пошли дальше. Вскоре достигли они Белого Камня, где в полуденные часы обычно паслось козье стадо. Если бы не Шакал, Коза сама не нашла бы дорогу туда. А у Белого Камня на Шакала на бросилась пастушья Собака. Вываляла его в пыли, задала такую трепку, что он едва ноги унес. Бежал Шакал и на чем свет стоит ругал хитрую Козу.

«ШАКАЛ И КОРОВА»

Наступила очередь Коровы. Шакал и так и эдак науськивал ее против Льва, но миролюбивая Корова слушать его не желала.

— Лев кормит меня,- говорила она, — и я от всего сердца отдаю свое молоко Льву, который следит за порядком.

Тогда Шакал вернулся ко Льву и давай возводить напраслину на Корову. Лев отказался поверить его словам:

— Корове я доверяю как родной матери. И не пытайся поссорить нас.

Смущенный Шакал попритих. Однако через некоторое время он вновь явился ко Льву.

— Царь зверей, — начал он исподволь,- это правда, Корова послушна тебе, но разве может она тебя прокормить: ты не младенец, которого вскармливают молоком, да и неприлично царю зверей уподобляться полуголодному пастуху. Я-то сам, ладно, готов обойтись без мяса, но ты, как ты проживешь? Особенно теперь, когда все звери взбунтовались против тебя и разбежались, когда закон бессилен. Тебе надо охотиться. Иначе тебе не миновать смерти. Что же до меня лично, то меня вовсе не интересует мясо Коровы. Мне больше нужна ее кожа. Один мудрый старец сказал мне, что из коровьей кожи можно изготовить чудесную обувь. В такой обуви будто не идешь, а летишь над землей. И никакой зверь не убежит от тебя, а охота превратится в развлечение. Если ты хочешь внять моему совету, надо пожертвовать Коровой: ее мясо поможет тебе дождаться лучших времен, а из ее кожи я изготовлю тебе чудесную обувь.

И Лев согласился. Они убили Корову, мясо съели, а шкуру сохранили.

«ШАКАЛ И КУРИЦА»

Некоторое время спустя Шакал отправился к Курице и приступил к ней с такими же разговорами, как и к бедной Зайчихе:

— Сестричка, отчего ты выбрала себе столь незавидную участь? Не успеешь снести яйцо, как Лев его тотчас съедает. Тем временем все твои соплеменницы насиживают яйца, а как только вылупляются цыплятки, ведут их резвиться на навозные кучи, в сады и огороды на окраины селений. Когда малыши устанут, они забираются матерям под крылья, чтобы погреться и отдохнуть. Затем они вырастают и становятся взрослыми хохлатками!

Курица ничего не ответила, только тяжело вздохнула. Шакал смутил ее дух! Спустя несколько дней она пошла ко Льву и сказала:

— О царь зверей, отпусти меня, я устала служить. Напрасно пытался Лев удержать ее, упрашивал, угрожал, но Курица была непреклонна. Тогда разъяренный Лев ударом лапы сразил ее наповал и позвал Шакала:

— Пойди закопай эту глупую птицу! Шакал унес ее, разорвал на куски и съел. "Прекрасное время не за горами!" — думал он и радовался.

«ШАКАЛ И ЛЕОПАРД»

Возвращался леопард с охоты и увидел барана. Никогда раньше не видел леопард такого зверя. Испугался он и, подойдя к барану, робко спросил:

— Здравствуй, приятель! Как зовут тебя?

Затопал ногами баран, заблеял громко:

— Я баран. А ты кто такой?

— Я леопард, — ответил леопард. А сам испугался еще больше и убрался поскорее прочь.

По дороге встретил леопард шакала и рассказал, какого страшного зверя довелось ему только что увидеть. Засмеялся шакал:

— Ох и глуп же ты, леопард! Ведь ты упустил прекрасный кусок мяса. Завтра пойдем туда вместе, поймаем да и съедим его.

На другой день отправились они за бараном. Вот уже подошли к селению. А баран в то время как раз собирался идти на луг. Увидал он на холме леопарда с шакалом и испугался. Побежал скорее к жене.

— Там на холме леопард и шакал, они идут к нам, — говорит. — Ох, боюсь пришел нам конец.

— Не бойся, — ответила жена. — Возьми детеныша с собой и выходи к ним. Только подойдут леопард и шакал, ущипни детеныша, пусть он заплачет, будто голоден.

Так и сделал баран: взял детеныша и вышел навстречу леопарду и шакалу. Когда леопард увидел барана, он опять испугался и хотел уже воротиться. Но шакал привязал его к себе кожаной веревкой.

— А ну иди со мной!

В это время баран ущипнул детеныша, и тот громко заплакал. А баран говорит:

— Спасибо тебе, шакал, что привел ко мне леопарда. Видишь, как голоден мой детеныш!

Услышал леопард такие слова, закричал от страха и бросился прочь. Не останавливаясь, бежал он через холмы и горы и волочил за собой шакала. Так прибежал он к себе домой и шакала за собой приволок.

«ШАКАЛ И ОСЕЛ»

Затем наступил черед Осла.
— Твои братья, Длинные Уши, ходят по широкому полю, где травы по брюхо, едят чертополох и лаванду, ревут и весело лягаются, и никто их за это не ругает! А ты маешься здесь с дровами! — говорил Шакал.
Понурился от таких речей Осел, грустно вздохнул. Ночью, перед самым рассветом, ему приснилось, будто он гуляет в широком поле с приятелями и они покусывают друг дружке крепкими зубами плечи. А как только Осел проснулся, подневольная жизнь показалась ему горькой как полынь. Он пошел ко Льву и сказал:
— Царь зверей, отпусти меня, я устал тебе служить! Лев попробовал образумить его, но то был напрасный труд, ведь упрямство Осла известно! Тогда Лев сразил его наповал ударом лапы и крикнул:
— Эй, Шакал, закопай этого болвана!
Шакал отволок мертвого Осла в овраг и потихоньку лакомился его мясом в течение нескольких дней. Когда он вернулся. Лев сердито спросил:
— Скажи-ка, Шакал, ты что, вздумал уморить меня жаждой?
А Шакал и впрямь перестал носить Льву свежую воду.
— О царь зверей,- оправдывался он,- какое чудовище ты приказал мне закопать! Не успеешь закопать переднюю ногу, как задняя вылезает, только закопаешь заднюю ногу, как передняя уже торчит из земли.

«ШАКАЛ, ЕЖ И ОСЕЛ»

Шакал, еж и осел были так бедны, что им некого было запрячь в плуг. И вот они решили: "Сделаем ярмо и впряжем того, кому оно будет впору".
Осел, простодушный и добрый, согласился. Шакал и еж сделали ярмо по тени осла.
Закончив работу, они подозвали осла и сказали:

— Ярмо готово. Надо теперь попробовать, кому оно будет впору.

Первым примерил ярмо еж.

— Оно слишком велико для тебя, — сказали шакал и осел.

Шакалу ярмо тоже оказалось слишком велико.

И только ослу оно пришлось впору.

Его запрягли и стали на нем пахать. Совсем уходили беднягу, так что он едва не сдох.

Оставшись вдвоем, еж и шакал терпеливо ждали, когда можно будет собрать урожай. Наконец ячмень поспел, и еж при свидетелях спросил шакала:

— Когда мы соберем урожай, что ты себе возьмешь: вершки или корешки?

Шакал, никогда не занимавшийся земледелием, ответил:

— Корешки.

— Вы все слышали, что он сказал? — обратился еж к свидетелям.

— Все, — отозвались свидетели. После молотьбы еж получил зерно, а шакал корешки. С тем и разошлись.

Бедный шакал совсем отощал, еле держался на ногах.

— Что с тобой? Ты не заболел? — спросил его еж.

— Нет. Просто умираю с голоду, — ответил шакал.

— Тогда иди за мной, — сказал ему еж,- я отведу тебя в сад, где ты сможешь поесть.

Сад был обнесен изгородью, в которой была одна-единственная дыра, и хитрый еж то и дело бегал туда, примеряясь, сможет ли он вылезти обратно.

А шакал ел все подряд, никак не мог насытиться.

— Уйдем, пока не появился хозяин, — предложил ему еж.

Однако брюхо шакала раздулось так сильно, что он не мог пролезть в лазейку.

— Не могу вылезти, — пожаловался он ежу.

— Тогда ляг около изгороди лапами кверху, закрой глаза и притворись мертвым. Даже мух не отгоняй. Не шевелись, даже если хозяин сада тебя ударит.

А тут пришел хозяин, увидел шакала и молвил:

— Это тебя бог наказал за то, что ты забрался в мой сад.

Он схватил шакала и перебросил его через изгородь. Хвост оторвался и остался у него в руках. Шакал бросился бежать.

— Беги, беги, — сказал хозяин,- все равно ты мне рано или поздно попадешься, и я тебя, бесхвостого, узнаю.

Боясь, как бы хозяин сада не осуществил свою угрозу, вернувшись домой, шакал созвал всех своих братьев, попросил их стать кругом и незаметно связал им хвосты. А потом спрятался в сторонке и стал вопить:

— О боже! Сюда идут охотники с собаками. Сколько охотников! Сколько собак!

Шакалы кинулись врассыпную и многие остались без хвостов. С тех пор шакал был спокоен за свою безопасность.

Однажды в поле еж повстречался с шакалом. Увидев в его руках решето и тамбурин, шакал спросил:

— Зачем тебе это?

— Пастухи хотят подшутить надо мной, а я вот думаю подшутить над ними, — ответил еж. — Пойдем со мной. Когда они пришли к пастухам, еж сказал шакалу:

— Пока я буду развлекать пастухов, ты займись овечьим стадом.

Они разошлись.

— Добрый день, — приветствовал еж пастухов.

— Привет тебе, дядюшка, — ответили они. — Повесели нас.

Еж надел на шею решето и стал бить по нему, как по тамбурину. А пастухи стали плясать.

Когда они наконец опомнились, то послали одного из своих товарищей посмотреть, как там овцы.

Он увидел издали, что все они лежат, и, вернувшись, сказал:

— Они все спят.

Но на самом деле они были мертвы. Шакал задрал всех овец.

Немного погодя, решив, что шакал уже покончил со своим делом, еж громко завопил:

— Беда! В стадо забрался шакал.

Пастухи не раздумывая кинулись к своему стаду, бросив сумки и накидки. Всю эту добычу еж отнес к себе в нору. Пастухи стали искать вора. Один из пастухов нашел его нору и, сунув туда руку, ухватил ежа за лапку.

— Тащи, тащи! — крикнул еж. — Это корень грудной ягоды.

Пастух отпустил его лапу и схватился за корень грудной ягоды, но не смог его вытащить.

Так пастухи и ушли ни с чем.

БУШМЕНСКИЕ СКАЗКИ

«ДИ-ЦЕРРЕТЕН, ЛЬВИЦА И ДЕТИ»

В давние времена одна львица повредила грудную клетку и была больна, она не могла сама делать тяжелую работу. Своих детей у нее не было, поэтому он взяла к себе в дом детей древнего народа, чтобы он ей помогали.

Узнав об этом, один человек древнего народа Ди-Церретен, у которого была каменная голова, подошел к дому львицы в ее отсутствие, когда та пошла за водой. Львица черпала воду желудком убитого ею сернобыка, а Ди-Церретен пришел тем временем к ней в дом, чтобы застать детей одних. Он уселся и

сказал:

— О дети, сидящие тут! Огонь вашего народа там, в верхней части оврага, который спускается с холма!

И двое детей вскочили и убежали к своим. Ди-Церретен заговорил снова:

— О дети, сидящие здесь! Огонь вашего народа вон там, чуть пониже верхней части оврага, который спускается по эту сторону холма! И еще трое детей ушли к своим. Ди-Церретен опять заговорил:

— О малыш, сидящий здесь! Огонь твоего народа вон тот, чуть пониже вершины оврага, что спускается по эту сторону холма!

И ребенок вскочил и пошел к своим.

Ди-Церретен заговорил опять:

— О дети, сидящие здесь! Огонь вашего народа вон там, в кустарнике, пониже верхней части оврага, который спускается с этой стороны холма!

И двое детей встали и отправились к своему народу.

Он сказал снова:

— О дети, сидящие здесь! Огонь вашего народа тот, что в верхней части оврага, который спускается с холма!

Двое детей встали и ушли. И он снова сказал:

— О дети, сидящие здесь! Огонь вашего народа в верхней части оврага, что спускается с холма! И еще трое детей встали и убежали к своим. И он снова

сказал:

— О дети, сидящие здесь! Огонь вашего народа он там, наверху другого оврага, спускающегося с холма.

И двое детей встали и отправились к своим. А Ди-Церретен остался там, ожидая возвращения львицы Львица тем временем набрала воды и пошла к дому. Она шла и смотрела, но детей не было видно. Тогда она воскликнула, задыхаясь от ярости:

— Почему дети... дети... дети... дети... не делают никакой работы и даже не играют здесь, как всегда? Должно быть, из-за этого человека, который сидит там, у дома, и который, судя по голове, похож на Ди-Церретена?

И она очень рассердилась.

Она воскликнула:

— Действительно, это Ди-Церретен! Она подошла к дому и закричала:

— Отдай мне моих детей! А Ди-Церретен сказал:

— Наших детей теперь здесь нет! И львица закричала:

— Вон отсюда! Убирайся! Отдай мне детей! А Ди-Церретен сказал:

— Их нет!

Львица схватила его за голову и закричала от боли — ведь голова у него была

каменной:

— Ох-ох-ох! Бедные мои зубы! Это все из-за этого проклятого большеголового, что уселся тут перед моим домом! Все из-за него!

А Ди-Церретен снова повторил:

— Наших детей здесь нет!

И он встал и ушел, он вернулся к себе, а львица осталась дома одна в ярости

— ведь он пришел и увел от нее детей, с которыми она хорошо обращалась.

«ИСТОРИЯ О ГЦОНЦЕМДИМА, ЕЕ МАТЕРИ И ЕЕ МУЖЕ»

Гцонцемдима жила вместе со своей матерью и мужем. Они откочевали, пожили там, а потом снова откочевали в другое место и устроили новое становище. Тещу раздражал ее зять, а его маленький ребенок рассказал отцу, как теща оскорбила его. Тогда зять пошел и убил старуху. В это время Гцонцемдима не было дома, она ушла собирать клубни и растения.

Вернувшись в становище и увидев, что произошло, Гцонцемдима убила своего мужа. Затем она взяла его сандалии и зашвырнула их в небо. Сандалии улетели и превратились в грифов. Они стали грифами, которые машут своими крыльями вверх-вниз, вверх-вниз.

Ну, а младший брат мужа кочевал следом за ними Он шел по их следам и наконец нагнал их.

— Кто это там машет крыльями и улетает прочь — уж не грифы ли? Пойду-ка погляжу! Он удивлялся:

— Что им там нужно?!

И вот он подошел к грифам — и вдруг увидел там труп своего брата! А затем он увидел и труп его тещи! Он спрашивал себя: "Как это могло случиться?!" Снова и снова младший брат и его семья задавали себе этот вопрос.

А Гцонцемдима тем временем забрала ребенка и ушла оттуда. Мальчик отказывался оставить отца и бабушку, но она все же увела его с собой. Гцонцемдима бросила свою старую мать, и та осталась лежать там мертвая, а сама Гцонцемдима убежала к своим деду и бабке. Она с сыном стала жить вместе с ними.

Однажды пришел навестить их младший брат ее мужа. Он сказал, что хочет взять Гцонцемдима в жены, но это была хитрость — он обманул ее, чтобы увести от деда и бабки. Затем он убил Гцонцемдима, чтобы отомстить за смерть своего брата.

Но Гцонцемдима перед уходом сказала своей бабке:

— Взгляни, вот мое сердце! Слушай — мои слова так же верны, как то, что сейчас мы стоим здесь. Как только солнце перейдет за полдень, ты увидишь, как что-то летит к тебе как стрела — это будет мое сердце. И ты схвати его и не говори никому ни слова!

Бабушка сделала так, как она велела, взяла сердце Гцонцемдима и положила его в мешок. Она положила его в мешок, и оно лежало там и подрастало. Когда оно выросло, то снова стало человеком — красивой молодой девушкой. Это была Гцонцемдима, и она опять жила в становище своей -бабушки, как и прежде.

Следующим, кто посватался к ней, был слон — он сказал, что хотел бы взять в жены эту красивую девушку, когда она достигнет брачного возраста. И однажды он пришел и увел ее.

Как-то слон нашел воду, но держал это в тайне. и один пил воду и ничего не говорил Гцонцемдима и ее семье. Но Гцонцемдима узнала и рассказала обо всем своим братьям. Ее братьями были гхашехмси — маленькие птички, которые кричат "шаба! шаба!" перед дождем и "шау!" — после дождя.

И вот Гцонцемдима, окруженная толпой своих братьев обвинила слона в жадности. Слон кинулся, выхватил ее из толпы и сказал, что убьет ее. Но ее братья бросились ей на помощь и убили слона.

Снова и снова они пронзали его копьями и кололи ножами, а те, кто смотрел на эту битву, кричали "А! Копья! Копья! Копья!" Затем они схватили эту громаду и повалили его на землю, мертвого.

Вот так умер слон.

Ну а Гцонцемдима превратилась в антилопу-каменного козла. Ее сердце стало антилопой, эту антилопу люди убили и отнесли домой, чтобы зажарить ее и съесть.

Каменный козел был когда-то сердцем человека сердцем Гцонцемдима.

Вот что произошло в давние времена. Нам рассказывали об этом старики, а мы слушали и говорили между собой:

— А! Вот какие истории происходили когда-то с людьми древнего народа!

«ИСТОРИЯ О ЛЯГУШКАХ»

В давние времена одна девушка заболела, она лежала в отдельной хижине и отказывалась от пищи, которую предлагали ей ее матери. Тайком от всех она убивала детей Воды и ела их.

Ее матери решили выяснить, почему девушка отказывается от еды, и вот как-то, когда все женщины и дети отправились на поиски личинок термитов, они велели одной девочке остаться дома и наказали ей следить за ее старшей сестрой, чтобы узнать, что она ест. А девушка ничего об этом не знала.

Девочка, спрятавшись в хижине своей матери, увидела, как ее старшая сестра вышла из дома болезни и спустилась к источнику. Она убила дитя Воды, принесла домой и сварила, а когда она съела все мясо, то снова легла. Но девочка следила за ней и все видела.

Когда вернулась мать девушки, девочка рассказала ей о том, что было, как ее старшая сестра убила какое-то красивое существо, которое было в воде.

Ее мать догадалась, она воскликнула:
— Это было дитя Воды.

И она больше ничего не сказала и снова отправилась на поиски личинок термитов.

Вдруг она увидела, что небо покрылось тучами поднялся ураган. Она сказала:
— Видно, дома что-то неладное. Вихрь уносит все к источнику.

И вот из-за того, что ее дочь убивала детей Воды вихрь всех их унес в воду. А девушку, по вине которой это случилось, вихрь унес первой. Она попала в воду и превратилась в лягушку. Вслед за ней вихрь подхватил ее матерей, которые собирали коренья, он унес их в воду, и они тоже превратились в лягушек. Затем вихрь подхватил ее отца, который охотился там, и унес его к источнику, он также превратился в лягушку. И вот все они превратились в лягушек. И все их вещи: стрелы отца, тростниковые циновки, из которых сделаны хижины, — все оказалось в воде, так как люди стали лягушками. Они теперь растут у воды, это вещи первых людей, которые жили здесь до нас.

«ИСТОРИЯ О СТАРШЕЙ СЕСТРЕ-ПИТОНЕ И МЛАДШЕЙ СЕСТРЕ-ШАКАЛЕ»

Старшая сестра-питон была женой кори-дрофы.

Кори взял в жены питона, а шакал был младшей сестрой питона.

Обе сестры отправились вдвоем к озерцу, к роднику, и сестра-шакал сказала:

— Взбирайся на это дерево. Давай поедим плодов нга, что висят здесь.

И вот сестра-питон взобралась на дерево, поднялась наверх, и тонкие ветви обломились под ее тяжестью. Она упала в родник.

Тогда сестра-шакал сказала:

— Ага! Теперь я пойду и отниму у нее ее мужа.

А сестра-питон осталась на дне родника, она так а лежала там.

Сестра-шакал подобрала вещи сестры-питона, одежду и украшения, и надела на себя. Она нацепила все на себя, примеряя и так и этак. К вечеру она возвратилась в становище кори. Сестра-шакал вошла в хижину сестры-питона и села там.

Вскоре вернулся домой муж сестры-питона.

— Где моя жена? — спрашивал он себя. — Кто это сидит здесь вместо нее? Почему я сегодня не вижу моей жены, теперь, когда я уже вернулся домой? Куда это ушла сегодня моя жена? Что случилось?

Стало темнеть. Все сидели вокруг и разговаривали. Когда совсем стемнело, кори взял стрелы и воткнул их в песок. Он воткнул их наконечниками кверху. И когда сестра-шакал отправилась спать, она легла на них и умерла. Когда рассвело, муж встал и ушел. Он превратился в кори-дрофу. А сестра-шакал стала шакалом.

«КАК ДЕВУШКА ДРЕВНЕГО НАРОДА СДЕЛАЛА ЗВЁЗДЫ»

В давние времена девушка древнего народа — это была первая девушка на земле, — притворившись больной, осталась дома. Она лежала в маленькой хижине, которую сделала для неё её мать. Все женщины, её матери, отправились выкапывать съедобные коренья, а она не пошла с ними, она лежала в своей маленькой хижине, и её палка-копалка стояла рядом.

И вот она оставалась в хижине, а её мать приносила ей пищу. Мать следила, чтобы девушка не ела дичь, убитую юношами. Ей можно было есть только дичь, убитую её отцом, так как он был стариком. Если бы она стала есть дичь, убитую юношами, её слюна могла бы попасть на мясо газели, а затем перейти на лук. Тогда лук охладеет, охладеют руки юношей и охладеет стрела, наконечник стрелы.

Мать принесла девушке съедобные коренья гхуин, но девушка рассердилась, что мать дала ей слишком мало кореньев, а она ведь не могла сама отправиться за гхуин, хотя и была голодна. Потому что она лежала в своей хижине.

Тогда девушка встала, запустила руки в древесную золу и забросила её в небо.

Она сказала древесной золе:

— Пусть эта древесная зола станет Млечным Путём. Пусть она белой полосой простирается по небу, а возле неё пусть будут звёзды.

И вот зола стала Млечным Путём.

Для того чтобы сделать звёзды, девушка забросила вверх, в воздух, коренья. Это были пахучие съедобные коренья гхуин. Там были зрелые коренья красного цвета и они превратились в красные звёзды, а молодые коренья белого цвета превратились в белые звёзды.

Млечный Путь поворачивается вместе со звёздами, которые плавно движутся своей дорогой. А когда Млечный Путь в своём движении доходит до земли, он поворачивается и звёзды также поворачиваются и идут обратно, потому что они видят, что возвращается солнце, совершающее свой путь. И звёзды уходят, а за ними приходит рассвет. И тогда Млечный Путь лежит тихо. И звёзды также должны тихо стоять вокруг. А когда приходит их время, звёзды снова плывут вперёд по своим следам. Этим путём звёзды следуют всегда.

А Млечный Путь, приблизившись к тому месту, где девушка подбросила вверх древесную золу, медленно спускается, а затем отправляется дальше и движется по небу. Звёзды поворачиваются и совершают свой круг по небу. Небо лежит неподвижно. А звёзды плывут по небу, они заходят, выходят снова, они плывут, следуя по своим следам. Когда выходит солнце, они бледнеют. А когда солнце садится, они снова выходят, поворачиваются и следуют за солнцем.

Спускается темнота, и звёзды из белых становятся красными. И вот они ярко сияют, так как теперь ночь и они могут плыть дальше по небу. Когда люди отправляются куда-нибудь ночью, они знают, что звёзды освещают для них землю. Млечный Путь мягко светится в темноте ночи — как древесная зола. Это девушка сказала, что Млечный Путь должен давать свет людям, чтобы они могли ночью найти дорогу домой. Ночью земля была бы совсем тёмной, если бы не Млечный Путь и звёзды.

Эта же девушка сделала саранчу, подбросив в небо кожуру от корня гцуисси, который она съела.

Она сначала забросила вверх, в небо, древесную золу, а потом подбросила вверх коренья гхуин. Она сделала это, рассердившись на свою мать за то, что та дала ей слишком мало кореньев.

«КАК ДЕТИ ЗАБРОСИЛИ НА НЕБО СОЛНЦЕ»

Прежде солнце было человеком, который жил на земле, в своем доме, и его звали Солнечная Подмышка — от одной из его подмышек исходило сияние. Днем солнечный свет был белым, а ночью красным, как огонь. Когда он лежал, подняв вверх руку, вокруг становилось светло, как днем. Стоило ему опустить руку как повсюду наступала тьма. А как только он снова поднимал руку, вокруг его жилища разливалось сияние. Но вся остальная страна была сумеречной, и небо было тогда черным — света было столько, сколько бывает сейчас в пасмурный день, когда небо сплошь затянуло плотными облаками, скрывающими солнце. И вот люди древнего народа решили заставить солнце подняться в небо, чтобы оно обогревало и освещало всю землю и чтобы они могли сидеть и греться на солнце.

Одна старая женщина, у которой не было своих детей, сказала другой, чтобы та послала своих сыновей к этому старику, Солнечной Подмышке. Она сказала, что дети должны отправиться к нему и дождаться пока он заснет. Она сказала этой женщине, что ее дети должны осторожно приблизиться, поднять Солнечную Подмышку и забросить его на небо. И тогда солнце будет ходить по всему небу и будет сиять повсюду, и вся земля будет освещена. А личинки термитов буду сохнуть на солнце.

Мать передала детям все, о чем говорила ей эта старуха. Она сказала детям:

— Дети! Дождитесь, пока солнце ляжет спать, и осторожно приблизьтесь. Потом все вместе схватите спящего, поднимите его и бросьте вверх, в небо.

Так ей говорила старуха, и так она передала все своим детям.

И вот дети собрались идти, а старая женщина сказала им:

— Вы должны пойти и сесть там и наблюдать за ним: если он лежит с открытыми глазами и смотрит, то сидите и ждите, пока он не заснет.

И еще она сказала:

— О дети! Скажите старику, что он должен превратиться в солнце, он должен стать жарким солнцем. Впредь он будет передвигаться по небу, он будет жить вверху, в небе, как жаркое солнце, и тогда личинки термитов будут сохнуть.

А дети слушали эту старую женщину, голова которой была седой, слушали все, что она им говорила И они слушали свою мать, которая передала им вес что говорила об этом старая женщина.

И вот дети отправились к нему. Они пришли, сели и стали ждать, а он лежал, подняв вверх локоть, и его Подмышка освещала все вокруг. Они сидели и ждали. Потом они встали и прошли еще немного, осторожно приближаясь к нему. Они опять остановились и посмотрели на него, потом опять пошли вперед, осторожно подкрались к нему и, схватив его все вместе, подняли его вверх, а он был горячим. И они бросили его раскаленного, вверх и сказали ему, раскаленному:

— О солнце! Ты должно крепко держаться там наверху, и двигаться по небу как раскаленное солнце

Они сделали все так, как им говорила старая женщина.

Их отец сказал:

— Солнечная Подмышка крепко держится там, наверху. Это дети забросили его вверх, когда он лежал и спал.

Дети возвратились. Они пришли и рассказали, как все было. Старший из них сказал:

— Вот этот юноша держал его; я также держал его; мой младший брат держал его; и другой мой младший брат также его держал; и вот этот юноша со своим младшим братом держали его. Я говорил: "Держите его крепче! Крепко держите старика!" Затем я сказал; "Бросайте его вверх! Бросайте старика вверх!" И мы бросили вверх старика-солнце.

Юноша сказал старой женщине:

— О бабушка! Мы бросили его вверх. Мы сказали, что он должен превратиться в солнце, жаркое солнце, потому что мы зябнем. Мы сказали ему: "О дедушка, Солнечная Подмышка! Оставайся там, стань жарким солнцем, чтобы личинки термитов могли высохнуть, чтобы вся земля стала светлой, чтобы вся земля стала теплой, чтобы ты все обогревал. Ты должен всегда сиять, прогоняя тьму. Когда ты будешь приходить, тьма будет уходить".

Солнце приходит — тьма уходит. Солнце садится — приходит тьма, а вместе с ней ночью приходит луна. Когда светает, солнце выходит, а тьма уходит. Ночью же выходит луна, луна освещает тьму, и тьма отступает. Луна сияет, унося тьму, а потом луна заходит и выходит солнце, оно разгоняет тьму и гонит луну. Но луна останавливается, и солнце пронзает луну своим ножом, и луна слабеет и угасает. Тогда луна говорит:

— О солнце! Ради моих детей оставь мне хотя бы спинной хребет!

И солнце уступает ее просьбам, оно оставляет ей спинной хребет ради детей. Так поступает солнце, и больная луна уходит прочь, она с трудом идет дальше и, больная, возвращается домой. Ей кажется, что она умирает.

Но луна вновь оживает и снова становится полной луной. Когда она становится новой луной, у нее опять вырастает живот, она становится большой, полной луной. Она оживает и выходит, она движется ночью по небу. Она — сандалия Цагна. Он некогда бросил ее в небо и приказал стать луной — темнота мешала ему И вот луна бродит в ночи.

Появляется солнце — и вся земля сияет, появляется солнце и освещает все вокруг — и люди могут везде ходить. Люди видят кустарник, они видят друг друга они видят мясо, которое едят; они видят газель, они гонят газель, и они стреляют в газель; они гонят страуса, они подкрадываются к антилопе, они также подкрадываются к антилопе куду, когда светло. Они ходят друг к другу в гости, когда солнце сияет и на земле светло, и солнце освещает им путь. Они странствуют, они охотятся и стреляют, они находят газель, они гонят газель, они устраивают на нее засаду и лежат в укрытии. Они лежат, вырыв в земле ямку и прикрывшись кустарником. Они лежат в этом маленьком домике из кустарника и ждут, пока появится газель.

«КАК УМЕРЛА ЗАЙЧИХА»

Так рассказывают.

Один человек убил антилопу канна, вынул из нее кишки и отнес их зайчихе, которая жила с ним в его хижине.

Вместе с зайчихой они отправились к пруду, захватив с собой водяной корень. Они напились из пруда, и зайчиха стала мыть водяной корень, сильно расплескивая воду, а потом бросила его — вот так швырнула его в пруд, и он упал в воду. Потом зайчиха принесла воды и оставалась в хижине, где лежала убитая антилопа канна.

Пришел ее муж, он принес мясо, а кишки отдал зайчихе. Она полизала их, натерла ими шкуру, а муж смотрел, что она делает.

— Жена моя, что ты делаешь? — спросил он и убежал. А зайчиха осталась дома и плакала: "Тшва" тшва, тшва!"

Когда муж заснул, она прислушалась, взяла обломок палки и воткнула его в землю. Она легла на палку. Опять она заплакала:

— Тше, тше, тше! Что это колет меня?

Сказав это, она умерла.

Ее мать сказала:

— Поднимите ее! Она спит смертным сном. Дочь моя уже давно умерла. Возьмите, поджарьте ее на огне, а когда поджарите, съешьте!

«О ГНЕРРУ И ЕЁ МУЖЕ»

В давние времена, когда птицы Гнерру были людьми, один человек древнего народа женился на Гнерру. Они отправились собирать личинки термитов: её муж выкапывал их палкой, а она складывала в мешок из шкуры газели. Личинки были все в земле, она вымыла их, и они вернулись домой.

Наутро Гнерру и её муж снова отправились на поиски пищи. Муж выкапывал личинки — он был внизу, в яме, а Гнерру стояла наверху. Он складывал личинки в мешок, который держала Гнерру. Она утрясала мешок, а он выкапывал ещё и ещё и накладывал сверху. Потом он пошёл в другое место и опять нашёл личинки, он выкопал их и тоже положил в мешок. И вот мешок был уже полон доверху.

Но он опять пошёл искать личинки, выкопал их и воскликнул:

— Дай мне твой маленький каросс, я положу в него личинки!

Жена возразила:

— Мы, из рода гнерру, не приучены складывать грязные личинки в наш каросс, который мы надеваем на спину.

Он опять воскликнул:

— Дай же мне твой маленький каросс, я положу в него личинки. Жена сказала:

— Клади на землю, мы не приучены складывать личинки с землёй в кароссы. А он всё твердил:

— Ну, дай мне, дай мне маленький каросс, чтобы положить личинки.

Тогда жена сказала:

— А ты положи их на землю и сверху присыпь землёй.

Он опять воскликнул:

— Дай мне каросс, я положу в него личинки, — а сам сорвал с неё каросс. И её внутренности вывалились.

Увидев это, он заплакал и воскликнул:

— Ох, моя жена! Что мне теперь делать? А жена встала и запела:

Мы из рода гнерру,

У нас не принято класть грязные личинки

В кароссы, которые носим на спине.

Мы из рода гнерру,

У нас не принято класть грязные личинки

В кароссы, которые носим на спине.

Она положила свои внутренности обратно и пошла к дому своей матери. И вот она шла и пела:

Мы из рода гнерру,

У нас не принято класть грязные личинки

В кароссы, которые носим на спине.

Её мать была дома, она услышала и сказала одной из своих дочерей:

— Взгляни в ту сторону, куда твоя старшая сестра ушла искать пищу, — мне кажется, будто ветер доносит её голос. Уж не случилось ли чего — ведь мужья твоих сестёр не умеют вести себя как должно.

Её дочь поднялась, посмотрела и воскликнула:

— Вот идёт твоя дочь, она идёт и падает!

Тогда мать сказала:

— Видишь, что делают мужья твоих старших сестёр! Уж если они берут нас в жёны, то им следовало бы вести себя должным образом, а они поступают как сумасшедшие.

Она побежала навстречу своей дочери, захватив с собой новый маленький каросс, который был у неё припрятан на всякий случай. Она надела его на дочь, подхватила её внутренности, вложила в маленький каросе и обвязала дочь ремешками каросса — их было четыре так как каросс был сделан из шкуры газели и это полоски кожи с ног газели. И она медленно повела свою дочь домой, она отвела её в свою хижину.

Она очень рассердилась на мужа своей дочери и когда он хотел прийти к жене, не пустила его Она сказала, чтобы он вернулся к своему народу. Она сказала, что раз люди древнего народа не понимают, как надо вести себя с гнерру, то пусть уходят.

И вот муж её дочери пошёл обратно, к своим, а гнерру продолжали жить там.

«О ГХАГАРА И ГХАУНУ, КОТОРЫЕ БОРОЛИСЬ ДРУГ С ДРУГОМ МОЛНИЯМИ»

В давние времена дождь был человеком — Гхауну. Его женой была младшая сестра птицы Гхагара. И вот Гхагара решил забрать свою младшую сестру у ее мужа Гхауну и отправился за ней, чтобы отвести ее обратно к родителям.

А Гхауну стал преследовать своего шурина, и они увидели, как он прошел возле них, за холмом, — заклубились облака и исчезли.

Гхагара стал торопить сестру:

— Надо идти дальше, до дома еще далеко! Гхауну прошел возле них — появились облака и снова исчезли.

Гхагара сказал своей младшей сестре:

— Ну, иди дальше, ведь ты же видишь, это Гхауну!

И она шла дальше с тяжелой ношей — она несла вещи мужа. Они были подобны воде и давили ей на спину, пригибая ее к земле, и становились все тяжелее.

Гхауну опять прошел мимо них, за холмом, — они увидели, как снова появились облака и исчезли.

Их дом был уже неподалеку.

Гхагара подождал, пока сестра его нагонит, и воскликнул:

— Да что там за тяжесть ты тащишь с таким трудом?!

Услышав, как Гхагара говорит о его вещах, Гхауну разгневался. Он чихнул, так что кровь брызнула из его ноздрей, и метнул в Гхагара молнию. Но Гхагара, подняв руку, тут же отбил удар и метнул молнию в Гхауну. И они стали метать друг в друга молниями.

Гхагара сказал сестре:

— Не отставай, иди рядом со мной, ты же видишь, твой муж не дает нам передохнуть и мечет молнии одну за другойТак Гхагара и Гхауну, сердитые друг на друга, всю дорогу метали друг в друга молнии. Гхауну думал, что отгонит Гхагара молниями, но Гхагара не боялся их огня и, в свою очередь, отгонял мужа своей младшей сестры Гхауну. А муж его младшей сестры все метал молнии в своего шурина.

А потом Гхагара метнул в мужа своей младшей сестры черную молнию, и эта смертоносная молния отогнала Гхауну. Он упал и лежал в агонии, громыхая громом.

А Гхагара обвязал голову сетью, так как она у него раскалывалась от боли, и вернулся домой. Гхагара натерся бушу и натер бушу также свою младшую сестру. Он лег в своей хижине.

А Гхауну лежал там, где его сразила молния, громыхая громом.

Мои бабушки говорили: когда на востоке скапливаются тяжелые облака, которые громоздятся друг на друга, как горы, и сверкает молния, — это Гхагара и Гхауну борются друг с другом.

«О ГЦО-ГНУИНГ-ТАРА, ЖЕНЕ СЕРДЦА УТРЕННЕЙ ЗАРИ»

У Сердца Утренней Зари есть дочь — Дитя Сердца Утренней Зари. Он называет ее "мое сердце". Он проглатывает свою дочь, и вот он идет один, теперь это единственная звезда — Сердце Утренней Зари. Когда же его дочь вырастает, он выплевывает ее. И она становится его женой, теперь она тоже — Сердце Утренней Зари, и она выплевывает другое Дитя Сердца Утренней Зари, которое следует за мужем и женой — Сердцами Утренней Зари…

В давние времена жена Сердца Утренней Зари, рысь, была женщиной древнего народа, она была очень красива. Ее звали Гцо-Гнуинг-Тара. Муж Гцо-Гнуинг-Тара спрятал их ребенка под листьями съедобного корня гцуисси — он знал, что жена отыщет его там. Но сначала туда пришли другие животные и птицы — гиены, шакалы, голубые журавли и черные вороны,- и все они выдавали себя за мать ребенка. Но Дитя Сердца Утренней Зари только смеялось над ними, пока наконец не явилась его настоящая мать, и дитя ее Сразу узнало. Тогда оскорбленные шакал и гиена, чтобы отомстить, решили околдовать мать и превратить ее в рысь при помощи отравленных личинок термитов.

У Гцо-Гнуинг-Тара была младшая сестра Тсе-Де-Кое, девушка древнего народа, которая носила за неё ее палку-копалку. И вот они бродили вокруг в поиска личинок и копали, выискивая личинки в разрытой земле. Затем они собирали их, не давая им уйти обратно в землю.

А гиена взяла и отравила личинки почерневшим потом своих подмышек. Гцо-Гнуинг-Тара стала есть личинки, и вдруг все ее украшения — серьги, ручные и ножные браслеты, браслеты на лодыжках- стали с нее спадать, и ее каросс сам развязался и упал на землю, и ее кожаная юбка тоже соскользнула с нее и упала на землю, и сандалии тоже развязались сами.

Гцо-Гнуинг-Тара предупредила свою младшую сестру:

— Не трогай эти личинки — у них неприятный запах. Теперь тебе придется заботиться о ребенке.

Она превратилась в хищного зверя, вскочила и бросилась в заросли тростника.

Младшая сестра хотела ее удержать, она побежала за ней и закричала:

— О Гцо-Гнуинг-Тара! Кто же будет кормить твоего ребенка?

Ее старшая сестра ответила:

— Ты будешь приносить его, и я стану давать ему грудь. И пока я буду чувствовать, что я человек, а не хищный зверь, я буду с тобой разговаривать. Но ты приходи с ребенком быстрее, не медли. Принеси его завтра утром.

Младшая сестра вернулась домой, и гиена тоже пришла с ней, надев украшения Гцо-Гнуинг-Тара. Она пробралась в хижину и села на ее место. Сердце Утренней Зари вместе с другими мужчинами — шакалами, квагга, гну, страусами — были на охоте. Когда Сердце Утренней Зари вернулся домой, ребенок плакал и с ним была только его свояченица.

Он воскликнул:

— Почему это ребенок кричит, а Гцо-Гнуинг-Тара не обращает на него внимания?

Но гиена ничего не отвечала, а Тсе-Де-Коё успокаивала ребенка.

Дождавшись, пока муж ее старшей сестры снова отправился на охоту, она положила ребенка за спину и отправилась к своей старшей сестре.

Она шла, пока не добралась до зарослей тростника и позвала:

— О Гцо-Гнуинг-Тара, дай ребенку грудь.

Ее старшая сестра выпрыгнула из зарослей, подбежала и схватила ее, но она воскликнула: "Это я!" — и отдала ей ребенка.

Старшая сестра дала ребенку грудь и сказала:

— Приноси ребенка снова, да побыстрее, пока я еще чувствую себя человеком. Мне кажется, что я начинаю забывать тебя, я уже не узнаю тебя.

И она укрылась в зарослях тростника, а ее младшая сестра положила ребенка на спину и вернулась домой.

Перед заходом солнца она снова пошла с ребенком к своей старшей сестре.

Дойдя до зарослей тростника, она позвала:

— О Гцо-Гнуинг-Тара, дай ребенку грудь.

Ее старшая сестра выпрыгнула из зарослей, подбежала к ней и схватила ее, а она закричала:

— Это же я, это я!

Мать покормила ребенка грудью и сказала:

— Быстрее приноси его снова, так как я чувствую, что забываю тебя. Я уже не узнаю тебя.

И она скрылась в зарослях, а ее младшая сестра вернулась домой.

Утром младшая сестра снова отправилась к своей старшей сестре, она шла, шла, шла, шла, шла, пока не добралась до зарослей тростника, и позвала:

— О Гцо-Гнуинг-Тара! Дай ребенку грудь. А ее старшая сестра выпрыгнула из зарослей, подбежала к ней и схватила ее.

Младшая сестра отпрянула и закричала:

— Это я!

А старшая сестра сказала:

— Ты не должна больше приходить ко мне, так как я уже не чувствую себя человеком.

И младшая сестра вернулась домой.

А люди устроили танец гцу: женщины хлопали в ладоши, а мужчины кивали головами. Но гиена не вышла из хижины, она боялась, что ее узнают, хотя на ней и были надеты украшения Гцо-Гнуинг-Тара. И вот Сердце Утренней Зари, кивая головой подошел к свояченице и доложил руку на ее плечо.

А она уклонилась и воскликнула в гневе:

— Оставь меня! Пусть твои жены, старые гиены хлопают для тебя в ладоши!

Так она выдала гиену, раскрыв ее обман. Тогда Сердце Утренней Зари, схватив свой ассегай, бросился туда, где сидела гиена, и метнул в нее ассегай, но промахнулся. А гиена выскочила из дома и бросилась бежать, но, оступившись, попала в огонь и обожгла ногу. Гиена убежала, но украшения Гцо-Гнуинг-Тара, которые надевала гиена, остались лежать на том месте, где она сидела.

Сердце Утренней Зари стал бранить свояченицу за то, что она не сразу сказала ему о подмене и скрыла от него, что место его жены заняла гиена. Ведь гиена сидела к нему спиной, и он думал, что это Гцо-Гнуинг-Тара. Если бы она сидела к нему лицом, как это всегда делала его жена, он бы не ошибся. А если человек сидит к тебе спиной — мало ли кто может им оказаться! И вот так получилось, что он женился на гиене! Сердце Утренней Зари попросил свояченицу скорее сказать ему, где теперь его жена.

Но та ответила:

— Подожди, пока не рассветет. Мы пойдем туда, когда встанет солнце. Но не думай, что твоя жена осталась такой, какой она была прежде.

Утром он опять стал торопить свояченицу, чтобы они быстрее отправлялись.

Но она сказала:

— Прежде надо пригнать коз, чтобы выманить ее из зарослей тростника.

И вот они погнали коз к зарослям. Там Тсе-Де-Коё сказала мужу своей старшей сестры, чтобы он встал за ее спиной, а все остальные спрятались у него за спиной, так чтобы возле коз оставалась она одна.

Затем она позвала:

— О Гцо-Гнуинг-Тара, дай ребенку грудь!

Тут ее старшая сестра выпрыгнула из зарослей тростника и подбежала к ней. Но, заметив коз, она повернулась и бросилась на одну из них, а тем временем ее муж, ее младшая сестра и ее братья схватили ее. Потом зарезали коз и стали натирать Гцо-Гнуинг-Тара содержимым козьих желудков, и с нее стала сходить ее рысья шкура.

Тогда она сказала:

— Смотрите, не выдергивайте всю шерсть, оставьте немного волос на кончиках моих ушей, а то я перестану слышать.

И вот ее муж оставил кисточки на кончиках ее ушей. Но хотя братья Гцо-Гнуинг-Тара и вытащили ее из рысьей шкуры и она снова превратилась в прекрасную женщину, она уже не могла больше есть личинки термитов-ведь ее околдовали отравленными личинками. И теперь она стала рысью, которая ест мясо.

Сердце Утренней Зари не мог простить гиенам, что они околдовали его жену, и с тех пор, возвращаясь домой он всегда держал наготове лук и ассегай. Он шел, вонзая ассегай в землю, а его огромные глаза горели, как огонь. И все боялись его из-за его глаз, шакалы разбегались при его приближении.

«О ЖЕНЩИНЕ ДРЕВНЕГО НАРОДА И БЫКЕ-ДОЖДЕ»

В давние времена одна молодая женщина была больна и лежала в своей хижине, а возле неё, на кароссе, лежал её ребёнок. Бык-дождь вышел из водоёма, где был его дом, чтобы поесть. Он учуял запах молодой женщины и пожелал её. Он пустился рысью вперёд и приблизился к хижине, окутав её туманом.

И молодая женщина тоже почувствовала запах дождя, его свежее дыхание. Она почувствовала, как он подошёл к хижине, где она лежала, вот он обошёл хижину и остановился перед входом, затаившись и припав к земле.

Но она увидела его уши и воскликнула:

— Кто здесь?!

Молодая женщина схватила кустарник бушу и бросила в лоб быку.

Потом она встала и оттолкнула его, не прикасаясь к нему, так что между её рукой и лбом быка-дождя был бушу. Затем молодая женщина осторожно взяла ребёнка, завернула его в каросс и положила в сторонке — чтобы её муж потом его забрал. Она думала, что больше сюда не вернётся, она должна умереть и превратиться в лягушку. Бык-дождь заберёт её в своё водяное жилище.

Она взобралась на быка-дождя, и он понёс её к водоему. А она сидела на его спине и смотрела по сторонам, выискивая подходящее дерево.

Увидев дерево гхуерритен-гхуерритен, она сказала быку-дождю:

— Пойди к тому большому дереву и усади меня там, так как я больна.

И бык-дождь пустился рысью и принёс её прямо к этому дереву.

А она сказала:

— Встань под деревом, у самого ствола.

И тогда молодая женщина достала бушу, натерла им шею быка-дождя, и дождь сразу же уснул.

Увидев, что бык-дождь спит, она перебралась на дерево гхуерритен-гхуерритен и потом, держась за ветви, слезла с дерева и стала крадучись пробираться к дому.

Она уже добралась до дому, когда бык-дождь проснулся, почувствовав, что стало прохладно. Он вскочил и пошёл, думая, что женщина всё ещё сидит на его спине. Он пришёл к водоёму и вошёл в воду.

А женщина взяла бушу, сожгла его и стала натираться золой, так как она была "зеленая" и пропахла грибом кцху. И вот она натиралась, чтобы отбить этот запах дождя.

Пришли старые женщины, которые собирали коренья, и стали жечь рог, чтобы дождь почувствовал этот запах и не сердился на них. Если бы эта молодая женщина не вела себя так мудро, то все люди погибли бы, они превратились бы в лягушек.

«О МАТЕРИ-НОСОРОГЕ И ЕЕ ДОЧЕРЯХ»

У носорога было две дочери. Пока мать-носорог была в поле, к ее старшей дочери приходили по очереди свататься ее поклонники — сначала шакал, потом гиена, а затем рысь. Но, как только являлся очередной поклонник, младшая дочь каждый раз бежала к матери, чтобы сообщить ей о госте.

Мать-носорог говорила ей:

— Принеси мне мой короткий рог! Затем она надевала этот рог и мчалась к хижине, но серебристый шакал, отец девушек, успевал предупредить очередного поклонника, и тот немедленно убегал. Но вот пришел свататься леопард.

Младшая сестра побежала к матери и сказала ей, новый гость не похож на всех прежних женихов.

Тогда мать велела:

— Принеси мне мой длинный рог!

Когда она появилась, то застала у себя дома леопарда. Он не убежал, как все до него, хотя тоже был предупрежден об опасности. Мать-носорог бросилась на него, но он даже не пошевелился. Когда мать-носорог толкнула леопарда, старшая дочь набросилась на свою мать. Но та сказала, что только испытывала смелость ее поклонника, и заявила, что этот жених ей подходит — ведь он не убежал, как все прочие.

«О ТРУБКОЗУБЕ И РЫСИ»

Трубкозуб жил вместе с рысью, которую он избаловал, потому что любил рысь за ее красоту и за то, что она играла на музыкальном луке.

Как-то трубкозуб спал, положив голову на лук, как обычно. Но вдруг ночью лук зазвучал и разбуди трубкозуба. Однако рысь сказала, что лук зазвучал, потому что трубкозуб повернулся во сне.

Но на следующее утро, когда трубкозуб проснулся и попросил рысь сыграть для него, ему никто не ответил. Рысь украли люди. Трубкозуб стал преследовать их под землей и, забежав вперед, вырыл яму в которую они все попадали и убились. А трубкозуб за брал рысь домой.

«О ЧЕЛОВЕКЕ, КОТОРЫЙ ВЕЛЕЛ ЖЕНЕ ОТРЕЗАТЬ ЕМУ УШИ»

В прежние времена один человек древнего народа попросил жену отрезать ему уши — он хотел походить на своего младшего брата. На самом же деле жена его младшего брата просто побрила тому голову, сняв волосы, а не кожу.

Жена отказывалась, но он настаивал. И вот его жена отрезала ему уши. Тут он как стал кричать! А ведь он сам просил, чтобы она это сделала.

«ОБ ОСЕ-КАМЕНЩИКЕ И ЕГО ЖЕНЕ»

В давние времена оса-каменщик была человеком. Вот как-то, взяв с собой лук и колчан со стрелами, муж-оса отправился вместе со своей женой. Он шел впереди, а жена — сзади.

Жена попросила:

— О муж мой! Убей для меня этого зайца! Муж положил свой колчан на землю и спросил:

— Где же заяц? Жена показала:

— Вон там он лежит.

И муж вынул стрелу и, пригнувшись, двинулся вперед — так, как обычно делают люди, чтобы не спугнуть зайца, когда тот лежит, затаившись.

А жена сказала:

— Сбрось свой каросс! Почему ты его не снимаешь?

И муж, продолжая продвигаться вперед, ослабил завязки своего каросса и сбросил его на землю.

Тогда его жена стала смеяться над ним, над его тонкой талией:

— Как это ты таким уродился? Так вот почему ты не хотел снять каросс!

Тут муж повернулся, прицелился из лука в свою жену и выстрелил, так что наконечник стрелы вонзился ей прямо в грудь. Его жена упала замертво.

Тогда он заплакал:

— И-и, и-и, и-и! О моя жена, и-и!

Он так плакал, как будто это не он же сам ее и подстрелил. Он плакал, потому что вынужден был так поступить и убить свою жену, и вот она умерла.

«СМЕРТЬ ЯЩЕРИЦЫ»

В давние времена Гцау, ящерица агама, был человеком древнего народа. Однажды Гцау отправился в путь, он хотел перейти через горы.

И вот он шел и пел:

Я собираюсь перебраться Через Гхуру-тспа
По ущелью,

А потом
Я собираюсь перебраться
Через Гце-гцваи
По ущелью.
Я собираюсь перебраться
Через Гхуру-тсна
По ущелью.
Я собираюсь перебраться
Через Гце-гцваи
По ущелью.

Но когда он проходил горы, думая перепрыгнуть их, горы схватили его и разломали. И вот передняя часть его тела опрокинулась и остановилась — она превратилась в гору Гхуру-тсна, а задняя часть опрокинулась, остановилась и превратилась в гору Гце-гцваи.

«СЫН ВЕТРА»

Ветер прежде был человеком. Он был сыном ветра. Как-то он играл с одним мальчиком по имени Гна-Ка-Ти, они катали по земле шар из кцуарри.

Ветер воскликнул:

— О Гна-Ка-Ти, смотри!

А Гна-Ка-Ти катил шар к нему и кричал ему в ответ:

— Приятель! Смотри!

Гна-Ка-Ти не знал его имени. Поэтому Гна-Ка-Ти называл его приятелем.

Ветер же всегда называл его по имени, он говорил:

— О Гна-Ка-Ти! Смотри!

И тогда Гна-Ка-Ти пошел к матери, чтобы узнать у нее имя своего товарища по игре.

Он сказал:

О мать, скажи мне, как зовут вон того моего приятеля. Он всегда называет меня по имени, а я его имени не знаю. Я тоже хочу называть его по имени, когда я качу к нему шар.

А мать сказала:

— Я не хочу сейчас называть тебе его имя. Подожди, пусть сначала отец укрепит нашу хижину, чтоб мы могли там укрыться. Тогда только ты узнаешь от меня имя своего приятеля. Но помни: как только задует ветер, тут же беги домой; ты должен скорее добраться до хижины, чтобы тебя не унесло ветром.

Мальчик ушел, и они опять стали играть. А потом он снова пришел к матери, чтобы узнать у нее имя своего товарища.

И тогда его мать назвала имя, повторив его несколько раз:

— Это Тсерритен-Гцуанг-Гцуанг, это Гхау-Гхаубу. Ти! Это Тсерритен-Гцуанг-Гцуанг, это Гхау-Гхаубу-Ти! Это Тсерритен-Гцуанг-Гцуанг!

Гна-Ка-Ти опять пошел гонять шар, и они стали играть, но он не называл друга по имени, он помнил, как мать его предупреждала:

— Ты не должен пока произносить имени твоего товарища, даже если он будет называть тебя по имени, А как только ты произнесешь его имя, сразу же беги домой, иначе тебя унесет ветром!

И они гоняли шар, а его товарищ называл его по имени. Наконец Гна-Ка-Ти увидел, что его отец закончил работу и надежно укрепил хижину, и Гна-Ка-Ти понял, что теперь он может произнести имя своего товарища.

Гна-Ка-Ти покатил шар к своему товарищу и крикнул:

— Смотри, о Тсерритен-Гцуанг-Гцуанг! Смотри, о Гхау-Гхаубу-Ти! Смотри!

И он тут же кинулся бежать, он помчался домой со всех ног, а его товарищ вдруг наклонился и упал в ложбинку. Он лежал, яростно брыкаясь. И вдруг подул ветер — такой сильный, что унесло циновки, из которых были сделаны хижины, и разметало заслоны из кустарника, которыми прикрывали хижины, а люди ничего не видели из-за пыли.

Тогда мать ветра вышла из дома — их хижина осталась цела, так как они сами были ветрами. Она подошла к сыну, схватила его и поставила на ноги.

Он не хотел стоять и норовил снова улечься. Но мать удерживала его на ногах. И вот ветер утих, и пыль тоже улеглась. Поэтому мы говорим:

— Когда ветер лежит, он дует очень сильно. Когда же он стоит прямо, то утихает. Шум, который производит ветер, возникает от того, что он брыкается, и это шум от его коленей.

Теперь сын ветра превратился в птицу, он больше не ходит, как человек, а летает. Он живет в пещере, в горе, выходит оттуда и летает повсюду, а затем возвращается обратно. Он спит в пещере, а рано утром просыпается и вновь улетает на поиски пищи, потом возвращается в пещеру и спит там.

ЕГИПЕТСКИЕ СКАЗКИ

«АЛИБЕГ КАШКАШИ»

В городе Каире, в сердце Египта, жил старик, по имени Алибег Кашкаши. Он был хром на левую ногу и, проходя по улицам города, на каждом шагу приплясывал. Городским ребятишкам это казалось смешным, и, завидев старика ещё издали, они сами начинали приплясывать и кричать нараспев:

Алибег Кашкаши, Попляши, насмеши!

Когда он к ним приближался, шалуны кричали ещё громче:

Алибег Кашкаши, Попляши, насмеши!

Когда же он проходил, безобразники следовали за ним по пятам. И, куда бы ни шёл старик, всюду слышал он одно и то же:

Попляши, насмеши! Попляши, насмеши!

Наконец это надоело Алибегу. Он нагнулся, поднял с дороги камень и бросил в озорников. Камень попал одному из мальчишек в голову, и на лбу у него вздулась большая шишка. Шалун побежал к отцу, громко плача и жалуясь на злого Алибега. Разгневанный отец выбежал из дома, схватил Алибега за руку и привёл к судье.

— Этот злой Алибег, — сказал отец, — бросил камнем в моего любимого сына и поставил ему на лбу большую шишку. Расправься с ним!

Строгий судья спросил Алибега:

— Злой человек, как посмел ты обидеть ребёнка? Я тебя накажу по закону.

Но вместо ответа Алибег состроил смешную рожу и закричал нараспев точь-в-точь, как это делали ребятишки:

Вот-вот, накажи, Народ насмеши!

— Конечно, я тебя накажу! — воскликнул судья. Тогда Алибег запел ещё громче:

Накажи, накажи, Народ насмеши!

Кривляясь и гримасничая, он стал приплясывать перед судьёй и продолжал петь:

Накажи, накажи, Народ насмеши!

— Замолчишь ли ты, безумный старик! — закричал судья, и лицо его стало красным от гнева.

Накажи, насмеши! — не слушая судью, продолжал Алибег.

Разъярённый судья сделал знак стражникам, и солдаты схватили Алибега. Тогда Алибег рассмеялся и сказал судье:

— О справедливейший из справедливых! Ты вышел из себя, и лицо твоё покраснело от гнева, а я спел тебе эту глупую песенку только четыре раза. Подумай же, каково было мне, если злые мальчишки каждый день бегали за мной и высмеивали моё имя. Разве не имел я права рассердиться?

Тогда судья понял, что Алибег не виновен, и сказал отцу мальчика:

— Этот почтенный человек украсил твоего сына шишкой на лбу. Ступай же домой, возьми прут тростника и разукрась шалуна с другого конца.

Так сказал судья и отпустил Алибега.

С этого дня дети перестали дразнить хромого. При встрече с ним они кланялись и вежливо приветствовали его:

— Здравствуйте, дедушка Алибег Кашкаши!

«ДВА БРАТА»

Вступление.

Жили, говорят, два брата от одной матери, от одного отца. Ануп было имя старшего. Бата было имя младшего.

Ануп, тот имел дом, имел жену, а младший брат жил с ним как бы на положении сына. Он Ануп изготовлял для него одежду, в то время как тот пас его скот в поле; он Бата пахал; он собирал для него урожай; он выполнял для него все полевые работы. И был егоот спустя много дней после этого его младший брат пас его скот по своему ежедневному обыкновению, и он возвращался к себе домой каждый вечер, нагруженный всевозможными полевыми травами, молоком, дровами и всевозможными другими прекрасными продуктами поля, и он клал их перед своим старшим братом, который сидел со своей женой, и он пил, и он ел и он отправлялся, один, в свой хлев спать среди своих животных.

И вот когда осветилась земля и наступил второй день, он варил пищу и клал ее перед своим старшим братом, и тот давал ему хлеба для поля, и он гнал своих коров, чтобы пасти их в поле. Он шел позади своих коров, а они говорили ему: "Хороша трава в таком-то месте", - и он выслушивал все, что они говорили, и он вел их к месту с хорошей травой, которой им хотелось. И порученные ему коровы становились все тучнее и тучнее и давали приплода все больше и больше.

Неверная жена.

И вот в период пахоты его старший брат сказал ему:

— Приготовь-ка для нас запряжку, потому что поле уже вышло из воды и пригодно для пахоты. Далее, приходи в поле с семенами, так как завтра с утра мы будем усердно пахать, — сказал он ему.

И его младший брат выполнил все поручения, относительно которых его старший брат сказал ему:

— Выполни их!

И вот когда осветилась земля и наступил второй день, они отправились в поле со своими семенами, и они усердно пахали, и их сердца были очень, очень радостны из-за успешного начала их работ.

И вот спустя много дней после этого они были в поле, и им нехватило семян.

И он Ануп послал своего младшего брата, говоря:

— Сбегай, принеси нам семян из селения. Его младший брат застал жену своего старшего брата, когда она сидела и делала себе прическу.

И он сказал ей:

— Встань, дай мне семян, и я снова поспешу в поле, так как мой старший брат ждет меня. Не мешкай!

И она сказала ему:

— Ступай, открой амбар и возьми себе что хочешь. Не заставляй меня бросать мою прическу незаконченной.

И юноша вошел в свой хлев, принес оттуда большой горшок-ему хотелось захватить побольше семян, нагрузил себя ячменем и полбой и вышел с этой ношей.

И она сказала ему:

— Сколько весит то, что у тебя на плече? Он сказал ей:

— Полбы-три меры и ячменя-две меры, всего пять, вот что у меня на плече,- сказал он ей.

И она обратилась к нему, говоря:

— Ты очень силен; я ежедневно любуюсь на твою мощь. — Ей хотелось познать его так, как познают мужчину.

И она встала, схватила его и сказала ему:

— Пойдем, проведем вместе часок, поспим. Это будет выгодно для тебя: я сделаю тебе красивые одежды.

И юноша рассвирепел, как леопард, из-за гнусности, которую она сказала ему, и она сильно-сильно испугалась.

И он стал говорить ей:

— Ведь ты для меня все равно что мать, и твой муж для меня все равно что отец; и как старший он вырастил меня. Ах, это страшная подлость то, что ты мне сказала, — не повторяй мне ее! И я не расскажу о ней никому, и не допущу, чтобы о ней стало известно кому-нибудь из моих уст!

Он поднял свою ношу и отправился в поле. И он пришел к своему старшему брату; они усердно трудились, выполняя свою работу.

Клевета.

И вот в вечернюю пору его старший брат вернулся домой, когда его младший брат еще пас своих животных. Затем он нагрузил себя всевозможными прекрасными продуктами поля и погнал своих животных на ночлег в их хлев, находившийся в селении.

А жена его старшего брата была охвачена страхом из-за того, что она сказала. И она взяла жиру, тряпочку; она прикинулась избитой, намереваясь сказать своему мужу: "Это твой младший брат избил меня".

Ее муж вернулся вечером, по своему ежедневному обыкновению. Он пришел к своему дому. Он нашел свою жену лежащей, притворившейся больной. Она не полила ему воды на руки, как он к этому привык. Она не засветила перед его приходом огня. Его дом был погружен во тьму. Она лежала, и ее рвало.

Ее муж сказал ей:

— Кто это говорил с тобой? Она сказала ему:

— Никто не говорил со мною, кроме твоего младшего брата. Когда он пришел, чтобы взять для тебя семян, он застал меня сидевшей в одиночестве. Он сказал мне: "Пойдем, проведем вместе часок, поспим; сделай свою прическу, — сказал он мне. Я не слушала его. "Разве я тебе не мать! И твой старший брат для тебя не все равно что отец!" — сказала я ему. Он испугался. Он избил меня, чтобы я не передала тебе. Если теперь ты допустишь, чтобы он остался в живых, умру я сама. Смотри же, когда он придет, не слушай его, так как, когда я стану его уличать в этом гнусном поступке, он будет клеветать на меня.

И его старший брат стал как леопард. Он наточил свое копье и взял его в руку.

Бегство баты.

И его старший брат встал за воротами своего хлева, собираясь убить своего младшего брата, когда вечером тот вернется, чтобы загнать своих животных в хлев.

И вот когда солнце зашло, он загрузил себя по своему ежедневному обыкновению всевозможными полевыми травами и вернулся. Первая корова вошла в хлев и сказала своему пастуху:

— Смотри, твой старший брат стоит здесь со своим копьем, чтобы убить тебя. Беги от него.

И он услышал то, что сказала его первая корова. Другая корова вошла; она сказала то же самое. Он заглянул под ворота своего хлева и увидел ноги своего старшего брата: тот стоял за воротами с копьем в руке. Он положил свою ношу наземь и пустился бежать. Его старший брат бросился за ним со своим копьем.

И его младший брат воззвал к Ре-Харахти:

— Мой добрый господин. Ты тот, кто отделяет несправедливость от справедливости.

Ре внял его мольбам. Ре сделал так, что между ним и его старшим братом появилось большое водное пространство. Оно кишело крокодилами. Один из братьев оказался на одной стороне, другой — на другой. Его старший брат два раза ударил себя по руке из-за того, что не убил его.

И его младший брат позвал с другой стороны и сказал:

— Оставайся здесь до рассвета. Когда засияет солнечный диск, я буду судиться с тобою перед ним, и он отдаст виновного правому; ибо я никогда больше не буду вместе с тобою, я не буду там, где находишься ты, я уйду в Долину кедра.

Бата расстается с братом.

И вот, когда осветилась земля и наступил второй день, Ре-Харахти засиял, и они увидели друг друга.

И юноша заговорил со своим старшим братом и сказал:

— Ты гонишься за мной, чтобы убить меня из-за клеветы, даже не выслушав того, что скажут мои уста! Ведь я же твой младший брат! И ты для меня все равно что отец! И твоя жена для меня все равно что мать! Разве не так?

Когда я был послан, чтобы принести для нас семян, твоя жена сказала мне: "Пойдем, проведем вместе часок, поспим". И смотри! Она извратила это перед тобой!

И он поведал ему все, что произошло у него с его женой.

И он поклялся богом Ре-Харахти, говоря:

— Ты пришел со своим копьем убить меня из-за клеветы, ради грязной девки!

Он взял тростниковый нож, отсек свой детородный член, бросил его в воду; сом проглотил его. Он ослабел и стал жалок. Сильно-сильно защемило сердце у его старшего брата. Он принялся громко оплакивать его, не имея возможности из-за крокодилов переправиться туда, где находился его младший брат.

И его младший брат позвал его и сказал:

— Ведь вот ты вспоминаешь о плохом, а разве ты не можешь вспомнить и о хорошем или о чем-нибудь, что я делал для тебя? Так отправляйся же к себе домой и заботься сам о своем скоте, так как я не останусь там, где находишься ты, — я уйду в Долину кедра. Ты же вот что должен будешь сделать для меня: ты придешь позаботиться обо мне, если узнаешь, что со мною что-то приключилось. Я вырву свое сердце и положу его на цветок кедра. Но когда кедр срубят и он упадет на землю и ты придешь искать его, то если ты проведешь в поисках его даже семь лет- пусть это тебе не надоест. А когда ты найдешь его и положишь в чашу прохладной воды, я оживу, чтобы отомстить тому, кто совершил преступление против меня.

Ты же узнаешь, что со мною что-то приключилось, когда ты возьмешь в руку кружку пива и оно сильно вспенится. Не медли, когда это случится с тобой!

И он отправился в Долину кедра. Его старший брат отправился к себе домой; рука его лежала на его голове; он был посыпан прахом. Он прибыл к себе домой, убил свою жену и выбросил ее собакам.

Долина кедра.

И вот спустя много дней после этого его младший брат был В Долине кедра. Никого не было с ним. Весь день он проводил в охоте на зверей пустыни, а вечером он возвращался спать под кедр, на цветке которого лежало его сердце.

И вот спустя много дней после этого он выстроил себе своими руками замок в Долине кедра, полный всякого добра, так как он хотел обзавестись собственным домом.

Однажды он вышел из своего замка и встретил богов Эннеады, которые странствовали, заботясь о всей стране.

И боги Эннеады поговорили между собой и сказали ему:

— Эй, Бата, телец Эннеады! Ты здесь один, после того как ты покинул свой город из-за жены Анупа, твоего старшего брата? Узнай же:

его жена убита, и ты отомстил ему за все причиненное тебе зло.

У них сильно-сильно болело сердце за него, и Ре-Харахти сказал Хнуму:

— Ах, сотвори женщину для Баты, чтобы он не оставался одиноким.

И Хнум сделал ему подругу. Во всей стране не было женщины прекраснее ее. Семя каждого бога было в ней.

И семь Хатор пришли взглянуть на нее. Они изрекли едиными устами;
— Она умрет от меча!

И он желал ее сильно-сильно. Она жила в его доме, а он проводил весь день в том, что охотился на зверей пустыни, приносил их и клал перед ней. Он говорил ей:

— Не выходи наружу, чтобы море не похитило тебя; ведь я не могу спасти тебя от него, ибо я женщина, как ты. А мое сердце лежит на цветке кедра, и если его кто-нибудь найдет, я должен буду сражаться с ним.

И он открыл перед ней все свое сердце.

Локон красавицы.

И вот спустя много дней после этого Бата отправился охотиться по своему ежедневному обыкновению. Тогда девушка вышла погулять под кедром, находившимся возле ее дома. И она заметила, что море погнало за ней свои волны. Она бросилась бежать от него и вбежала в свой дом.

И море крикнуло кедру:
— Схвати мне ее! Кедр принес прядь ее волос.

И море принесло эту прядь в Египет и положило ее там, где находились прачечники фараона.

И благоухание от этой пряди волос проникло в одежды фараона. Бранились с прачечниками фараона, говоря:
— Запах умащений в одеждах фараона.

Стали браниться с ними ежедневно, и они не знали, что им делать. Начальник прачечников фараона отправился на береговую насыпь. Его сердце сильно-сильно печалилось вследствие того, что с ним ежедневно бранились.

Он остановился и встал на песке как раз напротив пряди волос, находившейся в воде. Он приказал спуститься, и ее принесли ему. Нашли, что запах ее очень-очень приятен, и он отнес ее фараону.

И привели писцов и ученых фараона.

И они сказали фараону:

— Что до этой пряди волос, то она принадлежит дочери Ре-Харахти, в которой есть семя каждого бога. Это дар тебе от другой страны. Пошли гонцов во все чужеземные страны искать ее. Что же касается гонца, который пойдет в Долину кедра, пошли с ним много людей, чтобы привести ее.

Его величество сказал:

— Очень, очень хорошо то, что вы говорите. И их отправили.

И вот спустя много дней после этого люди, которые отправились на чужбину, вернулись, чтобы сделать донесение его величеству, но те, кто отправился в Долину кедра, не вернулись. Их убил Бата. Он оставил только одного из них, чтобы сделать донесение его величеству.

И его величество снова послал много солдат. а также воинов на колесницах, чтобы привести ее. С ними была женщина которую снабдили всевозможными красивыми женскими украшениями.

И женщина пришла в Египет вместе с нею, и радовались ей во всей стране.

И его величество сильно-сильно полюбил ее. Они возвели ее в ранг великой шепсет.

И Они беседовали с нею, желая выведать у нее, в чем сокровенная сущность ее мужа. Она сказала его величеству:

— Прикажи, чтобы срубили кедр и разрубили его на куски.

Послали воинов с их орудиями срубить кедр. Они прибыли к кедру. Они срезали цветок, на котором было сердце Баты. Он упал мертвым в тот же миг.

Превращения баты.

И вот когда осветилась земля и наступил второй день — кедр был уже срублен, — Ануп, старший брат Баты, вошел в свой дом. Он сел и вымыл свои руки. Ему дали кружку пива- оно сильно вспенилось; ему дали другую, с вином, — оно помутнело.

И он взял свой посох и свои сандалии, а также свои одежды и свое оружие и пустился в путь к Долине кедра. Он вошел в замок своего младшего брата. Он нашел своего младшего брата лежащим на своей кровати мертвым. Заплакал он, когда увидел, что его младший брат лежит мертвым. Он пошел искать сердце своего младшего брата под кедром, под которым его младший брат спал вечером. Он провел три года, разыскивая его, и не нашел его. И когда пошел четвертый год, сердце его захотело вернуться в Египет. Он сказал себе: "Я отправлюсь утром", — сказал он в сердце своем.

И вот когда земля осветилась и наступил второй день, он стал ходить под кедром. Весь день он искал его. Он вернулся вечером и продолжал искать его. Он нашел какое-то зернышко. Он вернулся с ним. Это и было сердце его младшего брата. Он взял чашу прохладной воды, бросил его в эту чашу и затем сел по своему ежедневному обыкновению.

И вот когда наступила ночь, его Баты сердце напиталось водой. Бата задрожал всем телом. Он стал смотреть на своего старшего брата; а сердце его еще находилось в чаше. Ануп, его старший брат, взял чашу прохладной воды, в которой находилось сердце его младшего брата. Он дал ему выпить ее. Его сердце встало на свое место, и он сделался таким, каким он был прежде.

И они обняли друг друга. Они говорили друг с другом.

И Бата сказал своему старшему брату:

— Смотри, я превращусь в огромного быка с шерстью различных красивых цветов, сущность которого неизвестна, и ты сядешь на мою спину и будешь сидеть, пока не взойдет солнце. Затем мы окажемся там, где находится моя жена, чтобы я мог отомстить ей за себя; и ты отведешь меня туда, где находятся Они, потому что Они осыплют тебя милостями; и тебя наградят серебром и золотом за то, что ты привел меня к фараону, так как я буду великим чудом и мне будут радоваться во всей стране; затем ты отправишься в свое селение.

И вот когда земля осветилась и наступил второй день, Бата принял обличье, о котором он говорил своему старшему брату.

И Ануп, его старший брат, сел к нему на спину на рассвете. Он прибыл туда, где находились Они. Дали знать о нем его величеству. Он осмотрел его. Он сильно-сильно обрадовался ему. Он совершил для него большое жертвоприношение, говоря: "Это великое чудо-то, что произошло". Радовались ему во всей стране.

И вес быка возместили его старшему брату серебром и золотом. Он снова зажил в своем селении. Ему пожаловали много людей и много всякого добра. Фараон любил его сильно-сильно, сильнее, чем кого бы то ни было во всей стране.

И вот спустя много дней после этого он вошел в кухонное помещение. Он остановился там, где находилась шепсет, и заговорил с ней:
— Смотри, я еще жив! Она сказала ему:
— Кто же ты такой? Он сказал ей:
— Я Бата. Ты ведь знаешь, что когда ты заставила срубить кедр для фараона, то это было сделано из-за меня: чтобы лишить меня жизни. Смотри, я еще жив! Я-бык!

И шепсет сильно-сильно испугалась того, что ей сообщил ее муж.

И он вышел из кухонного помещения.

Его величество сел и провел с ней приятный день. Она наливала напитки его величеству. Они были очень-очень ласковы с ней.

И она сказала его величеству:
— Поклянись мне богом, говоря: "То, что скажет шепсет, я выслушаю это ради нее".

Он выслушал все, что она сказала: "Позволь мне отведать печени этого быка, потому что он ведь ни на что не годен, — сказала она ему. Они были сильно-сильно огорчены из-за того, что она сказала. Сердце фараона сильно-сильно болело за него.

И вот когда осветилась земля и наступил второй день, возвестили о великом жертвоприношении-о торжественном принесении в жертву быка. Прислали главного царского мясника его величества, чтобы совершить заклание быка. Затем совершили его заклание.

И вот когда он уже лежал на плечах людей, он пошевелил своей шеей и уронил по капле крови возле каждого из косяков ворот его величества. Одна оказалась по одну сторону от великих врат фараона, другая — по другую сторону. Из них выросли две больших персеи, одна лучше другой.

И пошли сказать его величеству:

— Две большие персеи — великое чудо для его величества — выросли этой ночью возле великих врат его величества.

Радовались им во всей стране. Они принесли им жертву.

И вот спустя много дней после этого его величество появился в окне из ляпис-лазури, с гирляндой из разных цветов на шее, и он воссел на колесницу из золота. Он выехал из дворца, чтобы посмотреть на персеи.

И шепсет ехала позади фараона.

И его величество сел под одной персеей, шепсет-под другой. И Бата заговорил со своей женой:

— Ага, лгунья! Я-Бата. Я еще жив, наперекор тебе. Ты ведь знаешь, что ты из-за меня заставила фараона срубить кедр. Я превратился в быка — ты заставила убить меня.

И вот спустя много дней после этого шепсет стала наливать напитки его величеству. Они были ласковы с ней. И она сказала его величеству:

— Поклянись мне богом, говоря: "То, что шепсет скажет мне, я выслушаю это ради нее", — так должен ты сказать.

Он выслушал все, что она сказала. Она сказала:

— Вели срубить обе персеи и сделать из них красивую мебель.

И выслушали все, что она сказала.

И тотчас же его величество послал искусных мастеров. Стали рубить персеи фараона. И жена царя шепсет присутствовала при этом.

И одна щепочка отлетела. Она попала в рот шепсет.

И та проглотила ее и забеременела в один миг. Они2 сделали из персей все, что она пожелала.

И вот спустя много дней после этого она родила сына. Пошли сказать его величеству.

— У тебя родился сын.

И его принесли. Приставили к нему кормилицу и нянек. Радовались ему во всей стране. Они сели и провели счастливый день. Стали растить его. Его величество сразу же сильно-сильно полюбил его. Они возвели его в сан "царского сына страны Куш".

И вот спустя много дней после этого его величество сделал его наследным принцем всей страны.

И вот спустя много дней после этого — после того как он пробыл долгие годы наследным принцем во всей стране, — его величество улетел на небо.

И Они сказали: Возмездие!

— Пусть приведут ко мне моих "великих советников его величества", чтобы я мог поведать им все, что случилось со мною.

И привели к нему его жену. Он судился с нею перед ними. Дело решили в его пользу. Привели к нему его старшего брата. Он сделал его наследным принцем во всей своей стране. Он пробыл тридцать лет царем Египта. Когда он умер, его старший брат занял его место в день его кончины.

Завершено благополучно, в мире. Для писца сокровищницы фараона Кагабу равно как для писца Хори, писца Мериемопе. Изготовил писец Эннана, владелец этой книги. Кто будет хулить эту книгу, тому будет бог Тот противником.

«ЗМЕИНЫЙ ОСТРОВ»

Введение.

И отменный спутник царя сказал:
— Пусть успокоится твоё сердце, князь. Мы достигли родины: взята колотушка, вбит причальный кол, носовой канат брошен на землю, произнесены славословия, воздана хвала богу. Все обнимают друг друга. Наша команда вернулась невредимой, нет убыли среди наших воинов.

Мы достигли предела страны Вават, (Вават — страна, простиравшаяся с севера на юг между Нилом и Красным морем) прошли мимо острова Сенмут. И вот мы благополучно вернулись и достигли нашей страны.

Послушай же меня, князь: я не преувеличиваю. Умойся, полей воду на свои пальцы, чтобы ты мог отвечать, когда к тебе обратятся. Говоря с царём, сохраняй присутствие духа, отвечай без запинки. Уста человека спасают его, и его слово вызывает снисходительное отношение к нему.Впрочем, поступай по собственному разумению: утомительно говорить с тобой.

Подготовка к плаванию и буря.

Я хочу рассказать тебе о подобном же случае, происшедшем со мною самим.

Я направлялся к руднику государя. Я спустился к морю и сел на корабль ста двадцати локтей длины и сорока локтей ширины. На нём было сто двадцать отборных египетских моряков. Смотрели ли они на небо, смотрели ли они на землю,- их сердца всегда были отважнее львиных.

Они предсказывали бурю, прежде чем она грянет, и грозу, прежде чем она разразится.

Буря грянула, когда мы были на Великой Зелени (Красное море), прежде чем мы пристали к берегу. Продолжали плыть, но буря грянула снова и подняла вал в восемь локтей. Он пригнал ко мне бревно. Затем корабль пошёл ко дну; из тех, кто находился на нём, ни один не спасся. Я был выброшен на остров волной Великой Зелени.

На острове.

Я провёл три дня в одиночестве — только моё сердце было мне товарищем, — лежа под сенью дерева, под которым я обрёл тень. Наконец, я поднялся с целью поискать что-нибудь, что я смог бы положить себе в рот.

Я нашёл там винные ягоды и виноград, всевозможные овощи отменного качества; там были плоды кау и некут (плоды сикоморы), огурцы-такие, как будто их специально выращивали; там была рыба и птица. Не существует того, чего бы не было на острове. Я наелся досыта и бросил часть продуктов на землю, так как мои руки были переполнены. После того как я смастерил приспособление для получения огня, я добыл огонь и совершил всесожжение богам.

Змеиный царь.

Вдруг я услышал раскаты грома. Я подумал, что это прибой Великой Зелени. Деревья затрещали, земля задрожала. Наконец, я открыл своё лицо и увидел, что это змей, приближавшийся ко мне. Он был тридцати локтей, длина его бороды превышала два локтя. Его тело было позолочено, его брови были из настоящего лазурита. Извиваясь, он полз вперёд.

Он разинул свою пасть — а я лежал перед ним на своём животе — и сказал мне:

— Кто привёл тебя, кто привёл тебя, малыш? Кто привёл тебя? Если ты помедлишь с ответом — кто привёл тебя на этот остров, — то я сделаю так, что ты станешь пеплом, превратишься в нечто невидимое.

— Ты говоришь мне, ответил ему я, но я-я не понимаю того, что ты говоришь; я нахожусь перед тобою и поэтому растерялся.

Затем он схватил меня в свою пасть, отнёс в своё логово и положил, не ушибив меня: я остался цел и невредим.

Он разинул свою пасть — а я лежал перед ним на своем животе — и сказал мне:

— Кто привёл тебя, кто привёл тебя, малыш? Кто привёл тебя на этот остров Великой Зелени, оба берега которого омываются волнами?

Я ответил на это, согнув перед ним свои руки, и сказал ему:

— Я спускался к руднику государя на корабле ста двадцати локтей длины и сорока локтей ширины. На нём было сто двадцать отборных египетских моряков. Смотрели ли они на небо, смотрели ли они на землю-их сердца всегда были отважнее львиных.

Они предсказывали бурю, прежде чем она грянет, и грозу, прежде чем она разразится. Они были один другого отважнее, один другого сильнее, и не было среди них неопытных.

Буря грянула, когда мы были на Великой Зелени, прежде чем мы пристали к берегу. Продолжали плыть, но буря грянула снова и подняла вал в восемь локтей. Он пригнал ко мне бревно. Затем корабль пошёл ко дну; из тех, кто находился на нём, ни один не спасся, кроме меня. И вот-я у тебя. Я был выброшен на этот остров волной Великой Зелени.

И он сказал мне:

— Не бойся, не бойся, малыш, не тревожься теперь, когда ты добрался до меня. Ведь бог даровал тебе жизнь, раз он привёл тебя на этот остров Ка. Не существует того, чего бы не было на нём; он полон всякого добра. Ты будешь жить на этом острове месяц за месяцем, пока не пройдёт четыре месяца. И корабль придёт с твоей родины, на нём моряки, которых ты знаешь. Ты отправишься с ними на родину и умрёшь в своем городе. Как счастлив тот, кто может рассказывать о том, что он когда-то испытал, когда злоключения уже остались позади!

Я хочу рассказать тебе о подобном же случае, происшедшем на этом острове, где я находился некогда вместе с моими собратьями, среди которых были и дети. Всего нас было семьдесят пять змей — моих детей вместе с моими собратьями. Не стану упоминать тебе о юной дочери, которую я вымолил себе. Внезапно упала звезда, и они были охвачены её пламенем. И случилось так. что меня не было при этом, и они сгорели, когда меня не было среди них. Я едва не умер из-за них, когда нашёл вместо них только гору трупов.

Если ты мужествен, то смири своё сердце, и ты заключишь в свои объятия своих детей и поцелуешь свою жену — ты вновь увидишь свой дом, а это дороже всего. Ты вернёшься на родину, где ты пребывал прежде в кругу своих собратьев. Тогда я, лежа на своем животе, коснулся лбом земли перед ним. Я сказал ему:

— Я расскажу о твоём могуществе государю и поведаю ему о твоём величии. Я распоряжусь, чтобы тебе доставили иби, хекену, иуденеб, хесаит, воскуряемый в храмах ладан, которым услаждают всех богов. Я расскажу о том, что произошло, и о том, что я видел благодаря твоему могуществу. Тебе принесут благодарность в городе, в присутствии высшей знати всей страны. Я заколю тебе быков для всесожжения, я принесу тебе в жертву птиц. Я распоряжусь, чтобы к тебе привели караван судов, нагруженный всевозможными ценными продуктами Египта, — как и подобает поступать по отношению к любящему людей богу из далекой страны, неведомой людям.

Он засмеялся надо мною — над тем, что я сказал и что он счёл глупостью, — и сказал мне:

— Не много у тебя мирры; то, чем ты владеешь, — это ладан. Я же — повелитель Пунта, и миррой владею я. А хекену, который ты обещаешь доставить мне, он имеется в изобилии на этом острове. К тому же после того как ты удалишься отсюда, ты никогда больше не увидишь этот остров, который превратится в волны.

Возвращение на родину.

Корабль тот пришёл, как он заранее предсказал. Я пошёл, влез на высокое дерево и узнал тех, кто был на корабле. Я пошёл, чтобы рассказать об этом змею, но оказалось, что он уже знает об этом.

Он сказал мне:

— Возвращайся здоровым, возвращайся, малыш, здоровым домой, чтобы снова увидеть своих детей. Окружи моё имя доброй славой в твоём городе — вот чего я жду от тебя.

Я упал на свой живот, согнув перед ним свои руки. Затем он дал мне груз для корабля, состоявший из мирры, хекену, иуденеб, хесаит, тишепес, шаасех, (благовонный продукт дерева) черного притирания для глаз, хвостов жирафы, большой кучи ладана, слоновой кости, охотничьих собак, мартышек, павианов и всевозможных других ценных предметов. Затем я погрузил их на этот корабль.

Когда я растянулся перед ним на своём животе, чтобы поблагодарить его, он сказал мне:

— Ты прибудешь на родину через два месяца; ты заключишь в свои объятия своих детей, ты снова станешь юным на родине, где тебя похоронят.

Я спустился на берег, туда, где находился этот корабль. Я позвал команду корабля и воздал на берегу хвалу владыке этого острова; те, которые находились на корабле, сделали то же самое.

Мы поплыли, держа путь на север, к резиденции государя, и прибыли на родину через два месяца — в точности так, как он сказал. Затем я предстал перед государем и преподнёс ему подарок, который я привёз с этого острова.

Он поблагодарил меня в присутствии высшей знати страны. Я был пожалован в спутники царя и был награждён его царя людьми.

Заключение.

— Посмотри на меня, после того как я пристал к берегу, после того как мне довелось повидать всё то, что я испытал. Послушай же меня: людям полезно слушать.

Но он ответил мне:

— Не мудрствуй, друг мой: разве дают на рассвете воду птице, которую зарежут утром?

Доведено от начала до конца в соответствии с тем, что было найдено записанным в свитке писца с искусными пальцами, Амено, сына Амени, — да живёт он, благоденствует и здравствует!

«КОРШУН И КОШКА»

Жил некогда коршун, рожденный на вершине горного дерева. И жила кошка, рожденная у подножья этой горы.

Коршун не решался улетать из гнезда за кормом для своих птенцов, потому что боялся, что кошка их съест. Но и кошка тоже не отваживалась уходить за пищей для своих котят, потому что боялась, что коршун их унесет.

И вот однажды сказал коршун кошке:

— Давай жить как добрые соседи! Поклянемся перед великим богом Ра и скажем: «Если кто-нибудь из нас отправится за кормом для своих детей, другой не будет на них нападать!»

И они обещали перед богом ра, что не отступятся от этой клятвы.

Но однажды коршун отнял у котенка кусок мяса и отдал его своему коршуненку. увидела это кошка и решила отнять мясо у коршуненка. И когда он повернулся к ней, кошка схватила его и вонзила в него свои когти, увидел коршуненок, что ему не вырваться, и сказал:

— Клянусь Ра, это не твой корм! За что же ты вонзила в меня свои когти? Но кошка ему ответила:

— Откуда же у тебя это мясо? Ведь принесла его я и принесла не тебе!

Сказал ей тогда коршуненок:

— Я не летал к твоим котятам! И если ты станешь мстить мне или братьям моим и сестрам, то ра увидит, что ложной была та клятва, которую ты принесла.

Тут хотел он взлететь, но крылья не смогли унести его обратно на дерево. Словно умирающий, упал он на землю и сказал кошке:

— Если ты убьешь меня, то погибнет твой сын и сын твоего сына.

И кошка его не тронула.

Но вот коршун нашел своего птенца на земле, и злоба охватила его. Сказал коршун:

— Я отомщу! Это случится, когда Возмездие вернется сюда из отдаленных земель страны Сирии. Тогда пойдет кошка за пищей для своих котят, а я нападу на них. И станут дети ее кормом для меня и моих детей!

Однако коршун долго не мог улучить время, чтобы напасть на дом кошки и уничтожить весь род ее. Он следил за каждым шагом кошки и думал о своей мести.

И вот однажды отправилась кошка за пищей для своих котят. Коршун напал на них и унес. И когда кошка вернулась, она не нашла ни одного котенка.

Тогда кошка обратилась к небу и воззвала к великому Ра:

— узнай мое горе и рассуди нас с коршуном! Мы дали с ним священную клятву, но он нарушил ее. Он убил всех моих детей!

И ра услышал голос ее. Он послал Небесную силу, чтобы покарать коршуна, который убил детей кошки. Отправилась Небесная сила и отыскала Возмездие. Сидело Возмездие под тем деревом, где было гнездо коршуна. И Небесная сила передала Возмездию повеление ра покарать коршуна за то, что он совершил с детьми кошки.

Тогда Возмездие сделало так, что коршун увидел одного сирийца, который жарил на углях горную дичь. Схватил коршун кусок мяса и унес это мясо в свое гнездо. Но он не заметил, что к мясу пристали горящие угольки.

И вот гнездо коршуна запылало. Изжарились все его дети и упали на землю к подножью дерева.

Пришла кошка к дереву, где было гнездо коршуна, но птенцов не тронула. И сказала она коршуну:

— Клянусь именем Ра, ты долго охотился за моими детьми, и вот ты напал на них и убил! А я даже теперь не трогаю твоих птенцов, хоть они и поджарились в самый раз!

«ЛЕВ И МЫШЬ»

Жил некогда на горе могучий лев. Он охотился каждый день, и звери гор страшились силы его.

Однажды повстречал лев пантеру. Вся шкура ее была изодрана, и мех ее висел клочьями. От множества ран была она ни жива ни мертва. Спросил ее лев:

— Что случилось с тобой? Кто порвал твою шкуру, кто ободрал твой мех?

И пантера ему ответила:

— Это сделал человек. Спросил тогда лев:

— А кто такой человек? Ответила ему пантера:

— Нет никого хитрей человека! Никогда не попадайся ему в руки!

Затаил лев злобу на человека и отправился его искать. Повстречал он в пути осла и лошадь. Морды их опутывала узда, а в зубах были удила. Спросил их лев:

— Кто вас так связал?

И они ответили:

— Это наш господин, человек!

Удивился лев:

— Неужели человек сильнее вас? Тогда сказали они:

— Он наш хозяин. Нет никого умнее человека. Никогда не попадайся ему в руки!

Еще больше обозлился лев на человека и ушел от осла и лошади.

Повстречался он с быком и коровой, рога их были обпилены, ноздри их были проколоты, а на шее у них лежало ярмо. Спросил их лев, кто это сделал, и они сказали ему, что сделал это их господин, человек.

Пошел лев дальше и встретил медведя. Когти у него были обрезаны, а зубы вырваны. Спросил его лев:

— Неужели человек сильнее даже тебя? И медведь ответил:

— Да, сильнее. Был у меня в услужении один человек. Он приносил мне пищу. Но однажды сказал он мне: «Воистину твои когти слишком длинны; они мешают тебе брать пищу. А зубы твои слишком слабы и не дают тебе вкушать то, что ты хочешь. Позволь мне их вырвать, и я принесу тебе вдвое больше пищи, чем обычно!» И я позволил ему их вырвать. И вот он взял мои зубы и когти, швырнул мне в глаза песок и убежал. А мне уже нечем было его удержать.

Еще больше разгневался лев. Он ушел от медведя и стал искать человека.

Но вскоре увидел он другого льва, защемленного горным деревом, расколотый сверху ствол дерева зажал лапу льва, и лев горевал, потому что не мог убежать.

Спросил его лев, который пришел:

— Как же попал ты в такую беду? Кто это сделал с тобой?

И ответил ему другой лев:

— Сделал это человек. Остерегайся его и не верь ему. Человек хитер! Никогда не попадайся ему в руки! Я вот встретил человека и спросил его: «Каким ремеслом ты занимаешься?» А он мне сказал: «Мое ремесло — предупреждать старость. Я могу тебе сделать такой талисман, что ты никогда не умрешь. Так и быть, я спилю ствол дерева и дам тебе прикоснуться к этому талисману. После этого ты не умрешь никогда!» И вот я пошел за ним к этому горному дереву. Он спилил его, расщепил ствол клином и сказал мне: «Клади сюда свою лапу!» И я сунул лапу в щель. Тогда он выбил клин, и дерево зажало мою лапу. А человек, когда увидел, что я не могу за ним следовать, швырнул мне в глаза песок и бежал.

Рассмеялся лев, который пришел, и сказал:

— О человек, если ты когда-нибудь попадешься мне в лапы, я отплачу тебе сразу за все обиды, которые ты причинил зверям гор!

И лев отправился дальше на поиски человека. Но тут случилось так, что попалась под лапу льва мышка, с виду хилая и совсем маленькая. Лев хотел уже ее раздавить, но мышь взмолилась:

— Не дави меня, господин мой! Если ты меня съешь, мною ты все равно не насытишься. Если же ты меня отпустишь, голод твой не станет сильнее. Но зато, если ты мне подаришь жизнь, я тоже когда-нибудь подарю тебе жизнь. Не причиняй мне зла, не убивай меня, и когда-нибудь я спасу тебя от бедвг.

Лев посмеялся над мышью и сказал:

— Что же ты можешь сделать? Ведь никто на земле не сможет со мною справиться и причинить мне зло!

Но мышь поклялась ему:

— Клянусь, что избавлю тебя от гибели, когда придет для тебя черный день!

Лев принял все это за шутку, однако подумал: «Если я съем эту мышь, сытым я и вправду не стану!» И он отпустил ее.

И случилось так, что один охотник, который ловил зверей в западни, выкопал яму как раз на пути льва. Лев провалился в яму и попал в руки охотника. Опутал его охотник сетью и крепко связал сухими ремнями, а сверху перевязал ремнями сыромятными.

И вот связанный лев лежал в горах и горевал. Но судьба пожелала, чтобы шутка мыши стала правдой. Захотела она посмеяться над надменными словами льва и в седьмом часу ночи привела к нему маленькую мышку. Сказала тут мышка льву:

— Разве ты не узнаешь меня? Я та самая маленькая мышка, которой ты подарил жизнь. Я пришла, чтобы

сегодня отплатить тебе тем же. Попался ты человеку в руки, но я избавлю тебя от гибели. Нужно быть благодарным тем, кто оказал тебе благодеяние.

И вот мышь принялась грызть путы льва. Она перегрызла все сухие ремни и все ремни сыромятные, которыми он был связан, и освободила его от пут. Потом мышка спряталась в гриве льва, и он в тот же час отправился с нею в горы.

Подумай о маленькой мышке, самой слабой из всех жителей гор, и о льве, самом сильном из всех зверей, живущих в горах! Подумай об этом чуде, которое свершилось по велению судьбы!

«ОБРЕЧЕННЫЙ ЦАРЕВИЧ»

Был, говорят, некогда один царь, не имевший сына. И его величество просил для себя у богов, которым он служил, сына. И они повелели, чтобы он был рожден ему. Он спал в эту же ночь со своей женой, и она забеременела. После того как она завершила месяцы рождения, родился мальчик.

Пришли богини Хатор. чтобы решить его судьбу. Они сказали:

— Он примет смерть от крокодила, или от змеи, или же от собаки.

Люди, которые были возле ребенка, услышали это. И они передали эти слова его величеству. И сердце его величества очень сильно опечалилось. И его величество распорядился выстроить для него каменный дом в пустыне. Дом был полон людьми и всяким добром из дворца. Ребенок не выходил из дому.

Когда мальчик подрос, он поднялся однажды на крышу своего дома. Он заметил борзую, бежавшую за мужчиной, который шел по дороге. Мальчик спросил своего слугу, находившегося возле него:

— Что это такое, то, что идет за мужчиной, который приближается по дороге?

Тот ответил ему:

— Это собака.

Мальчик сказал ему:

— Пусть приведут мне такую же. И слуга пошел и передал об этом его величеству. И его величество сказал:

— Пусть достанут для него какую-нибудь маленькую резвунью, чтобы его сердце не было печальным.

Тогда для него достали борзую.

И вот когда миновали дни после этого, мальчик возмужал. Он написал своему отцу:

— К чему приведет то, что я так сижу здесь? Ведь я во власти судьбы. Так пусть же будет мне позволено делать то, что я хочу, пока бог не свершит того, что он задумал.

И запрягли для него колесницу, снабженную всевозможным оружием, дали ему слугу в спутники, переправили его на восточный берег и сказали:

— Иди же, куда пожелаешь!

Его борзая была с ним. Он отправился, как ему этого хотелось, на север, через пустыню, питаясь отборной дичью пустыни.

Он прибыл к князю Нахарины. А у князя Нахарины не было детей, кроме единственной дочери. Для нее был построен дом, окно которого было удалено от земли на семьдесят локтей. Князь приказал привести всех сыновей всех князей земли Сирийской и сказал им:

— Тот, кто достанет до окна моей дочери, получит ее в жены.

И вот много дней спустя после этого, когда они проводили свое время так, как проводили его каждый день, этот юноша проходил мимо них. И они привели его в их дом. Они выкупали его, задали корму его лошадям. Они окружили юношу всяческим вниманием. Они умастили его, перевязали ему ноги. Они накормили его слугу. Они спросили его во время беседы:

— Откуда ты идешь, прекрасный юноша?

Он сказал им:

— Я сын одного воина из земли египетской. Моя мать умерла. Мой отец взял себе другую жену, мачеху. Она возненавидела меня. Я убежал от нее.

И они стали обнимать его, стали осыпать его поцелуями.

И вот много дней спустя после этого он спросил этих юношей:

— Что вы делаете здесь, прекрасные юноши?

Они ответили ему:

— Вот уже целых три месяца мы находимся здесь и проводим время в прыганье: тому, кто достанет до окна дочери князя Нахарины, он отдаст ее в жены.

Он сказал им:

— Ах, если бы у меня не болели ноги, я пошел бы прыгать вместе с вами.

Они отправились прыгать, как они это делали каждый день. Юноша стоял, наблюдая издали, и лицо дочери было обращено к нему.

И вот много дней спустя юноша пришел прыгать вместе с детьми князей. Он прыгнул и достал до окна дочери князя Нахарины. Она поцеловала и крепко обняла его.

Пошли осведомить ее отца. Ему сказали:

— Какой-то человек достал до окна твоей дочери.

И князь спросил его:

— Сын которого из этих князей? Ему сказали:

— Сын одного воина. Он пришел из земли египетской, бежав от своей матери — мачехи.

И князь Нахарины страшно рассердился и воскликнул:

— Я должен отдать мою дочь беглецу из Египта? Пусть отправляется обратно! Пошли сказать юноше:

— Ты должен уйти туда, откуда ты пришел.

Но девушка схватила его. Она поклялась Богом:

— Клянусь Ре-Харахти! Отнимут его у меня — я не буду есть, не буду пить, я умру тотчас же!

И гонец отправился и передал все, что она сказала, ее отцу. Ее отец послал людей, чтобы убить юношу там, где он находился. Но девушка сказала им:

— Клянусь Ре! Убьют его,-когда зайдет солнце, буду мертва и я! Я не переживу его ни на час!

И отправились сказать об этом ее отцу. И ее отец приказал привести к нему этого юношу вместе с его дочерью. И юноша предстал пред ним И князь почувствовал расположение к нему. Он обнял его, стал осыпать его поцелуями и сказал ему.

— Расскажи мне о себе. Ведь ты мне теперь сын.

Тот сказал ему:

— Я сын одного воина из земли египетской. Моя мать умерла. Мой отец взял себе другую жену. Она возненавидела меня, и я убежал от нее.

И князь отдал ему в жены свою дочь. Он подарил ему дом и поля, а также скот и много всякого добра.

И вот (много дней) спустя юноша сказал своей жене:

— Я отдан во власть трем судьбам: крокодилу, змее, собаке.

И она сказала ему:

— Вели убить собаку, которая постоянно следует за тобой.

Он ответил ей:

— Нет! Я не дам убить мою собаку, которую я стал воспитывать, когда она была еще щенком.

Она начала заботливо оберегать своего мужа, не позволяя ему выходить одному. Однако в тот день, когда юноша, странствуя, пришел из земли египетской, крокодил — его судьба- последовал за ним... ... Крокодил оставался поблизости от него, в той местности, где юноша жил со своей женой, у моря. А в море был один силач. Этот силач не давал крокодилу выходить наружу, крокодил же не давал силачу выходить на прогулку. Когда всходило солнце ... ... они принимались сражаться — эти двое — каждый день в продолжение целых двух месяцев.

И вот, когда миновали дни после этого, юноша устроил празднество в своем доме. И вот, когда наступила ночь, юноша лег на свою кровать. Глубокий сон одолел его. И его жена наполнила одну чашу вином, другую чашу-пивом. Змея выползла из своей норы, чтобы ужалить юношу. А его жена сидела возле него, бодрствуя. Чаши привлекли змею. Она стала пить и опьянела. И она легла, перевернувшись на спину. И его жена разрубила ее на куски своим топором. Затем она разбудила ее мужа... ... Она сказала ему: "Посмотри! Твой Бог предал одну из твоих судеб в твои руки! Он убережет тебя и от остальных".

И он совершал жертвоприношение Ре, восхваляя его, превознося его могущество, каждый день.

И вот, когда миновали дни после этого, юноша вышел погулять, пройтись по своим владениям. Его жена не вышла с ним, а его собака бежала за ним. И его собака обрела дар речи и сказала: "Я твоя судьба". Юноша побежал от нее. Он достиг моря и бросился в воду, спасаясь от собаки. Тут его заметил крокодил и потащил его туда, где находился силач... ... (Здесь и далее пробелы — отсутствие иероглифов)

Крокодил сказал юноше:

— Я твоя судьба, преследующая тебя. Уже целых два месяца я сражаюсь с этим силачом. Так вот, я отпущу тебя. Если... ... , чтобы сражаться... ... если ты... ... мне, силач будет убит Если ты увидишь... ... смотри на крокодила. И вот когда озарилась земля и наступил второй день, пришел...

«ПОТЕРПЕВШИЙ КОРАБЛЕКРУШЕНИЕ»

Послал фараон одного из знатных вельмож страны своей в далекое плаванье. Но постигла того неудача, и не смог он выполнить повеление фараона. Возвратился он в Египет ни с чем.

С печалью смотрел вельможа на берег: страшил его гнев фараона. И тогда, чтоб утешить его, обратился к нему бывалый дружинник из свиты его.

И сказал тогда бывалый дружинник:

— Да возрадуется сердце твое, князь мой!; Вот достигли мы места, где пребывает двор фараона, взяли колотушку, вбили причальный кол и забросили на землю носовой канат. Все восхваляют и славят бога. Корабельщики обнимают друг друга, ибо все возвратились целыми и невредимыми и нет убыли среди наших солдат. Благополучно миновали мы пороги уауата, оставили позади остров Сенмут[9] и, наконец, достигли нашей страны!

Выслушай меня, князь мой! Не праздные слова я скажу тебе.

Омой лицо свое, ополосни водой пальцы свои и будь готов отвечать, когда тебя спросят. Говори с фараоном без страха, отвечай ему не запинаясь. Уста человека спасают его, умелая речь вызывает к нему снисхождение. Впрочем, делай, как знаешь, ибо я говорил тебе это уже не раз.

Слушай, я расскажу тебе нечто о несчастье, подобном твоему, но которое приключилось со мною.

Я плыл к рудникам фараона, я спускался к Великому Зеленому морю[10] на корабле длиною в сто двадцать локтей[11] и шириной в сорок. Было на нем сто двадцать корабельщиков из числа наилучших в Египте. Они повидали небо, они повидали землю, и сердца их были отважнее, чем у льва. Они умели предсказывать бури задолго до их начала, они предугадывали грозу задолго до ее приближения.

Но вот, когда мы плыли по Великому Зеленому морю, вдруг разразилась буря. Вихрь налетел и поднял волну высотой до восьми локтей. Мачта обрушилась и сбила сильным ударом гребень волны. Корабль затонул, а с ним вместе все, кто на нем находился. Только меня одного вынесли волны Великого Зеленого моря на остров.

---

[9] У а у а т — область Северной Нубии около первого порога Нила. Остров Сенмут — современный Биге, находится в районе первого порога, считался пограничным пунктом собственно Египта.
[10] Великое Зеленое море — Красное море.
[11] Локоть — мера длины, равная примерно 50 см.

Три дня я провел в одиночестве; лишь сердце мое было моим товарищем. В изнеможении я лежал под деревом, стараясь укрыться в его тени. Потом я поднялся и направил свои стопы на поиски пищи. Вскоре нашел я смоквы и виноград, увидел сикоморы со зрелыми и дозревающими плодами, огурцы, словно выращенные человеком, и другие превосходнейшие овощи. Еще я увидел множество птиц, а в источниках — всевозможных рыб. Ни в чем не было недостатка на этом острове! Насытился я, а то, что сорвал, но не смог уже съесть, положил обратно на землю. Потом я сделал снаряд для добывания огня, развел костер и принес богам жертву всесожжения.

Но вдруг я услышал гул, подобный раскатам грома. Я подумал, что это Великое Зеленое море снова обрушило свои волны на остров, и в страхе закрыл лицо руками. Деревья вокруг трещали, и земля тряслась подо мной.

Когда же я снова открыл лицо, то увидел, что это был змей длиною в тридцать локтей и с бородой длиною в два локтя. Кольца тела его были покрыты золотом, брови его были из чистого лазурита. Он шел ко мне, и тело его извивалось.

Я простерся перед ним на животе своем, а он отверз уста свои и сказал мне:

— Кто принес тебя сюда? Кто принес тебя сюда, ничтожный? Кто принес тебя? Если ты замедлишь с ответом и не скажешь, кто принес тебя на этот остров, я обращу тебя в пепел, и ты это изведаешь, прежде чем превратиться в ничто.

И ответил я:

— Ты говоришь со мной, но темен смысл твоих слов. В страхе я лежу перед тобой и ничего не понимаю.

Тогда взял меня змей в свою пасть и понес к своему жилищу. Там положил он меня на землю так осторожно, что остался я жив и невредим. Снова простерся я перед змеем на животе своем, а он отверз уста свои и сказал:

— Кто принес тебя? Кто принес тебя сюда? Кто принес тебя сюда, ничтожный? Кто принес тебя на этот остров, окруженный водами Великого Зеленого моря?

Я сложил перед ним руки и сказал в ответ на его слова:

— По приказу фараона я плыл к рудникам на корабле длиною в сто двадцать локтей и шириною в сорок. Сто двадцать корабельщиков было на нем из числа наилучших в Египте. Повидали они небо, повидали землю, и сердца их были отважнее, чем у льва. Они умели предсказывать бури задолго до их начала, они предугадывали грозу задолго до ее приближения. Один был сильней и смелее другого, и не было несведущих среди них. Но когда мы плыли по Великому Зеленому морю вдали от всех берегов, вдруг разразилась буря. Вихрь налетел и поднял волну высотой до восьми локтей. Мачта обрушилась и сбила гребень волны, но корабль затонул, а с ним вместе все, кто оставался на нем. Один я спасся, и вот я перед тобой. Волны Великого Зеленого моря принесли меня на этот остров.

И тогда сказал змей:

— Не бойся меня, ничтожный, не бойся! Теперь, когда ты со мной, незачем тебе бледнеть от страха. Видно, сам бог пожелал, чтобы ты остался в живых, ибо это он направил тебя к этому острову Духа, на котором такое множество превосходных вещей и нет недостатка ни в чем. Здесь, на этом острове, будешь ты жить месяц за месяцем, пока не завершится четвертый месяц. И тогда придет корабль из страны твоей, и будут на нем корабельщики, которых ты знаешь. Ты вернешься с ними на родину и умрешь в своем городе. И будешь ты счастлив, когда станешь рассказывать о том, что случилось с тобой, когда все тяжелое останется позади.

Слушай, я расскажу тебе нечто о несчастье, которое приключилось на этом острове. Здесь я жил со своими собратьями и детьми, и всего нас было семьдесят пять змеев. Еще была среди нас одна девочка, дочь простой смертной, но ее я не считаю. И вот однажды упала с неба звезда, и пламя охватило всех. Случилось это, когда меня с ними не было. Они все сгорели, и лишь я один спасся. Но, когда я увидел эту гору мертвых тел, я сам едва не умер от скорби.

Так вот, если ты мужествен, овладей собой! Будь, смел, и ты обнимешь своих детей, ты поцелуешь свою жену, ты снова увидишь свой дом, — а что может быть лучше этого? Ты вернешься в свой город и доживешь до конца своих дней среди собратьев твоих.

Простершись перед змеем на животе своем, я коснулся лбом земли и сказал ему:

— О твоем могуществе я поведаю фараону, о твоем величии я расскажу ему. Я прикажу доставить тебе благовония хекену, иуденеб и хесаит[12], ладан и ароматические смолы, которые радуют богов. Я расскажу всем о том, что случилось со мною на этом острове и что я увидел здесь благодаря твоему могуществу. И будут славить тебя в моем городе перед советом вельмож всей страны Для тебя заколю я быков и принесу тебе жертву всесожжения. В жертву тебе принесу я птиц. Я велю послать к тебе корабли, нагруженные всем, что есть наилучшего в Египте, и принесу их тебе в дар, как богу, благосклонному к людям в этой далекой стране, о которой они не ведают.

---

[12] Хекену, иуденеб, хесаит — названия различных ароматических веществ.

И тогда посмеялся змей надо мною, точно слова мои были бессмысленны, и сказал:

— Мирры у тебя немного, и есть у тебя только ладан. Я же — повелитель Пунта, страны благовоний, и вся мирра принадлежит мне. Что же до благовонного хекепу, которое ты мне обещаешь, то его па острове больше всего остального. Но, покинув мой остров, ты уже не найдешь его, ибо место это скроется под волнами.

И было все так, как предсказывал змей. К острову прибыл корабль. Я пришел на берег, влез на высокое дерево, увидел людей, которые были на корабле, и узнал их.

Тогда я направился к змею, чтобы рассказать о корабле, по увидел, что он все уже знает.

Сказал мне змей:

— Будь здоров, будь здоров, ничтожный! Ты вернешься домой невредимым, чтоб увидеть своих детей! Прославь меня в своем городе, — вот о чем я тебя прошу.

Тогда я простерся ниц на животе своем и сложил перед ним руки, и он дозволил мне взять благовония хекену, иуденеб, хесаит, тишепсес, мирру, черную мазь Для глаз, хвосты жирафа, столько ароматной смолы и ладана, сколько я хотел, слоновую кость, охотничьих собак, мартышек, бабуинов и множество других превосходнейших вещей. И все это я погрузил на корабль.

Потом я простерся перед змеем на животе своем, чтобы поблагодарить его. И тогда сказал он мне:

— Через два месяца ты достигнешь своей страны, ты обнимешь своих детей, ты вновь обретешь па родине молодость, и, когда придет срок, ты будешь погребен по обычаю.

Затем я спустился на берег, к кораблю, и окликнул людей, которые были на нем. Стоя на берегу, я воз-благодарил владыку этого острова, и те, кто был на корабле, сделали то же самое. А потом мы поплыли на север.

Через два месяца, как предсказывал змей, достигли мы места, где пребывал двор фараона. Явился я к фараону и сложил перед ним все дары, привезенные мною с того острова. И поблагодарил меня фараон перед советом вельмож всей страны, наградил меня своими рабами и принял меня в свою свиту.

Вот видишь, сколько я повидал, сколько я перенес, пока не вернулся в свою страну! Слушай меня, я не зря говорю тебе это! Полезно слушать слова других.

Но ответил ему вельможа:

— Не хитри со мною, мой друг. Незачем поить ночью птицу, которую утром зарежут!

Здесь завершается рассказ, как его записал от начала и до конца Амено, сын Амени, писец с умелыми пальцами, да будет он жив, невредим и здоров!

«ТРИ УЛЫБКИ ПАДИШАХА»

Однажды, когда падишах принимал просителей, пришел человек, стал в дальнем углу и ничего не попросил.

Падишах посмотрел на этого человека и погладил свою голову. Человек поклонился и провел ладонью по рту. Падишах погладил лицо. Человек — горло. Падишах дотронулся до своего живота, человек — до ноги.

— Я жалую просителю слиток золота! — сказал падишах.

Казначей повиновался. Молчаливый проситель принял дар и ушел.

Советники правой руки ужасно рассердились и спросили падишаха:

— За какую такую службу ты столь щедро наградил безродного оборванца?

— За царскую, — ответил, улыбаясь, падишах. — Я задал мудрому человеку три вопроса и получил три ответа.

— Но мы не слышали ни вопросов, ни ответов! — возразил визирь.

— Имеющий глаза — видит, имеющий ум — разумеет,- улыбнулся падишах.- Я погладил голову, и мудрец понял мой вопрос. А я спрашивал: "Что более всего нас угнетает?" — "Неосторожное слово",— ответил мудрец. "А кому грозит опасность потерять свое лицо?" — "Тому,- ответил мудрец, — кто дни свои и состояние пропускает через горло".— "Но разве человек не раб своего желудка?" — спросил я. "Нет, — ответил мудрец.- На то и даны человеку ноги, чтобы искать и находить работу и ничего не пропустить из чудес белого света".

Падишах посмотрел на придворных и улыбнулся в третий раз:

— Вам тоже полезно запомнить изреченную перед вами мудрость: "Рот доведет до беды, а ноги — до еды".

«ХИТРОУМНЫЙ ПОЛКОВОДЕЦ ДЖХУТИ»

Рассказывают, что был некогда в Египте полководец по имени Джхути.

Он сопровождал фараона Менхеперра[13] во всех его походах в страны Юга и Севера, он сражался во главе своих солдат, он постиг все военные хитрости и получил немало наград за свою отвагу, ибо он был превосходным полководцем и не было равных ему во всей стране.

И вот однажды прибыл ко двору фараона гонец из страны Хару[14].

Привели его к фараону, и спросил его величество:

— Кто послал тебя? Для чего пустился ты в путь?

И ответил гонец фараону:

— Наместник стран Севера послал меня. Вот что сказал он: «Побежденный тобою правитель Яффы восстал против твоего величества. Он убил солдат твоего величества. Он истребил твои колесницы, и никто не может устоять против него».

Когда услышал эти слова фараон Менхеперра, гнев охватил его, и в гневе стал он подобен леопарду. И сказал фараон:

— Клянусь жизнью и милостью ко мне бога Ра, клянусь любовью ко мне отца моего Амона, я разрушу город побежденного из Яффы, и познает он тяжесть десницы моей!

И вот созвал фараон своих семеров, полководцев, а также писцов и повторил им известие, которое прислал ему наместник стран Севера. Но все они как один молчали, ибо не знали, что отвечать.

Сказал тогда полководец Джхути:

— О ты, кому вся земля воздает почести! Прикажи дать мне твой великий жезл. Прикажи дать мне солдат твоего величества и колесницы с лучшими из храбрецов Египта. И тогда я убью побежденного из Яффы и захвачу его город.

И воскликнул его величество фараон:

— Превосходно, превосходно то, что сказал ты нам!

И вручили Джхути великий жезл фараона Менхеперра и дали ему солдат и колесницы с лучшими из храбрецов Египта, как он просил.

И вот через много дней Джхути со своими людьми прибыл в страну Хару. Здесь приказал он изготовить двести больших корзин, а также множество пут, цепей и деревянных колодок. Кроме того, приказал он выковать медные оковы для ног весом в четыре немеса[15].

Когда все было изготовлено, послал полководец Джхути гонца к побежденному из Яффы, чтобы сказать ему:

---

[13] Менхеперра — тронное имя фараона XVIII династии Тутмоса III, правившего в 1525 — 1473 гг. до н. э. В результате его походов границы Египта были расширены на севере до излучины р. Евфрата, а на юге — до четвертого порога Нила.

[14] Страна Хару — Сирия.

[15] Немес — мера веса в Древнем Египте.

— Я, Джхути, полководец земли Египта. Сопровождал я фараона во всех его походах в страны Юга и Севера и получал немало наград за свою отвагу. И вот стал фараон завидовать моей храбрости и задумал меня Убить. Но спасся я и ушел От него, унося с собою великий жезл фараона Менхеперра. Спрятал я его в корзине с кормом для лошадей моих. Если ты желаешь, я отдам его тебе, а сам останусь с тобой, и со мной мои воины — лучшие из храбрецов Египта.

Когда услышал эти слова побежденный из Яффы, возликовал он, ибо знал, что доблестен полководец Джхути и нет ему равных на всей земле. И послал к Джхути гонца, чтобы сказать:

— Приходи ко мне! Я приму тебя как брата, и дам тебе надел, наилучший из земель страны моей.

Сам побежденный из Яффы вышел навстречу Джхути со своими телохранителями, а также с женщи-нами и детьми из города своего. Повел он Джхути в свой лагерь, но ни воинов Джхути, ни их коней оон с собою не взял.

В лагере с побежденным из Яффы было сто двадцать сирийских воинов, обильно снабженных пищей кормом для их коней в плетеных сосудах наподобие корзин, увидел это Джхути и попросил:

— Прикажи накормить и солдат фараона, ибо лица их печальны от голода.

И побежденный из Яффы сделал так, как он просил,

Потом сели они пировать, и через час, когда оба были

уже пьяны, Джхути сказал побежденному из Яффы:

— Пока я сижу здесь с женщинами и детьми города твоего, прикажи, чтобы воины твои впустили мои колесницы и накормили коней. Если хочешь, пусть каждую из них введет какой-нибудь раб-чужестранец.

И вот колесницы ввели в лагерь и коням задали корм. Вместе с колесницами прибыл в лагерь и великий жезл фараона Менхеперра. Пришли к Джхути и сообщили ему об этом. Услышал это побежденный из Яффы и сказал Джхути:

— Хочу я увидеть великий жезл фараона Менхеперра! Клянусь Ка фараона Менхеперра, он уже здесь у тебя, этот великий жезл. Принеси его мне!

И полководец Джхути сделал так, как он просил, и принес великий жезл фараона Менхеперра. Приблизился он к побежденному из Яффы, схватил его за одежды и сказал:

— Взгляни на меня, о побежденный из Яффы! Вот великий жезл фараона Менхеперра, яростного льва, сына Сохмет, да укрепит Амон десницу его.

Тут поднял Джхути руку свою и ударил побежденного из Яффы

жезлом в висок. Упал побежденный из Яффы навзничь. Надел ему Джхути на шею колодку, связал его кожаными путами и приказал принести предназначенные для поверженного оковы из меди. И надели ему на ноги оковы весом в четыре немеса.

Затем приказал Джхути принести двести корзин, которые он велел изготовить заранее. Двумстам солдатам приказал он усесться в них. Дали им колодки и путы, а также дали им их сандалии и оружие и запечатали корзины печатями. Повелел Джхути нести корзины наилучшим солдатам своим, а всего их было пятьсот человек. И сказал им Джхути:

— Когда войдете вы в город, выпустите ваших товарищей из корзин, схватите всех жителей города и тотчас же свяжите их!

После этого вышел один воин Джхути из лагеря и сказал колесничему побежденного из Яффы:

— Вот слова твоего господина, ступай и скажи их своей госпоже: «Возрадуйся! Бог наш Сутех отдал нам в руки Джхути вместе с женой его и детьми его! Смотри мой лик обратил в рабов его воинов!» Так скажешь ты ей об этих двухстах корзинах, в которых сидят солдаты с колодками и путами.

И отправился колесничий в город впереди воинов Джхути, дабы усладить сердце госпожи своей.

Сказал он ей:

— Мы захватили Джхути!

И вот открыли ворота города перед солдатами, и они вошли внутрь. Освободили они своих товарищей из кор. зин и стали хватать жителей города, молодых и старых. Тотчас же надели они на них колодки и связали путами.

Так десница мощная фараона, да будет он жив; здоров и могуч, простерлась над городом.

Ночью Джхути послал гонца к фараону Менхеперра, да будет он жив, здоров и могуч. И гонцу велел он сказать:

«Да возрадуется сердце твое! Амон, благой твой отец, отдал в руки тебе побежденного из Яффы со всеми людьми его и городом его. Пришли нам людей, дабы отвести пленных и наполнить храм владыки богов Амона-ра рабынями и. рабами, которые склонятся в прах под ноги твои отныне и навсегда».

Здесь счастливо завершается рассказ, как его запасал от начала до конца писец с умелыми пальцами, писец войска фараона.

ЗУЛУССКИЕ СКАЗКИ

«МАМБА»

Был однажды один вождь, который имел много жен. Когда их стало много, он взял двух дочерей другого вождя. Одну девушку он поставил великой женщиной; но другая девушка была в большом горе, ибо и она желала быть великой женщиной. Когда за них была закончена выплата выкупа, они обе сплясали.

Случилось однажды, что все жены того вождя забеременели. Прочие родили, но великая женщина медлила рожать. — Когда стало известно, что она родила, вышла ее сестра, пошла к дому; она пришла и сказала: подайте дитя, чтобы я посмотрела на него. Они дали его. Она взяла его и впилась в него взором. И пока она его держала, дитя умерло. — Спросили все люди: как ты держала дитя? — Ответила она:

да нет. Как только я его взяла оно и умерло. Дивились все люди.

Наконец они снова забеременели и родили. Ее сестра взяла опять другое дитя и оно опять умерло. В конце концов умерло трое детей. Все домашние сказали: они были убиты ее сестрой.

Снова они забеременели. Сказала мать мужа: если бы твоя сестра не держала умерших детей, они не были бы мертвыми. Но раз ты даешь их ей, она их убивает.

Она снова родила, не говоря никому, что она родит. На утро все люди узнали, что она родила. Они пошли посмотреть дитя. — Они пришли и сказали: дай нам посмотреть дитя. — Сказала она: ну нет. Сегодня я не родила дитя; я родила лишь зверя. — Спросили они: какого зверя? Ответила она: змею-мамба. — Сказали они: покажи его, дай нам посмотреть. Она показала его. Они дивились, ибо видели змею-мамба.

Опять другая сестра родила мальчика. Она радовалась, ибо сама родила человека, а та родила: лишь змею. Оба дитя выросли. — Сказал вождь: эти мои дети, имя одного Мамба, другого Нсимба. Оба росли. Но Мамба передвигался лишь на животе.

Когда она родила Мамба, тот вырос не умерев; говорили люди: посмотрите же, ведь это дитя не умерло, потому что оно змея. Прочие были убиты матерью Нсимба, желавшей, чтобы правил Нсимба.

Но отец Нсимба сказал: если вы знаете зелье, которым убиты дети, дайте его мне, чтобы я его подержал, я подержал ее самою моими руками, и она сама умрет; ибо вы говорите: она трогала руками детей и они умерли. Я сам вижу, что дети человеческие умирают; но змея не умирает. Сам я тоже не знаю, были ли они убиты?

Случилось, когда они выросли, пришли девушки выбирать жениха. Когда их спросили: кого вы пришли сватать? — ответили они: Нсимба. Другие пришли сватать Мамба. — Но, когда увидели что он змея, они убежали, говоря: мы думали, что он человек.

Его отец был очень опечален, ибо любил Мамба. Но все девушки боялись Мамба, ибо он был змеей. — Сказал его отец: и тебя Нсимба не выберут в женихи, пока не выберут Мамба; ибо он самый главный. Но Нсимба засмеялся, видя что девушки отвергли Мамба. — Спросил Нсимба: раз девушки отвергают Мамба, меня же они любят, то что же будет? — И сказала мать Мамба: твой отец просто смеется, ты Нсимба. Разве есть такой человек, которому запретили бы жениться, из-за того, что он соперничает с уродом?

После этого случилось, что пришли девушки, явившиеся из другой страны, они пришли выбрать жениха; одна сопровождала другую. Были они спрошены, кого они пришли выбирать в женихи. — Ответила девушка: Нсимба. Были они введены в дом. Отец согласился, чтобы был выбран в женихи Нсимба.

Были зарезаны быки, собралось множество народу, ибо брали в женихи дитя вождя. Вечером пришло множество юношей избирать девушек. Когда вошли юноши, вошел и Мамба. И все девушки, крича, убежали в глубь дома. — Сказал вождь: скажите им, чтобы они не смели убегать, ибо это мое дитя. — Сказали люди бывшие в доме: сядьте на земь; не смейте убегать, ибо это дитя вождя. Мамба взял свою цыновку и сел на нее. — Спросили девушки: но как случилось с ним, что он стал змеей? — Сказали люди: его мать теряла детей, под конец она родила его. Они очень дивились.

Выбирались юноши девушками; избрали девушки. И сестра невесты выбрала Мамба. Но Нсимба не хотел, чтобы его свояченица выбрала Мамба, желая быть выбранным сам.- Люди снова спросили, сказали они: ты кого выбираешь? — Ответила девушка: мною избирается Мамба. И спросили юноши: не Нсимба? — Ответила девушка: нет, Мамба. Спросили юноши: не Нсимба? — Ответила девушка: нет, Мамба. — Сказал Нсимба: никогда не видел подобного, оставьте же ее, ибо хоть она сама выбрала Мамба, она его отвергнет, ибо он змея.

Спросил Нсимба: кто вы такие, как вас зовут? — Ответили девушки: та, которая пришла выбирать жениха, имя ее Нхламву-йобухлалу. Та, которая ее сестра, имя ее Нхламву-йетуси. Но Нсимбе не очень нравилась Нхламву-йобухлалу, ему нравилась Нхламву-йетуси.

Когда девушки закончили выбирать, удалился Нсимба, пошел он в свой дом для молодых и Мамба пошел в свой дом для молодых. —

Сказали юноши: возьмем и отведем невесту в дом для молодых Нсимбы. Пошла Нхламву-йобухлалу. Сказали они Нхламву-йетуси, чтобы она пошла в дом для молодых Мамбы. Она пошла, пришла, вошла и села на земь. Она увидела Мамба, сидящего на своей цыновке, там в доме для молодых Мамбы сидела и сестра Мамбы. — Сказала сестра Мамбы: раз девушки выбрали, а ты сама выбрала змею, согласна ли ты быть его женой? — Засмеялась Нхламву-йетуси, спросила она: говорят он ест людей? — Сказал Мамба: есть ли человек, к Его отец был очень опечален, ибо любил Мамба. Но все девушки боялись Мамба, ибо он был змеей. — Сказал его отец: и тебя Нсимба не выберут в женихи, пока не выберут Мамба; ибо он самый главный. Но Нсимба засмеялся, видя что девушки отвергли Мамба. — Спросил Нсимба: раз девушки отвергают Мамба, меня же они любят, то что же будет? — И сказала мать Мамба: твой отец просто смеется, ты Нсимба. Разве есть такой человек, которому запретили бы жениться, из-за того, что он соперничает с уродом?

После этого случилось, что пришли девушки, явившиеся из другой страны, они пришли выбрать жениха; одна сопровождала другую. Были они спрошены, кого они пришли выбирать в женихи. — Ответила девушка: Нсимба. Были они введены в дом. Отец согласился, чтобы был выбран в женихи Нсимба.

Были зарезаны быки, собралось множество народу, ибо брали в женихи дитя вождя. Вечером пришло множество юношей избирать девушек. Когда вошли юноши, вошел и Мамба. И все девушки, крича, убежали в глубь дома. — Сказал вождь: скажите им, чтобы они не смели убегать, ибо это мое дитя. — Сказали люди бывшие в доме: сядьте на земь; не смейте убегать, ибо это дитя вождя. Мамба взял свою цыновку и сел на нее. — Спросили девушки: но как случилось с ним, что он стал змеей? — Сказали люди: его мать теряла детей, под конец она родила его. Они очень дивились.

Выбирались юноши девушками; избрали девушки. И сестра невесты выбрала Мамба. Но Нсимба не хотел, чтобы его свояченица выбрала Мамба, желая быть выбранным сам.- Люди снова спросили, сказали они: ты кого выбираешь? — Ответила девушка: мною избирается Мамба. И спросили юноши: не Нсимба? — Ответила девушка: нет, Мамба. Спросили юноши: не Нсимба? — Ответила девушка: нет, Мамба. — Сказал Нсимба: никогда не видел подобного, оставьте же ее, ибо хоть она сама выбрала Мамба, она его отвергнет, ибо он змея.

Спросил Нсимба: кто вы такие, как вас зовут? — Ответили девушки: та, которая пришла выбирать жениха, имя ее Нхламву-йобухлалу. Та, которая ее сестра, имя ее Нхламву-йетуси. Но Нсимбе не очень нравилась Нхламву-йобухлалу, ему нравилась Нхламву-йетуси.

Когда девушки закончили выбирать, удалился Нсимба, пошел он в свой дом для молодых и Мамба пошел в свой дом для молодых. — Сказали юноши: возьмем и отведем невесту в дом для молодых Нсимбы. Пошла Нхламву-йобухлалу. Сказали они Нхламву-йетуси, чтобы она пошла в дом для молодых Мамбы. Она пошла, пришла, вошла и села на земь. Она увидела Мамба, сидящего на своей цыновке, там в доме для молодых Мамбы сидела и сестра Мамбы. — Сказала сестра Мамбы: раз девушки выбрали, а ты сама выбрала змею, согласна ли ты быть его женой? — Засмеялась Нхламву-йетуси, спросила она: говорят он ест людей? — Сказал Мамба: есть ли человек, который выбрал бы змею? — Сказала Нхламву-йетуси: раз ты не ешь людей, почему ты съешь меня? Та девушка вышла. — Сказал Мамба: встань, закрой дверь. — Спросила Нхламву-йетуси: почему ты сам не закроешь? — Сказал Мамба: у меня нет рук, чтобы закрыть. — Спросила Нхламву-йетуси: кем же ежедневно она закрывается?- Ответил Мамба: закрывает мальчик, спящий со-мной. — Спросила Нхламву-йетуси: но где он сегодня? — Ответил Мамба: он ушел из-за тебя, моя любимая. Поднялась Нхламву-йетуси и закрыла дверь.

Сказал Мамба: постели мне цыновку. — Спросила Нхламву-йетуси: кто тебе постилает цыновку ежедневно? — Ответил Мамба: мой мальчик. Поднялась Нхламву-йетуси и расстелила ему цыновку.

Сказал он: возьми тыкву с салом, натри меня; тогда я буду хорошо спать. — Сказала Нхламву-йетуси: я боюсь трогать змею. Рассмеялся Мамба. Они легли.

Утром они встали; а все домашние дивились, ибо они думали: нам не приходилось видеть такое смелое дитя, которое бы спало со змеей в доме.

На утро мать Мамбы отобрала очень вкусную еду, приготовила ее и снесла ее девушке, разговаривая сама с собою, говоря: если бы я родила настоящего человека, он бы женился на этом дитя народа.

Когда стемнело, они снова пошли спать; вошла и та девушка; они сели с ней и опять она вышла. — Сказал Мамба: пойди закрой дверь. Нхламву-йетуси встала и пошла закрыть. — Сказал Мамба: вот вчера ты отказалась меня натереть. Разве ты не видишь, что я с трудом передвигаюсь, я ведь передвигаюсь на животе? Мне приятно лежать, если я натерт; тогда мое тело делается мягким и мне приятно лежать. Помоги же мне, натри меня сегодня. Я не ем человека; ведь мой мальчик натирал меня и я его не съел. Нхламву-йетуси взяла сало и взяла палку. — Сказал Мамба: ну нет; мое сало не берется на палку; оно просто выливается; оно жидкое. — Сказала Нхламву-йетуси: натирайся сам; я не хочу тебя натирать. — Сказал Мамба: да нет, я не ем человека. Натри же меня. Нхламву-йетуси взяла сало, она налила его себе на руки и натерла Мамба. Но когда она его натирала, то почувствовала, что тело змеи очень холодное и испугалась.

— Сказал Мамба; да нет, натирай же меня; я не ем человека. Она оставила его, окончив натирать.

Мамба подождал немножко и сказал Нхламву-йетуси: схвати меня тут, помни меня крепко, вытяни меня, ибо тело мое скорчилось. — Но Нхламву-йетуси сказала: я боюсь. — Сказал Мамба: да нет, я ничего тебе не сделаю. Я не ем человека. Схватись за столб, смотри вглубь дома; не смотри на меня и тяни меня с силой; ибо мое передвижение меня беспокоит; поэтому я люблю чтобы, когда я лежу, кто-нибудь тянул бы меня. Нхламву-йетуси схватилась за столб, и потянула с силой. Она почувствовала, что кожа остается в ее руках. Она быстро отбросила ее и отскочила, думая: змея. Но когда она обернула взор, присмотрелась и увидела Мамба очень красивым, тело его блестело. Она очень обрадовалась и спросила: что с тобою было?

Ответил Мамба: моя мать долго теряла детей, и говорили люди, что дети наши были убиты сестрою моей матери.

И случилось, что еще не родив меня, она пошла к своим, велела своему брату пойти поймать маленькую ядовитую змею и взять ее кожу. Когда я был рожден я был помещен в эту шкуру. И все наши не знали, что я человек; они думали, что верно змея, ибо моя мать не рассказывала, что я человек; и ты не рассказывай никому.

Спросила Нхламву-йетуси: в другие дни снимаешь ты эту шкуру? — Ответил Мамба: эхе, мой мальчик натирает меня салом и снимает с меня. Они легли.

На утро Нхламву-йетуси сказала: теперь я хочу вернуться домой. Были отобраны быки, два десятка. — Сказал Мамба: и я, отец мой, хочу отобрать два десятка, и пойти посватать эту девушку у ее отца. Его отец согласился; Мамба отправился со множеством скота и юношами сватать. Они пошли.

Когда они выходили из дому, Мамба сказал, чтобы взяли его сало; Нхламву-йетуси понесла его. Когда они были на возвышенности, Мамба пошел потихоньку сзади. Сказал он Нхламву-йетуси, чтобы и она шла тише. Все люди шли впереди, а они оба шли сзади. — Сказал Мамба: присядем, натри меня салом, сними кожу, ибо я чувствую себя плохо; трава меня колет, когда я передвигаюсь так на животе. Они сели; она натерла его салом и потянула его; кожа сошла. Мамба встал и пошел. Они пошли позади людей. Наконец, когда они подошли близко к людям, Мамба снова надел кожу.

Все они пришли домой, и вошли. Но люди оттуда убежали, испугавшись змеи. — Сказали они: вот дружки Нхламву-йобухлалу приходят со змеей. — Сказали девушки: не нужно так говорить, это жених Нхламву-йетуси. Дивились люди, говоря: как это она не боится, ведь это змея?

Им зарезали двух быков. Когда прикончили мясо, дружки возвратились к своим. Через некоторое время они послали человека, чтобы он ждал подружек. Были созваны подружки; было сварено пиво; было велено пойти и собрать подружек. Они пришли с ними.

На утро собралось множество народа, но некоторые смеялись, ибо Мамба не умел плясать, говоря: раз он змея, то как он будет плясать? Вошли подружки и дружки и сплясали невесте, девушки и мужчины их племени.

Когда подружки кончили плясать, пошли дружки наряжаться. Мамба вошел в свой дом для молодых, и его мальчик натер его салом, снял с него шкуру. — Сказал он пойди, позови мою мать, чтобы она принесла мои вещи Пришла его мать с его вещами. Мамба надел все свое и сказал мальчику: посмотри, вышел ли Нсимба из дому? — Ответил мальчик: эхе, он вышел. Взял Мамба большую кожу, надел ее и вышел передвигала: на животе. Когда все люди увидели его, то сказали они: теперь он очень велик, ибо натерт салом. Он пошел в загон для скота и сел на земь. Когда все дружки и подружки выстроились, Мамба извернулся, его мальчик подошел, схватил его за голову и стянул с него кожу. И все люди не могли глядеть на Мамбу из-за его сияния.

Нсимба ушел в свой дом для молодых в страхе, ибо он увидел что Мамба человек; он страшно разгневался. Все люди дивились, видя Мамба человеком. Они схватили его, спрашивая: давно это с тобой сделалось? Его отец запретил, чтобы плясали в этот день. — Сказал он: будут плясать завтра, ибо сегодня я хочу на него смотреть.

Тогда его мать радовалась, ибо ее дитя женилось. Верну- лись в дома и сели. На утро плясали; но Нсимба тревожился, видя, что Мамба человек. Все остались, его отец страшно радовался, видя что Мамба человек. Мамба построил свое селение и поселился со множеством людей, которые хотели жить с ними. Когда он сплел себе головной обруч, он женился на многих женщинах. И жил с ними счастливо.

МАВРИКАНСКИЕ СКАЗКИ

«ЗАЯЦ И ЧЕРЕПАХА»

Давным-давно в стране Маврикии жил король, у которого был большой бассейн. По предписанию своего врача король каждое утро в нем купался. И вот однажды он пришел к бассейну и увидел, что вода в нем грязная, купаться нельзя. Король позвал сторожа и выбранил его. Пришел он на другой день — вода снова грязная, на третий день — тоже. Король схватил сторожа за плечи, потряс его и сказал:

— Ты что, хочешь, чтобы я подхватил чесотку в этом бассейне? Если вода и завтра будет грязной, я с тобой расправлюсь!

Сторож очень испугался и с наступлением вечера взял оружие и спрятался в тростнике около бассейна. Ночь была темная-претемная, совсем безлунная. Когда в установленный час выстрелила пушка, он услышал чьи-то приближающиеся шажки: ток-ток-ток. Посмотрел — а это заяц скачет! Сторож только собрался поднять ружье, а заяц уже рядом и говорит ему:

— Здравствуйте, здравствуйте, сторож! Как я рад, что наконец увидел вас — я давно ищу вас, чтобы угостить чем-то очень вкусным. Попробуйте-ка этого меда, который родственники прислали мне с трех Островков, и скажите: пробовали вы что-нибудь подобное?

Сторож взял у него калебасу с медом и сделал глоток:

— Да, очень вкусно!

И, не отрывая рта от калебасы, сторож выпил все, что в ней было. Какой травы подмешал заяц в мед — неизвестно, но только сторожа сразу одолел сон, и он улегся около бассейна и захрапел. Заяц рассмеялся, сбросил с себя одежду и нырнул в воду.

Заяц этот был большой проказник. Накупавшись вдоволь, он вылез из бассейна, отломал длинную ветку и, помешав ею в бассейне, взбаламутил ил, лежавший на дне. Вода в бассейне стала как шоколад, и заяц, довольный, ускакал.

Рано утром пришел купаться король, и нельзя описать, как он разгневался, когда увидел грязную воду! Сторож все еще спал около бассейна; король схватил палку, ту самую, которой заяц взбаламутил воду, и ну лупить сторожа! Проснулся тот, вскочил на ноги, помчался в лес и оттуда не вернулся.

Король велел протрубить в трубу и объявить: "Нужен сторож охранять королевский бассейн. Плата — восемь пиастров в месяц, полмешка риса и провизия из лавки. Но если сторож будет охранять бассейн плохо и в нем загрязнят воду, ему отрубят голову".

Звери, услыхав это, испугались. Никто не хотел стать сторожем — ни петух, ни собака, ни сова. Прошло три дня. Заяц каждый день, приходя купаться, поднимал ил, и король не знал, что ему делать: уже семь дней он не мылся. И у него стало чесаться тело.

На четвертый день к королю пришел его министр и сообщил, что нашелся желающий сторожить бассейн. Король сказал:

— Пусть войдет!

Оказалось, что это обыкновенная черепаха. Посмотрел на нее король и рассердился:

— Так это ты берешься уберечь мою воду от тех, кто ее загрязняет?

— Я, ваше величество.

— Ты знаешь условие? Если вода будет грязная, я отрублю тебе голову!

— Да, ваше величество, знаю. Вы тогда приготовите из меня кари, потому что черепашье мясо очень вкусное, — но только этому не бывать! Велите лучше своему повару ощипать для вас курицу.

— Хорошо, кума, завтра утром посмотрим. Приступай вечером к работе. Черепаха отправилась к своей подруге и попросила ту помазать ей панцирь смолой. На закате она пошла к бассейну, затаилась на тропинке, по которой должен был пройти заяц, и стала ждать.

Ток-ток-ток — послышались шажки зайца. Заяц увидел посередине дороги что-то черное, остановился и стал рассматривать. Голову черепаха еще раньше спрятала под панцирь. Заяц смотрит — черное не шевелится. Подошел осторожно поближе — черное не шевелится. Огляделся вокруг, задумался — черное не шевелитсяю сидел-сидел он не двигаясь — черепаха как камень. Тогда заяц успокоился, перестал бояться и сказал:

— Надо же — камень! Теперь я уже знаю это наверняка. Эй, смотрите все, какой молодец наш король: не иначе как он велел слуге поставить около бассейна скамеечку, чтобы мне было где сесть и снять штаны перед тем, как искупаться в его бассейне!

Засмеялся заяц и сел на черепаху, которую принял за камень. Черепаха шевельнулась, заяц почувствовал это и сказал:

— Так вот как работают слуги в стране Маврикии — они забыли подровнять у моего кресла ножки!

Хотел было заяц слезть, чтобы подложить под скамейку клинышек, но не мог — смола крепко его держала. Черепаха высунула из панциря голову:

— Ну, кум, что скажешь? По-моему, на этот раз ты попался.

Загоревал заяц, но надо было спасаться, и он сказал черепахе:

— Ты что, кума, шутить со мной задумала? Говорю тебе по-хорошему: отпусти меня, слышишь? Не заставляй меня сердиться!

Черепаха двинулась в путь — понесла зайца к королю. Она сказала только:

— Говори сколько душе угодно, если тебе от этого легче.

— Начинаю считать: один, два... Не отпустишь?

Бам! — ударил ее заяц задней лапой, и лапа приклеилась. Бам! — приклеилась другая. Черепаха, не обращая на это никакого внимания, продолжала свой путь. тогда заяц сказал:

— Эй, слушай, мои передние лапы сильнее, отпусти лучше меня добром!

Черепаха ему не ответила. Бум! — ударил заяц левой передней лапой. Бум! — ударил правой. Обе приклеились, и теперь все четыре лапы у зайца были схвачены, словно у свиньи, которую несет на базар китаец. Однако бедняга, все еще надеясь спастись, стал грозить черепахе:

— Слушай меня внимательно, я говорю с тобой в последний раз. Вся моя сила в голове, голова у меня, как железный молот! Если ударю по тебе ею, расплющу тебя, как спелую папайю. Сейчас же отпусти меня!

Но и на этот раз черепаха ему не ответила. Тогда заяц поднял голову так высоко, как только мог, и изо всех сил ударил ею по панцирю. Бом! Голова зайца тоже приклеилась.

И вот, наконец, добрались они для королевского дворца — черепаха смеется, заяц плачет.

Увидел король зайца, приклеившегося к черепахе, и, хоть очень рассержен был, не удержался от смеха. Черепаха ему говорит:

— Вот он, ваше величество! Не черепаха будет у вас на обед, а зайчатина; заяц в вине — это очень вкусно.

Король вытащил саблю, отрубил зайцу голову и велел его отнести на кухню. А потом крикнул своему слуге:

— Эй, я иду купаться! Пойдем, помоешь меня — я очень грязный!

«ПРИНЦЕССА КЛЕЙ-ДЛЯ-СЕРДЕЦ»

Жил когда-то король, и была у него дочь, прекрасная, как цветущая гуайява, — не девушка, а просто чудо. Когда какой-нибудь юноша имел несчастье увидеть ее лицо, он не мог оторвать от него глаз, и поэтому принцессу прозвали Клей-для-сердец. Клей этот был такой прочный, что у птицы, увязшей в нем, уже не было надежды освободиться.

Двести или триста королей из разных стран просили у отца принцессы ее руки, однако отец не хотел навязывать ей свою волю. Он говорил:

— Пусть Клей-для-сердец сама выбирает. Ей выходить замуж, не мне. Договаривайтесь с ней сами; если она скажет "да", я не стану говорить "нет". Когда голубка ищет мужа, не дрозд устраивает гнездо.

Слыша такие речи, Клей-для-сердец бросалась к отцу на шею, целовала его и говорила:

— Какой хороший у меня отец!

Король был очень добродушен, и за это его прозвали король Пирог.

И вот однажды, когда Клей-для-сердец выехала на прогулку в карете, лошади понесли. Кучер попытался остановить их, но не смог. Река была рядом, еще мгновение — и карета бы в нее упала. Клей-для-сердец уже приготовилась выпрыгнуть из кареты, когда услышала чей-то крик:

— Не прыгайте, я вам помогу!

Из зарослей выскочил какой-то юноша и бросился к лошадям. Став перед ними, он преградил им путь, и лошади остановились.

Тогда Клей-для-сердец вышла из кареты и сказала юноше:

— Большое вам спасибо, сударь, вы спасли мне жизнь. Надеюсь, эти своенравные лошади не причинили вам зла?

— Что вы, госпожа! Мне выпало счастье не дать им сбросить вас в реку, а вы спрашиваете, не причинили ли они мне зла! Добро, а не зло принесли мне эти своенравные лошади!

Клей-для-сердец покраснела, как повернутая к солнцу сторона плода личжи, посмотрела на юношу и опустила глаза. Тем временем кучер вывел карету с лошадьми на середину дороги. Осмотрел он сбрую, колеса. Остальное — все цело. Клей-для-сердец снова села в карету, а следом за ней туда сел юноша. Он сказал принцессе:

— Я никогда больше не оставлю вас на милость этих лошадей, — разве можно полагаться на такого никудышного кучера? Со мной вы можете ничего не бояться — ведь меня зовут принц Без-страха.

Принцесса Клей-для-сердец и принц Без-страха стали разговаривать. Говорили-говорили они и никак не могли наговориться. Когда же они прибыли во дворец короля Пирога, Клей-для-сердец крепко обняла отца, рассказала обо всем, что случилось, и добавила:

— Отец, мою жизнь спас принц Без-страха! Это благодаря ему ты не плачешь сейчас над телом своей любимой дочери. Как нам отблагодарить его, отец, за то, что он для нас сделал?

Посмотрел на них король. А потом рассмеялся и сказал дочери:

— Может быть, дитя мое, я найду способ отблагодарить его, дай-ка попробую.

Он взял руку дочери. Взял руку принца, соединил их и сказал:

— Не так ли, дети? Не хороший ли это способ все уладить? Говорите же!

Клей-для-сердец стала красной, как зрелый плод манго, спрятала лицо у отца на груди, а потом зашептала ему что-то так тихо, что никто не мог расслышать. Но принц Без-страха закричал:

— Гип-гип-ура! До чего же вы умны, отец, и благородны!

Тут же назначили день свадьбы. Без-страха всех торопил. Множество швей усадили за работу — шить платья, рубашки, пеньюары, постельное белье и другие нужные вещи. Принц Без-страха целые дни проводил около мастериц, не переставая их торопить:

— Работайте, девушки, работайте! Хватит греться на солнце — беритесь лучше за иголки!

Настал день свадьбы. Клей-для-сердец плохо спала эту ночь, и у нее заболела голова. Встав рано утром, она поднялась на крышу, чтобы подышать свежим воздухом. Побыв там, она решила спуститься вниз и пойти одеваться (ей приготовили роскошное подвенечное платье), как вдруг услышала над головой гром. Она подняла голову и увидела: из облака над ней прыгнуло на крышу какое-то огромное чудовище. Оно схватило Клей-для-сердец, топнуло ногой, взлетело, как воздушный шар, вошло в облако, из которого спустилось, и исчезло в нем со своей добычей. Служанка принцессы, которая вместе с нею была на крыше, хотела закричать, но от ужаса у нее словно язык отнялся.

Служанка вернулась во дворец и рассказал о том, что случилось с принцессой, принцу и королю. Нет слов, чтобы описать их горе! Они стали кричать, плакать. Рвать на себе волосы и одежду, — но что тут можно было поделать, чем помочь?

Без-страха поднялся на высокую гору и стал смотреть оттуда во все стороны, не появится ли облако. Раза два или три облако подплывало совсем близко, но как ни всматривался принц, он не смог увидеть, что внутри облака, — оно было слишком плотное.

Велико было горе принца. Только одно утешение было у него — охота, которую он очень любил. И вот однажды, охотясь в дремучем лесу, он увидел несколько деревьев путешественника и услыхал за ними какой-то шум. "Может, это олень?" — подумал он и стал тихо пробираться между деревьев. Когда деревья путешественника остались позади, он увидел: большой лев и огромный попугай дерутся из-за только что убитой лани. Без-страха вытащил нож, разрезал лань на две равные части и сказал:

— Из-за чего вы деретесь? Ведь этой лани хватит на вас двоих. Я разрезал ее точно пополам, и пусть каждый из вас возьмет себе половину.

Довольные, лев и попугай сказали принцу:

— Спорить было не из-за чего, ты прав. И за то, что ты разрешил наш спор, мы хотим кое-что тебе подарить. Наши подарки помогут спасти Клей-для-сердец от лулу, заточившего его в облаке.

После этого лев вырвал из гривы волос, дал его принцу и сказал:

— Когда ты захочешь превратиться в большого красивого льва вроде меня, достань этот волос и скажи: "Волос, делай свое дело!" — и ты сразу превратишься в льва. Когда же ты захочешь снова стать человеком, тебе надо только сказать: "Волос, сделай все как было!". Ты понял, что я сказал? Постарайся запомнить — это совсем не трудно.

Без-страха горячо поблагодарил льва, и тут попугай вырвал из крыла перо, дал его принцу и сказал:

— Когда ты захочешь стать попугаем вроде меня и летать куда тебе угодно, надо только взять это перо и сказать: "Перо, делай свое дело!" — и ты превратишься в попугая. Когда же ты захочешь снова стать человеком, тебе надо только сказать: "Перо, сделай все как было!" Смотри же. Запомни мои слова"!

Принц поблагодарил попугая, и все трое разошлись в разные стороны.

Вернувшись во дворец, Без-страха поспешил к королю Пирогу, чтобы рассказать ему о своей встрече со львом о попугаем. Бедный старый король лежал на диване около открытого окна. Целые дни, с раннего утра до темноты лежал он здесь, уставив взгляд в небо: не появится ли там облако, укравшее его дочь?

Вбежав в комнату, принц Без-страха воскликнул:

— Сейчас не время горевать, отец, — я отправляюсь спасать принцессу! Бог наконец сжалился над нами. Напишите ей письмо, и я сам отнесу его!

И он подробно рассказал королю Пирогу про свою встречу с попугаем и львом.

Старик бросился к своему столу, схватил перо и бумагу и написал: "Ах, моя дочь, какое горе меня постигло! Словно камень лег на мое сердце. Если бог услышит мои молитвы, он еще раз даст мне обнять тебя, я молюсь об этом днем и ночью. Это письмо тебе вручит принц Без-страха. Делай все, как он тебе скажет; если не считать твоего старого отца, нет никого, кто любил бы тебя так же сильно, как он".

Поставив внизу свою подпись, король отдал письмо принцу и сказал:

— Возвращайся скорей с хорошими вестями! Ведь ты знаешь — если мое горе еще продлится, я не вынесу его и умру!

Оставив несчастного старика, принц Без-страха поднялся на гору и увидел оттуда приближающееся облако. Оно плыло по небу, как большой белый корабль, и, подгоняемое ветром, постепенно подплывало ближе и ближе. Принц Без-страха достал перо попугая и сказал ему:

— Перо, делай свое дело!

В один миг тело принца изменилось, на месте рук появились крылья, нос превратился в клюв, а одежда — в перья. Принц Без-страха стал большим серым попугаем. Облако было уже совсем близко. И он поднялся и полетел к нему навстречу. Достигнув облака, Без-страха вошел в него и увидел, что внутри это облако как настоящий дом. Там были комнаты, коридоры, лестницы, двери и окна, но все это было не деревянное, как в домах на земле, а вырезано в самом облаке. Все было словно из ваты, легкой, как дым, и принц Без-страха, увидев это, остолбенел от изумления.

Он вошел в переднюю — там пусто, никого нет. Перед ним была лестница. И принц Без-страха по ней поднялся. Наверху он увидел длинный-длинный коридор с множеством дверей, но все двери были заперты. Где же Клей-для-сердец? Без-страха приложил ухо к одной из дверей, прислушался — ничего не слышно, приложил ухо к другой — ни звука, подошел к третьей — и услышал оттуда какой-то храп. Это была комната лулу. Большой нос лулу от насморка был заложен, и он поэтому спал с открытым ртом. У тех, кто живет в облаках, всегда насморк, — спросите у жителей Кюрпипа, они подтвердят. Без страха отошел от двери лулу и, стараясь не шуметь, двинулся дальше. Вдруг он остановился: из-за одной двери слышались плач и жалобы. "Не иначе как принцесса!" — подумал он и, открыв клювом дверь, вошел. И правда, в комнате была Клей-для-сердец.

Увидев попугая, принцесса подумала, что это лулу, наверное, прислал к ней птицу, чтобы скрасить ее одиночество. Но разве могла она принять подарок от лулу? Принцесса оттолкнула попугая и сказала:

— Твоего хозяина я ненавижу, так неужели полюблю тебя? Уходи прочь, я хочу плакать в одиночестве!

Тогда Без-страха достал перо и сказал ему:

— Перо, сделай все как было!

Не успел он договорить, как превратился в человека. Увидела его Клей-для-сердец, вскрикнула и бросилась обнимать и целовать его. Когда они наконец смогли говорить, Без-страха отдал принцессе письмо короля Пирога. Принцесса прочитала его и сказала:

— Ну конечно, я буду делать все, что ты мне скажешь! Я и сама, без совета отца знаю, что жена должна во всем слушаться своего мужа!

Принц Без-страха спросил, что за существо этот лулу, укравший ее. Клей-для-сердец ему ответила:

— Он похож на человека, но не человек. Его лицо — не человеческое лицо, глаза — не человеческие глаза, рот — не человеческий рот, тело — не человеческое тело. Я не знаю, кто он, может быть, дух? Я спрашивала у него, как его зовут, и он сказал, что его зовут Тело-без-души и мне никогда от него не вырваться, потому что никому не под силу его убить. Разрежь его на мелкие кусочки — с ним и тогда ничего не будет, потому что кусочки снова соединятся. Убить его можно только зная, где спрятана его душа. Душа его в яйце, яйцо в голубе, голубь в красном тигре, а красный тигр в большом белом тигре. Сначала нужно убить белого тигра. Когда он издохнет, из него выскочит и бросится на тебя, уже усталого, красный тигр. Его тоже надо убить. Из него вылетит голубь; этого голубя надо поймать и убить, а потом вынуть из него яйцо. А чтобы покончить с Телом-без-души, яйцо это надо разбить о его голову, и тогда он сразу упадет мертвый. Но разве человек может сделать все это?

— Ты спрашиваешь, может ли человек убить твоего лулу, но, видно, ты забыла мое имя, Клей-для-сердец, а ведь меня зовут принц Без-страха! Собирайся в обратный путь — не пройдет и трех дней, как я вернусь с этим яйцом и сделаю на голове у лулу яичницу. Так собирайся же, а сейчас не будем терять времени, я должен идти.

Они крепко обнялись на прощание, а потом, снова превратившись в попугая, принц спустился на землю.

Там он рассказал обо всем бедному старому королю Пирогу и отправился на поиски белого тигра.

А тигр этот жил в пещере огромной горы, стоявшей посреди широкой равнины. Никто не отваживался пройти мимо этой пещеры — все далеко обходили это место, боясь попасться на глаза тигру. Вся земля вокруг пещеры была белой от костей съеденных тигром животных.

Без-страха снова превратился в попугая и полетел к пещере. Там он сел на высокое дерево тамбалакок, которое перед ней росло. Он тихо спустился с дерева, достал волос, который ему дал лев, и сказал:

— А ну, волос, делай свое дело!

И он превратился в огромного-преогромного льва — второго такого в стране Маврикии никогда не было. Он зарычал, и рычание его было подобно грому — даже гора задрожала, и с нее покатились вниз на равнину большие камни.

Тигр в это время спал в пещере. Услышав рычание, он проснулся и выскочил наружу. Лев его ждал и, как только тигр появился, сразу же бросился на него. И стали они драться не на жизнь, а на смерть. Из пасти у того и другого падала пена, из ран текла кровь, но ни лев, ни тигр этого не замечали — они так вцепились друг в друга, что казалось, они склеились. Вдруг тигр сжал челюстями лапу льва. Голова тигра была теперь внизу, и лев, ухватившись за его загривок, стал трясти голову тигра. Тигр выпустил лапу льва, и тогда лев прыгнул ему на спину и, прижав тигра к земле, сломал ему хребет.

Но бедный лев сам был изранен и совсем обессилел. Начал он лизать рану на лапе и тут увидел, что из убитого белого тигра вылезает наружу красный тигр. Еще мгновение — и красный тигр бросится на него. Но принц Без-страха был не только смел, но и умен, — он тут же превратился в попугая, взлетел с земли и сел отдохнуть на дерево тамбалакок. Красный тигр, ошеломленный, так и остался стоять под деревом, а попугай сверху ему крикнул:

— Подожди, я отдохну немножко, а там посмотрим.

В это время лулу в облаке почувствовал себя хуже обычного и сказал:

— Не знаю, что это со мной — как-то мне не по себе.

А как же принц Без-страха? Когда он почувствовал, что силы к нему вернулись, он снова превратился в льва и бросился на красного тигра. Красный тигр был меньше белого — ведь он вмещался в него целиком — и стоило льву ударить этого тигра лапой три или четыре раза, как тигр повалился. Лев воскликнул:

— Да разве это тигр? Это не тигр, а дикая кошка!

И последним ударом лапы лев вспорол тигру брюхо. Красный тигр сразу умер, и лев осторожно стал копаться в его внутренностях.

Лулу в облаке пришлось лечь — ему стало совсем плохо. Лев осторожно доставал из тигра внутренности, боясь, как бы не упустить голубя, когда голубь вдруг вылетел из пасти тигра, взмыл высоко и полетел. Лев со всех ног бросился за ним по земле, но разве может четвероногое угнаться за птицей? Голубь удалялся от него все дальше и дальше. Казалось, еще мгновение и он совсем исчезнет из виду. Но тут Без-страха опять превратился в попугая и стал, чтобы видеть дальше, подниматься выше и выше, как большой змей, подхваченный ветром.

Услышав его приближение, голубь напряг последние силы. Ах-уах — попугай уже у него над головой!

Попугай бросился на голубя сверху и вцепился в него. Клюнул один раз — и голубь потерял равновесие, попробовал лечь на одно крыло, потом на другое, но не смог и камнем упал вниз. Попугай распорол голубю живот и достал яйцо. Взяв яйцо в клюв, он полетел с ним на гору и стал ждать облака. Наконец оно появилось и, подгоняемое ветром, медленно поплыло к горе. Взмахнул крыльями попугай и полетел в нему навстречу. Он знал теперь, с какой стороны вход, и сразу проник в комнату принцессы. Очутившись там, он сказал:

— Вот я и вот яйцо! Следуй за мной — времени на разговоры у нас нет!

И он поспешил в комнату Тела-без-души. Лулу лежал в постели и часто-часто дышал, как собака, только что загнавшая зайца. Попугай разбил яйцо о его голову — и тело лулу начало таять, превращаться в воду. Вода потекла, и из облака пошел дождь. Облако стало таять у них под ногами. Попугай едва успел крикнуть Клею-для-сердец:

— Хватай меня за лапы и держись крепче! Облако редело, и попугай взмахнул крыльями и полетел с него прочь. Когда они спустились на гору, падал мелкий дождик — все, что еще осталось от облака. Без-страха сказал перу:

— А ну, перо, сделай все как было!

Как только принц снова стал человеком, он заключил принцессу в свои объятия. Немало времени прошло, прежде чем они спустились с горы.

Когда король Пирог увидел горячо любимую дочь, радость его была безгранична. Он целовал ее без конца и не мог нацеловаться. Наконец Без-страха засмеялся и сказал, освобождая жену из объятий короля:

— Отец, вы оставите ее без щек — а ведь это все-таки щеки моей жены!

И они позвали повара, чтобы заказать праздничный обед. Не сосчитать блюд, которые им подали, — столько всякой всячины, что можно было умереть от обжорства.

МАДАГАСКАРСКИЕ СКАЗКИ

«ДВА БРАТА И ЗАНАХАРИ»

Жили, говорят, когда-то два брата, и у обоих ничего не было, кроме лохмотьев. Долгие годы они трудились, чтобы скопить какую-нибудь малость, а всё оставались бедняками. И вот однажды младший говорит старшему:

— Зря мы выбиваемся из сил, всё равно ничего у нас не получится, лучше нам умереть.

Они пришли к высокой скале, взобрались на вершину и бросились вниз. Но один из Занахари подхватил их и опустил у подножия. Несколько раз они бросались вниз, не причинив себе ни малейшего вреда, и наконец поняли, что это Занахари противится их замыслу. Тогда младший опять говорит старшему:

— Как ни старались мы что-нибудь скопить, всё равно остались бедняками; как ни старались убить себя, все равно мы живы. Давай пойдем к мпсикиди и спросим у него, что нам делать.

Они пошли к мпсикиди и спросили его. И вот что он им сказал:

— Убейте черную курицу и отнесите ее на вершину холма, потом позовите Занахари, который вас спас.

Братья так и сделали. Сначала пришёл не тот Занахари, который их спас; он прошел мимо и не съел курицу. Потом пришёл Занахари, который им помогал; он съел курицу и сказал:

— Это я спас вам жизнь. Но посмотрите: на мне одни тряпки, я ничего не могу вам дать. Выходит, зря вы старались, никогда вам не разбогатеть.

Братья огорчились и опять решили убить себя. Они встали на край бездны и бросились вниз, но остались целы и невредимы. Занахари позвал их и сказал:

— Вы хотите убить себя из-за богатства! Ну, ладно, давайте договоримся так: я сделаю вас богатыми, у вас будет всё, что вы захотите, но через восемь лет я вас убью.

Старший брат не согласился, а младший с радостью принял уговор.

— Отныне я буду исполнять все твои желания,- сказал ему Занахари,- но в положенный срок я отрублю тебе голову.

— Приходи, когда наступит срок. Я буду тебя ждать, — ответил младший, — ты сделаешь со мной, что захочешь.

Прошло восемь лет. Младший брат так разбогател, что как ни старался, не мог истратить все, что у него было. А между тем назначенный день приближался. Занахари послал предупредить его и вскоре явился, чтобы исполнить свою волю. Спустившись на землю, он собрал людей и сказал им:

— Вот, мои подданные, что я хочу вам рассказать. Этот человек дал обещание через восемь лет позволить убить себя. Когда-то он был беден, ходил в лохмотьях, и я сказал ему:

"Я сделаю тебя богатым, но через восемь лет отрублю тебе голову". Он согласился. Теперь пришел срок. Вот почему я собрал вас.

Все согласились, что Занахари имеет право убить его, раз они так договорились. Занахари достал меч и приготовился ударить человека. Но сын удержал его за руку.

— Почему ты не даешь мне убить этого человека? — спросил Занахари у своего сына.

— Если тебе нужна жертва, убей старшего. Он бездельник, ему нравятся лохмотья, он сам не захотел стать богатым.

Тогда младшего брата пощадили, а старшего, у которого ничего не было, убили. После его смерти, всё добро младшего брата разделили на три равные части и одну часть отдали детям старшего. С тех пор у цимихети пошла поговорка: "Занахари не любит бедных".

«ДИКАЯ СОБАКА И ДИКАЯ КОШКА»

Дикая собака и дикая кошка издавна были друзьями. В один прекрасный день, когда их очень допекли окрестные жители, они решили бросить грабеж и заняться каким-нибудь полезным делом; выбор пал на изготовление рабан, потому что это сулило большую выгоду, чем другие промыслы.

Все обсудив, они купили рафии. Когда подошло время мыть и мять волокно, чтобы сделать его мягким и гибким, кошка сказала собаке:

— У меня острые когти, я могу порвать рафию, и я слишком легкая, чтобы мять такие жесткие, неподатливые волокна. Ты сделай это сама, а я буду потом связывать нити.

Простодушная собака пошла к соседнему ручью мыть и мять рафию. Когда она вернулась, кошка попросила ее заодно связать нити. Собака покончила и с этим делом, надо было начинать ткать.

— Дорогая подруга! — воскликнула кошка,- я никогда в жизни не ткала рабан, я только испорчу рафию. Вот, когда мы будем ткать шелк, я покажу тебе, какая я мастерица.

Добрая собака соткала рабаны и попросила свою лукавую товарку сходить на рынок и продать их. Кошка не знала, что делать: на рынке ее могли насмерть забить люди из деревни.

Но ей так хотелось в одиночку съесть мясо, купленное на вырученные деньги! Она решила пойти.

Как только люди увидели кошку, они начали бросать в нее камнями. Кошка тут же вернулась в хижину и рассказала собаке про свою неудачу. Собаке очень захотелось самой попытать счастья. На рынке она получила за рабаны двенадцать монет и купила на них мяса. Не съев ни кусочка, она вернулась домой. Как только появилась собака, кошка закричала:

— Надо скорей отнести мясо на дерево, а то придет кто-нибудь сильнее нас с тобой и отнимет его.

Хитрая тварь унесла мясо на дерево и преспокойно его съела. Напрасно собака старалась угрозами и мольбами получить хоть кусочек — ей достался один только запах. Изнемогая от усталости и голода, она свалилась у подножия дерева и тут же издохла, предав проклятию всех своих потомков, которые не будут мстить за ее смерть.

«КАБАН И ХАМЕЛЕОН»

Говорят, как-то раз кабан и хамелеон вышли на добычу и встретились на берегу канавы, по которой вода текла на рисовое поле. Кабан стал расспрашивать хамелеона, откуда и куда он идет.

— Иду ищу что бы поесть, — ответил хамелеон.

— И как только ты ухитряешься находить пропитание? У тебя такое хилое тело, и ноги ты еле передвигаешь. Зря ты не сидишь на месте. Разве ты не боишься, что какой-нибудь большой зверь — хоть бы я, например — раздавит тебя копытом?

— Конечно, — согласился хамелеон, — ты говоришь истинную правду. Но подумай, ведь такой маленький зверек, как я, и ест немного; вот почему я без труда добываю то, что мне нужно.

Удивленный кабан не знал, что ответить. А хамелеон продолжал:

— Если хочешь, старший брат, давай с тобой состязаться. Ты только не подумай, что я задираю того, кто сильнее меня. Просто я предлагаю тебе поиграть.

— Ладно, раз уж такая мелюзга расхрабрилась, мне ли, силачу и великану, отступать. Ну, говори, как мы будем состязаться?

— Как хочешь.

Они решили бежать наперегонки до большого дерева, которое виднелось вдали.

— Я готов, — сказал кабан.

— Подожди немного, я еще не рассмотрел хорошенько, куда бежать, — попросил хамелеон, а сам искал подходящее место, чтобы прыгнуть кабану на спину. Пристроившись поудобнее, он крикнул:

— Теперь бежим, старший брат! — И в ту же минуту вскочил на спину кабана, который со всех ног помчался вперед. Когда кабан добежал до дерева, хамелеон соскользнул в траву. Кабан, уверенный, что хамелеон остался далеко позади, оглянулся, а хамелеон закричал:

— Старший брат, зря ты смотришь назад, я здесь, впереди!

Кабан рассвирепел и сказал, что хочет бежать еще раз. Хамелеон согласился. Опять он схитрил и опять оказался первым. Кабан пришел в страшную ярость:

— Еще ни одному зверю не удалось победить меня! Я тебе отомщу. Я тебя съем!

— Какое коварство, старший брат! Разве мы заранее с тобой не договорились?

— Знать ничего не знаю. Я хочу тебя съесть!

— Разреши мне тогда хоть предупредить родителей. Ведь то, что ты затеял, это уже не игра, а серьезное дело.

— Ладно, иди, — сказал кабан. — Я буду ждать тебя здесь." Хамелеон отправился в путь. Сначала он встретил цинцину.

— Я иду сражаться с кабаном, — сказал он.-Умоляю тебя, помоги мне! Ведь ты никого не оставляешь в беде.

— Хорошо,- ответила цинцина,- можешь на меня положиться. Я буду сидеть на траве, чтобы мне было тебя видно.

Потом хамелеон увидел кибубу и тоже попросил его о помощи. Кибубу обещал; он сказал, что будет сидеть во рву, чтобы видеть битву. Потом хамелеон встретил сурухитру, перепелку и лягушку. Он попросил их помочь ему, и они тоже с охотой согласились.

Тем временем кабан вышел из терпения; он не стал ждать своего врага и отправился на поиски. Цинцина увидела, что он идет и закричала:

— Инти! Инти!

Кабану показалось, что это голос человека, и он свернул в сторону. В соседней долине его встретил крик перепелки:

— Сафалеу! Сафалеу!

Он бросился вперед. На склоне горы его заметил кибубу:

— Бубу! Бубу! — закричал он.

В долине сурухитра, увидав бегущего кабана, запела:

— Сурухи! Сурухи!

А когда он мчался через рисовое поле, лягушка заквакала:

— Рехету! Рехету!

Обессилевший кабан не знал, куда ему деться. В это время мимо шел человек с собакой, и они вдвоем убили его.

Вот как маленький умный хамелеон победил большого сильного кабана.

«КРОКОДИЛ И ЁЖ»

Говорят, как-то раз бродил еж по берегу реки; в поисках пищи он рылся в речном иле и с радостью поедал червей. Вдруг он оказался рядом с огромным спящим крокодилом. Еж испугался и бросился бежать, но крокодил проснулся и, заметив ежа, спросил, куда он идет. Перепуганный ёж не осмелился сказать, что искал пищу, и ответил:

— Я пришел поздороваться и узнать, как ты поживаешь.

— Тогда иди сюда, давай поболтаем.

Они разговорились. Скоро они подружились и пригласили друг друга в гости. Было решено, что еж первый придет к крокодилу, потому что крокодил старший.

В назначенный день еж явился. Крокодил не готовил заранее праздничного обеда; вместо этого он тут же бросился на быка, который щипал траву на берегу реки, и приволок его ежу. Еж уплетал за обе щеки.

Он съел огромный кусок мяса — по сравнению с ним самим, конечно, потому что по сравнению с целой бычьей тушей это был совсем крошечный кусочек. Переварив пищу, ёж и крокодил назначили день, когда крокодил придет в гости к ежу. Но в условленный срок еж приготовил к праздничному обеду только несколько кузнечиков и цветов авуку. Крокодил страшно рассердился и сказал:

— Надеюсь, ты не называешь это обедом? Ради того, что ты приготовил, и челюстями не стоит шевелить.

— Я, господин, от всей души предлагаю тебе все, что я сумел добыть.

— Ах ты нахал! Когда ты пришел ко мне, я встретил тебя как самого дорогого гостя. Ты что, забыл великолепного быка, которым я тебя угостил? А чем ты после этого угощаешь меня?

Говоря так, крокодил разинул пасть, сделал один глоток — и всё, что припас ёж, исчезло. Рассерженный ёж от злости засопел, а крокодил стал над ним насмехаться.

— Нечего притворяться, что ты обиделся, бессовестный хитрюга. Видно, ты забыл поговорку людей: "Хоть еж никогда собой не любуется, а глазам все равно рад". Выходит, правда, у бесчестных зверей нет ни стыда ни совести.

Еж рассердился еще больше и закричал:

— Мои глаза создал Андриаманитра, я не могу их переделать. А ты, прежде чем надо мной смеяться, посмотри на себя. Видно, ты забыл, что говорят люди: "Создавая крокодила, Андриаманитра хотел сделать его не красивым, а сильным". И еще одна поговорка есть: "Цесарка насмехается над змеей, а сама тоже в пятнах".

Забыв от злости обо всем на свете, крокодил разинул пасть и хотел проглотить ежа, но еж выставил иглы и сам покатился ему в глотку; он так исколол крокодила, что через несколько мгновений владыка рек издох. Обрадованный еж выбрался из глотки врага и, пританцовывая, стал повторять:

— Маленький осилил большого! Маленький осилил большого!

Говорят, с тех пор начали петь песенку, которую теперь знают все: "Я ёж, я брожу по берегу, я не боюсь огромной глотки крокодила!"

«КУРИЦА И КРЫСА»

В один прекрасный день курица и крыса вдруг оказались друг перед другом. Крыса испугалась такой большой птицы: она никогда раньше не видела курицы.

— Курица, голубушка, — проговорила она дрожащим голосом, — давай поклянёмся кровью, что мы друзья.

Добрая курица с охотой согласилась; когда они скрепили свой союз фатидрой, она сказала новой сестре:

— Пойдём вместе клевать рис, мой хозяин рассыпал его на солнышке, чтобы подсушить.

— Ох, сестра, я не могу искать пищу днём; прошу тебя, подожди, пока наступит ночь, тогда и пойдём.

— Но ведь я не ночная птица. Как же нам быть? В конце концов они решили так: крыса, которая боится людей, дождётся темноты и пойдёт добывать пропитание ночью, а курица отправится на поиски днём, но нарочно рассыплет зерна, чтобы крыса могла их потом подобрать.

Вот почему курица, когда клюёт, разбрасывает зёрна: это она заботится о том, чтобы крыса, её сестра по крови, могла ночью найти и съесть то, что рассыпано и пролито на земле.

«КУРИЦА И ПАПАНГО»

Понадобилась, говорят, однажды курице иголка. Она обежала всю округу, чтобы её одолжить, но соседки куда-то ушли, и курица не знала, что делать. Вдруг она услышала, что у неё над головой какая-то птица кричит: "Куху! Куху!". Это был папанго.

В те времена курица и папанго были друзьями, и папанго согласился одолжить ей иголку. На свою беду, Ракухувави — так звали курицу — её потеряла.

Вечером папанго пришёл за иголкой, но курица не могла её вернуть и извинялась перед ним как только могла. Рассерженный папанго ничего не хотел слушать и сказал, что завтра опять придёт за своей иглой.

Целый день курица с подругами искала иголку и не нашла. Курица рылась в земле, заглядывала под каждую травинку — иголка пропала и всё. Папанго пришёл и в страшном гневе стал требовать какую-нибудь другую вещь, чтобы возместить убыток. Но курица, которая привыкла собирать, не хотела ничего ему отдавать. Тогда папанго вместо своей иголки схватил её цыплёнка и закричал:

— Пусть будут прокляты все мои потомки, которые забудут о причинённом мне зле, подружаться с курицей и перестанут преследовать её детей и внуков!

Говорят, с тех пор курица и папанго стали врагами. Когда папанго кружит над деревней, он кричит: "Филу! Куху! Куху!" Это он требует у курицы иголку. Если ему удаётся, он крадёт у неё цыплят.

А курица до сих пор разгребает землю лапами и тычется носом; всё старается найти иголку.

«РАТАУЛАНДУХАМИВУЛАНА»

Жили, говорят, муж с женой, у которых было три сына. Первые два — красивые, стройные, а третий — урод-чудище: без туловища, без рук, без ног — одна голова. Голова ела и разговаривала. Звали ее Ратауландухамивулана.

Однажды два старших сына решили идти счастье искать. Они попросили у родителей разрешения, и те отпустили их. Но младший сын тоже стал проситься вместе с братьями:

— Мы не хотим брать тебя с собой, — говорили старшие. — Как же ты пойдешь без ног? Только мешать нам будешь.

— Возьмите меня, — просил Фаралахи, — я не буду вам обузой.

В конце концов братья согласились. Они завернули Фаралахи в ламбу, привязали к бамбуковой палке и понесли. Когда они вышли на большую дорогу, младший брат сказал:

— Оставьте меня здесь, только не забудьте на обратном пути спросить в соседней деревне, где меня найти.

Старшие братья оставили Фаралахи, а сами пошли дальше на юг.

Через некоторое время на дороге показался торговец с большим стадом быков. Ратауландухамивулана закричал:

— Беда идет с севера! Беда идет с юга! Беда идет с востока! Беда идет с запада!

Торговец испугался, увидав говорящую голову, и стал просить:

— Я отдам тебе половину быков, только скажи, как мне живым добраться до дому и увидеть жену и детей.

— По дороге тебя ждёт река, на берегу реки растет дерево, — сказал Ратауландухамивулана. — Когда ты будешь проходить мимо этого места, убей быка. Голову повесь на дерево и дай крови стечь в реку; она нужна тем, кто жи ет в воде. Если ты не принесешь эту жертву, вода сама возьмет быков. Не переходи реку, пока не сделаешь то, что я сказал.

Говорят, с тех пор бецимисараки, убив быка, подвешивают голову.

Потом на дороге показался богатый человек и с ним много рабов. Фаралахи снова закричал:

— Беда идет с севера! Беда идет с юга! Беда идет востока! Беда идет с запада!

За всю свою жизнь богач не видел такого чуда — со страха он не знал, что и думать.

— Я отдам тебе половину рабов. Скажи только, как уйти от беды? — взмолился он.

Ратауландухамивулана согласился и сказал:

— Пройдя немного вперед, ты увидишь на краю дороги камень, стоящий торчком. Когда поравняешься с ним, оторви кусок ламбы и накрой его.

Разделив рабов, богач пошел дальше и сделал то, что велел Фаралахи.

Говорят, с тех пор у бецимисарака появился обычай класть на стоящие камни куски ткани.

Потом на дороге показался другой богатый человек; он хотел купить быков и нес с собой много денег. Ратауландухамивулана снова закричал:

— Беда идет с севера! Беда идет с юга! Беда идет с востока! Беда идет с запада!

Богач, перепугавшись, приблизился к нему и стал просить:

— Помоги мне вернуться домой целым и невредимым. я отдам тебе половину своих денег. Тогда Фаралахи сказал ему:

— Немного впереди, рядом с дорогой ты увидишь могилы. Когда будешь проходить мимо них, возьми жир и смажь камни, которые стоят в головах. Это могилы Занахари. Богач разделил деньги и сделал, как ему велел Ратауландухамивулана.

Вот почему бецимисараки с давних времен смазывают жиром камни в головах могил. Фаралахи сказал рабам:

— Идите и постройте дом для всех нас, а рядом сделайте загон для быков.

Рабы ушли; по дороге они увидели красивый город и построили там дом и загон. Прошло немного времени; Фаралахи прославился своим богатством. Слух о нем дошел даже до дочери Андриаманитры, и она пришла просить, чтобы он стал ее мужем.

— Только запомни, что я тебе скажу, — добавила она, — мы никогда не будем пить туаку. Если ты возьмешь в рот хоть каплю, мы потеряем друг друга.

С тех пор они не пили туаку и долгие годы жили богато и счастливо.

Между тем старшие братья вернулись. Они спросили о Фаралахи в деревне, рядом с которой когда-то его оставили, и им сказали, в каком городе он живет. Они пришли в этот город и явились к брату. Ратауландухамивулана устроил пир горой, но братьям было так стыдно, что они еле-еле проглотили немного риса. На следующее утро они сказали Фаралахи:

— Брат, мы возвращаемся к отцу и матери. Не хочешь ли что-нибудь им передать? Может, у тебя есть для нас какое-нибудь поручение?

Фаралахи ответил:

— Скажите отцу и матери, что я живу богато и счастливо. Пусть они обо мне не беспокоятся и пусть придут нас проведать. У меня ведь нет ног, я не могу сам к ним прийти.

А жена Фаралахи прибавила:

— Отнесите эти два пиастра отцу и матери и поскорей возвращайтесь вместе с ними.

Старшие братья ушли. Добравшись до родной деревни, они сказали родителям:

— Вот деньги, которые мы заработали. Маленький Фаралахи умер во время наших странствий, и мы похоронили его у дороги.

Услышав эту новость, отец и мать очень огорчились; они надели траурные ламбы и стали оплакивать сына.

Ратауландухамивулана долго ждал родителей; не дождавшись, он послал к ним человека, чтобы узнать, как они живут, и позвать к себе. Человек пришел к ним, но родители не поверили ему: они думали, что их сын умер и погребен старшими братьями.

Опять прошло много времени, а отец с матерью все не шли. Тогда Фаралахи послал к ним раба. Раб пришел и сказал:

— Меня послал ваш сын, чтобы узнать, живы вы или нет. Два раза он звал вас к себе, но не получил никакого ответа. Он тревожится о вас и очень сердится. Он говорит вам такие слова: «Если вы живы, заклинаю вас, — придите ко мне». Но родители опять не поверили, что их сын жив.

Тогда Ратауландухамивулана сказал жене:

— Не знаю, что наговорили братья отцу и матери. Столько раз я звал их, а они все не приходят. Что нам делать? Вместе нам нельзя к ним пойти. Кто позаботится о птице, о скотине, пока нас не будет? Кто присмотрит за рабами? Придется нам идти по очереди. Я пойду первым, а ты оставайся и смотри за домом, родители все равно тебя не знают.

Жена согласилась.

— Не оставайся там слишком долго, — просила она. — Если сможешь, приведи с собой отца, мать и братьев.

Фаралахи ушел. Когда он очутился в родной деревне, родители заплакали от радости: ведь они думали, что Фаралахи мертв, и вдруг увидели его живым! Все родственники радовались вместе с ними и устроили большой пир. На пиру было много туаки вазаха. Все веселились и пили. Когда отец взял

рог и стал обносить гостей, Фаралахи сказал, что он никогда не пьет туаку. Но гости заставили его пить вместе с ними. Фаралахи пил и пьянел все больше и больше. На следующее утро он хотел пойти домой, но ему сделалось очень худо. Напрасно родители искали фанафуди, чтобы его вылечить, ему становилось все хуже и хуже, и через несколько дней он умер. А его жена, дочь Андриаманитры, вернулась к отцу. Вот почему бецимисарака так любят туаку: ведь среди них нет больше дочери Андриаманитры, запрещающей им пить.

«РАФАРА, ДЕВА ВОД»

Я пришел сегодня, я рассказываю.

Дева Вод — так говорят старики, я тут ни при чем — жила в заколдованном замке, в глубине Зеленых Вод. У нее были длинные волосы цвета огня. Рафара — вот какое у нее было имя, а ее маленькую рабыню звали Икала.

Однажды они тайком убежали из дому, чтобы порезвиться на розовом песке у берега Вод. Андриамбахуака заметил их игры и хотел поймать деву Зеленых Вод. Но Рафара вместе с рабыней бросилась в реку, и он не успел ее схватить. Грустно было Андриамбахуаке, что красивые девушки исчезли. Он постоял немного и вернулся в свою большую хижину на холме.

На следующий день Андриамбахуака пошел к мпанандру Рэникутумбе и попросил разложить сикиди.

— Желаю тебе благоденствия, отец,- сказал Андриамбахуака.

— Ты в тревоге? Что с тобой, сын? — спросил мпанандру.

— Там, на берегу Зеленых Вод я видел двух прекрасных девушек, мне очень хочется взять одну из них в жены. Но они исчезли, и вода сомкнулась над их головами.

Рэникутумбе раскинул зернышки сикиди и сказал:

— Да, сын, эти девушки живут на дне Вод, и без моей помощи тебе не получить ту, которую ты желаешь.

— Что же я должен сделать? — спросил Андриамбахуака колдуна.

— А вот что... Но тебе придется дать мне в уплату черного петуха, который еще ни разу не кукарекал, и пять серебряных монет!

— Хорошо, — согласился Андриамбахуака.

— Вот тебе уди цара. Заройся в песок в том месте, где они играют. Когда они придут, подожди, пока вода на них совсем высохнет, а потом беги и хватай их за волосы.

Андриамбахуака пошел и спрятался в песке. Немного погодя дева

Зеленых Вод вместе с рабыней вышла на берег. Андриамбахуака долго следил за девушками, и когда увидел, что на них не осталось ни капельки воды, тихонько подкрался и схватил их за волосы.

Я хочу взять тебя в жены,- сказал Андриамбахуака Рафаре.

Рафара ничего не ответила, и Андриамбахуака оробел: он испугался, что она немая. Он подождал немного, а потом отвел ее к себе и сказал людям:

— Вот, люди. Я привел Рафару из Зеленых Вод. Она будет моей главной женой.

— Кто ее отец? Кто ее мать? Откуда она родом? — стали спрашивать люди.

Андриамбахуака ничего не мог им сказать. А Рафара и Икала молчали; они стояли беззвучно, как камни, как стволы мертвых деревьев. Люди спустились с холма и разошлись, качая головами.

Сколько-то времени прошло после свадьбы, и Рафара родила сына. Однажды, когда Андриамбахуака ушел на рисовые поля, ребенок расплакался. Мать взяла его на руки и стала укачивать:

О крупинка жизни моей, моя любовь,

Равелунахана... Равелунахана.

Спи, молчи... Спи, молчи.

Рафара пела, и голос ее звенел, как маленький колокольчик. Одна рабыня услышала, как она поет, и, когда Андриамбахуака вернулся, приблизилась к нему и зашептала на ухо:

— О господин, пока ты был на рисовых полях, я присела около загона для быков погреть на солнце свои болячки и вдруг услышала, что твоя жена поет. Когда тебя нет, она разговаривает и голос ее звенит как серебряный колокольчик.

— Поклянись, что это правда! Она в самом деле пела?

— Клянусь тебе, она пела, — сказала рабыня. Андриамбахуака пошел в хижину и спрятался под циновкой рядом с Рафарой и Икалой. Ребенок заплакал, мать стала его укачивать и запела. Услышав ее голос, Андриамбахуака выскочил из-под циновки и закричал:

— О Рафара, значит, когда меня нет, ты говоришь! Но Рафара снова онемела. Он упрашивал ее и что только ни делал, чтобы заставить говорить, но она ни за что не хотела произнести ни слова; даже брань не заставила ее открыть рот. Тогда Андриамбахуака стал ее бить и бил до тех пор, пока совсем не обессилел.

Рафара молчала, только из глаз у нее крупными каплями падали слезы. Вдруг послышался страшный шум, и Андриамбахуака со страхом увидел, что слезы Рафары превратились в бурный поток, который с грохотом устремился к Зеленым Водам. Рафара и Икала бросились в воду, а отец с сыном остались в хижине.

Андриамбахуака взял мальчика на руки и бросился вслед за женой.
Рафара, дева Вод,
Рафара, дева Вод,
Вернись! Я отдам тебе самое дорогое, что есть на свете:
Старшего сына, младшего сына,
Отца и мать, — так звал ее Андриамбахуака.
Андриамбахуака, Андриамбахуака,
Я говорю тебе: старший сын и младший сын,
Отец и мать —
Это не дары для меня,—
так отозвалась Рафара. Андриамбахуака побежал на голос и закричал:
Рафара, Рафара, дева Вод!
Я отдам тебе старшего сына, младшего сына,
Отца с матерью,
Сто рабов и тысячу быков! Рафара ответила:
Андриамбахуака, Андриамбахуака!..
Старший сын и младший сын,
Отец с матерью,
Сто рабов и тысяча быков —
Это не дары для меня.

Пока они так перекликались, Рафара и Икала доплыли до середины Зеленых Вод. Огромный крокодил, выставив наружу угрюмый глаз, сторожил эти места.

Крокодил, о крокодил голубой,
Спишь ты? Не видишь ты?
Дочь Вод пришла.

Почему не раскрываются перед ней двери? Крокодил, стороживший первую гряду кораллов, очень удивился, услышав этот голос. Он подплыл к скале. Дева Вод и ее рабыня взобрались к нему на спину и миновали семь коралловых гряд, которые расступались перед ними и тут же снова смыкались. И все большие и маленькие крокодилы с чешуйчатыми спинами смотрели, как они плывут, и радостно переговаривались:

— Это правда? Дева Зеленых Вод вернулась?

— Ну да, — сказал огромный самец,- это она, я ее узнаю. А Андриамбахуака все стоял на берегу и горько плакал:
Рафара, дева Вод,
Вернись, вернись, прошу тебя.
Твой муж в беде.
Твой сын в нужде.

Долго жаловался Андриамбахуака, пока не выплыли из воды два крокодила, прожившие на свете много сотен лет. Их послали родители Рафары, чтобы привести его и мальчика.

— Мы задохнемся в воде и умрем,- сказал Андриамбахуака.

Но крокодил побольше успокоил его:

— Не бойся. Пока вы с нами, ничего дурного не случится.

Они погрузились в воду и даже не замочили одежду. Долго плыли они за крокодилами и вдруг увидели заколдованный замок. Из замка появилась Рафара и пошла им навстречу. Она говорила, и голос ее лился как песня. За ней шла длинная вереница рабынь; одеждой им служили только длинные волосы.

Счастливый король Вод и его жена с радостью приняли Андриамбахуаку и мальчика. И жили они все вместе долгие годы.

Я не стану рассказывать, как хорошо им жилось, но молва о них будет разноситься по свету до скончания века.

«СОЛНЦЕ, ЛУНА, ЗВЁЗДЫ И КУРЫ»

Говорят, давным-давно Солнце и Луна были закадычными друзьями. У них были маленькие братья и сестры: у Солнца — фитекутра, что значит "куры", у Луны — кинтана, что значит "звезды". Солнце гуляло со звездами, а Луна ходила с курами.

Однажды Луну пригласили на праздник. Но там не хватило места, чтобы всем сесть, и она решила избавиться от своих маленьких спутников. Луна открыла дверь неба, и петух с курицей провалились вниз. Брат и сестра упали на землю посреди большой деревни; оглушенные падением, они не могли подняться и лежали, как мертвые. Люди в деревне подумали, что их послал Занахари, и стали молиться незнакомым существам, которые оставались безгласными и недвижимыми. Они то и дело повторяли: "Поднимем! Поднимем детей Занахари, чтобы их отец был к нам благосклонен!" Вот почему вместо слова фитекутра — прежнего названия кур — появилось их теперешнее название акуху: оно произошло от слова анкухункухи, которое означает "поднимем".

Тем временем Солнце с нетерпением поджидало возвращения своей подруги Луны.

— Где же твои маленькие провожатые? — воскликнуло оно, увидав, что Луна идет назад одна.

— Они бежали передо мной и оступились. Как я ни старалась их удержать, они упали на землю.

— Ах, какое несчастье! — вскричало Солнце, придя в страшную ярость. — Не удивляйся, если я тебе отомщу.

— Как же так, брат! — ответила Луна. — Подумай хорошенько, разве это моя вина? Ведь твои братья поплатились за свою собственную неосторожность. Если ты грозишь мне местью, я больше не буду тебе доверять.

— Как я могу не отомстить тебе, когда из-за тебя случилась такая беда. С этого дня мы с тобой будем жить отдельно. Теперь ты всегда будешь вдали от меня. Никогда больше мои братья не станут гулять с тобой, и даже тем, которые теперь на земле, я прикажу прятаться, когда они увидят на небе тебя или кого-нибудь из твоих сестер-звезд.

— Хорошо, пусть будет так! — ответила Луна. — Я ухожу. Отныне я для тебя чужая. Мои сестры тоже будут прятаться, увидав тебя на небе, и радоваться, когда тебя не будет.

Вот почему, когда наступает день, звезды скрываются и Луна тоже. Если все-таки Луна иногда показывается вместе с Солнцем, она старается держаться от него подальше.

Куры послушались своего брата и, когда на небе зажигаются звезды, прячутся в курятник. Петухи редко кукарекают вечером, потому что им не по себе при звездах и Луне. Зато каждое утро они поют песенку: "Тунга-зуки-о! Тунга-зуки-о!" Так они радостно предупреждают всех о близком приходе своего брата Солнца.

«СТАРУХА И СВИРЕПОЕ ЧУДОВИЩЕ»

Говорят, как-то раз старуха, варившая еду для андриамбахуаки, пошла за водой к дальнему источнику. Только она пришла, как вдруг слышит какой-то треск, как будто бежит огромное животное. Она с удивлением обернулась и обомлела от страха: прямо на нее шел зверь невиданной величины. Она что было мочи бросилась бежать в деревню, добежала до хижины андриамбахуаки, упала на землю и от страха лишилась языка. Вокруг нее столпились люди, подняли ее с земли и стали расспрашивать:

— Что с тобой, добрая старушка? Что случилось? Но она так испугалась, что не могла произнести ни слова. Тут из своей хижины вышел андриамбахуака и сказал ей:

— А ну-ка, рассказывай! Рассказывай, кто тебя так напугал?

— О андриамбахуака,- проговорила она,- за мной гнался огромный зверь, он хотел меня съесть, через несколько минут он прибежит в деревню.

— Что ты плетешь, — рассердился андриамбахуака, — таких зверей не бывает!

— О андриамбахуака! Я говорю истинную правду. Если ты мне не веришь, вели своим людям взять оружие, и пусть они пойдут и посмотрят.

— Будь по-твоему, — сказал андриамбахуака, — но если ты меня обманула, не жить тебе больше на свете.

И он послал людей посмотреть, правду ли сказала старуха. Прошло немного времени, и они вернулись; еще издали, едва завидев андриамбахуаку, они закричали:

— О господин! Там, правда, ужасный зверь! Он уже близко! Он сейчас явится в деревню!

И почти тут же раздался крик: "Зверь идет! Зверь идет! Он проходит через ворота деревни!" Андриамбахуака очень удивился; он приказал своим людям взять оружие и остановить чудовище. Но страшное животное проглотило воинов со всей одеждой и оружием. Потом зверь — кто его видел, замирал от страха — вошел в деревню и истребил все живое вместе с андриамбахуакой. Только одной беременной женщине удалось скрыться: она спряталась в железном доме. Зверь сел на корточки около дома и стал терпеливо ждать, когда женщина выйдет, чтобы ее тоже съесть.

Через некоторое время женщина родила двух мальчиков-близнецов. Когда они выросли, она сказала им:

— Никогда не выходите из дому. Там сидит зверь. Кто на него взглянет, замирает от страха. Он сожрал и истребил все живое в деревне и теперь сторожит нас.

— Где этот страшный зверь, мама? — спросили мальчики.- Где он?

— Во дворе.

Два брата взяли острые ножи и вышли из дома, решив сразиться с чудовищем. Увидав мальчиков, зверь бросился, чтобы их проглотить, но братья ударами ножей отрубили ему голову, и он издох. Тогда они обошли тех, кому удалось убежать и спрятаться от чудовища, и передали им добрую весть. С радостью убедившись, что это правда, люди собрались вместе и стали говорить друг другу: "Давайте разрежем зверя и посмотрим, что у него в животе. Ведь он разрушил нашу деревню, не жалея детей и не щадя взрослых". Они вспороли зверю живот и нашли всех, кого он проглотил; мужчины женщины, дети и животные — все были живы, только андриамбахуаку никак не могли найти. Отчаявшись, они стали оплакивать его гибель, но в это время мимо пролетала птица рейлуви. Она летела и кричала:

— Анкихики! Анкихики! Люди разрезали самый маленький коготок чудовища и нашли андриамбахуаку, который был еще жив.

Андриамбахуака собрал подданных, которых вынули из живота чудовища, и всех остальных и устроил кабари.

— Вы, мои люди, и я, ваш андриамбахуака, — все мы живы, потому что нас спасли братья-близнецы. Поэтому я хочу отдать им мои владения. Если бы они не убили чудовище, мы бы так и сидели у него в животе, как в могиле. А если бы рейлуви не сказала, в какой части тела я спрятан, не быть бы мне сейчас с вами. Поэтому я хочу, чтобы мои потомки никогда не убивали и не ели рейлуви.

Говорят, поэтому люди из рода андриамбахуаки танала до сих пор не едят рейлуви.

— Да будет так,- сказали люди.- Мы рады, что два брата вознаграждены, потому что благодаря им мы избавились от страшной беды.

Но прошло немного времени, и андриамбахуака нарушил слово — он не захотел отдать свои владения двум братьям. Началась война; люди помогали братьям воевать с андриамбахуакой, и за то, что он нарушил слово, убили его. Говорят, с тех пор мальгаши боятся нарушать слово.

«ТРОЕ БРАТЬЕВ С ХВОСТАМИ»

Говорят, у одного андриамбахуаки было три дочери и все три не соглашались выходить замуж за хова, а хотели, чтобы их мужьями обязательно были андриана, как они сами. Трое братьев с хвостами услышали, что три сестры не хотят выходить замуж за хова, и пришли к ним свататься. Они нарядились в богатые одежды и набросили поверх роскошные ламбы, так что хвостов совсем не было видно. Братья явились к андриамбахуаке и сказали, что пришли из дальних краев просить его дочерей выйти за них замуж. Девушки согласились; их прельстили красивые наряды и понравилось — так они сами сказали,- что три жениха между собой родные, как они.

Сестры тронулись в путь, чтобы идти за мужьями туда, где был их дом; с ними пошел раб, которого звали Ибитрика. Братья жили очень далеко, в пещере под большими скалами. Добравшись до скал, они сказали сестрам:

— Вот наш дом. Вы сидите здесь, а мы пойдем поищем пищу для нас всех.

Вернувшись, они принесли много меда и жирных угрей. Они ели все вместе, и все наелись досыта. У трех братьев был умысел: они хотели откормить женщин и раба Ибитрику, а когда те станут толстыми и жирными, съесть их. Каждый день они уходили на охоту и возвращались с богатой добычей. Вот, наконец, женщины стали толстыми и жирными. Однажды вечером трое братьев с хвостами, томясь от нетерпения, влезли на скалы и, пока дочери андриамбахуаки спали, стали танцевать. Они танцевали, били себя хвостами и пели такую песню:

Юноши из ближних мест хотели на них жениться, они сказали "нет". Злые захотели на них жениться, они сказали "да". А кто мы? Мы звери.

Но раб Ибитрика не спал. Он слышал песню трех братьев и утром сказал трем женщинам:

— Ваши мужья поют ночью странные песни. Настал вечер; братья снова стали хлестать себя хвостами и петь, как прошлой ночью. Ибитрика разбудил трех сестер, чтобы они послушали песню своих мужей. Сестры узнали, что вышли замуж за зверей, и страшно испугались. На следующий день, дождавшись, когда братья, как обычно, уйдут на охоту, женщины отрубили от трех банановых деревьев три чурки, прикрыли их циновками, положили на то место, где они всегда спали, и убежали.

В этот самый день трое братьев с хвостами решили после охоты съесть жен. Они пришли домой и сказали:

— Теперь наши жены толстые и жирные; вон как крепко спят, давайте съедим их.

Один тут же вцепился в тело под циновкой; он откусил большой кусок и удивился: кровь не течет, мясо невкусное и жесткое — даже зуб сломался. Остальные тоже кинулись к циновкам, чтобы схватить своих жен, и тут все увидели, что перед ними чурки, нарубленные из банановых деревьев. Тогда братья отправились искать беглянок к андриамбахуаке, их отцу.

Женщины вернулись домой целые и невредимые, но не пошли сразу к себе. Они влезли на деревья около колодца и спрятались. Рабыня андриамбахуаки пришла за водой, увидела в колодце отражение одной из сестер и сказала:

— Я слишком красива, чтобы быть рабыней.

С досады она даже кувшин разбила. Сестры засмеялись; рабыня подняла глаза и увидела, что они прячутся на деревьях. Она со всех ног побежала к хижине андриамбахуаки.

— Твои дочери вернулись! — кричала она.- Они спрятались на деревьях около колодца!

Андриамбахуака созвал рабов; он приказал убить множество быков и разложить туши одну за другой от хижины до колодца. Сестры вернулись омой, не коснувшись ногами земли.

Женщины рассказали андриамбахуаке, как они заметили, что их мужья вовсе не люди, а звери. В эту самую минуту появились трое братьев с хвостами. Они были так же пышно разряжены, как в первый раз, и прятали хвосты под ламбами.

— Мы пришли за своими женами,- сказали они.- Мы с ними хорошо обращались, но они ушли, ничего нам не сказали, и мы очень удивились.

— Не сердитесь на них,- сказал андриамбахуака. — Сегодня я хочу устроить для вас праздник, давайте все вместе пировать и веселиться, а завтра вы с женами вернетесь домой.

Все стали есть и пить, а трем братьям андриамбахуака прикатил целую бочку туаки. Скоро они совсем опьянели и стали без стеснения показывать свои хвосты. Тогда андриамбахуака приказал их убить, потому что это были звери.

С тех пор хова и андриана больше не враждуют друг с другом, и андриана часто выходят замуж за хова.

«ФАРАЛАХИ, БОГАТЫЙ НАСЛЕДНИК»

Жил, говорят, в одной деревне богатый человек, и был у него единственный сын Фаралахи, которому уже пора было жениться. Родители хотели найти ему жену в своей деревне, но у них ничего не получалось: ни одна девушка ему не нравилась. А Фаралахи до того надоели непрестанные укоры родителей, что он ушёл из деревни и стал скитаться. Он ел одну чечевицу, но ему больше нравилось быть холостым, питаться грубой пищей и бродить где вздумается, чем жениться и жить безбедно, как хотели его родители.

Случилось так, что в один прекрасный день Занахари послал ему жену с неба прямо на его ламбу упал цветок. Фаралахи положил цветок в короб, и он превратился в человеческое тело; через некоторое время в коробе оказалась женщина необычайной красоты, и Фаралахи на ней женился.

Отец и мать очень тосковали без Фаралахи и велели его разыскать. Фаралахи нашли и привели в родительский дом. Он стал бледнеть, худеть и совсем ослабел. Но родители ухаживали за ним изо всех сил, и в конце концов он поправился. Тогда они снова стали докучать ему просьбами о женитьбе. Одну за другой присылали они к нему девушек из деревни, одетых в самые красивые одежды, но ни одна из них ему не понравилась. Наконец терпение Фаралахи лопнуло, и он признался родителям, что у него уже есть жена, посланная ему Занахари.

— Предупредите родных и моих рабов, — сказал он,- завтра я буду праздновать свою свадьбу. Пусть убьют жирного быка для свадебного пира.

Всем в деревне хотелось посмотреть на жену Фаралахи, но он не согласился показать её до праздника. Фаралахи привёл к себе в хижину рабыню и велел ей приготовить всё, что нужно для купания жены. Потом он открыл короб, в котором была заперта жена, посланная ему Занахари, и она явилась такая красивая, что глазам было больно смотреть. При виде её у рабыни помутилось в голове; она тут же рассказала родным мужа о том, что видела. Родные прибежали посмотреть на невестку. В этот момент над их головами перекинулась радуга.

В честь свадьбы устроили большой праздник, на который собрались все люди деревни. Убили жирного быка и выполнили все положенные обряды. На следующий день родители позвали девушек из деревни и послали их в новую хижину Фаралахи, чтобы поговорить и поиграть с его женой. Веселью не было конца. Женщины танцевали под звуки музыки и удары большого барабана и пели самые красивые песни.

Потом Фаралахи и его друзья ушли в деревню и увели с собой музыкантов. Пока его не было, подруги уговорили молодую женщину пойти купаться на речку. Когда она поплыла, они окунули её с головой в воду и убежали, думая, что она утонет. Но на другом берегу стояла старуха; увидев, что женщина исчезла под водой, она бросилась на помощь, вытащила её из реки, отвела в свою хижину и стала за ней ухаживать.

На обратном пути Фаралахи и его друзья проходили мимо — хижины старухи и попросили у неё воды, чтобы утолить жажду. Фаралахи увидел, что в хижине кто-то спит, завернувшись в ламбу. Он спросил, кто там лежит.

— Это один путник,- ответила старуха,- он устал и отдыхает.

Фаралахи с друзьями пошёл своей дорогой. Вернувшись домой, Фаралахи увидел, что хижина пуста. Он побежал к отцу и матери, но и там не нашёл жену. Родители сказали, что она пошла с подругами купаться и не вернулась. Горько было Фаралахи потерять любимую жену; он собрал своих рабов и ушёл её искать. По дороге они снова встретили ту же старуху; она рассказала им, что жена Фаралахи пришла вместе с подругами купаться и подруги хотели её утопить, но, к счастью, она стояла на другом берегу и успела прийти ей на помощь.

— Теперь она у меня, — добавила старуха. — Вы раньше видели, как она спит, закутавшись в ламбу. Я вам тогда сказала, что это путник.

Фаралахи поблагодарил старуху и заторопился к жене. Он вернулся вместе с ней в деревню, собрал её подруг и при всех рассказал, как дурно они поступили. Потом он вместе с женой и рабами ушёл из деревни, чтобы поселиться на новом месте и жить спокойно и счастливо, никого не опасаясь.

«ЦАРЬ ПТИЦ»

Говорят, однажды птицы устроили большое кабари, чтобы избрать царя. Многие хотели выбрать вурумахери, потому что нет птицы сильнее сокола и только он один может так напугать любого врага, что у того от страха перья встанут дыбом. Птицы предложили ему царство, но гордец вурумахери пренебрег властью, которую ему и так давали клюв и когти, и отказался. Тогда птицы решили выбрать гуейку, или папанго, или пустельгу, но начались такие бесконечные споры, что договориться не было никакой возможности. Кто-то посоветовал сделать царем фуди. Вот что он сказал:

— Фуди не похож на других птиц. Зимой он ничем не отличается от нас, а летом одевается в нарядные ярко-красные перья. Видно, сама природа подарила ему царскую мантию, чтобы помочь нам сделать выбор.

С этим согласились все. И вот фуди стал царем. Своей веселостью, резвостью и ловкостью он быстро завоевал любовь подданных. Особенно любила и почитала фуди печальная такатра, жизнь которой была в безопасности, пока он был царем. Но недаром в пословице говорится: "Ветер легко колеблет высокое дерево" и "У доброго всегда много врагов". Скоро фуди пришлось почувствовать это на себе. Вурумахери, кипевший от злости из-за того, что царем стала такая маленькая птичка, набросился на него и заклевал насмерть. Потом он провозгласил царем себя. Птицы от страха не осмелились возражать и покорились владычеству сокола.

Но в пословице говорится: "Виновный не уйдет от наказания, и тот, кто сотворил зло, сам накликал на себя беду". Такатра не забыла доброты фуди; она не могла смириться с коварством вурумахери. Однажды, когда новый царь о чем-то задумался, такатра тихонько подкралась к нему и несколько раз изо всех сил ударила его клювом. Сокол упал; такатра подумала, что он умер, оставила его на том же месте и полетела созывать птиц. Когда началось большое кабари, она попросила, чтобы ей разрешили говорить, и рассказала, как и почему она убила вурумахери. Почти все слушали ее с одобрением; много птиц столпилось вокруг убитого. Они стояли и разглядывали сокола, как вдруг тот, кого они считали мертвым, зашевелился. Страшное волнение началось среди птиц, некоторые уже совсем собрались прикончить вурумахери, но тут заговорила пустельга:

— Я не хочу защищать вурумахери, он был злым и жестоким. Он привык добывать силой то, что ему не хотели отдать по доброй воле. Такатра, отомстившая за смерть фуди, по справедливости заслужила нашу благодарность. Но мы с вурумахери сыновья двух сестер. Его беда — моя беда. Вот почему я прошу вас подарить мне его жизнь. Он потерял царство, это будет для него достаточным наказанием.

Птицы уступили просьбам пустельги, и она поспешила на помощь раненому. Вот, говорят, почему вурумахери не ссорится с пустельгой, а убегает от нее, хотя пустельга маленькая птичка: он помнит, что обязан ей жизнью. А такатру, которая напала на него и ранила, он ненавидит и не упускает случая ей навредить.

Пришлось птицам снова выбирать царя. На этот раз они выбрали рейлуви. У него очень красивый голос, и ему легко говорить во время кабари, к тому же он среднего роста, значит небезопасный противник для завистников, а остальным не так страшен, чтобы перья вставали дыбом. Рейлуви до сих пор без труда сохраняет свое владычество. А вместо барщины, которую люди отрабатывают царю, рейлуви пользуется правом собирать перья разных птиц, чтобы устилать свое гнездо.

«ЦЕСАРКА И КУРИЦА»

Говорят, однажды, когда на рисовых полях больше не осталось риса, цесарка и курица украли бататы и решили их съесть. Они разожгли огонь, и, когда бататы сварились, курица сказала:

— Самые большие я отнесу к себе в хижину, а здесь, в поле, съем только маленькие.

— А я сделаю лучше,- сказала цесарка.- Я сначала съем самые большие бататы. Вдруг придет хозяин поля, я тогда брошу маленькие и улечу.

— Хозяин? — удивилась курица.- Я его не боюсь. Если он придет, я улечу, а большие бататы возьму с собой.

Пир начался. Одна клевала маленькие бататы, другая поедала большие. Вдруг появился хозяин и погнался за воровками. Цесарка, успевшая досыта наесться, улетела и бросила курицу, которая без толку бегала взад и вперед, не зная что делать с большими бататами. Хозяин схватил ее и унес с собой.

Вот так, говорят, человек изловил и приручил курицу.

«ЦЕСАРКА И ПЕТУХ»

Говорят, прежде цесарка и петух жили на небе. Однажды они вместе пили туаку. Когда у них больше ничего не осталось, цесарка сказала петуху:

— Пойди принеси еще туаки!

— Ты младше меня, — не согласился петух, — значит, тебе идти.

Они заспорили, кто из них старше, и ни один не мог убедить другого. Тогда они пошли к Солнцу и попросили, чтобы оно их рассудило.

— Спуститесь на землю, — сказало Солнце. — Тот, кто первый увидит, как я выхожу из моря, тот и старший.

Делать нечего, двое друзей спустились на землю. Чтобы увидеть восход солнца, цесарка уселась на самую верхнюю ветку дерева. Петух преспокойно остался дома, но как только взошло солнце, он закукарекал: "Ави и зукии! Ави и зукии!" А цесарка опоздала и запела: "Тратрандру фандриана! Тратрандру фандриана!"

Раздосадованная неудачей, она убежала и спряталась в поле. Так она стала дикой, хотя раньше жила вместе с петухом.

СУДАНСКИЕ СКАЗКИ

«БЕССТРАШНАЯ НЖЕРИ»

Была засуха. Много дней солнце жгло землю. Все побеги на полях засохли. Реки иссякли, озёра обмелели. Голод подстерегал людей.

Тогда собрались на совет старейшины. Они призвали самых могущественных колдунов и заклинателей, и те сказали:

— Озёра наполнятся водой, и дождь оживит землю, когда вы принесёте в жертву воде прекрасную Нжери.

Старейшины пошли к отцу Нжери и сказали:

— Только ты можешь спасти народ. И отец повёл свою дочь к берегу озера.

— Отец, — спросила его Нжери, — правда ли, что ты сказал: "Пусть погибнет моя Нжери, если так нужно для спасения народа"?

Отец ответил:

— Это правда. — И лицо его посерело.

— Тогда приходи, дождь, чтобы спасти людей! — сказала Нжери.

И вода в озере поднялась и замочила ей ноги.

— Мать, — спросила Нжери, — правда ли, что ты сказала: "Пусть погибнет моя Нжери, если так нужно для спасения народа"?

Мать сказала:

— Это правда. — И закрыла лицо руками, чтобы никто не видел её слез.

— Тогда приходи, дождь! Спаси наш народ! — сказала Нжери.

И вода поднялась до её колен.

— Мой дед, — спросила Нжери, — верно ли, что ты сказал:. "Пусть погибнет Нжери ради того, чтобы спасти народ"?

— Это верно, — сказал дед с тяжёлым вздохом.

— Тогда приходи, дождь! Оживи нашу землю! — сказала Нжери.

И вода поднялась ей до пояса.

— Сестра моей матери, — спросила Нжери, — правда ли, что ты сказала: "Пусть погибнет Нжери для того, чтобы не погиб весь наш народ"?

— Это правда, — сказала старшая сестра матери, и голос её дрогнул. — Тогда пусть придёт живительный дождь! — сказала Нжери.

И вода поднялась до ее груди.

— Брат моего отца, — спросила Нжери, — правда ли, что ты сказал: "Пусть наша Нжери погибнет в озере для того, чтобы спасти людей"?

— Это правда, — ответил старший брат отца, и глаза его затуманились от слез.

— Тогда приходи, желанный дождь, спаси людей моей страны! — сказала Нжери.

И вода поднялась до её плеч.

— Прощайте все! — сказала девушка. — Нжери погибнет в озере. А ты, дождь, приходи, чтобы не погибли другие. Приди, приди же скорее, дождь!

И вода захлестнула её с головой. А в небе загремел гром и проливной дождь хлынул на землю.

На другой день в селение пришёл юноша. Это был жених прекрасной Нжери.

В отчаянии и горе он ударил хлыстом по воде, которая похитила у него невесту. Но старейшины сказали ему:

— Не бей так по воде. Ведь там спит наша Нжери.

А в это время из глубины озера раздался голос девушки.

— Мой жених! — сказала она — Разве не сказал бы и ты:

"Пусть погибнет моя Нжери, если так нужно, чтобы спасены были другие"?

И юноша ответил с болью в сердце:

— Да, и я бы сказал так.

Тогда вдруг расступилась вода в озере и со дна его поднялась Нжери. Она была ещё красивее, чем раньше.

Юноша взял её за руки и повёл в дом к родителям.

А потом Нжери и юноша поженились, и не было на свете никого счастливее, чем они.

«ДИМАТАНА И ЕЁ БРАТ МФАНО»

Великий голод был в стране.

Каждый день смерть уносила сотни людей. А те, кто оставались в живых, бросали свои дома и шли искать новые пристанища.

В одном селении жили юноша и девушка, брат и сестра. Сестру звали Диматана, а брата — Мфано.

Когда голод стал подкрадываться к их жилищу, юноша сказал Диматане:

— Сестра, я пойду в далёкие краали и наймусь там к богатым скотоводам, — мне ведь никакая работа не страшна. А тебе одной, пока я не вернусь, ещё хватит наших запасов.

Он спрятал в пещере всё зерно, которое у них ещё оставалось, и ушёл.

Однажды, когда Диматана варила себе похлёбку и пекла лепёшки, в пещеру вошёл Изиму — страшное, злое чудовище.

Он увидел, что Диматана поставила на стол большую миску с бобовой похлёбкой, маленькую миску с лепёшками, и сказал:

— Большая миска моя, Диматана. И маленькая миска моя, Диматана. И всё, что осталось в котле, тоже моё, Диматана.

Диматана не посмела с ним спорить. А Изиму съел всё, что Диматана наготовила, и ушёл к себе.

Так было и на второй день, и на третий, и на четвёртый.

На пятый день прилетели два голубя и постучали клювом у входа в пещеру. И когда Диматана вышла, голуби сказали:

— Не покормишь ли ты нас, Диматана? Тогда сильными станут наши крылья, тогда полетим мы искать твоего брата, чтобы он скорее пришёл и расправился с чудовищем Изиму.

Диматана сказала:

— Спасибо вам, голуби. Хотите, я вам дам кукурузных зёрен? Но голуби ответили:

— Нет, у нас горлышко слишком узкое, нам не проглотить кукурузных зёрен!

— Тогда я вам дам бобов, — сказала Диматана. Голуби ответили:

— Нет, слишком узкое у нас горлышко, не проглотить нам бобов!

— Тогда я накормлю вас просом, — сказала Диматана.

— Вот это хорошо, — сказали голуби.

Диматана насыпала им проса; голуби поклевали-поклевали, набрались силы и полетели искать её брата.

Летели, летели и прилетели в один крааль. А там люди тоже голодали. Они увидели голубей и схватились за палки, чтобы их убить.

Но голуби стали просить людей:

— Не убивайте нас! Мы ищем Мфано, брата Диматаны. Мы хотим сказать ему, что его сестра скоро умрёт от голода. Тогда люди опустили свои палки и сказали:

— Летите дальше, голуби! Мфано здесь нет! Так летели голуби из селения в селение, из крааля в крааль, и повсюду они повторяли одно и то же:

— Мы ищем брата Диматаны. Если он не вернётся, его сестра умрёт от голода.

Наконец голуби прилетели в самое дальнее селение и снова стали просить людей:

— Не убивайте нас! Мы ищем Мфано, брата Диматаны!

— Я здесь! — закричал юноша.

— Мы прилетели за тобой, — сказали голуби. — Возвращайся скорее, а то злой Изиму изведёт твою сестру!

И они подняли Мфано и понесли в его родное селение, туда, где осталась его родная сестра.

А Диматана от голода уже едва двигалась. Но Мфано велел ей стать к очагу и, словно ни в чём не бывало, готовить обед.

— Не бойся ничего! — сказал он. А сам спрятался в глубине пещеры.

И вот, едва только Диматана успела поставить на стол миски, явился сам Изиму.

Он сказал:

— Давай мне есть, Диматана! Всё, что в большой миске, — моё. И то, что в маленькой миске, — моё. И то, что осталось в котле, — тоже моё.

Но Диматана сказала:

— Нет, я не дам тебе больше есть. То, что в большой миске, я съем сама. И то, что в маленькой миске, я съем сама. И то, что осталось в котле, я тоже съем сама.

— Вот как ты заговорила! — сказал Изиму. — Это неспроста. Верно, ты надеешься на чью-то помощь.

И он попятился к выходу.

Но тут Мфано выскочил из своего убежища и убил чудовище Изиму.

«ДОГАДЛИВАЯ НЕВЕСТА»

Жил один человек со своей дочерью. Она была так красива, что люди не могли отвести глаз от её лица, и многие юноши были не прочь посвататься к молодой красавице.

Однажды двое из них пришли к девушке и сказали:

— А мы к тебе. Девушка спросила:

— Что же вам нужно? Молодые люди ответили:

— Ты нравишься нам, потому и пришли. Девушка растерялась. Она побежала к отцу и шепнула ему:

— Помоги. Не могу же быть женою двоих. Отец долго думал, потом вышел к юношам и не спеша промолвил:

— Сегодня я не могу решить, кому из вас отдать предпочтенье, скажу только, что муж моей дочери должен быть трудолюбивым и смышлёным в работе. Приходите завтра и покажите на деле, как каждый из вас умеет трудиться.

Молодые люди ушли, а старик взял деньги, пошёл на базар и купил там кусок голубого шёлка.

Утром чуть свет оба юноши уже стояли на пороге хижины.

Отец вышел им навстречу, позвал свою дочь и сказал всем троим:

— Дети мои, дочь у меня только одна, а вас двое. Посмотрим же, кто из вас более её достоин.

Он разорвал шёлк на две равные части и потом прибавил:

— Каждого из этих кусков материи вполне хватит, чтобы сшить для моей дочери платье. Так вот, кто из вас первым закончит эту работу, тот и станет мужем моей дочери. Скучать вам не придётся, потому что дочь моя будет работать вместе с вами: она станет прясть нитки для вас обоих.

Старик ушёл, и трое принялись за работу. — Но девушка была смышлёнее всех. К тому же она знала то, чего не знали ни отец, ни оба её жениха: она знала, которого из двоих любит и хочет иметь своим мужем.

Итак, девушка принесла им ножницы и иголки и принялась усердно ткать нитки. Она не проронила ни слова, чтобы не мешать работе, но для юноши, который ей нравился, пряла короткие нитки, а для второго — нитки вдвое длиннее.

Юноши трудились с равным усердием и умением, но, пока один с короткой ниткой успевал сделать два стежка, второй делал только один. Он тянул и тянул без конца свою длинную нитку, — нитка путалась, он откусывал её и снова завязывал узелок, а в то же время его приятель клал стежки один за другим, и работа его подвигалась вдвое быстрее.

В полдень пришёл отец и спросил:

— Дети мои, готова ли работа?

— Нет ещё — ответили оба юноши, не разгибая спины.

Прошло три часа.

Опять вышел отец и опять получил тот же ответ.

Когда же отец вышел в третий раз, первый юноша, тот, что шил короткими нитками, вскочил и, сияя от радости, подал отцу отлично сшитое голубое платье.

— Хорошо! — поздравил его старик. — Ты первым закончил свой труд!

— И с улыбкой вложил ему в руку руку дочери.

А потом обратился ко второму юноше:

— Но и ты, друг, не напрасно тратил силы. Ты не будешь в обиде. Ты получишь на память платье, которое сшил своими руками. Придёт время, и ты подаришь его своей невесте.

Этим дело и кончилось.

Оба юноши остались довольны, а девушка стала женой любимого человека.

Но никогда, даже много позже, не призналась ему в своей проделке.

«ЗАЯЦ И ГИЕНА»

Было голодное время. Заяц сделал себе из змеиной кожи барабан, вырезал себе палку, налил воды в свою калебасу — бутылочную тыкву, — взял свой мешок и отправился на охоту. В кустарнике он увидел целый выводок цесарок.

Заяц сказал:

— Эй! Выходите все! Сегодня у меня праздник! Сегодня будет веселье!

Он положил на землю свой мешок, положил свою палку, положил свою бутылочную тыкву, а потом ударил лапами по барабану — и барабан запел, заговорил:

— Бам, бам, кулункуту, кулункуту, ката лоло бери ката линка! Цесарки услышали и выглянули из кустов.

Они спросили:

— Что говорит твой барабан?

Заяц сказал:

— Мой барабан зовёт вас на праздник.

Они спросили:

— А зачем у тебя палка?

Заяц сказал:

— Чтобы учить вас плясать.

Они спросили:

— А зачем у тебя мешок?

Заяц сказал:

— В мешке для вас угощение.

Они спросили:

— А зачем у тебя калебаса?

Заяц сказал:

— Чтобы напоить вас вином! И он снова ударил в барабан.

— Бам, бам, кулункуту, кулункуту, ката лоло бери ката линка!

Цесарки вылезли из кустарника и с опаской подходили к зайцу. А барабан так и звал, так и уговаривал:

— Кулункуту, кулункуту, ката лоло бери ката линка!

Цесарки подошли совсем близко к зайцу.

Тогда заяц схватил свою калебасу и плеснул на них водой. Цесарки заметались, раскудахтались. Вода залила им глаза. Сослепу они натыкались друг на друга и кружили на одном месте.

А заяц схватил свою палку и принялся размахивать ею направо и налево. Он убил трёх цесарок, он засунул их в свой мешок и пошёл домой. Он шёл и выстукивал на своём барабане:

— Кулункуту, кулункуту, ката лоло бери ката линка! Кулункуту, кулункуту, я убил цесарок глупых палкой!

Дома заяц развёл огонь и стал варить себе обед.

В это время проходил мимо его жилья детёныш гиены. Голодный бродил он по лесу и вдруг почуял запах мяса. Он остановился и стал думать, как бы и ему отведать лакомого кусочка. Он был маленький, но хитрый. Недаром он был детёныш гиены,

Он сказал:

— Заяц, дай мне огня. Заяц дал ему уголёк.

Детёныш гиены отошёл немного и потушил огонь. Потом вернулся к зайцу и говорит:

— Мой огонь потух. Дай мне ещё уголёк. Заяц дал.

Детёныш гиены отошёл и опять потушил огонь. Так он уходил и возвращался, пока, наконец, заяц не вытащил мясо из котла. Пришлось зайцу дать кусочек своему гостю. Детёныш гиены половину съел, а другую половину положил за ухо и побежал домой. Матери и старшим братьям он сказал:

— Вы сидите голодные, а вот посмотрите, что я принёс! Поглядите, что у меня за ухом! Вы там кое-что найдёте!

Старая гиена подошла, увидела мясо и откусила кусочек.

Братья подошли, увидели мясо и набросились на него так, что даже ухо у маленького порвали.

Маленький заплакал. А мать стала утешать его:

— Молчи, молчи, я тебе на базаре другое ухо куплю!

Потом она сказала:

— Где ты взял это вкусное мясо?

Братья сказали:

— Да, да, где ты нашёл это чудесное мясо?

Маленький сказал:

— Мне дал его заяц.

Тогда старая гиена сказала:

— Пойди позови зайца. Скажи, что я больна. Детёныш гиены ушёл, а старая гиена положила себе за щёку камень и легла. Пришёл заяц. Гиена застонала и говорит:

— Мой маленький брат, ой-ой! У меня очень болят зубы.

— Я вижу, — сказал заяц.

Гиена сказала:

— Пощупай, что у меня там во рту. — И она разинула пасть. Заяц сунул свою лапу в её пасть, а гиене только это и нужно было. Она прикусила его лапу и прошипела:

— Пока ты не признаешься, где ты взял мясо, я не отпущу тебя.

Заяц сказал:

— И это всё, что тебе от меня нужно? Да ты можешь хоть каждый день есть такое мясо! Сделай барабан, возьми палку, возьми калебасу, возьми мешок и ступай к цесаркам. Они живут в кустарнике. Выманить их оттуда не так-то легко. Но ты скажи, что пришла повеселить их. Если они спросят, зачем у тебя палка, — скажи: чтобы учить их танцевать. Если спросят, зачем мешок, — скажи: чтобы их угощать. Если спросят, зачем барабан, — скажи: чтобы звать на праздник. А потом плесни на них водой и бей их палкой.

Гиена так и сделала. Она пошла к кустарнику и стала изо всех сил барабанить в барабан. Барабан у неё был из шкуры буйвола, и каждый раз, когда гиена ударяла в него, гром прокатывался по лесу.

А гиена думала: Чем громче будет голос моего барабана, тем лучше! Все цесарки услышат меня. Все цесарки сбегутся ко мне. И всех я перебью палкой, всех передушу зубами. Ни одна не уйдёт от меня. А цесарки не шли. Они то высовывались, то опять прятались…

Наконец они спросили:

— Зачем ты так бьёшь в барабан? Гиена уже совсем потеряла терпение. От голода и жадности у неё даже в голове помутилось.

— Зачем я бью в барабан? — прорычала гиена. — Чтобы выманить вас из кустарника!

Цесарки спросили:

— А для чего тебе калебаса?

Гиена сказала:

— Для того, чтобы сделать из вас мокрых куриц.

Цесарки спросили:

— А для чего тебе палка?

Гиена сказала:

— Для того, чтобы вас, глупых, бить.

Цесарки спросили:

— А для чего тебе мешок?

Гиена сказала:

— Для того, чтобы вас в этом мешке унести. И она снова стала бить в барабан.

— Кулуккуту, кулункуту, ката лоло бери ката линка!

Но цесарки засели в кустарнике и клюва даже не показывали.

Так гиена и ушла ни с чем. От ярости она разорвала зубами свой барабан, изломала свою палку, разбила о камни свою калебасу, изодрала в клочья свой мешок. И если бы попался ей на глаза заяц, она бы проглотила его целиком.

Но заяц сидел в своей норе и громко смеялся.

«ИСТОРИЯ ЛЬВА, ГИЕНЫ, ЛЕОПАРДА И ЗМЕИ»

Однажды лев позвал гиену, леопарда и змею и сказал им:

— Давайте построим хижину и будем жить вместе.

Леопард сказал:

— Ты хорошо придумал, но боюсь, что вместе нам не ужиться. У каждого из нас свои привычки. Гиена сказала:

— Леопард говорит правду. Но ведь мы можем заранее обо всём договориться, и тогда нам не о чем будет спорить. Лев сказал:

— Что касается меня, то я могу поладить с каждым. Но у меня есть одна слабость, и я хотел бы, чтобы вы знали о ней, — я не люблю пыли.

Гиена сказала:

— Хорошо, мы запомним твои слова. А что скажет теперь леопард?

Леопард сказал:

— У меня нрав покладистый, — это вы знаете. Но я не переношу, чтобы на меня глазели. Если на меня посмотрят лишний раз, — я не отвечаю за себя.

— Вы слышали, что сказал леопард? — спросила гиена. Лев и змея ответили:

— Да, мы слышали. Мы знаем теперь, чего не любит леопард. Мы не будем на него смотреть.

Гиена сказала:

— Теперь я хочу, чтобы все выслушали меня.

— Говори. Мы слушаем, — сказали лев, леопард и змея. Гиена сказала:

— Когда я ем, я не люблю, чтобы меня просили поделиться добычей. Я не люблю попрошаек.

— Вы слышали, что сказала гиена? — спросил лев.

— Мы слышали, — ответили леопард и змея. — Мы слышали и запомним.

— А теперь выслушайте меня, — сказала змея. — То, о чём я хочу просить вас, — совершенный пустяк. Пожалуйста, не наступайте мне на хвост. Только и всего.

Тогда лев сказал леопарду и гиене:

— Вы слышали? Леопард и гиена ответили:

— Да, мы слышали. И мы запомним её слова. После этого лев, гиена, леопард и змея построили себе большую хижину и стали жить вместе.

Случилось как-то, что мимо хижины проходил шакал. Он остановился у входа и громко сказал:

— Здравствуйте, мёртвые!

И хотел уйти. Но лев услышал его слова и крикнул:

— Шакал! Почему ты называешь нас мёртвыми? Мы все живы и здоровы!

Тогда шакал ответил:

— Да, вы ещё живы! Но жить вам осталось так недолго, что вас и теперь можно назвать мёртвыми!

— Но почему ты так думаешь? — удивился лев. — Мы обещали друг другу жить дружно и никогда не ссориться. Шакал усмехнулся.

— Обещать легко, выполнить трудно. А если кто-нибудь поднимет около тебя пыль, что тогда ты скажешь? И куда денется покладистость леопарда, если кто-нибудь лишний раз посмотрит на него? А что будет с гиеной, если кто-нибудь попросит её поделиться добычей? И что станет с кроткой змеёй, если ей наступят на хвост? А ведь рано или поздно всё это непременно случится, и вы все перессоритесь насмерть. Так как же мне не называть вас мёртвыми?

Шакал ушёл. А лев, гиена, леопард и змея по-прежнему остались вместе.

Однажды леопард притащил с охоты козу. В это время пришла гиена. Она была очень голодная. Весь день рыскала она по лесу да так ни с чем и вернулась домой. Гиена увидела, как леопард расправляется со своей добычей, остановилась рядом, глаз от него отвести не может. Леопард оглянулся, и его сразу охватил гнев. С рычанием бросился леопард на гиену, и они покатились по земле.

От их возни поднялась в воздухе пыль.

Лев почуял пыль и ринулся на гиену и леопарда. Он убил их одним ударом лапы. Но сам нечаянно наступил на хвост змее.

Змея зашипела, подняла голову и ужалила льва.

От боли лев упал на землю. Своей тяжестью он раздавил змею и сам испустил дух, отравленный змеиным ядом.

В это время к их дому снова подошёл шакал.

— Мир вам, жители дома! — сказал он. Но никто ему не ответил.

Шакал вошёл в хижину и увидел, что лев, гиена, леопард и змея лежат мёртвые.

— Я говорил, что этим кончится, — и глядите-ка! — так оно и случилось. На словах обещать легко, а выполнить обещанное трудно.

«КАК ХИТРЫЙ ШАКАЛ ОБМАНУЛ ЛЕСНЫХ ЗВЕРЕЙ»

Была великая засуха.

Могучий лев созвал зверей на совет. На его зов пришли и обезьяна, и леопард, и гиена, и шакал, и заяц, и горная черепаха.

— Звери, — сказал лев, — что сделать, чтобы вода не иссякла? Думайте все!

— Надо построить запруду, — сказала гиена, — тогда всегда будем с водой.

Все звери согласились с гиеной.

— Верно, надо построить запруду.

Звери взялись за дело.

Один только шакал не захотел работать со всеми.

— Не буду таскать камни, — сказал он. — Не хочу ломать себе когти. Мне вода не нужна. — И ушёл.

А звери перегородили ручей камнями, вырыли глубокую яму, и вода в этой запруде хорошо держалась.

Первым пришёл к воде шакал. Он не только напился, а ещё набрал целый кувшин воды, чтобы унести с собой, да напоследок ещё выкупался и взбаламутил всю воду. Сказали об этом льву.

Лев разгневался. Он позвал обезьяну, велел ей подстеречь шакала и хорошенько его проучить.

Обезьяна так и сделала. Взяла крепкую дубину и засела в кустах около воды.

На другой день шакал опять пришёл. Он сразу учуял обезьяну и, конечно, догадался, зачем она спряталась в кустах. Но он даже виду не показал! Шакал тоже на всякие хитрости мастер!

Он поставил пустой кувшин на землю и стал прохаживаться около куста. Ходит взад-вперёд и то и дело суёт лапу в кувшин. Потом вытащит, оближет со всех сторон, обсосёт и сам приговаривает:

— Не нужна мне эта грязная вода! Мой мёд повкуснее воды! И снова лапу в пустой кувшин запускает.

Смотрела обезьяна, смотрела, как шакал лакомится мёдом, слушала она, слушала, как шакал нахваливает свой мёд, и не утерпела, — выбралась из своей засады и говорит:

— Послушай, шакал, угости меня своим мёдом!

— Хорошо, — говорит шакал, — только ты сначала дай мне твою дубинку, а то, боюсь, как бы ты не вздумала пустить её в ход!

Обезьяна отдала шакалу дубинку.

— А теперь, — говорит шакал, — я тебя свяжу, чтобы ты не вздумала погнаться за мной.

Обезьяна и на это согласилась.

Шакал крепко-накрепко связал обезьяну, — так, что она шевельнуться не могла, — а сам пошёл к запруде и стал преспокойно пить. Сначала напился вволю, потом прыгнул в воду и на глазах у обезьяны принялся плавать, нырять, кувыркаться. Да мало того! Чтобы подразнить обезьяну, он то и дело засовывал лапу в рот и сосал её, словно она была в сладком меду!

Шакал напился, наплавался, зачерпнул полный кувшин воды и убежал в лес. А обезьяна так и осталась лежать на земле.

Вечером к запруде пришли звери. Они увидели, что обезьяна крепко связана, а вода — опять мутная и грязная. Снова доложили об этом льву.

Лев сказал:

— Шакала надо поймать.

Все звери молчали.

И вдруг черепаха выползла вперёд и сказала:

— Я поймаю шакала.

Звери очень удивились. Как это черепаха сможет поймать шакала?

А черепаха говорит:

— Увидите, я его поймаю.

— Ну что ж, посмотрим, — говорят звери, — подождём до завтра.

Назавтра черепаха вымазалась клейкой смолой и залезла в воду. Голову, лапы и хвост спрятала под свой панцирь и притаилась у самого берега. Только спину чуть выставила над водой.

Днём, как всегда, пришёл шакал. Осмотрелся кругом, — нигде никого. Осторожно подошёл к воде, опять огляделся по сторонам — нет, никто его не подстерегает.

"Верно, боятся меня, — подумал шакал. — Вон даже камень у берега положили, чтобы мне удобнее было подойти к воде".

И он ступил передними лапами на спину черепахи. Черепаха зашевелилась. Тут шакал сразу понял, что это ловушка. Он дёрнулся назад, но лапы его крепко прилипли к черепашьему панцирю.

— Эй, ты! Не вздумай шутить надо мной! А не то я тебя проучу! — крикнул шакал.

— Делай, как знаешь, — сказала черепаха. Шакал изо всей силы ударил черепаху задними лапами и всеми четырьмя лапами прилип к её панцирю.

— Черепаха! У меня есть ещё зубы, чтобы рассчитаться с тобой! — пригрозил шакал.

— Делай, как знаешь! — сказала черепаха.

Шакал оскалил пасть и вытянул шею, чтобы достать до головы черепахи. Но тут его собственная голова тоже прилипла к черепашьему панцирю.

Тогда черепаха вышла из воды и стала расхаживать взад и вперёд по берегу с шакалом на спине.

Она прогуливалась так, пока не пришли все звери.

— Посмотрите-ка на черепаху! — говорили звери. — Ведь она всё-таки поймала хитрого шакала! Позже всех пришёл лев. Все звери ждали его слова.

И лев сказал:

— Пусть шакал умрёт.

Шакал видит, что дело плохо, и взмолился о пощаде. Но лев был непреклонен. Он и слышать ни о чём не хотел. На одну только милость согласился лев: позволил шакалу самому выбрать себе смерть.

— И за это тебе спасибо! — проговорил шакал. — Я хочу умереть так, как подобает шакалу. Прошу вас, сначала намажьте мне хвост толстым слоем жира, а потом пусть гиена возьмёт меня за хвост, хорошенько раскачает в воздухе и со всего размаха ударит меня о камень.

— Согласен, — сказал лев.

Но прежде всего надо было снять шакала со спины черепахи, Это было не лёгкое дело. Звери прямо из сил выбились, пока оторвали шакала и черепаху друг от друга. Ну, а потом всё было сделано, как просил шакал.

Сначала ему намазали хвост толстым слоем жира. Потом гиена ухватилась лапами за его хвост и начала раскачивать шакала в воздухе. Один взмах, другой... Но тут хвост выскользнул у гиены из лап, шакал отлетел далеко в сторону и со всех ног бросился бежать.

Так обманул хитрый шакал лесных зверей.

«ПРЕКРАСНАЯ ФАРИМАТА»

Жила девочка с отцом и мачехой.

Девочку звали Фаримата. Она была такая красивая, такая добрая и приветливая, что нельзя было её не любить.

Кто бы ни приходил в дом её отца, все любовались её красотой. Всем хотелось поговорить с ней, посидеть около неё в часы вечерней беседы, у всех находился для неё какой-нибудь подарок.

Одна только мачеха невзлюбила свою падчерицу. У мачехи тоже была дочка, но такая злая и некрасивая, что никто на неё даже не смотрел. Вот поэтому мачеха и решила избавиться от дочки своего мужа.

— Убей её, — велела она мужу. — Пока она жива, нам не будет счастья.

Долго не соглашался отец, но мачеха такую власть над ним взяла, что пришлось несчастному убить свою дочку.

И на том месте, где похоронили Фаримату, вырос зелёный бавольник. Он был так прекрасен, что все путники, проходившие мимо, останавливались, чтобы отдохнуть возле этого деревца. Они любовались каждой его веточкой и говорили:

— Такого красивого бавольника нигде во всём свете нет! И они украшали его ветви яркими бусами, чтобы деревцо было ещё красивее, ещё наряднее.

Тогда мачеха велела мужу обрубить все ветки бавольника. Муж обрубил зелёные ветки, один только ствол оставил. Но таким стройным и нежным был этот ствол, что путники, которые проходили мимо, останавливались, чтобы полюбоваться им.

— Это деревцо хоть и высохло, а всё равно осталось таким же прекрасным, как было, — говорили они.

И на обрубленные ветки они по-прежнему вешали свои ожерелья и бусы, чтобы красота этого деревца стала ещё заметнее.

Тогда мачеха велела мужу сжечь дерево дотла.

Муж и на этот раз послушался.

Только и осталось от бавольника, что небольшая горсть пепла, - но такого белого и чистого, словно это была рисовая мука.

И путники, которые шли из страны в страну, останавливались, чтобы полюбоваться этим чудесным пеплом и положить на него свои украшения.

— Даже горсточка пепла может быть прекрасна! — говорили они.

Тогда мачеха велела мужу бросить пепел в источник.

Так он и сделал. Пепел исчез в воде, — а вода стала сладкой, как свежее молоко.

И когда усталые путники проходили через селение, они отказывались от питья, которое выносили им навстречу, и шли к этому чудесному источнику. Они утоляли здесь свою жажду, находили здесь отдых и говорили:

— Разве есть что-нибудь прекраснее этой чистой воды? Тогда мачеха велела мужу засыпать источник. И на том месте, где он протекал, вырос густой лес. В этом лесу жили весёлые газели.

Каждый день они собирались все вместе. Они кружились по полянке и звонкой песенкой звали одна другую:

Пойдём, газели, танцевать,
Весёлые газели,
Мы будем петь и танцевать,
Весёлые газели.

А позже всех выходила из чащи самая молоденькая и самая красивая газель. Она тоже танцевала на зелёной полянке и пела такую песню:

Была я девочкой когда-то,
Весёлые газели,
Отец мой девочку убил,
Весёлые газели.
Бавольником зелёным стала,
Весёлые газели,
Отец мне ветви обрубил,
Весёлые газели.
Засохшим деревцом стояла,
Весёлые газели,
Отец мой дерево спалил,
Весёлые газели.
Я в пепел белый обратилась,
Весёлые газели
Отец мой пепел потопил,
Весёлые газели.
Ручьём прохладным зажурчала,

Весёлые газели,
Отец мой заглушил источник,
Весёлые газели.
Теперь живу среди газелей,
Весёлых, молодых газелей,
Теперь сама газелью стала,
Лесной газелью стала.
Пойдём, газели, танцевать,
Весёлые газели,
Мы будем петь и танцевать,
Весёлые газели.

Однажды через лесные заросли пробирался охотник и услышал песню маленькой газели.

Он пришёл в селение и всем рассказывал о том, что он видел и слышал.

Отец погибшей Фариматы сразу понял, что маленькая газель — это его дочка.

На другой день он сам отправился в заросли и спрятался в кустарнике недалеко от полянки.

В полдень на полянку пришли газели.

Они пели, прыгали и резвились, а позже всех пришла маленькая газель и опять запела свою грустную песенку:

Была я девочкой когда-то,
Весёлые газели,
Отец мой девочку убил,
Весёлые газели.
Бавольником зелёным стала,
Весёлые газели,
Отец мне ветви обрубил,
Весёлые газели.
Засохшим деревцом стояла,
Весёлые газели,
Отец мой дерево спалил,
Весёлые газели.
Я в пепел белый обратилась,
Весёлые газели,
Отец мой пепел потопил,
Весёлые газели.
Ручьём прохладным зажурчала,
Весёлые газели,
Отец мой заглушил источник,

Весёлые газели.
Теперь живу среди газелей,
Весёлых, молодых газелей,
Теперь сама газелью стала,
Лесной газелью стала.
Пойдём, газели, танцевать,
Весёлые газели,
Мы будем петь и танцевать,
Весёлые газели.

Когда она кончила, отец выскочил из кустов и бросился к своей бедной дочке, чтобы обнять её и прижать к груди.

Но газели обступили свою сестру тесным кругом.

— Нет, мы не дадим её тебе! — сказали они. — Если ты только притронешься к ней, ты не уйдёшь отсюда живым! Ты убил её, когда она была доброй, весёлой девочкой. Ты не пощадил её, когда она была зелёным бавольником. Ты не пожалел её даже тогда, когда она стояла сухим тоненьким деревцом. Ты уничтожил её, когда она лежала горстью белого пепла. Ты засыпал её землёй, когда она стала прохладным ручейком. Теперь мы не дадим тебе погубить её снова! Она навсегда останется с нами, а ты уходи отсюда прочь!

Отец молча выслушал их. От стыда он даже не смел на них смотреть. Только слёзы потоками лились по его щекам.

Он плакал так горько, что газели, наконец, сжалились над ним. Они расступились, и, когда отец поднял глаза, перед ним снова стояла его девочка, — такая же красивая, такая же приветливая, как была раньше.

Отец от радости слова вымолвить не мог.

А газели танцевали вокруг них, кружились по полянке, пели и одна за другой уходили в глубь леса.

Долго ещё была слышна их песня:

— Пойдём, газели, танцевать,
Весёлые газели,
Мы будем петь и танцевать,
Весёлые газели!..

Счастливый отец вернулся с дочкой домой и никому больше не давал её в обиду. А злую мачеху и её злую дочку выгнал из дому.

«СКАЗКА О ЛИСЁНКЕ, КОТОРЫЙ УБИЛ ЛЬВА»

Вот она — эта сказка. Смотри, — она опять здесь. Слушай, — она уже начинается, сказка про умного маленького лисёнка и про то, как он убил льва. Того самого льва, который сильнее всех зверей на свете.

Дело было так.

Звери жили в лесу, и было их великое множество, — и больших, и маленьких, и посильнее, и послабее. Но всем им в лесу хватало места, и каждый, как умел, промышлял себе на жизнь.

Так было до тех пор, пока в лес не пришёл лев. И сразу всем зверям не стало от него житья. Лев хватал их — всех без разбора, кто первый попадётся — убивал и съедал.

Долго думали звери, как им быть, и вот, сговорившись между собой, они отправились ко льву.

Лев лежал на опушке, в тени деревьев, и отдыхал после сытного обеда.

Все звери остановились на почтительном расстоянии, а шакал выступил на два шага вперёд и сказал:

— Могучий лев! Мы хотим просить тебя выслушать нас. Лев лениво тряхнул гривой и сказал:

— Говорите.

— Могучий лев, — начал свою речь шакал. — С тех пор, как ты пришёл в этот лес, никому из нас нет покоя. Если ты всё время будешь держать нас в таком страхе, мы совсем убежим из лесу. Подумай сам, как плохо тебе тогда придётся, — голодный ты будешь вставать, голодный ложиться.

Лев недовольно заворчал.

— Нет, нет, не сердись! Мы хотим, чтобы и тебе было хорошо, и нам не очень плохо. Послушай, что мы придумали. Каждый день, чуть только солнце дойдёт до середины неба, мы будем бросать жребий, и на кого жребий выпадет, того мы и приведём к тебе на обед. А все остальные звери пусть спокойно бегают по лесу.

Лев подумал с минуту и сказал:

— Я согласен. Ступайте.

Потом положил голову на лапы и закрыл глаза. Все звери поняли — разговор окончен.

С тех пор каждый день, как только солнце подходило к середине неба, звери собирались на жеребьёвку. И на кого жребий падал, того и отдавали льву на съедение.

Однажды жребий выпал маленькому лисёнку.

Звери уже хотели было вести его ко льву, как вдруг лисёнок сказал:

— Послушайте, звери! Если вы позволите мне пойти одному, я убью льва, и вы будете по-прежнему спокойно жить в лесу. Звери очень удивились. Они заговорили все разом:

— Ты один убьёшь льва? Ты — такой крошечный лисёнок? Ты убьёшь льва — такого сильного и большого? Как же ты сможешь его убить?

— А это уже моё дело, — сказал лисёнок. — Только оставьте меня одного.

— Что ж, ступай один, — сказали звери. — А мы будем издали следить за тобой, чтобы ты попросту не удрал.

Лисёнок очень обрадовался, что его отпустили одного, и побежал.

Недалеко от опушки, где лежал лев, лисёнок спрятался за деревом и стал ждать.

Лев отдыхал. Он лежал зажмурив глаза, а когда солнце поднялось на середину неба, он поднял веки и разинул свою огромную пасть. Он привык, чтобы в этот час его ждал обед.

Но на этот раз лев ничего не увидел. Его обеда перед ним не было.

Лев повернул голову направо, налево, — нигде ничего.

— Что такое? — проворчал лев. — Что это они сегодня так долго возятся? Ну, хорошо, подожду ещё немного.

И он снова закрыл глаза.

А солнце опускалось всё ниже и ниже.

Наконец лев рассердился не на шутку. Он вскочил на ноги и с грозным рычанием направился в лес.

И тут, будто навстречу ему, выбежал из своей засады лисёнок.

— О сильнейший из сильных! — пропищал лисёнок. — Что случилось с тобой? Почему ты пребываешь в таком гневе?

— Почему я пребываю в таком гневе? — зарычал рассвирепевший лев. — Потому что я весь день сижу голодный и сейчас съем тебя! А про вашу жеребьёвку я и слышать больше не хочу!

— Могучий лев! Подожди, не сердись! — заговорил маленький лисёнок. — Я ведь потому и прибежал к тебе, чтобы рассказать тебе о том, что случилось!

— Ну, говори! — прорычал лев. — Да поскорее!

— Понимаешь, — сказал лисёнок, — сегодня мой младший брат должен был явиться к тебе на обед, и я, как старший, вызвался показать ему дорогу. Мы шли лесом, и вдруг из-за деревьев выскочил какой-то другой лев. Он не стал с нами долго разговаривать, схватил моего брата и унёс его. А я бросился к тебе, чтобы просить у тебя помощи и защиты.

От ярости глаза у льва налились кровью.

— Разве я не самый сильный среди львов? — зарычал лев.

— Ну, конечно, ты самый сильный, — сказал лисёнок. — Тот лев ни в какое сравнение с тобой не идёт. Но он хвастался, что может одолеть тебя в два счёта… Если хочешь, я покажу тебе, куда он спрятался со своей — то есть с твоей — добычей.

Лев сказал:

— Веди меня к нему. И они отправились в глубь леса. Лисёнок бежал впереди, лев — за ним. Около лесного колодца лисёнок остановился и тихонько сказал льву:

— Посмотри вниз. Он там.

Лев подошёл к самому краю колодца и наклонился над водой.

Из темноты на него скалил зубы огромный лев.

— Ну, сейчас я с тобой расправлюсь! — зарычал лев и бросился в колодец.

Лев, конечно, утонул. А маленький лисёнок на радостях стал прыгать и кувыркаться.

— Идите! Смотрите! — выкрикивал он. — Я убил его! Я убил льва! Теперь все могут спокойно жить в лесу! Теперь нам некого бояться! Я убил его! Я победил его!

Лесные звери — и большие, и маленькие — все сбежались к колодцу, чтобы своими глазами посмотреть на мёртвого льва.

Все хвалили маленького лисёнка и говорили:

— Хорошо быть сильным, но ещё лучше — быть умным!

«СКАЗКА ПРО ЮНОШУ, КОТОРЫЙ ИСКАЛ СЧАСТЬЕ»

Вот история юноши, который пошёл искать счастье.

Один человек позвал перед смертью своего сына и сказал ему так:

— Сын мой, я знаю, что скоро умру. Я хочу, чтобы счастливой была твоя жизнь. Сын спросил:

— Отец, скажи, — что сделать, чтобы стать счастливым? Отец ответил:

— Пойди походи по свету, и тебе скажут, как найти счастье. Отец умер. А сын отправился в путь. Дошёл он до реки и видит: бродит по берегу конь — тощий, голодный, старый.

— Куда ты идёшь, юноша? — спросил конь.

— Я иду искать счастье. Может, ты знаешь, где мне его найти?

— Послушай, юноша, что я тебе расскажу, — ответил конь.- Когда я был молод, все меня холили, поили, кормили. Я даже головы не поворачивал к яслям, — ждал, чтобы мне к самому рту поднесли. Работы я знать не знал, до других мне дела не было, и думал я, что на свете нет никого счастливее меня. А теперь стал я стар, и теперь другим нет до меня дела. Поэтому говорю тебе, юноша, — береги свою молодость. Да не так береги, как я её берёг. Не жди, чтобы всё для тебя было приготовлено чужими руками. За всякое дело берись. Умей чужой радости порадоваться. Не бойся своих забот. Тогда до самой смерти будут около тебя и любовь и дружба. Тогда и счастье будет всегда с тобой.

Юноша пошёл дальше. Долго шёл, и увидел на дороге змею.

— Куда ты идёшь, юноша? — спросила змея.

— Я иду по свету, хочу узнать, — где мне найти счастье?

— Послушай, что я скажу тебе, — проговорила змея. — Всю жизнь я гордилась своим ядовитым жалом. Я думала, что я всех сильнее, потому что все меня боятся. А вышло, что зря я так думала. Все меня ненавидят. Каждый хочет меня убить. От всех я прячусь. Всех сама боюсь. У тебя во рту тоже есть жало — твой язык. Смотри, чтобы твои слова не жалили понапрасну других. Тогда проживёшь свою жизнь без страха, тогда не надо будет тебе ни от кого прятаться. Тогда и счастье своё найдёшь.

Юноша пошёл дальше. Шёл он, шёл и увидел дерево. А на дереве сидела птица Кари-Кари. Перья у неё яркие, голубые, блестящие.

— Юноша, куда ты идёшь? — спросила птица Кари-Кари.

— Я иду по свету, ищу своё счастье. Может, ты знаешь, где его найти?

Птица Кари-Кари ответила:

— Послушай, юноша, что я скажу тебе. Ты, видно, давно уже в пути. Лицо твоё покрылось пылью, одежда висит лохмотьями. Сам на себя стал ты не похож. Встречные отворачиваются от тебя. С тобой и счастье не захочет знаться. Запомни мой совет: пусть всё в тебе будет красивым. Тогда и вокруг тебя всё станет прекрасным. Тогда и счастье своё увидишь.

И юноша вернулся домой. Он теперь знал, что за счастьем никуда не надо ходить.

«ХИТРЫЙ ПАУК»

Сказка, иди к нам! — И сказка приходит. Она приходит издалека и ведёт за собой паука, слона и гиппопотама. Вот она уже совсем близко. Она здесь. Она рядом. Слушайте сказку!

Было голодное время. Паук и его детёныши совсем отощали без еды. Дошло до того, что в один прекрасный день паук отправился к слону и сказал:

— Повелитель! Да будут долгими твои дни! Меня послал к тебе

владыка воды, гиппопотам. У него вволю рыбы, чтобы сварить себе обед, но нет ни одного зёрнышка, чтобы испечь лепёшку. Не дашь ли ты ему немного зерна? А когда он соберёт новый урожай, он пошлёт тебе в дар своего самого лучшего коня. И ещё он велел сказать тебе: слова великого предназначены только для ушей великого. Никто больше не должен о них знать.

Слон сказал:

— Хорошо. Я сделаю то, о чём просит мой великий друг гиппопотам. Но не пойму, почему он так боится, чтобы кто-нибудь узнал о его просьбе. В ней нет ничего дурного.

Слон приказал насыпать сто корзин зерна, и носильщики понесли их к реке. А паук шёл впереди и показывал дорогу.

Когда последний носильщик поставил на землю последнюю корзину, паук сказал:

— Теперь ступайте домой. Вы немало потрудились и заслужили отдых. Об остальном я позабочусь сам.

Слоны ушли. А паук побежал домой и стал звать паучиху и паучат:

— Кокки! Дети! Скорее идите на берег. За ночь мы должны унести и спрятать у себя всё зерно.

На следующий день паук опять отправился на берег реки и спустился в воду. Он смело вошёл во дворец гиппопотама, он даже не удостоил поклоном его советников, он прямо направился к трону, на котором сидел гиппопотам, и сказал:

— Да будут долгими твои дни, о повелитель! Гиппопотам сказал:

— Откуда ты пришёл, паук? Какое дело привело тебя ко мне?

Паук ответил:

— До сегодняшнего дня я жил, как все, и каждый мой день был похож на другой. Но сегодня меня призвал к себе великий слон. Это он послал меня к тебе. У него есть вдоволь зерна, чтобы печь лепёшки, но нет ни одной рыбки, чтобы сварить суп. Не дашь ли ты ему сто корзин рыбы? Когда придёт время рыбной ловли, он пришлёт тебе в подарок своего самого лучшего коня.

Гиппопотам сказал:

— Хорошо, я сделаю так, как просит мой великий брат слон. Я сейчас распоряжусь, чтобы…

Но паук перебил его:

— О повелитель! Слон просил сказать тебе: слова великого пусть услышит только великий. Они не должны коснуться больше ничьих ушей. Я один из простых смертных знаю тайну слона.

Гиппопотам ответил:

— Пусть будет так. Но в том, что он просит, нет ничего плохого.

Потом гиппопотам велел принести сто корзин с рыбой, и сто носильщиков подняли их на берег.

Когда последний носильщик поставил свою корзину на землю, паук сказал:

— Теперь ступайте. Вы своё дело сделали. Остальное я беру на себя. Я приведу своих носильщиков, и они отнесут эту рыбу куда надо.

Слуги гиппопотама сказали:

— Пока ты будешь ходить, кто-нибудь может украсть эту рыбу. Мы останемся сторожить её.

Паук сказал:

— Вы должны сейчас же уйти отсюда. Рыбу никто не тронет. Но если вас увидят слуги великого слона, — кто знает, не произойдёт ли между вами драки? А когда ссорятся слуги, начинается раздор и между господами. Разве не верно то, что я говорю?

— Да, это верно, — сказали слуги гиппопотама. И они ушли. А паук побежал домой.

— Кокки! Дети! — кричал он. — Идите скорее! До утра надо перенести с берега домой сто корзин рыбы.

Теперь у паука запасов было надолго. Он не ходил больше на охоту и целыми днями вместе с женой Кокки и со своими паучатами сидел дома и плёл верёвку. Верёвка получилась такая длинная, что на неё можно было нанизать тысячу тысяч ракушек.

Когда подошло время убирать новый урожай, слон сказал:

— Найдите паука и приведите его! Паук пришёл.

Слон сказал:

— Ты не забыл про обещание, которое дал мне гиппопотам?

Паук сказал:

— Напрасно ты беспокоишься. Всё в порядке. Как раз сегодня я собрался идти к нему за твоим конём. Я вернусь через три дня.

И вот паук взял свою верёвку и отправился в лес. Он шёл до тех пор, пока не размотал половину мотка. Тогда он оставил свой моток в чаще, а сам вернулся к слону. Паук дал слону свободный конец верёвки и сказал:

— Завтра на рассвете гиппопотам выведет своего коня из воды. Конь очень норовистый. Вот конец верёвки, к которой этот конь будет привязан. Обмотай верёвку вокруг дерева и, когда увидишь, что дерево закачалось, знай, что конь гиппопотама рвётся на привязи. Тогда созывай самых сильных слонов, пусть они возьмутся за верёвку и не выпускают до тех пор, пока не приволокут коня.

Слон спросил:

— Так велел гиппопотам?

Паук ответил:

— Да, так велел гиппопотам.

Слон сказал:

— Хорошо, я сделаю всё, как он велел. Пусть скорее приходит завтрашний день. Слон приказал обмотать верёвку вокруг самого толстого и крепкого дерева, а паук тем временем отправился к реке. Он решил не ждать, пока гиппопотам позовёт его, и сам спустился к нему под воду.

Он сказал:

— Слон поручил мне привести коня, которого он тебе обещал, но я один не могу справиться с ним. Поэтому я придумал вот что. К дереву, которое растёт на берегу, я привяжу верёвку. Другим концом этой верёвки я свяжу коня. Завтра на рассвете созови всех самых сильных гиппопотамов и прикажи им выйти из воды и тянуть верёвку до тех пор, пока они не притащат коня на берег.

Гиппопотам сказал:

— Хорошо. Я так и сделаю.

На рассвете гиппопотамы вышли из воды и увидели, что к дереву, которое растёт у самого берега, привязана верёвка. Верёвка была натянута, дерево качалось и вздрагивало, как будто его хотели вырвать с корнем. Гиппопотамы ухватились за верёвку и стали тянуть в свою сторону. А с другого конца верёвку тянули слоны. Дерево, к которому был привязан их конец, трещало и ствол гнулся к земле. И чем сильнее тянули верёвку на стороне гиппопотама, тем сильнее дёргали верёвку на стороне слона.

Так прошёл весь день.

Ночью слоны и гиппопотамы легли спать. А с рассвета они снова взялись с двух концов за верёвку. Деревья опять скрипели и качались. Но никто никого не мог перетянуть. Когда солнце поднялось высоко над землёй, гиппопотам сказал своим подданным:

— Пойдите и посмотрите, что это за конь, которого нельзя осилить. Никогда ещё не было, чтобы гиппопотамы отступали перед конём.

И слон тоже сказал своим подданным:

— Пойдите и посмотрите на этого коня, которого посылает мне гиппопотам. Первый раз вижу, что слоны не могут справиться с конём.

Гиппопотамы и слоны пошли навстречу друг другу и встретились в зарослях.

Слоны спросили гиппопотамов:

— Куда вы идёте?

Гиппопотамы ответили:

— Мы хотим посмотреть, что это за конь, которого ваш повелитель обещал подарить нашему повелителю. Мы тянули верёвку, к которой этот конь привязан, весь день и не могли перетянуть коня.

Потом они спросили:

— А куда вы идёте?

Слоны сказали:

— Мы тоже идём посмотреть на коня, которого ваш повелитель обещал нашему повелителю.

Гиппопотамы спросили:

— А где же ваш конь, которого посылает ваш повелитель? Далеко ли ещё до места, где он привязан?

Слоны сказали:

— Мы ничего не знаем об этом. Мы не видели никакого коня. Но мы хотели спросить вас, — где привязан ваш конь?

Гиппопотамы сказали:

— Мы никогда не слышали про коня, которого наш повелитель посылает слону. Мы прошли всю дорогу, держась за верёвку, и нигде не видели коня. Возвращайтесь назад, расскажите обо всём слону. И мы тоже расскажем обо всём гиппопотаму. Тут что-то неладно.

Гиппопотам выслушал рассказ и заревел от ярости:

— О чём вы говорите? Какого ещё коня я должен был послать слону? Я ему дал сто корзин рыбы, и за это он обещал подарить мне коня. Видно, паук обманул нас.

Слон выслушал своих подданных и сказал:

— Не пойму, — о чём вы толкуете? Я дал гиппопотаму сто корзин зерна, и за это он обещал мне своего коня. А я ему никакого коня даже не собирался посылать. Этот паук обманул и меня, и моего друга гиппопотама.

Он пошёл к гиппопотаму и сказал:

— Не сердись. Ты сильный, и я сильный. Если мы растратим силы на гнев, нам же будет хуже. Мы должны найти паука и наказать его.

А паук спрятался у себя в доме и жил, не зная забот. Но когда все запасы кончились, пауку пришлось выползти из своего убежища. По правде сказать, ему не очень хотелось попадаться на глаза слону или гиппопотаму. Поэтому он то и дело оглядывался по сторонам. И вдруг паук увидел на дороге шкуру дохлой антилопы.

Паук сразу догадался, что ему делать. Он влез в эту шкуру и смело двинулся в путь. Копыта антилопы волочились по земле, голова свисала то на один, то на другой бок, хвост болтался. как плеть.

В это время по лесу ходил слон. Он искал паука. Увидев старую, дряхлую антилопу, он сказал:

— Послушай, антилопа, не поможешь ли ты мне найти паука? Я хочу проучить его за то, что он обманул меня и моего друга гиппопотама.

Паук остановился и сказал голосом антилопы:

— Ты ищешь паука? Не говори этого громко. Ты видишь, до чего я дошла, на что я стала похожа? Это потому, что я поссорилась с пауком и он указал на меня своей лапой. С тех пор я стала сохнуть и чахнуть.

Слон сказал:

— Неужели из-за паука ты стала такой тощей и слабой?

Паук сказал:

— Да. И так будет со всеми. Стоит пауку показать на кого-нибудь лапой, и несчастный высыхает до костей.

Слон испугался и сказал:

— Прошу тебя, если ты увидишь паука, ничего ему не говори. Я не хочу его видеть.

— Хорошо, — сказал паук.

Он отполз в сторону, сбросил шкуру антилопы и, быстро обежав слона, вышел ему навстречу.

— Я слышал, что ты ищешь меня, — сказал он и протянул к слону свою лапу. — Что тебе нужно? Слон задрожал от страха.

— Нет, нет, мне ничего не нужно. Я не хотел тревожить тебя.

— Смотри, чтобы больше это не повторялось, — сказал паук. — Иначе я рассержусь.

Он опустил лапу и пошёл к тому месту, где оставил шкуру антилопы. Он снова забрался в неё и пополз к реке.

В это время гиппопотам вылез из воды и ходил взад и вперёд по берегу. Он подстерегал паука.

— Слушай, антилопа, — сказал гиппопотам, — ты не видела паука? Я ищу его.

Паук сказал:

— Ты ищешь того, кого я боюсь даже назвать. Это он виноват в том, что я едва волочу ноги.

— Неужели? — сказал гиппопотам. — Что же он сделал?

— Он показал на меня своей лапой, и после этого я стала худеть и сохнуть. Смотри, как бы и с тобой не случилось то же самое.

Гиппопотам задрожал от страха и сказал:

— Не говори, что я искал его. Не надо. И он заторопился к воде.

А паук забрался в заросли, оставил там шкуру антилопы и снова вышел на берег.

— Где этот гиппопотам? — сказал он громким голосом. — Я слышал, что он ищет меня. Я здесь!

Гиппопотам увидел паука и, не раздумывая долго, нырнул в воду. Только когда он был на самом дне, он перевёл дух. Теперь-то он спасся от паука! А на самом деле это паук спасся — и от гиппопотама, и от слона. Так было.

«ШАКАЛ И ЛЕВ»

Вот она, эта сказка. Сейчас ты её услышишь. Она — здесь. Она — рядом. Вот она уже начинается, — сказка про шакала и льва.

Могучий лев — царь пустыни — подружился с шакалом. Они ходили друг к другу в гости и, усевшись бок о бок, мирно беседовали о том, о сём.

Правду говорят, что у шакала мудрость в ногах. Не было в пустыне такого уголка, куда бы он не заглянул. Что бы ни случилось, — шакал первый обо всём разузнавал. Не хуже старой болтливой старухи разносил он по свету всё, что слышал и чего не слышал.

Однажды лев сказал шакалу:

— Послушай, ты всё знаешь, всех учишь, всем даёшь советы. Тебя называют мудрецом пустыни. Может, и для меня найдёшь ты мудрое слово?

Шакал ответил:

— Лев! Ты — царь пустыни. А что царь пожелает, то и будет. Если он говорит: хочу того, хочу этого, — что делают его слуги? То, что приказал им повелитель. Так какой же я могу дать тебе совет? Но ты — мой друг. Поэтому я скажу тебе: бойся того, чего не знаешь. То, что было, — то было. Но самое страшное то, чего ещё не было.

— Так скажи мне, — чего я должен бояться? — спросил лев.

— Царь пустыни, — ответил шакал, — берегись встречи с человеком.

От гнева глаза у льва налились кровью.

Он сказал:

— Кто такой этот человек, чтобы я боялся его? Приведи мне человека. Я хочу его видеть.

— Царь пустыни! — ответил шакал.- Запомни то, что я скажу тебе. У безумца, который захочет проглотить топор, — надо отнять топор. Того, кто не слышит разумного слова, надо вразумить словом. Но если царь пустыни чего-нибудь хочет, будет так, как он хочет.

Лев приказал созвать своих подданных и, когда они пришли, сказал:

— Где гиена? Где пёстрая шкура? Гиена вышла вперёд.

— Я здесь! — ответила она. — Я — рабыня твоего отца — пришла служить тебе, царю пустыни.

Лев сказал:

— Я хочу, чтобы ты привела ко мне человека. Кто, кроме тебя, сможет это сделать? От страха перед тобой никто не смеет даже крикнуть. Ты нападаешь с такой яростью, что всякому кажется, будто на него набросилась целая стая зверей.

Гиена сказала:

— Царь пустыни! Вот моя шея, — лучше отруби мне голову, только не посылай за человеком. Кто найдёт человека, тот найдёт свою смерть. Это говорю тебе я, гиена, и каждый житель пустыни повторит мои слова.

Лев ничего не ответил.

Он сказал:

— Где смелая обезьяна? Позовите сюда обезьяну! Обезьяна пришла.

— Вот и я! Здравствуй, царь пустыни! Ты меня звал?

Лев сказал:

— Я хочу увидеть того, кого называют человеком. Приведи его сюда. Ты бесстрашная. Тебе это ничего не стоит.

Обезьяна сказала:

— Царь пустыни! Ты волен делать со мной что хочешь, но я не приведу тебе человека.

Тогда лев сказал:

— Где леопард? Где неукротимый? Пришёл леопард.

— Я здесь, — сказал он, — я пришёл.

— Ты самый быстрый, самый ловкий, — сказал лев. — Кто заденет тебя пальцем, тот не увидит больше своего дома. Ты один сделаешь то, о чём я прошу. Ты приведёшь мне человека.

— Царь пустыни, — сказал леопард, — лучше убей меня сам, но не посылай к человеку.

Тогда лев сказал:

— Где мудрец пустыни? Где мой друг? Где шакал?

— Я здесь, — ответил шакал.

— Ты пойдёшь со мной, — сказал ему лев, — и покажешь мне человека. Я хочу его видеть.

— Хорошо, я пойду с тобой, — согласился шакал, — но если случится беда, не говори, что я виноват.

И они пошли туда, где молодой пастух пас на зелёном лугу коров. На плече пастух нёс дубинку, в руках у него был широкий пояс. Пастух шёл впереди стада и помахивал своим поясом, чтобы коровы не сбились с дороги. Шакал вывел льва на открытое место и сказал:

— Царь пустыни, вот человек!

— Где, где он? — спросил лев.

— Смотри, — тот, кто идёт впереди стада, это и есть человек.

— Вот это человек? И его я должен бояться?

Лев выскочил на дорогу и ринулся на пастуха.

Но молодой пастух не испугался. Он схватил обеими руками свою дубинку, размахнулся и нанёс льву такой удар между глаз, что царь пустыни замертво рухнул на землю.

Молодой пастух повёл своих коров дальше, а лев остался лежать на дороге. Тогда шакал, боязливо озираясь, подполз ко льву и зашептал ему в ухо:

— Царь пустыни! Ты теперь видел человека. Ты теперь сам знаешь, что я был прав. Но то, что было, то прошло. Бежим скорее, пока за нами не погнались. То, чего не было, страшнее того, что уже было.

Лев шевельнул одной лапой, другой и медленно встал.

— Шакал, твоя мудрость велика,- сказал лев.- Нет никого сильнее человека. Надо скорее уходить отсюда.

И они бросились бежать.

С тех -пор всякий раз, когда лев вспоминает о человеке, он громко рычит. А шакал в это время старается не попадаться ему на глаза. Ведь шакал видел могучего льва поверженным и слабым и знает, что лев никогда ему этого не простит.

Вот и всё. Сказка про льва и шакала кончена.

ТАНЗАНИЙСКИЕ СКАЗКИ

«ПОЧЕМУ У КИТА БОЛЬШОЙ РОТ»

Жил-был кит. Он никогда ничему не удивлялся, плавал себе в теплой воде океана и лениво пофыркивал.

Рот в те времена был у него маленький.

Подплыл однажды кит к берегу и увидел обезьяну, которая собирала орехи кешью, сорванные с дерева ветром.

Они поговорили о том о сем, и обезьяна спросила:

— А знаешь ли ты, могучий кит, что южный ветер, который сорвал эти орехи, был однажды причиной очень больших неприятностей, из-за которых могли пострадать человек, ветер, змея и еще кое-кто?

— Нет, — ответил кит, лениво шевеля хвостом.

— Тогда я осмелюсь задать тебе еще один вопрос. Кто сильнее — ты, самый большой из животных, странствующих по тропе жизни, или вон тот серый паучок, упавший на землю вместе с орехом?

— Конечно, я, — равнодушно ответил кит. — Ну конечно, я, тут даже раздумывать нечего.

И снова фыркнул, чуть приоткрыв свой маленький рот.

— Нет, далеко не так... Слушай.

И обезьяна начала свой рассказ.

... Давным-давно в стране, что лежит между берегом океана и озерами, в самой середине Африки, откуда вытекают самые большие в мире реки, жил вождь. Это был могущественный человек, и его боялись не только люди его племени, но и все звери, звезды и ветер.

Но этот могущественный человек был слеп от рождения, а поскольку он был любознателен, то часто задумывался. "Я хотел бы знать, на что похож мир, окружающий меня, — говорил он себе. — Что только бы я не отдал, чтобы увидеть его хотя бы на мгновение!"

И случилось так, что однажды во время сезона дождей, когда на страну надвинулись синие и тяжелые от влаги тучи, блеснула молния и слепой на мгновение увидел мир. А поскольку он стоял в это время перед огромным деревом баобабом, то увидел именно его. Увидел — и все для него снова погрузилось в темноту.

— Какое счастье! — воскликнул слепой вождь. — Я знаю теперь, что мир — это дерево, что он серого цвета, у него короткие толстые ветви, зеленые листья и много плодов. Теперь я спокоен!

И он продолжал жить и править своим племенем, наводя ужас на злые и воинственные соседние племена и делая добро тем, которые он считал мирными. Но, оставаясь наедине с самим собой, он часто подходил к баобабу, трогал его рукой и, убедившись, что зрение и осязание сказали ему правду, облегченно вздыхал.

Но вот случилась беда. Как-то подул очень сильный южный ветер, в саду раздался грохот и послышался треск ветвей.

«ТРИ БРАТА»

Жил купец, у которого было три сына. Однажды, когда он вместе с сыновьями путешествовал караваном, торгуя тканями и железом в глубине Африки, ему стало плохо.

Позвав сыновей, он сказал:

— Дети мои! Много месяцев путешествовали мы с вами по этой чужой негостеприимной земле. Мы не наторговали богатств, и теперь я молюсь только об одном — как бы вам вернуться домой целыми и невредимыми. О себе я не думаю: мои дни сочтены.

Заливаясь слезами, братья слушали отца.

— Похоронив меня, — продолжал купец слабым голосом, — отправляйтесь назад к океану. При этом вы должны выполнить мои три завета: пусть все тюки в вашем караване будут пустыми, никогда не носите красных одежд и не бойтесь говорить вслух то, что думаете. По пути будьте внимательны и старайтесь изо всего делать правильные выводы…

Сказав так, купец умер.

Братья похоронили его, раздали все свои товары местным людям и с пустыми тюками двинулись в обратный путь.

Караван шел уже по дороге несколько дней, когда братья увидели в мягкой глине следы животного.

— Здесь проходил осел, — сказал старший брат.

— Он нес большой груз, — добавил средний.

— Он прошел всего несколько часов назад, — закончил младший.

Не успели они это сказать, как придорожные кусты раздвинулись и из них вышел одетый в пышные одежды правитель этого края.

— Кто вы такие и почему смеете судить о том, чего нельзя видеть? — грозно спросил он.

— Мы бедные купцы, возвращаемся к океану, чтобы попасть домой. А что касается наших слов, то они относятся как раз к увиденному, — отвечали братья.

— Это отпечатки ног осла, — пояснил старший.

— Они очень глубоки, значит, осел был тяжело нагружен, — сказал средний.

— Следы не затоптаны другими животными, значит, они оставлены недавно, — закончил младший.

"Они так умны, что сумеют и без всего разбогатеть!" — подумал правитель и приказал, отобрав всех животных и поклажу, выпроводить братьев за пределы его владений.

Оставив весь караван — носильщиков и ослов с пустыми тюками, — братья пошли дальше. Спустя несколько дней они увидели под деревом у дороги новые следы.

— Тут отдыхала женщина, — сказал старший.

— Муж ее — небогатый человек, — добавил средний.

— На спине она несла ребенка, — закончил младший.

Не успели они так сказать, из-за деревьев и на этот раз вышел в сопровождении слуг правитель нового края. Он тоже слышал слова братьев и тоже был поражен ими.

— Ничего нет удивительного, — объяснил ему старший. — Такая маленькая нога бывает только у женщины. А следы ведут в тень.

— В траве лежит браслет, который она потеряла. Браслет не дорогой, — добавил средний.

— И все-таки, потеряв браслет, она бы не ушла, если бы все ее мысли не были заняты ребенком. Ему она дала поиграть браслетом, и это он потерял его, — закончил младший. — А носят детей, как ты знаешь, за спиной…

"О-о, как они хитры и образованны. Что, если они захотят убить меня и сесть на мой трон? — подумал правитель. — Нельзя отпускать их живыми…"

И он приказал отвести братьев к себе в дом, подарил всем троим красные одежды и попросил их надеть на ночь.

Братьям эта просьба показалась подозрительной, и, ложась спать, они постелили одежды на полу. Только они это сделали, как из окон на одежды посыпался град стрел — это слуги выполнили приказ своего хозяина убить гостей.

Не теряя времени, братья незаметно выскользнули из дома и отправились глухими тропинками дальше на восток.

Шли они, шли и наконец достигли берега океана. Здесь был город, правитель которого подчинялся султану Занзибара. Он радушно принял братьев и, выслушав их рассказ, предложил остаться на несколько дней в своем дворце.

Однако надо сказать, что он не очень-то поверил тому, что рассказывали братья, и, чтобы удостовериться в их уме, решил вечером подслушать их беседы.

Он спрятался за колонной во дворце и стал слушать.

Братья разговаривали.

— Мне кажется, что мясо телят, которыми нас здесь угощают, не настоящее, — сказал старший.

— И заморское вино, которым поят, тоже ничего не стоит, — добавил средний.

— А правитель, хотя и выводит свою родословную от султанов Занзибара, не тот, кем хочет казаться! — закончил младший.

При этих его словах правитель в гневе вышел из-за колонны и воскликнул:

— О странники! Так вот как вы платите мне за гостеприимство? Как можете вы сомневаться в истинности того, что слышали или получили здесь?

Если окажется, что вы хоть в чем-то не правы, вам не сносить головы!

И, хлопнув три раза в ладоши, он приказал привести всех дворцовых слуг.

Услыхав, в чем дело, дворцовый повар упал на колени.

— Смилуйся, господин! — завопил он. — Ты приказывал эти дни готовить к обеду мясо телят, но у меня не было под рукой телятины, и я, несчастный, нанизывал на вертел бок старой коровы!

— О повелитель! — взмолился и дворцовый виночерпий. — Заморские вина я роздал своим родственникам, а к столу наливал в сосуды местное дешевое вино.

Не успел правитель решить, что ему делать с мошенниками, как в комнату вошла его мать — она тоже пряталась за колонной и тоже слышала все. Она сказала:

— Сын мой, не гневайся на пришельцев. Это правда: ты не сын моего покойного мужа, который был родственником султана. Ты мой сын от первого брака. Этот брак я долго скрывала. Твой отец принадлежал к славному королевскому роду, владения которого расположены в Эфиопии. Это можно заметить по легкой черноте твоего лица... Но разве по прошествии стольких лет это имеет какое-либо значение?

Правитель не мог сердиться на братьев. Он дал им парусную лодку доу, и она доставила всех троих на остров Занзибар. Там они провели остаток лет, умножая не богатство, а мудрость.

ЭФИОПСКИЕ СКАЗКИ

«БЛАГОДАРЕНИЕ БОГУ»

Жил один торговец. Что бы ни случилось с ним, за всё он возносил хвалу богу.

Подохнет у него мул, а он говорит:

— Благодарение милостивому богу! Остались живы мои бараны!

Попортят мыши его зерно, а он говорит:

— Благодарение милостивому богу! Не тронули мыши мой кувшин с мёдом.

Все так и называли его самого: "Благодарение богу".

Однажды отправился он вместе с соседом по торговым делам в город. Весь день они были в пути, а когда стемнело, решили сделать привал. И только сошли с дороги, чтобы выбрать подходящее местечко для ночёвки, как вдруг увидели в высокой траве козу. Коза так испугалась, когда они подошли к ней, что от страха не могла даже шевельнуться.

Тогда торговец сказал:

— Вот глупая коза! Сама в руки к нам идёт. Видно, это господь послал её нам на ужин! Велика милость божия!

Но, прежде чем зарезать и зажарить козу, путники развели костёр, замесили из муки и воды беркута (пресные лепёшки) и положили их около огня, — чтобы скорее пеклись.

А сами пошли собирать сухие сучья. Ведь для того, чтобы зажарить козу, большой огонь нужен!

Тем временем коза оправилась от испуга и убежала.

Вернулись путники с охапками хворосту и видят — козы нет, а беркута их сгорели.

Пока они искали козу, пошёл дождь. Костёр их погас, и они легли спать голодные, продрогшие, промокшие.

Торговец лёг на холодную землю и говорит:

— Благодарение богу! В благополучии прошёл этот день! Пусть поможет господь, чтобы и ночь была такая же!

Услышал это его сосед и рассердился:

— Да, уж помог нам господь! Коза от нас убежала, беркута наши сгорели, костёр наш погас. Весь день мы шли и крошки во рту не держали. И спать ложимся тоже голодные. Не бога нам надо славить, а себя самих за глупость ругать!

«БОГАЧ И СМЕРТЬ»

Вот что рассказывают.

Один богач очень боялся смерти. Поэтому он сговорился со смертью так: когда придёт его час, смерть скажет ему об этом заранее, чтобы он смог приготовиться.

Живёт богач в превеликом спокойствии и одну только заботу знает: как бы побольше золота накопить.

"Зачем раньше времени бояться смерти! — думает богач. — Когда скажет мне смерть: "Приготовься!" — тогда покаюсь во всех грехах и умру у с чистой совестью".

Так он и жил — год за годом.

И вот однажды узнал богач, что смерть похитила из его стада маленького козлёнка.

Но что для такого богача один козлёнок! Богач и думать об этом не стал.

Прошло немного времени, и страшный мор напал на его стада. Что ни день — уносит смерть то козу, то коня, то буйвола.

А богач думает:

"Пусть уж лучше мою скотину истребляет смерть, — только бы меня не трогала!"

Потом дети богача стали болеть и — один за другим — умерли.

Потом и жена умерла.

А богачу ничего не делается. Ему смерть ничем не грозит.

И вдруг является смерть к нему самому.

— Идём, — говорит, — пришло твоё время!

Богач рассердился:

— Почему же ты, смерть, своё слово нарушила?

А смерть говорит:

— Нет, я своё слово сдержала.

— Как же это сдержала! — кричит богач. — Ты, видно, забыла про наш уговор! Ты же обещала заранее меня предупредить! А сейчас я ещё не могу с тобой идти, я ещё не приготовился умирать!

— Да разве же я тебя не предупреждала? — говорит смерть.- Я каждый день стучала в твой дом. Твои стада унесла — ты ничего знать не хотел. Детей и жену забрала — ты ни о чём не подумал. Каждый день тебе повторяла: "Приготовься! Я пришла!" Как же яснее тебе говорить? Видно, слон наступил тебе на ухо, если ты ничего не слышал и не понимал!

С этими словами схватила смерть богача и унесла.

«ГИЕНА И ОСЛИЦА»

Стояла жара.

Гиена и ослица, измученные жаждой, встретились и вместе побрели к реке. У гиены так пересох язык, что она ни о чём не могла думать, — только бы скорее дойти до воды. На ослицу она даже не смотрела. И ослица тоже так ослабела от зноя, что потеряла всякий страх, — идёт рядом с гиеной и словно не видит, что это гиена. Так они добрались до реки. Когда гиена вволю напилась, она захотела есть. А в двух шагах от неё стояла ослица, погрузив морду в речную воду.

— Почему ты мутишь воду? — с гневом сказала гиена. — Ты не даёшь мне напиться!

— Но ведь вода течёт от тебя ко мне, а не от меня к тебе, — сказала ослица.

— Как же я могу замутить воду, которую ты пьёшь?

— Ты ещё смеешь спорить со мной! — сказала гиена и оскалила зубы. — Смотри, ты пожалеешь об этом!

Тогда ослица сказала:

— О гиена! Признайся,-ты просто задумала съесть меня. А хочешь обернуть дело так, будто я же сама и виновата в этом!

И ослица поскорее побежала прочь, чтобы не попадаться больше гиене на глаза.

«ГЛУПЫЙ МОНАХ»

Шёл по горной дороге монах.

Гора высокая, подъём крутой, монах толстый.

Вот монах и стал просить бога:

— Господи, я тебе служу много лет. Послужи и ты мне: пошли хоть какую-нибудь лошадь, чтобы я мог перевалить через эту гору.

Помолился так и уселся на придорожный камень. Сидит, ждёт божьей милости.

В это время шёл по дороге крестьянин. На поводу он вёл лошадь, а в руках нёс жеребёнка, который только что родился.

"Благодарение богу! Услышана моя молитва!" — подумал монах.

Он вскочил на ноги и сказал крестьянину:

— Сын мой, помоги мне сесть на эту лошадь. Я как раз жду её, чтобы подняться на гору. Крестьянин очень рассердился.

— Ах ты, бездельник! Я сам иду пешком, так буду я свою лошадь ради тебя мучать! Погоди, вот я тебя проучу сейчас!

И он сунул ему в руки маленького жеребёнка.

— Неси! — прикрикнул он на монаха. — Да смотри, если уронишь, плохо будет! Ну, шевелись!

И он взмахнул плёткой, погоняя монаха вверх по горной дороге.

От удивления монах не мог произнести ни слова. Он послушно пошёл вперёд, крепко прижимая к себе жеребёнка.

— О господи! — бормотал монах, карабкаясь по круче. — Ты совсем не понял меня! Я просил у тебя лошадь для езды, чтобы подняться на гору, а ты послал мне лошадь, чтобы я нёс её на руках. Уж если ты, господи, так непонятлив, так что же требовать от нас, грешных людей?

«ДВА ХИТРЕЦА»

Однажды взял он кувшин, набросал в него мокрой глины, сверху — для вида — положил полкруга масла и отправился торговать на базар.

Немного не дойдя до базара, он сел отдохнуть под деревом, а кувшин поставил рядом с собой.

В это время шёл на базар другой такой же хитрец. Он тоже нёс большой кувшин. Кувшин он наполнил болотной грязью, а сверху налил густого белого мёда.

Около дерева он тоже остановился, поставил на землю свою ношу и тоже сел отдохнуть в тени.

Сначала оба обменялись приветствиями, а потом первый хитрец спросил:

— Что ты продаёшь?

— Я несу на базар чистый белый мёд! — ответил второй хитрец.

Тогда первый сказал:

— Мне как раз нужен белый мёд! Я принёс продавать масло, чтобы купить для больной жены мёда. Не нужно ли тебе масла? Я только что сбил его.

Продавец мёда подумал:

"Ну и повезло же мне! Я могу поменять кувшин с грязью на кувшин свежего масла".

И он сказал:

— Хорошо, давай поменяемся. Я как раз шёл, чтобы продать мед купить масло. Я выдаю замуж свою дочь, гостей на свадьбе будет много. Масло нужно и чтобы жарить, и чтобы печь. А мёд у меня тоже свой — не беспокойся. Сегодня из своих ульев собрал.

Продавец масла подумал:

"За кувшин с глиной получить кувшин мёду — это не так уж плохо!"

Они поменялись своими кувшинами, и каждый, радуясь выгодной сделке, пошёл домой.

Отойдя немного, первый хитрец, тот, который променял свой кувшин с глиной на кувшин с мёдом, подумал:

"А вдруг меня обманул продавец мёда? Вдруг он схитрил так же, как я?"

Он открыл кувшин. Нет, мёд настоящий, чистый, душистый.

" Снаружи-то и у меня масло настоящее, — подумал хитрец. — А вот внутри что?"

Он взял щепку, засунул поглубже в кувшин и вытащил.

Так и есть! В кувшине была липкая грязь.

А в это время другой хитрец думал то же самое:

"Посмотрю-ка, что за масло в кувшине, который я взял. Не обманул ли меня продавец, которого я сам так ловко обманул?"

Он открыл свой кувшин и увидел чистое, свежее масло.

"Как обман прикрывать, — это и я знаю", — подумал хитрец.

Он взял щепочку и засунул поглубже в свой кувшин.

Вынул, — а щепочка вся в глине.

Когда оба хитреца поняли, что они обманули друг друга, они бросились снова на базар и снова столкнулись у большого дерева.

— Горе тебе! — закричал тот, кто поменял кувшин с глиной, покрытой маслом, на кувшин с грязью, покрытой мёдом.

«Два хитреца»

— Горе тебе! — закричал тот, кто отдал кувшин грязи, покрытой мёдом, за кувшин глины, покрытой маслом.

— Нечестивец! Кто ты такой? — кричал один.

— Кто я? Да не хуже тебя буду! — кричал другой. Тут оба они рассмеялись.

Один сказал:

Давай дружить!

Другой сказал:

— Верно. Лучше нам друг с другом дружить, чем друг друга обманывать.

И вот два хитреца построили себе рядом дома и стали вместе торговать и вместе плутовать.

Посоветовавшись друг с другом, они нарядились купцами и отправились на городской базар. До базара было три дня пути, и каждому надо было взять с собой в дорогу на три дня еды.

И хотя хитрецы были теперь друзьями, ни один из них не мог обойтись без хитрости. Поэтому каждый из них решил про себя, что он будет есть то, что взял с собой его приятель. И оба велели своим жёнам насыпать в их дорожные мешки вместо белой муки — белой золы.

Жёны так и сделали.

И вот два хитреца отправились вместе в путь.

Они шли целый день, а ночь провели там, где устраивали привал все купцы.

Весь день они ничего не ели и теперь решили испечь на ужин беркута.

Они собрали веток для костра, принесли воды из колодца, чтобы замесить тесто, и развели огонь.

Когда все приготовления были закончены, первый хитрец сказал своему другу:

— Твой мешок очень тяжёлый, тебе трудно нести его. Давай испечём сегодня беркута из твоей муки. А завтра будем печь из моей.

— Нет, нет, — ответил второй хитрец своему другу, — мой мешок совсем не тяжёлый. А вот ты и вправду выбился из сил, пока нёс свой мешок. Давай лучше сегодня будем печь из твоей муки, а завтра из моей.

— Что ты, что ты! — сказал хитрец хитрецу. — Мой мешок совсем лёгкий. А ты свой еле тащил. Я-то хорошо это видел!

Так они спорили всю ночь и наутро, голодные, пустились снова в путь.

В полдень они подошли к реке, где купцы всегда делали привал. Пришлось им тоже остановиться. Все купцы пекли себе беркута, а они провели время в споре.

Каждый жалел другого из-за того, что мешок у него такой тяжёлый. Каждый хотел перехитрить другого, чтобы не раскрылась его собственная хитрость.

И снова они двинулись в путь голодные, сгибаясь от слабости под своими ношами.

Вечером они снова пришли к месту привала.

Один сказал:

— Давай печь беркута на ужин.

— Давай, — сказал другой.

— Развязывай свой мешок, — сказал один.

— Нет, развязывай ты, — сказал другой. Так они спорили и препирались долгое время, пока, наконец, один не уступил.

Он открыл свой мешок и прикинулся очень удивлённым.

— Что такое? В моём мешке вместо муки — зола! Это моя глупая жена, верно, решила подшутить надо мной! Ну, хорошо же! Поплатится она за эти шутки! А тебе, — сказал он своему другу, — уж придётся кормить меня! Когда мы вернёмся домой, я с тобой рассчитаюсь.

Тогда развязал свой мешок второй хитрец.

— Горе мне! Горе мне! — закричал он. — Наверно, моя жена сговорилась с твоей и тоже насыпала в мой мешок вместо муки белую золу.

Тут оба они посмотрели друг на друга и рассмеялись. И оба признались друг другу в своей хитрости.

Вот с тех пор люди и говорят: "В дорожных мешках двух хитрецов нет ничего, кроме белой золы".

«ДЕТЁНЫШ ТИГРИЦЫ И ДЕТЁНЫШ КОЗЫ»

Детёныш тигрицы и детёныш козы встретились на склоне горы и

целый день вместе играли и резвились. А когда наступил вечер, они разошлись по домам. Тигрёнок пришёл к своей матери и сказал:

— Я сегодня так хорошо играл с маленьким козлёнком! Нам было так весело!

Тигрица сказала:

— До чего же ты глуп! Ты не достоин своего отца! Ты должен был убить этого козлёнка. Тогда мы напились бы его крови и съели бы его мясо. Завтра утром пойди к нему. Обмани его. Скажи ему: "Давай поиграем!" — и замани его в лес. А потом задуши его и притащи сюда. Вот как поступают настоящие тигры!

— Хорошо, — сказал тигрёнок, — я так и сделаю. А козлёнок тоже пришёл к своей матери и сказал:

— Мать, сегодня я так весело играл с маленьким тигрёнком! Старая коза задрожала от страха.

— Горе! Горе! Как ты глуп! — сказала она. — Разве не течёт в тебе кровь твоего отца? Ты должен знать, что тигры наши враги. А тигрёнок — это тот же тигр. Если завтра он придёт и скажет: "Пойдем поиграем!" — не выходи к нему. Он заманит тебя в лес, а потом набросится на тебя, задушит тебя, разорвёт на клочки. Так поступают все тигры!

Козлёнок сказал:

— Хорошо, я запомню твои слова.

На другой день тигрёнок подошёл к дому, где жил козлёнок, и стал звать его:

— Козлёночек! Козлёночек! Выйди ко мне! Давай поиграем, как вчера!

Козлёнок сказал:

— Нет, я к тебе не выйду!

Тогда тигрёнок спросил:

— Почему же? Вчера мы так хорошо с тобой играли!

Козлёнок сказал:

— В твоём доме тебе дали совет, и в моём доме мне дали совет. Поэтому мы больше не будем играть вместе!

И тигрёнок, пристыжённый, ушёл.

— Сын мой, — спросила его тигрица, — почему же ты не принёс козлёнка?

Тигрёнок ответил:

— Он знает, кто я такой. Ему всё обо мне сказали.

«ПРИГОВОР СПРАВЕДЛИВОГО СУДЬИ»

(история вторая)

Жили по соседству два человека. У одного были овцы, у другого — виноградник.

Однажды хозяин виноградника увидел, что овцы его соседа объели у него виноградную лозу. Тогда он пошёл к хозяину овец и сказал:

— Твои овцы забрались в мой иноградник и съели мой виноград. Ты должен возместить мне убыток. Отдай мне овцу с ягнёнком, — и мы будем в расчёте.

Но хозяин овец сказал:

— Я не виноват, что мои овцы зашли в твой виноградник. Я не посылал их туда, поэтому я ничего тебе не дам.

— Это несправедливо, — сказал хозяин виноградника. — Пойдём к судье, пусть он рассудит нас.

Когда они пришли к судье, хозяин виноградника сказал:

— О справедливый судья! Выслушай нас и рассуди по совести! Этот человек причинил мне большой убыток и не хочет возместить его. В моём винограднике была лоза, которая приносила мне много винограда. Но по вине человека, которого я привёл сюда, я потерял своё богатство. Его овцы забрались в мой виноградник и объели всю лозу. Я хочу, чтобы он отдал мне за это овцу с ягнёнком. Это будет справедливо, потому что так же, как виноградная лоза приносила мне виноград, так и овца приносит ему ягнят. Но он не пожелал возместить мне убыток. Поэтому я привёл его к тебе на суд.

Судья выслушал хозяина виноградника и повернулся к хозяину овец:

— Говори теперь ты!

Хозяин овец сказал:

— О мой господин! Разве виноват я в том, что мои овцы забрели в чужой виноградник? Разве я позволял им есть чужой виноград с чужой лозы? Как же я могу отвечать за овец? Я ведь ничего не выгадал от того, что мои овцы паслись в винограднике этого человека. А он хочет разжиться на мне и отобрать у меня овцу с ягнёнком. Разве это справедливо?

Судья сказал:

— Раз ты недоглядел за своими овцами, — значит, ты виноват в том, что они съели виноград этого человека. Как же ты отказываешься платить ему?

Потом он повернулся к хозяину виноградника и сказал:

— Ты хочешь слишком много за свой виноград. Ты говоришь, что виноградная лоза приносила плоды так же, как овца приносит ягнят. Это верно. Но ведь ты потерял только виноград, а лоза осталась. Поэтому мой приговор будет такой: пусть хозяин овец острижёт шерсть с одной овцы и отдаст тебе. У тебя останется лоза без винограда, у него — овца без шерсти. Это будет справедливо.

«ПРИГОВОР СПРАВЕДЛИВОГО СУДЬИ»

(история первая)

Жили два брата. Они были так дружны, что не могли провести друг без друга ни одного дня. Поэтому они сообща построили себе дом, чтобы никогда не разлучаться, купили в складчину одного осла и вместе занялись торговлей.

Скромные доходы они делили поровну, и вражда никогда не заглядывала в их жилище.

Но случилось как-то, что младший брат нашёл в земле клад. Клад нашёл, а голову потерял.

"Всё себе возьму, — думает младший брат. — Я разыскал, — значит, всё моё. Старшему ничего не дам".

Он построил себе новый дом и стал жить отдельно. Своего бедного брата он и знать больше не хотел. И уж до того сделался скупым и жадным, что даже заплесневевшую лепёшку никогда не выбрасывал.

И вот однажды он пришёл к бедному брату и сказал:

— Я хочу сломать наш старый дом и взять свою половину, — пригодится мне в хозяйстве. И нашего осла я хочу зарезать и тоже взять половину. Осёл хоть и тощий, а всё-таки собакам кое-какой корм будет.

Бедняк услышал эти слова и упал к ногам своего богатого брата.

— Не губи меня, — просит. — Не делай задуманного! Оставь мне этот дом и этого осла!

Но богатый брат сказал:

— Нет, не оставлю. Я хочу получить то, что принадлежит мне.

Тогда бедняк сказал:

— Хочешь, я заплачу тебе за твою половину дома и за твою половину осла?

Но богатый брат сказал:

— Нет, не хочу. То, что принадлежит мне, то моё. А то, что моё, я возьму себе.

Бедный брат сказал:

— Это несправедливо. Пойдём к судье, и пусть он рассудит нас. И они отправились к судье.

— Господин! — сказал бедный брат. — Выслушай нас и рассуди по справедливости. Мы — два брата. Мы жили в бедности и всё делили поровну. Только и было у нас богатства — дом и осёл. Дом мы вместе своими руками построили, осла вместе на общие деньги купили. Теперь мой брат разбогател. Он построил себе новый дом — такой, что самому негусу (так в Эфиопии называют императора) не было бы стыдно в нём жить. У него теперь стада в сотни голов. А он хочет разрушить наш старый дом и взять свою половину, хочет зарезать нашего осла и тоже взять свою половину. Я просил его оставить мне дом и осла. Но он говорит: "Нет, не оставлю". Я хотел заплатить ему за половину дома и половину осла. Но он говорит: "Нет, не согласен". Поэтому я привёл его к тебе, чтобы ты рассудил нас. Да не покинет тебя справедливость!

Судья выслушал бедного и повернулся к богатому.

— Что ты можешь ответить на его слова?

Богатый сказал:

— О мой господин! Твоя мудрость не знает конца? Скажи мне,- разве не волен каждый делать со своим добром то, что он хочет? Я ведь не прошу, чтобы брат отдал мне то, что принадлежит ему. А он посягает на то, что принадлежит мне. Разве это справедливо?

Судья сказал:

— Ты прав. Никто не может помешать тебе распоряжаться твоим имуществом. Поэтому иди и делай то, что задумал: сломай ваш дом, зарежь вашего осла. И пусть каждый получит свою долю. Это будет по справедливости.

А бедному судья сказал:

— Ты не должен мешать ему!

Братья поклонились и ушли. Бедный — с великой печалью в сердце. Богатый — с великой радостью.

Бедный сказал:

— Это приговор неразумного судьи.

Богатый сказал:

— Как решил судья, так и будет.

Поэтому он зарезал осла и разделил его на две равные части, а потом позвал своих слуг и приказал им ломать дом.

Тем временем бедный брат вынес из своей половины всю утварь и стал поджигать дом.

Богатый увидел это и сказал:

— Ты не смеешь поджигать дом, потому что может загореться и моя половина.

Бедный брат сказал:

— Кто может помешать мне распоряжаться моим добром так, как я хочу? Я хочу сжечь свою половину дома и на этой земле посадить бобы.

Тогда богатый брат сказал:

— Это несправедливо. Пойдём к судье, пусть он решит спор. Как он скажет, — так и будет.

И они опять отправились к судье.

Богатый брат поклонился ему и стал рассказывать всё, что уже рассказано.

Судья выслушал его и говорит:

— То, что я сказал в прошлый раз, то скажу и теперь. Всякий волен делать со своим добром то, что хочет. Ты волен ломать дом, чтобы взять свою половину, а твой брат волен поджечь свою половину, и ты не должен мешать ему.

Потом судья повернулся к бедняку и сказал:

— Иди и делай то, что задумал.

Братья ушли.

Богатый сказал:

— Это приговор неразумного судьи.

А бедный сказал:

— Как решил судья, так и будет.

И он сжёг половину своего дома, а вместе с его половиной сгорела и другая — та, которая принадлежала его брату.

Потом бедняк вскопал землю и посадил бобы.

Когда бобы выросли, сын богатого брата сорвал с грядки несколько стручков и съел их.

Бедный брат поймал его, привёл к отцу и сказал:

— Твой сын съел пять моих бобов. Поэтому я разрежу ему живот и выну свои бобы.

Богатый стал просить его:

— Не делай этого. Я дам тебе другие бобы вместо тех, которые съел мой сын.

Но бедный брат сказал:

— Нет, я хочу получить свои бобы.

Богатый упал перед ним на колени и сказал:

— За пять твоих бобов я верну тебе пять полных мер, — только не убивай моего ребёнка.

Но бедный сказал:

— Нет, мне не нужны твои бобы, — ни пять мер, ни десять. Мне нужны те, которые съел твой сын.

Тогда богатый брат опять пошёл к судье искать справедливости.

Судья выслушал его и сказал:

— Каким был мой приговор, таким и останется. Всякий волен поступать со своим добром так, как ему вздумается. И когда твой брат говорит: "Я хочу, чтобы мне вернули мои бобы" — зачем ты заставляешь его брать вместо своих бобов твои? Убирайся и больше не приходи ко мне!

Братья вернулись домой. Бедный — с великой радостью в сердце. Богатый — с великой печалью.

Богатый позвал к себе всех самых старых и почтенных жителей села и стал просить их вступиться за его сына. Он обещал отдать брату половину своего богатства, лишь бы только брат смилостивился и оставил его сыну жизнь.

Старейшины пошли к бедняку.

Бедный сказал:

— Мой брат убил бы моего сына даже из-за одного бобового зерна. Но я его сына убивать не хотел. Я хотел только проучить своего жадного брата.

Ребёнок остался жив, а бедняк разбогател.

Так рассказывают.

И тот, кто узнает эту историю, пусть запомнит:

Если бросишь камень вверх, — он упадёт тебе на голову.

Если позаришься на чужое, — потеряешь своё.

Если задумаешь злое дело, — оно принесёт сначала несчастье другому, а потом ещё большее несчастье тебе самому.

«ПРО ГЛУПУЮ ЖЕНЩИНУ»

Шла по горной дороге женщина. До половины горы поднялась и встретила пастуха.

Пастух говорит ей:

— Садись, отдохни. Издалека ведь идёшь.

Женщина спрашивает:

— А разве ты знаешь, откуда я иду?

— Знаю, — говорит пастух, — ты идёшь снизу.

Женщина очень удивилась, что он такой умный.

— Верно. Снизу. А как ты догадался?

Пастух тоже удивился, что женщина такая глупая, и говорит, чтобы подразнить её:

— Как же мне не знать, где ты живёшь! Ведь мы с тобой старые знакомые.

— Разве? — ещё больше удивилась глупая женщина. — Тогда почему же ты меня не зовёшь по имени — Марьямиту? Знакомые всегда называют друг друга по имени.

— Верно, Марьямиту, — говорит пастух. — Если человек тебя не знает, так откуда ему знать, что тебя зовут Марьямиту?

Глупая женщина даже рот раскрыла от удивления.

— Смотрите-ка! — воскликнула она. — Ведь этот пастух и вправду знает моё имя!

Он всё про меня знает!

«ПРО ЖЕНЩИНУ, КОТОРАЯ НИ О ЧЁМ НЕ ДУМАЛА»

Жил человек, который занимался воровством и плутнями.

Однажды он бродил по улицам и высматривал, что плохо лежит.

Ходил-ходил, а ничего не подворачивается. Плут думает: "Пойду на базар. Может, там повезёт?"

Пошёл. Выбрал место, где людей больше, стоит, присматривается.

В это время увидела его одна женщина, нагруженная покупками, и говорит:

— Добрый человек, не посторожишь ли ты мою корзину? Она мне все руки уже оттянула, а я только полбазара обошла. И как это я, глупая, не подумала, что мне одной не справиться с такой тяжестью?

Женщина поставила около него свою корзину и пошла дальше по базару.

А плут посмотрел ей вслед и говорит:

— Это верно, что ты глупая. Как же ты не подумала о том. что бывают воры и жулики? За одно это тебя надо наказать.

Взял её корзину и пошёл домой.

«ПРО ЧЕЛОВЕКА, КОТОРОГО НИКТО НЕ МОГ ОБМАНУТЬ»

Жил один старик. За всю свою жизнь ни разу не сказал он пустого слова. Что он знал, то знал верно. Чего не знал, о том не говорил.

Повсюду старика чтили и уважали. Но нашлись и такие, которые позавидовали его доброй славе и захотели над стариком посмеяться.

Вот что придумали эти злые люди.

Один из них обрил себе правую половину головы — от лба до затылка, потом вымазал у пегой лошади левый бок рыжей краской и повёл её мимо дома старика. А его приятели подождали немного и пошли вслед за ним.

Остановились у дома старика, поклонились ему с почтением и говорят:

— Все ли дни твои хороши?

А потом, будто невзначай, спрашивают:

— Скажи, не проходил ли тут кудрявый юноша с рыжей лошадью?

Старик ответил:

— Да, здесь проходил юноша с лошадью. Та сторона его головы, которую я видел, была кудрявая, но я не знаю, была ли у него кудрявая вся голова. И тот бок у лошади, который я видел, был рыжий, но был ли у неё и другой бок рыжий — или был он пегий, или вороной, — я не знаю.

В другой раз эти хитрецы нарядили девочку в платье мальчика, подпоясали её так же, как подпоясывают мальчиков, потом обрили у чёрной овцы шерсть с одного бока и велели девочке пройти с этой овцой мимо старика.

И вслед за ней сами пошли к старику.

Опять поклонились ему с почтением, пожелали ему счастливых дней, а потом спросили, будто между прочим:

— Скажи, не проходил ли здесь мальчик с длинношёрстой овцой?

Старик ответил:

— Да, по дороге проходил ребёнок с овцой. Тот бок у овцы, который я видел, порос длинной чёрной шерстью, но какая шерсть у овцы на другом боку — чёрная или белая, длинная или выстриженная, — я не знаю. И ребёнок, которого я видел, был одет как мальчик, но мальчик ли это был или переодетая девочка, я тоже не знаю.

Тогда в третий раз хитроумные друзья решили поймать старика на неверном слове.

Они одели мальчика девочкой, дали мальчику в руки корзинку, в которой носят хлеб, положили в неё камни и сказали мальчику:

— Ступай пройди мимо этого старика!

И сами тоже пошли к старику.

Поклонились ему низко и с почтением сказали:

— Пусть в добром здоровии проходят твои дни!

А потом спрашивают:

— Не видал ли ты на дороге девочку, которая несла корзину с хлебом?

Старик сказал:

— Да, я видел ребёнка, который нёс корзину из-под хлеба. Ребёнок был одет как девочка, но была ли это девочка или переодетый мальчик, я не знаю. В руках у ребёнка была корзинка для хлеба, но был ли в ней хлеб или, может быть, в ней лежали камни или была она пустая, — я тоже не знаю.

Хитрецы увидели, что их хитрость опять не удалась, и повернулись, чтобы уйти.

Но старик остановил их и сказал:

— Послушайте и запомните мои слова. То, что человек видит, — это ещё не всё, что можно увидеть. И если к тебе в дом пришли с поклоном и словами привета, не торопись говорить, что это пришли друзья. Это могут быть и враги, которые расставляют тебе ловушку.

И те, кто хотели посмеяться над старым человеком, в великом смущении покинули его дом.

«СЕМЬ ЛЬВОВ И ОДИН БЫК»

Семь львов и один бык решили дружить. Сначала львы устроили пир и пригласили своего нового друга. Львы приготовили целую гору свежего мяса, ели сами и угощали быка. Бык старался не показать вида, что угощение ему не по вкусу. И хотя мяса он не ел, он всё время благодарил львов за их гостеприимство.

Потом настал черёд быка устраивать пир.

Семь львов пришли в назначенный день к быку и увидели огромную копну свежей травы.

Львы были очень удивлены.

— Как? У тебя нет мяса? Уж не думаешь ли ты угощать нас этой травой?

Бык робко сказал:

— По-моему, эта трава гораздо вкуснее, чем мясо. Я советую вам попробовать.

— Но мы же тебя не заставляли есть мясо, — сказали львы. -Мы не говорили тебе: "Ешь!" А ты хочешь заставить нас есть эту траву. Если уж ты решил устраивать пир, надо было позаботиться об угощении. А какой же это пир — без мяса?

— Но мне даже негде взять его, — попробовал оправдаться бык.

Тогда львы сказали:

— Это неслыханная дерзость — позвать нас в гости и морить голодом. Всякого другого, кто так поступил бы с нами, мы растерзали бы на месте.

Но ты наш друг. Поэтому ты заслуживаешь снисхождения, и в знак нашей милости мы съедим только одну твою ногу.

Бык понял, что спорить бесполезно, и, дрожа всем телом, сказал:

— Вы очень добры ко мне.

И вот львы отгрызли у бедного быка заднюю ногу и принялись за еду. А бык, истекая кровью, упал и умер. Тогда львы решили:

— Раз этот бык всё равно помер, мы съедим его теперь всего.

И они продолжали свой пир.

В это время мимо проходила лиса. Ей тоже захотелось полакомиться мясом. Она незаметно подкралась, схватила бычье сердце и спряталась за деревом.

А семь львов съели быка до последней косточки, и когда их пир был кончен, они с удивлением стали спрашивать друг у друга:

— А где же его сердце? Может быть, у этого быка совсем не было сердца?

Тут вышла из своего убежища лиса и, облизываясь, сказала:

— Вы ошибаетесь, почтенные. Сердце-то у него было, а вот ума — не было. Иначе он не стал бы водиться с вами.

«ТРИ ГЛУПЦА»

Жили три глупых человека.

Однажды они вместе молотили зерно. Когда наступил вечер, трое глупых набили мешок соломой, улеглись на него и сверху тоже навалили на себя солому. Если придёт грабитель, он-то их не увидит, а они всякого увидят, кто к зерну подберётся. Так и случилось. Ночью пришёл вор. Глупые думают:

Хорошо, что мы спрятались. Он нас ни за что не найдёт. И лежат притаившись.

Вор посмотрел по сторонам, — сторожа нигде нет. Тогда он взял вилы и принялся ворошить солому. Может, — думает, — здесь кто-нибудь запрятался?

Сунул он вилы поглубже и чувствует, что они застряли в чём-то.

А это мешок с соломой был. Один глупец увидел вилы около своей головы и сказал громко:

— Ну и повезло же мне! Ведь он мог меня задеть! Вор услышал голос и проткнул глупца вилами. Тогда второй глупец сказал:

— Язык, который не может молчать, — вот что погубило моего товарища.

Вор услышал — и его насмерть проткнул. Тогда третий глупец сказал:

— Если бы оба мои товарища лежали так же тихо, как я, и они спаслись бы от смерти.

А вор услышал — и тоже его прикончил.

Так все трое и погибли.

И ведь только из-за своей глупости да трусости.

«ТРОЕ ГЛУХИХ»

Один человек потерял своих овец и отправился их искать.

Шёл он, шёл и видит — работает в поле женщина, а на спине у неё в мешке привязан ребёнок.

Человек остановился и сказал с почтением:

— Привет тебе, женщина! Все ли дни твои хороши?

А потом спрашивает:

— Не видела ли ты где-нибудь поблизости моих овец? — И рукой на поле показывает. — Если ты скажешь мне, куда они ушли, я подарю тебе свою хромую овцу.

А женщина была глухая. Она подумала, что этот человек хочет узнать, большое ли у неё поле. Поэтому она показала пальцем на дерево, которое росло вдали, и сказала:

— Вон там кончается моя полоса.

А хозяин овец тоже был глухой. Он подумал, что женщина показывает ему, куда ушли овцы, и быстро зашагал к дереву.

И случилось так, что он и вправду нашёл там своих заблудившихся овец.

Хозяин очень обрадовался. Он взял хромую овцу и понёс её женщине.

— Спасибо тебе, женщина, — сказал он, протягивая ей овечку. — Я нашёл своих овец в том самом месте, которое ты мне показала. Возьми же от меня в благодарность эту овцу.

А глухая женщина решила, что он говорит: "Ты покалечила мою овцу!" И она очень рассердилась. Она сказала:

— Я твою овцу не трогала. Я даже не видала её никогда.

Хозяин овец догадался, что женщина на что-то сердится, и подумал, что она говорит: "Мне хромая овца не нужна! Давай мне хорошую овцу!"

Тогда он тоже рассердился и сказал:

— Слишком много ты хочешь! Идём к судье, пусть он нас рассудит!

Взял её за руку и повёл.

Пришли двое глухих к судье.

Судья занял своё судейское место и сказал:

— Говорите, — что у вас за дело?

Хозяин овец рассказал ему всё по порядку: как он потерял своих овец, как подошёл к женщине, которая работала в поле, и спросил у неё, не видела ли она его овец. Женщина показала ему, куда ушли его овцы, и он за это обещал ей хромую овечку. А теперь эта женщина не согласна брать хромую овцу, а хочет самую большую и здоровую.

— Вот поэтому я и пришёл к тебе, чтобы ты рассудил нас по справедливости.

А судья тоже был глухой. Он подождал, пока хозяин овец кончит говорить, и, когда тот закрыл рот, повернулся к женщине и сказал:

— Ну, послушаем, — что ты можешь на это ответить?

И женщина тоже стала рассказывать всё с самого начала: как она полола поле, как к ней подошёл человек и спросил, большое ли у неё поле. Как она показала ему дерево, где кончается её полоса земли, и он ушёл. А потом вдруг вернулся и стал кричать, что она покалечила его овцу. А она и самого-то его знать не знает и овцу его никогда не видела.

Женщина замолчала.

И судья тоже сидел и молчал. Да и что он мог сказать, когда не слышал ни слова из всего, что ему наговорили?

Вдруг он увидел на спине у женщины ребёнка.

"Ага, — подумал судья, — теперь всё ясно. Эта женщина пришла судиться, со своим мужем, который бьёт её и не даёт ей денег, чтобы кормить ребёнка".

Он повернулся к хозяину овец и, тыча пальцем в ребёнка, сказал:

— Напрасно ты потратил столько слов! Раз ребёнок твой, — значит, ты должен его кормить. А жену бить не смей! Понял? Ну, теперь ступайте оба!

И он показал им на дверь, потому что ему хотелось поскорее от них избавиться.

Женщина увидела, что судья что-то говорит про её ребёнка, и очень испугалась. Она подумала, что судья грозится отобрать у неё ребёнка.

А хозяин овец увидел, что судья показывает на дверь, и подумал, что судья зовёт стражу, чтобы посадить его в тюрьму. Поэтому он тоже очень испугался.

А судья испугался, что они начнут его о чём-нибудь просить, и замахал на них руками, чтобы они сейчас же уходили.

Тут оба бросились бежать в разные стороны и бежали до тех пор, пока не потеряли друг друга из виду.

«УМНЫЙ ВОРОНЁНОК»

Старая ворона учила своего воронёнка:
— Сын мой, бойся человека!
— А какой он — человек?
— У него чёрная голова, заросшая волосами, и белые зубы. Он очень хитёр. Если ты увидишь, что человек нагнулся, — знай, он хочет поднять камень и бросить в тебя. Тогда не жди ничего — спасайся! Воронёнок сказал:
— Мать, но ведь человек может спрятать камень за поясом! Кто знает все его хитрости! Спасайся сразу, чуть только ты завидишь человека. Ничего не жди!
— Сын мой, — сказала старая ворона, — я вижу, что могу за тебя не бояться. Летай, где хочешь. Мне нечему тебя больше учить!

«УМНЫЙ И ГЛУПЫЙ»

Жил один человек, который говорил, что он умнее всех на свете. А так как он сам это говорил, то за ним и другие стали это повторять. И жил другой человек, про которого все говорили, что он самый глупый на свете. А так как об этом говорили другие, то и он сам стал так думать.
Однажды пришёл глупый к умному и сказал:
— Брат мой, мне нужен твой совет. Только боюсь, что даже такой многоумный человек, как ты, не сможет мне помочь.
Умный сказал:
— Разве есть что-нибудь, чего я не знаю? Спрашивай! Что у тебя за дело?
Глупый сказал:
— Видишь ли, мне надо перевезти через горный поток козу, капусту и леопарда. Лодка у меня маленькая. Придётся три раза взад — вперёд ездить. Вот я и хочу спросить тебя, — ты ведь человек умный, всё знаешь, — как бы ты поступил на моём месте?
Умный сказал:
— Дело проще простого! Сначала я перевёз бы леопарда.
Тогда глупый сказал:
— Но, пока ты перевозишь леопарда, коза съест капусту.

— Ах, да! — сказал умный. — В таком случае сначала надо перевезти козу. Потом леопарда. А потом уже капусту.

— Но, пока ты будешь ездить за капустой, — сказал глупый, — леопард съест козу.

— Верно, верно. Надо сделать вот как. Слушай и запоминай. Сначала надо перевезти козу, потом капусту… Нет, постой. Козу и капусту нельзя оставлять вместе. Лучше так: сначала капусту, потом. Нет, это тоже не годится. Леопард съест козу. Да ты меня просто запутал! Неужели такое простое дело ты не можешь решить сам?

— Пожалуй, что могу, — сказал глупый. — Тут и вправду особого ума не требуется. Сперва я переправлю на другой берег козу…

— Ну, я же говорил тебе!

— Потом капусту.

— Вот видишь, ты поступаешь так, как я тебе посоветовал!

— Потом…

— Вот, вот — что потом? Я ведь тебе это самое и говорил!

— Потом я вместе с козой вернусь назад, козу оставлю, а леопарда перевезу на другой берег. Он ведь капусту не будет есть.

— Конечно, не будет! Наконец-то ты догадался!

— А потом я снова отправлюсь за козой. Вот и будут у меня целы и коза, и капуста, и леопард.

— Теперь ты видишь, — сказал умный, — что ты не напрасно приходил ко мне за советом? А ты ещё сомневался, смогу ли я помочь тебе!

Глупый сказал:

— Ты и вправду помог мне. И за это тебе великое спасибо. Ты посоветовал мне решить всё самому, и это был самый правильный совет.

«ХОРОШИЙ СОВЕТ»

Вот что рассказывают.

Однажды мыши собрались на совет и стали думать, как бы им спастись от кота.

— Разве от него спасёшься! Он хитрее всех! — сказала одна мышь.

— Он ступает так тихо, что, сколько ни слушай, — всё равно ничего не услышишь, — сказала другая.

— А прячется он так ловко, что, сколько ни смотри, — всё равно ничего не увидишь, — сказала третья.

Тут самый маленький мышонок вышел вперёд и пропищал:
— А я знаю, что надо сд

«ЧТО ВСЕГО ТЯЖЕЛЕЕ?»

Четверо из одной деревни пошли в далёкий город на базар. Накупили что кому надо и отправились в обратный путь.

Трое впереди идут, а четвёртый отстал. Самый бедный был он во всей деревне. И самая тяжёлая была у него ноша, — на своих плечах нёс он каменные жернова для ручной мельницы.

На полдороге повстречался путникам крестьянин из их деревни.

Остановились трое — те, что впереди шли — и спрашивают:

— Скажи, приятель, не случилась ли какая беда в наших домах, пока мы ходили в город?

— У вас-то ничего не случилось, — говорит им земляк, — а вон у того, что жернова тащит, и вправду беда стряслась, — мул у него подох.

Тогда один крестьянин сказал:

— Не надо ему сейчас об этом говорить. Ему и без того идти трудно.

— Твоя правда, — сказал другой, — пусть он тогда о беде узнает, когда домой придёт.

А третий молчит. Этот третий был великий болтун. Что ему ни скажи, он сейчас же всё выболтает.

— Смотри, — говорят ему, — если ты проболтаешься, мы тебя мало что поколотим, а ещё заставим жернова нести.

— Нет, я ничего не скажу! — говорит болтун. — Вот увидите, я слова не пророню! Рта не открою!

Пока они так стояли и разговаривали, подошёл и бедняк со своими жерновами; и зашагали они дальше все вместе.

Болтун идёт и мучается. Сил нет — до чего трудно ему молчать!

Шагов сто прошёл — и не выдержал, дал волю языку.

Узнал бедняк о своей беде и совсем голову опустил, — словно двойная тяжесть легла ему на плечи.

А товарищи его набросились на болтуна.

— Ты что же, забыл про уговор? Ты что нам обещал, - не помнишь? Да что с тобой разговаривать! Дураку совет давать — всё равно что блох мерить! Такая же польза! Ну, а уж мы-то своё слово сдержим!

Отколотили они его хорошенько, а потом взвалили ему на плечи жернова и велели нести до самой деревни.

Болтун и спорить не стал. Тащит каменные плиты и усмехается:

— Разве же это тяжесть! Чужую тайну удержать на своём языке куда труднее!

Потому и говорят о болтунах: пустому человеку легче нести жернова, чем сдержать слово.

«ЧУЖИЕ СОВЕТЫ»

Один человек вместе со своим сыном отправился в город. Отец сел верхом на осла, а мальчик шёл рядом.

— Видели, что делается? — говорили встречные.

— И как только не стыдно этому человеку? Сам на осле едет, а ребёнка заставляет идти! Хорош отец!

Тогда отец слез с осла и сказал сыну:

— О дитя моё! Я не хочу, чтобы люди осуждали меня. Садись ты на осла, а я пойду рядом.

Так они и сделали — мальчик поехал верхом, отец пошёл пешком.

И снова люди, встретившие их на дороге, сказали:

— Ну, видели вы что-нибудь подобное? Мальчишка расселся на осле, будто господин какой, а отец рядом с ним шагает. Хорош сын!

Тогда отец снова остановил осла и сказал:

— Сын мой, люди осудили нас за то, что я ехал на осле, а ты шёл пешком. Теперь люди осудили нас за то, что ты едешь на осле, а я иду пешком. Не лучше ли будет, если мы оба пойдём пешком? Это уж никому не покажется несправедливым.

Так они и сделали. Осла погнали впереди, а сами пошли за ним следом.

И снова встречные показывали на них пальцами и говорили:

— Что за глупые люди! У них есть осёл, а они тащатся пешком! Похоже, что идёт не один осёл, а три осла.

— Что же нам делать, сын мой? Люди ругали нас за то, что я еду, а ты идёшь. Люди ругали нас за то, что ты едешь, а я иду. Люди ругали нас за то, что ты идёшь и я иду. Может быть, нам вместе сесть на осла?

И они оба взобрались к ослу на спину и двинулись дальше в путь.

— Ну и безжалостные люди! — говорили встречные и качали головой.

— Вдвоём уселись на одного осла. Смотреть стыдно!

Услышал это отец и сказал:

— Сын мой, ты видишь, — что мы ни сделаем, за всё нас попрекают. Я еду, а ты идёшь — плохо. Ты едешь, а я иду — тоже плохо. Оба идём — ещё того хуже. Оба едем — совсем никуда не годится. Давай, сын мой, понесём на руках нашего осла.

Они взяли две палки, подсунули их ослу под живот и стали связывать.

— Что это вы делаете? — спрашивают их прохожие.

Отец и сын говорят:

— Да вот носилки мастерим, чтобы нести осла. Удивляются люди: — Кто же это ослов носит? Разве что ослы! А умные люди на ослах сами ездят!

Посмеялись все и разошлись. А отец с сыном остались одни посреди дороги. Осёл покорно ждал своей участи. На земле валялись недоделанные носилки.

Наконец отец сказал:

— Дитя моё, нас сегодня хорошо проучили. Мы слушались каждого встречного и каждый раз оставались в дураках. Поэтому запомни мои слова: всех людей слушать — всё равно что ветер слушать.

СПИСОК

Ангольские сказки

Антилопа Сеша и Лев 1
Банго а Мусунго 3
Вор и колдун 9
Говорящая рыба 16
Два брата и чудовище 18
Два друга — Кролик и Обезьяна 20
Два друга — Сеша и Бамби 22
Змея 23
Кошелёк 27
Кролик и Обезьяна 28
Месть собаки 29
О Гхагара и Гхауну 30
Цари животных 31

Африканские сказки

Ананси — старейший из живых существ 33
Бабузе 35
Бедняк и его красивая жена 37
Болезнь Льва 37
Бурундук и гиена 38
Великий совет зверей 39
Верблюд, слон и курёге 39
Виноградный куст 40
Волк и Лиса 41
Волк, у которого не было сердца 42
Волшебная кобылица 45
Волшебное фиговое дерево 47
Ворона и Лисица 48
Восковый мальчик 48
Где ты родился 50
Глупцы 51
Горные голуби 51
Гунгкукубантуана 52
Два брата 57

Девушка и людоеды	58
Деревянная девушка	62
Дикая утка, лиса и ворон	66
Дровосек, его друзья и враги	67
Дхлубу и лягушка	72
Еж и шакал в колодце	79
Заяц и буйвол	79
Заяц и лев	79
Заяц и черепаха	82
Зембени или сватовство Сикулуми	83
Змея и тысяченожка	85
Как заяц стал вождем всех зверей	85
Как мангуст перехитрил крокодила и леопарда	86
Как мыши уцелели	90
Как Тюр добыл пищу с небес	91
Как Тюр отворил воду	92
Как шакал и гиена в гостях гостили	93
Как шакал с гиеной мед добывали	94
Как шакал с гиеной на бегемота охотились	95
Как шакал с гиеной рыбу ловили	96
Коза и шакал	97
Колодец Ньямы	98
Кошка	99
Крокодил и баклан	100
Крокодил и белая рыба	101
Крокодильи слезы	101
Кто выше всех летает	106
Кто принес племенам огонь	107
Кунжутное семя	107
Куропатка, еж и верблюд	109
Лев и газели	110
Лев и глупый Осел	110
Лев и Мышь	110
Лев и человек	111
Лев, еж бу-Мохаммед и шакал	113
Лев, леопард и гиена	114
Лев, Лиса и Волк	115
Леопард и антилопа	115
Леопард и шакал	117
Лиса и Горлица	118
Месть Льва	118

Мозг Лиса	119
Мудрая ворона	120
Мудрость паука	120
Мудрый осел	121
Муравей и Сверчок	123
Неблагодарный леопард	123
Нийканг и Димо	124
Нуэры и бог	125
Нхлангунхлангу	126
О земле, из которой зубы растут	131
О куропатке Нангумби и леопарде Улу	135
О мышах	138
О рыбе, решившей отправиться из реки в море	140
О том, как лиса обманула гиену	140
Об умном мышонке	142
Обезьяна и Черепаха	144
Обувь, изготовленная Шакалом	146
Отец нуэров — Киир	147
Откуда у зайца шапочка	148
Пальма	149
Паучок Ананси	150
Первая охота	150
Попугаиха и Змея	152
Почему белых людей называют вазунгу	153
Почему гиена волочит зад	154
Почему Солнце и Луна поссорились	155
Почему у попугая клюв кривой	156
Почему у свиньи рыло вытянутое	157
Почему черным быть хуже, чем розовым	158
Принцесса-молчунья	159
Радуга	164
Родинки	165
Рождение Сахары	166
Роза пустыни	167
Сватовство мышонка	168
Сикулуми сын Хлокохлоко	170
Ситунгусобенхле	172
Ситунгусобенхле и Жубатенте	174
Собака и кот	177
Соловей	177
Три быка и лев	178

Три истины	179
Тюр и Одноногий	179
Упрямый слонёнок	182
Хебо	184
Чтобы земля не тряслась	187
Шакал и Зайчиха	187
Шакал и Кабан	188
Шакал и Коза	189
Шакал и Корова	190
Шакал и Курица	191
Шакал и Леопард	191
Шакал и Осел	192
Шакал, еж и осел	193

Бушменские сказки

Ди-Церретен, львица и дети	195
История о Гцонцемдима, ее матери и ее муже	197
История о лягушках	198
История о старшей сестре-питоне и младшей сестре-шакале	199
Как девушка древнего народа сделала звёзды	200
Как дети забросили на небо солнце	202
Как умерла зайчиха	204
О Гнерру и её муже	205
О Гхагара и Гхауну, которые боролись друг с другом молниями	206
О Гцо-Гнуинг-Тара, жене Сердца Утренней Зари	207
О женщине древнего народа и быке-дожде	211
О матери-носороге и ее дочерях	212
О трубкозубе и рыси	213
О человеке, который велел жене отрезать ему уши	213
Об осе-каменщике и его жене	213
Смерть ящерицы	214
Сын ветра	215

Египетские сказки

Алибег Кашкаши	216
Два брата	218
Змеиный остров	227
Коршун и кошка	231
Лев и мышь	233

Обреченный царевич	235
Потерпевший кораблекрушение	239
Три улыбки падишаха	234
Хитроумный полководец Джхути	242

Зулусские сказки

Мамба	246

Мавриканские сказки

Заяц и черепаха	252
Принцесса Клей-Для-Сердец	254

Мадагаскарские сказки

Два брата и Занахари	261
Дикая собака и дикая кошка	262
Кабан и хамелеон	263
Крокодил и ёж	265
Курица и крыса	266
Курица и папанго	267
Ратауландухамивулана	268
Рафара, дева вод	271
Солнце, луна, звёзды и куры	274
Старуха и свирепое чудовище	275
Трое братьев с хвостами	277
Фаралахи, богатый наследник	279
Царь птиц	281
Цесарка и курица	282
Цесарка и петух	283

Суданские сказки

Бесстрашная Нжери	283
Диматана и её брат Мфано	285
Догадливая невеста	287
Заяц и гиена	288
История льва, гиены, леопарда и змеи	291
Как хитрый шакал обманул лесных зверей	293
Прекрасная Фаримата	296

Сказка о лисёнке, который убил льва 300
Сказка про юношу, который искал счастье 302
Хитрый паук 303
Шакал и лев 309

Танзанийские сказки

Почему у кита большой рот 311
Три брата 314

Эфиопские сказки

Благодарение богу 315
Богач и смерть 316
Гиена и ослица 317
Глупый монах 318
Два хитреца 319
Детёныш тигрицы и детёныш козы 321
Приговор справедливого судьи (история вторая) 323
Приговор справедливого судьи (история первая) 324
Про глупую женщину 327
Про женщину, которая ни о чём не думала 328
Про человека, которого никто не мог обмануть 328
Семь львов и один бык 330
Три глупца 331
Трое глухих 332
Умный воронёнок 334
Умный и глупый 334
Хороший совет 335
Что всего тяжелее? 336
Чужие советы 337